Santa Book

Thoughts
Become
Things

Santa Book

YKS.(산타클로스) 지음

freedom!

Thoughts
Become
Things  *Free talking*

Santa
Book

I'll do whatever it takes!

들어가며

산타북은…
영어 초보자분들께 새 희망을 드리고자 하는 책입니다.

산타북은
영어 자체를 거의 배운적이 없는, 영어 왕왕왕, 왕왕왕 최고 왕초보인 저자가 스스로 어학을 공부한 경험을 토대로 만든 노하우의 자료이며, 강의했던 자료이기도 합니다.

"산타북은 누구에게 맞추어져 있을까?"

이런 분들께 맞추어져 있습니다.

열심히 영어를 한것 같은데 어느새 공부한 지가 10년째가 넘고, 인터넷 강의, 전화영어, 학원, 과외를 해도 그렇게 썩 느는 느낌이 들지 않는데…
한계에 부딪히고, 이 책 보고…, 저 책 보고…, 계속 영어에 대해서 반복하는 분들,
갈팡질팡하며, 갈피를 잡지 못한 분들,
그래서 영어에 한이 된 분들,
평생의 숙제, 염원, 소원인 분들,
외국에서 영어 교육을 받은 적이 없는 분들,
영어 전공하지 않았으며, 영어 쪽 직업에 종사하지 않는 분들,
왕 초보자분들, 초보자분들, 혹은 초급자는 떼었지만 그 이상 가고자 하는 분들,
초보 딱지를 떼고자 하는 분들,
초급자인데 정말 공부 열심히해서 영어를 잘하고자 하는 분들,
영어를 잘해서 해외여행을 가고자 하는 분들,
노년에 해외 여행을 즐기려는 분들,

이분들의 특징은 영어공부를 시작했을 때부터 지금까지 외국인 환경에 없는 분들입니다.
즉, 영어에 너무나 어렵게 배우는 환경의 분들입니다.

저자는 이분들께 새 희망을 드리고자 하는 것입니다.

단순히 팁이나 요령을 얻고자 한다면 맞지 않습니다. 책에는 수많은 질문들이 있고, 모두 답변해야 하는 것이며, 책에서 제시하는 엄격한 훈련을 소화해야 하며, 책을 전반적으로 이해해야하며, 영어를 잘 할 때까지 본 책에서 제시하는 것을 꾸준히 해야 하거든요.

영어를 잘하지 못하는 분들의 영어를 잘하고자 하는 목적은 사람들마다 다를 수 있지만 저자가 바라볼 때 공통적인 요소는 외국인들과 대화의 소통입니다.

저자는 어느 정도 듣고, 어느 정도 말할 수 있으면 그것을 **토킹 레벨에 올라온 - 기초 프리토킹** 이라고 봅니다.

그것은 본 책의 목적이기도 합니다.

가령, 미국 TV 쇼(가령 본 책에서 소개하는 TV 쇼들 등 - ex.Undercover Boss)를 자막없이 봐도 100%는 이해가 되지 않지만 대부분 이해가 되고, 미국, 유럽 사람(영국, 독일, 덴마크, 프랑스, 네덜란드, 핀란드, 아일랜드 등) 그리고 아랍, 인도 등의 다양한 사람들을 만나도 그들처럼 유창하지는 않지만 의사소통이 되는 정도입니다.

그 정도면 외국여행을 가도 문제가 없고, 외국인들과 어울리면서 저녁에 맥주에 피자먹고, 이야기 꽃을 피우며, 서로 친구가 될 수 있습니다.

영어, 100% 유창해야 하는가? 그것은 기초 프리토킹 보다는 높은 프리토킹 수준입니다.

하지만 먼저 영어는 다양한 나라 사람들과 의사소통이 되는 것 이것이 영어를 잘하고자 하는 모든 분들에게는 그것이 가장 중요하다고 생각합니다.

어떤 분들은 문법을 말합니다.

문법은 문장의 법칙이라 중요합니다. 하지만 저자가 바라볼 때 먼저는 소통입니다.

문법에 맞지 않으면 어떤가요?

가령 한국말을 그래도 어느 정도 하고 소통되는 한국에 온 미국 사람에게 **"마이클, 넌 문법이 맞지 않아. 마이클 이건 정확히 이렇게 쓰는거야."**라고 말하겠습니까?

그것은 좋은 모습이 아닙니다. 먼저는 소통이 되는 것이 중요합니다.

아이가 엄마에게 말을 배울 때 엄마는 한국어 문법에 정통해서 아이에게 정통 한국어 문법을 가르쳤습니까? 아니지요?

이런 질문이 있을 수도 있습니다.

"문법을 모르는데 미국 TV 쇼를 보면 어떻게 이해를 하는가?"

본 책을 통해 공부하는 과정에서 점점 들려오게 되어 있습니다.

또한 저자는 문법을 깊이있게 공부 한 적이 한 번도 없으며, 화장실에서 10분간 볼일 볼 때마다 Grammer in Use 책을 100일동안 보면서 그 책을 뗀게 전부였으며(화장실에서 한 유닛 혹은 한 유닛 반 정도), 책을 볼 때 읽어보면 **"아~ 이거 내가 아는건데 이런 깊은 내용이 있구나~"** 하고 읽고, 이후 계속 보질 않아 잊어버립니다.

저자 또한 자막없이 미국 TV쇼를 재미있게 감상하고 즐깁니다. 어떻게 자막을 보지 않고 이해를 하며 즐길 수 있을까요? 그렇다면 배우지 않은 문법을 어떻게 이해를 할까요?

그것은 꼭 문법을 봐야만 문법을 이해한다는 것과는 다른 것입니다.

본 책의 안들리는 이유 원인, 해답편을 보다 보면 이해가 될겁니다.

즉, 문법은 차후의 문제라는 것입니다.

물론 문법이 잘못되었다고 지적질하는 사람들이 있습니다. 바로, 한국 사람들입니다.

저는 다양한 나라 사람을 만나면서, 외국에서도 단 한 번도 문법에 대한 지적질을 받아 본 적이 없습니다.

하지만 한국 사람들이 한국 사람들을 지적질 합니다. 왜 미국 사람은 지적질 하지 않을까요? 유럽 사람도요?

즉, 물어보지 않고 요청이 없다면 지적질은 거두는게 좋으며, 반대로 칭찬을 해주는 것이 그 사람을 더욱 잘하게 만들어주는 길이며, 더 좋은 배려와 격려의 문화입니다. 이것은 독자분들의 실력이 향상되면서 영어를 독자분들보다 잘 하는 한국 사람을 만나면 발견되는 현상입니다.

그래서 독자분들의 영어실력이 향상되어 나보다 못한 사람을 만나면 지적질 보다는 **"아~ 나도 이런 적이 있지"**하며 이해와 **"와~ 영어 좀 하는데"**라는 칭찬 그리고 **"조금 더 노력하면 더 잘할 수 있어"**라는 격려를 해주는 겁니다. 그러면 보다 잘할 수 있는 자신감과 힘을 받게 될겁니다.

자 그렇다면 왕초보가 도대체 어떻게 공부해야 그 영어의 늪에서 빠져나오고, 소통단계까지 올 수 있을까요?

단순히 쉐도잉 한다고 될까요? 단순히 자막없이 하루종일 이어폰만 꼽고 있는다고 될까요?

(특히 이런 분들은 1년 뒤에도 그렇게 영어가 좋아지지 않았습니다.)

그렇지 않습니다.

그것은 근본적인 원인부터 찾아야 합니다.

본 책의 깨달음파트와 안들리는 이유 원인 해답편에는 보다 근본적인 문제점들을 제시하고 있습니다. 그런다고 본 책을 안들리는 이유 파트부터 넘어가지 마시길 당부 드립니다.

왜냐하면 본 책은 강의 형태로 만들어져 있어서 앞에서부터 봐야하는 프로세스로 짜여져 있으며, 그 프로세스 형태가 책의 전반적으로 진행되기 때문에 반드시 앞에서부터 순처적으로 해나가야 합니다.

그래야만 저자의 의도를 올바로 이해할 수 있고, 파트별 과정을 올바로 성취해 나갈 수 있기 때문입니다.

본 책이 나오게 된 배경은

제게 강의를 받은 분들이 **"책으로 나오면 정말 좋겠다, 많은 사람들에게 도움이 될 것이다."**고 말씀들을 했으며, 특히 강의를 받은 한 분이 이런 질문을 하며, 놀라워 한 적이 있습니다.

"산타님. 솔직히 말씀해보세요. 남자답게. 미국에서 교육받으셨죠?"

"솔직히 말씀해주세요."

"지금 영어 강의 내용이 제가 미국에서 교육받은 거랑 완전 똑같은데요."

그래서 저는 말씀드렸습니다.

"유럽은 가 보았지만 미국은 단 한 번도 가본 적이 없는데요."
그분은 치과병원 원장님이셨고, 미국에서 치과교육을 받았다고 합니다.
그런데 치과교육이 제가 강의한 형태와 똑같다고 합니다.

"아니... 그 정도 인가? 미국에서 교육받은 사람이 미국방식의 교육을 가리키는 그 정도로 대단한가??"

저자는 영어를 배운 사람이 아니며, 책이나 인터넷 강의, 학원이나 전화영어를 한 적이 없으며, 발음기호와 단어 뜻을 사전 찾아서 발음하는 그 정도 실력(중학교 1년 한달 정도)으로 혼자 공부해나갔습니다. 치과병원 원장님께 이런 말씀을 듣게되니 좀 신선한 충격이었고, 몇 년 전이긴 하지만 아무래도 많은 분들께 영어의 도움이 되도록 대중에 공개해서 – 많은 초급자 분들께 영어의 힘이 되어야겠다 – 알려야 되겠다는 생각이 들었습니다. 그래서 책으로 집필할 결심을 먹은 것입니다. 2019년 초고가 완성이 되었지만 어려운 역경을 이겨내고 이제서야 출판을 통해 한국에 공개하게 됩니다.

책으로 만들기조차도 어려웠으며, 난관이 한두 가지가 아니었습니다.
[책의 구성]에 보다 자세한 이야기가 나옵니다만 본 책을 위해 결국 책의 프로그램(산타북 프로그램)까지 만들었습니다. 그것은 제가 독자분들의 앞에 있지 않지만, 독자분들 앞에 있는 것처럼 책을 만들어야 했기 때문입니다.
그렇다면 단순히 주입식으로 해서는 안되는 것이며, 그래서 수업처럼 선생님과 학생이 즉, 독자분과 저자가 상호작용 해야 합니다. 그래서 수많은 질문이 책에 있는 것이며, 또한 영어 초급자라면 반드시 영어 진단 및 실습, 실험 등을 통해 영어에 대한 중요한 경험해야 할 것들이 있습니다. 이것이 바로 특정 프로그램을 통해서 진행이 되어야 보다 쉽게 이해하고 경험할 수 있기 때문에, 그래서 프로그램을 만든 것입니다.
※ 책의 프로그램은 산타북 카페에서 다운로드가 가능하기에 산타북 카페 가입을 부탁드립니다.
　산타북 카페 : https://cafe.naver.com/santabook

이제 이 책을 드디어 독자분들 앞에 내 놓는다고 하니 저자는 설레이고, 기대가 되며, 기분 좋습니다. 본 책대로 공부를 한다면 머지 않은 훗날 충분히 외국인들과 소통에 문제가 없어지는 단계까지 도달할 겁니다.

책을 위해 고마운 분들이 계십니다. 이분들께 감사의 말씀을 전합니다.
어느새 알고 지낸 지 3년이 되는 뉴질랜드 친구 워렌(Warran)에게 감사의 말씀을 전합니다. 워렌이 소개를 해준 워렌의 친구 Mr. Pete님 덕분에 본 책과 책의 프로그램인 산타북에서 사용되는 사운드를 완성할 수 있었습니다. 또한 Mr. Pete님은 책이 발간되기 바로 직전까지 영어 문구가 들어가는 책의 모든 부분에도 수정 보완을 해주셨습니다. 그래서 Mr. Pete님께 감사를 전합니다.

그리고 본 책은 저를 믿고 적극적으로 지지해주신 세 분이 계십니다. 이 분들이 아니였다면 책으로 발간되지 못하고, 세상의 빛을 보지 못할 뻔 했습니다. 바로 김영식님과, 김선희님, 이보라님입니다. 그래서 김영식님과 김선희님과 이보라님께 감사의 말씀을 전합니다.

특히 김선희님께서는 책의 출간에 어려움을 겪는 제게 책이 올바로 출간될 수 있도록 힘이 되어주셨으며, 또한 책의 베타테스트를 하며 책의 여러 오류들의 수정에 도움을 주셨습니다. 그래서 다시 한번 김선희님께 감사 인사를 드립니다. 감사합니다.

텀블벅을 통해 산타북 책을 후원을 해주신 분들입니다.
서혜진님, 임진기님, 임필기님, 김형민님, 구장서님, 구명서님, 조혜빈님, 최민님, 남호님, 김현익님, 남연정님, 최수빈님, 이수민님, 박경민님, 정수연님, 이혜원님
이분들의 후원에 힘입어 책의 마지막 작업에 탄력을 받고, 책이 올바로 나올 수 있었습니다.
진심으로 감사의 말씀을 전합니다.

본 책의 유럽 사람들은 친구들입니다. 책에 사진을 실을 수 있도록 본인들의 사진을 기꺼이 보내주고 허락해준 유럽 친구들(Alex, Dailis, Haralds, Mahula, Algis와 Algis친구들, 프랑스의 Risste, Rosa, Ezabella)에게도 감사의 말을 전합니다. 특히 Alex가 고생 많았습니다.
Thank you Alex!

끝으로
모든지 포기하면 안되는 것입니다.
포기를 하거나 피하면 그것은 당장 상황은 모면하지만 결국 나는 늘 그자리가 됩니다.
그래서 포기하지 마십시요. 당당히 맞서십시요. 포기는 모든 것을 던지는 것이지만 그 어려움을 극복하고 승리하는 것은 어려움에 맞서 싸우는 적극적인 행동입니다.

본 책은 그동안 어려웠던 영어에 새로운 바탕이 되어줄 겁니다.

본 책이 영어공부에 새로운 희망이 되어줄 겁니다.

마지막으로 윈스턴 처칠의 유명한 명언으로 소개를 마칩니다.

"Never, never, never give up."
- Winston Churchill -

감사합니다.

2022년 7월
저자 산타클로스(YKS.임권세)

Santa Book

I'll do whatever it takes!

Thoughts create vibrations
and those vibrations create things
생각은 진동을 만들고
그 진동은 물질을 만든다

모든 노력하는 사람에게 희망을 드립니다

— YKS. —

목 차

Thoughts Become Things
Free talking

책의 구성

먼저 책은 강의 형태로 만들어져 있기에 독자분들은 영어 수업에 임한다는 자세로 책에 임해야 합니다.

두번째 책은 책의 목차 순서대로 책을 따라하며 공부 하는 것이 좋습니다. 책의 특정 부분이 관심이 있어서 그 특정 부분을 보지 말고, 앞에서부터 순차적으로 보며 문제를 풀어나가야 합니다. 가령 훈련이 뭔가 싶어서 파트5부터 진행하는 것도 적합하지 않으며(훈련파트에서 참조하는 내용들은 앞의 파트들에서 선행된 내용들을 참조하기 때문입니다.), 프리토킹의 비밀이 무엇인지 보기 위해서 먼저 파트2를 가버리게 되면 책을 진행하는데 컨닝이 되고, 컨닝하면 시험을 올바로 치르는 것이 아니겠지요?

마찬가지입니다. 책의 각 파트는 앞의 파트들에서 진행한 파트들을 참조해서 진행되고 있기에 진행에 꼬이거나 혼동되지 않으려면 책이 궁금하더라도 순차적으로, 반드시 순차적으로 보시길 바랍니다.

"아니 왜 그런가?"

다름 아닌 책은 강의 형태로 만들어졌기 때문입니다.

[책속의 다양한 질문들]

산타북은 책 전반적으로 많은 질문들이 포함되어 있습니다. 그 질문들은 모두 영어와 관련된 질문들이며, 모두 책 안에서 답변해야 합니다. 또 질문이 있다는 것은 질문이 의미하는 바를 보다 오래기억 할 수 있도록 기억을 돕는 역할을 하고, 독자분들의 생각과 저자의 생각 차이점을 통해 영어를 보다 넓은 관점에서 보게 됩니다. 또한 글을 읽기 쉽도록 하기 위해서 질문들이 있습니다. 그래서 질문은 굵고 큰 글씨체를 택했으며, 답변 할 수 있는 공간도 책에 두었습니다.

질문의 답변 자세는 학창 시절로 돌아가서 여러분은 학생의 입장이 되고, 그 질문은 학교의 선생님이 독자분들께 질문하는 것으로 간주해야 합니다.

그래서 질문이 있으면 답변을 달되 먼저 질문의 답변을 생각하고 답변이 떠오르면 솔직하고 정직하게 그리고 성실히 책에 답변을 달면됩니다.

또한 책의 앞부분에 질문한 내용들은 책의 특정 뒷 부분 파트에서 다루게 되기에 책은 꼭 순차적으로 책을 진행해야 합니다.

[산타북 프로그램]

책을 진행하기 위한 별도의 프로그램으로, 책에서 진단, 실험, 실습은 모두 산타북 프로그램에서 하게 됩니다.

산타북 카페(https://cafe.naver.com/santabook)에서 다운로드를 받을 수 있기에, 산타북 카페에 가입을 해서 다운로드 받아주세요.

산타북 프로그램은 맥과 윈도우에서 동작하는 프로그램이며, 책에서는 윈도우 기반으로 설명되어 있습니다. 그래서 맥 운영체제인 분들은 이점 참고하시어 책을 진행하시면 됩니다.

산타북 프로그램은 총 12개의 진행과정이 존재하며, 프로그램의 왼쪽에 있는 [첫번째 대화]부터 [영어 진단풀이 - 정오답체크]까지는 영어 진단에 대한 내용을 담았으며, 프로그램의 오른쪽에 있는 [안들리는 이유 일곱번째]부터 [전체법칙]까지는 전반적인 실습과 실험을 하게 됩니다.

프로그램 따로, 책 따로가 아니기에 책과 산타북 프로그램은 함께 병행해야 합니다. 그래서 책에서 지시하는데로 프로그램에서 하나씩 임해야 합니다.

또한 산타북 프로그램은 단일 프로세스는 쉽지만 한 과정(진단, 실습, 실험)이 여러 프로세스로 진행되기에 과정을 놓치면 꼬일 수 있습니다. 그래서 산타북 프로그램과 함께 할 때는 반드시 집중! 집중하셔야 합니다!

[준비사항]

본 책에서는 여러 차례 녹음 실습을 하게 됩니다. 그래서 마이크와 녹음기가 필요한데요.

마이크는 어떻게 준비를 해야 하며, 마이크를 통해 녹음을 어떻게 해야 하는지에 대한 자세한 내용이 [준비사항]에 담겨 있습니다.

또한 산타북 프로그램도 함께 필요하기에 산타북 카페(https://cafe.naver.com/santabook)에 가입해서 산타북 프로그램을 다운로드를 해주세요.

[진행을 위한 질문]

진행을 위한 질문은 19개의 질문이 있습니다.

이 질문들은 독자분들이 지금까지 어떻게 공부해 왔는지를 스스로 체크해야 할 필요가 있고, 또한 이제는 정말로 열심히 공부하고자 하는 새로운 각오와 새로운 다짐을 독자분들 스스로에게 하기 위해서 질문이 입니다.

책의 특정 파트들에서는 이 질문들의 답변과 비교를 하는 부분들도 있습니다.

그래서 각 질문들에 솔직하고 진솔하게 답변을 책에 쓰시면 됩니다.

또한 책을 진행하기 전에 꼭 [진행을 위한 질문]을 먼저 시작해야 합니다.

[파트1. 영어 진단]

영어 진단 파트는 산타북 프로그램과 책이 함께 진행되므로, 산타북 프로그램을 다운로드 받지 않은 분은 먼저 산타북 프로그램을 다운받아서 본 파트를 진행해야 합니다.

영어진단 과정에 매 과정마다 지켜야 할 [룰]이 있습니다. 이 [룰]을 숙지하고 진행해야 합니다. 그렇지 않으면 진단 시 꼬이거나 잘못된 방법으로 진행될 수 있습니다. 또한 녹음기로 녹음을 하는 부분도 있기에 마이크가 올바로 작동되어야 하며, 마이크가 없는 분들은 [준비사항]파트를 참조해서 마이크를 준비하고 녹음이 이상 없이 되도록 만들어야 합니다.

영어 진단 한 내용은 단순한 레벨 테스트가 아니라 이 진단은 영어를 잘하기 위한 근본적인 내용들이 숨어 있습니다. 그래서 진단한 내용들을 토대로 영어를 잘하지 못했던 것과 영어를 잘하기 위한 비밀들이 책의 여러 곳에서 자세히 설명됩니다.

영어 진단 파트는 30~40여분 정도 소요가 될겁니다.

진단한 내용은 향후 내 실력이 얼마큼 향상 되었는지를 체크하는 좋은 자료가 될겁니다.

그래서 책을 토대로 공부를 하고 1년 마다 저자가 만든 진단 절차 방식으로 스스로를 진단해보세요. 그러면 1년 전에 비해서 내 실력이 얼마큼 발전했는지 알게 됩니다. 그래서 영어 진단은 룰을 지키며, 학창시절 시험보는 것처럼 성실히 임해야 한다는 것, 잊지 마시구요!:)

[파트2. 프리토킹의 비밀 - 깨달음]

"영어에 정말로 깨달음이 있을까?" 싶을 겁니다.

머릿글인 [들어가며]글에도 언급했습니다만 저자는 영어를 배운 사람이 아닙니다. 저자 스스로가 스스로를 가르쳤습니다. 과정에서 스스로 깨닫고, 깨우치는 것이 많았는데 가장 큰 깨달음이 바로 프리토킹의 비밀이였습니다.

"어떻게 해서 사람이 말을 하게 될까?"

혼자서 도를 닦듯 혼자서 공부를 몇 년 이상을 계속 해오며 정말 많은 시간을 고민해왔습니다. 어느 하룻날은 여느 날과 다름없이 오목교 다리밑의 안양천에서 둘레길 주변을 산책하고 있는데 불현듯 떠올랐습니다. 그래서 **"바로 이거야!"**하고 깨달음을 얻었습니다. 그것은 언어의 깨달음이였습니다. 모든 것이 이치에 다 맞았습니다.

산타플레이어 카페(https://cafe.naver.com/santaplayer)에 가면 저자가 어떻게 공부해 왔는지 그 흔적들을 고스란히 볼 수 있습니다.

저자는 원어민처럼 하는 언어가 하나 있습니다. 바로 **"한국어"**입니다.

그렇다면 저자 뿐 아니라 모든 분들이 어떻게 그렇게 한국말을 원어민 수준처럼 하는지 우리 모두는 원어민이기에 잘 알고 있습니다. 그렇다면 영어를 다른 언어로 생각할 것이 아니라 우리말이라고 생각하는 관점에서 들어가야 합니다. 그래서 태어난 아기가 어떻게 해서 엄마에게 그 언어를 배우게 되는지, 아기가 언어를 알아가는 과정에 어떻게 해서 2살이 되면 엄마는 아이와 소통이 되고, 3살이 되면 아이는 프리토킹을 하게 되는지... (신기하지 않습니까?) 영어를 우리 한국말 배우는 관점에서 바라봐야만 영어를 올바로 이해하고 접근할 수 있습니다.

이 프리토킹의 비밀은 아무도 건드리지 않은... 하지만 여러분들은 이미 항아리에 물이 차 있습니다. 누군가 돌을 던지면 이제 항아리에 물이 넘치게 됩니다. 바로 깨달음을 얻는 겁니다. 영어에 국한되지 않습니다. 이 깨달음은 모든 언어에 적용되는 근본이 됩니다.

"아잇 못 참겠다. 책장을 넘겨 볼까?!" 궁금하시더라도 참아주세요. 책은 순차적으로 진행해야 한다는 것. 반드시 그래야 합니다.

아니면 컨닝이 되고, 올바로 시험보지 못하게 됩니다. 즉, 뒤죽박죽 엉망이 됩니다.

바로 여러분은 현재 강의 수업을 듣는것과 같기 때문입니다.

참고로 이 파트는 어떠한 훈련도 없습니다. **"어떻게 공부해야 하는가?"**에 대한 훈련은 [파트 5. 엄격한 훈련]에 존재합니다.

깨달음 파트에는 전체 20여개의 질문이 존재를 하며, 중요한 질문은 1페이지에 1개의 질문만 존재하기도 합니다. 그만큼 중요하기 때문입니다.

이 파트를 마치면, 왕 초보분들도 어떻게 해야 영어를 잘 할 수 있는지 알게 됩니다.

[파트3. 안들리는 원인과 해답]

안들리는 원인은 7가지가 있으며, 그에 따른 해답도 7가지가 존재 합니다. 원인편 1,2,3,4에서는 **"원인"**을, 5,6,7에서는 원인과 해답을 함께 제시를 하며, 해답편에서는 1,2,3,4 원인에 대한 **"해답"**을 제시합니다.

본 파트에서도 [파트1. 영어 진단]에서 진행한 내용들을 참조를 합니다. 그래서 반드시 [파트1. 영어 진단]을 먼저 해야 합니다.

과정에서 생각지도 못한 질문들은 계속되며, 영어 진단에서 왜 그렇게 오답을 많이 적었는지도 이해를 하게되고, 이것을 방지하기 위해서는 해결책으로 무엇을 해야 하는지가 나오며, 또한 도대체 어느 정도 해야만 왕초보도 본 적이 없는 미국 TV 쇼 프로그램들이 저자처럼 자막을 보지 않고도 보며 이해가 되는지, 어떻게 해야만 프리토킹을 넘어 원어민이 되는지에 대한 부분들도 논리적으로 설명되어 있습니다. 또한 본 파트에서는 특정 부분들을 위해 실험과 실습도 하게 됩니다.

[파트4. 시간]

영어를 **"영원히"** 공부할 수는 없는 노릇입니다.

책의 목적은 영어를 잘 못하는 분들, 특히 왕초보 분들이 **"외국인들과 대화의 소통"**입니다.

미국 사람만 만나면 무슨 말인지 알아듣지 못하고, 머리가 하얘지고, 집에 가고 싶은 생각뿐이고, 단 한마디도 못하는 그분들이 얼마큼의 노력과 시간을 들여야 하는가? 얼마큼 노력과 시간을 들여야만 **"외국인들과 대화의 소통이 되느냐?"**, **"미국 TV프로그램을 자막없이 대체적으로 이해를 하느냐?"** 입니다.

"왕도가 없다. 될때까지 반복해라"라는 말은 꽤 설득력이 있게 보이나 비 논리적이며, 주먹구구식의 너무 **"무책임한"**, **"무성의한"**, **"무의미한"** 말이며, 영원히 그럴 수는 없답니다.

언어란 논리적으로 들어가서, 구체적으로 공부해야 할 시간을 계산해서 그 시간들이 눈에 보여야 합니다. 즉, **"얼마만큼의 노력과 시간이면 어느정도 되는구나!"** 하는 그림이 그려져야 합니다.

저자가 본 파트에서 제시하는 소화해야 할 구체적인 숫자들이 있습니다. 이것은 공부 할 시간이 많지 않은 분들에게는 많은 노력과 시간이 들어간다고 생각할 수 있지만 공부 할 시간이 어느 정도(하루 2~3시간 정도) 나는 분들께는 희망의 메시지가 되어줄 겁니다.

중요한 것은 **"영원히"** 공부하는 것이 아닙니다.

영어를 위해 소화해야 할 것을 본 파트에서 제시하는 시간 만큼만 한다면 반드시 어느 정도 듣고 말하는 수준에 올라서게 될겁니다:)

그래서 파트4에서는 영어를 잘하기 위한 시간에 대해서 올바로 알게 됩니다.

[파트5. 엄격한 훈련]

"도대체 무엇을 가지고 어떻게 영어를 공부해야 영어를 잘하게 되는가?"

어떻게 보면 **"가장 중요한 파트가 아닐까?"** 하는 생각도 듭니다.

본 파트는 150페이지 이상의 방대한 양으로 체계적이고 구체적인 엄격한 훈련 프로세스를 담고 있습니다. 어떤 영상류들로 시작해야 할지부터 시작해서 워밍업에서 전체법칙까지입니다.

이 엄격한 훈련을 어떤 형태로 훈련해야 하는지 구체적으로 다루게 되며, 전체법칙은 수학을 계산하는 것은 아니지만 약간의 논리성을 띄고 있어서 과학적인 느낌을 받는 분들도 있을겁니다. 누차 설명드리지만 책은 앞에서부터 해야 하며, 훈련도 워밍업부터 순차적으로 해야 합니다. 그리고 훈련 전체가 특정한 규칙을 띄고 있기 때문에 전체 훈련 프로세스를 한번 보고 이해하기는 어렵습니다. 그래서 본 훈련 프로세스가 익숙해질 때까지는 본 책을 옆에 두고 공부하시길 권합니다.

훈련 시 궁금한 사항들은 언제든지 산타북 카페(https://cafe.naver.com/santabook)로 질문을 올려 주세요. 그러면 자세히 답변 드립니다:)

[파트6. 부록 기타]

부록 기타 파트는 영어공부 하기에 좋은 저자가 추천하는 리얼리티 TV쇼 프로그램들을 소개하는 것을 시작으로, 영어를 공부할 때 알아야 할 사항들 및 기타 내용들에 대해서 두었습니다. 가령, 문장의 반복은 몇 번을 해야 하며, 왜 미국 사람들은 단어의 특정 발음들을 정확하게 안하고 뭉그려 뜨리면서 말을 하고, 영어공부 저축은 어떤 방식으로 해야 하며, 그 룰은 어떻게 되고, 영어에 대한 어떤 오해들이 있으며, 언제부터 효과를 보는지, 일상생활에서 사용되는 단어와 표현들은 어떤 것이 있는지 등입니다.

이 부록 기타를 통해 여러분은 영어의 허와 실 등 영어를 공부할 때 유념해야 할 기타 사항들을 알게 됩니다.

[파트7. 끝으로 - 믿음]

파트7은 가장 짧은 파트가 될겁니다. 여기는 저자가 독자분들께 영어에 대해서 전하고자 하는 저자의 마지막 메시지를 담아 둔 편지입니다.

자 이렇게 해서 책의 구성을 마칩니다.

※ 산타북 카페 안내

1) 산타북 카페란?

본 책의 북 카페로 독자분들과 저자의 소통공간입니다.
또한 책에 필요한 자료 및 독자 분들의 공부 공간의 카페입니다.

북 카페 : https://cafe.naver.com/santabook

※ 산타북 프로그램의 다운로드 또한 북 카페에서 이루어지므로 카페 가입을 해주세요.

2) 가입 시 승인 제도

산타북 카페는 가입 시 승인을 거칩니다.
그 이유는 독자분들께 제공되는 자료가 제 3자에게 유출되는 것을 방지하기 위해서 입니다.
가령, 산타북 프로그램은 책을 구매한 독자분들의 자료입니다.
그래서 제 3자가 가입하는 것을 방지하기 위해서 가입 시 승인을 거치는 제도를 둔 것입니다.
책을 구매한 독자분이라면 먼저 북카페에 가입하시면, 최대한 빠른 시간안에 가입 승인을 해드리겠습니다.

3) 독자분의 북카페 공부 공간

각 독자분들마다 공부 공간을 만들어 드립니다.
이 공부 공간은 [진행을 위한 질문]의 19개 질문을 사진 찍어서 북카페에 올려주시고, 카페의 [열심 공부 서약서]에 동의하시면 해당 분의 공부 공간을 카페에 만들어 드립니다.
이 공간은 책대로 공부한 내용을 올리는 것이며, 어떤 것을 올려야 하는지는 북 카페에 자세히 나와 있습니다.
또한 공부한 글은 저도 응원하는 것은 물론, 여러 독자 분들도 응원하고 격려를 하게 됩니다.
(ex, "와~ 장난아니시네요.", "열심히 노력하는 모습 멋집니다.", "자극 받습니다. 나도 공부해야겠습니다" 등)
공부를 혼자하며 제 3자에게 격려의 메시지와 응원의 메시지를 받아 본 적이 있습니까?
이 응원과 격려의 메시지는 공부할 때 힘이 나고, 계속 공부해지고 싶어지게 만드는 원동력이 되며 또한 혼자가 아닌 다른분들도 함께 공부할 수 있게 하는 계기가 됩니다. 그래서 같이 공부하는 공간이 만들어지게 됩니다.
최소한 훈련에 나오는 스텝2까지 공부를 해보세요. 영어 실력 더 이상 왕초보가 아니게 됩니다.
아마 계속 공부하고 싶어질 것이며, 계속 공부한다면 영어 실력은 계속 향상될 겁니다.

> 본 책을 처음부터 끝까지 순차적으로 따라하시길 바랍니다.
> 그리고 본 책에서 제시한 소화해야 할 것을 한다면 반드시 영어는 토킹 레벨까지 올라서게 됩니다.
> 이것은 저자가 독자분들께 주는 메시지이며 믿음입니다.
> 왕초보, 토킹 레벨까지 갈 수 있습니다.

산타북 프로그램

※ 산타북 프로그램은 윈도우와 맥 운영체제에서 동작하는 프로그램입니다.
　책의 설명은 윈도우 운영체제 기반으로 설명되어 있는 점 참고해서 진행해주세요.

본 책에서는 책의 시작 시 먼저 영어 진단을 하며, 책의 곳곳에서 실험 및 실습을 합니다.
이것을 위해 저자는 산타북 프로그램을 만들었습니다.
산타북 프로그램은 책과 함께 진행되기에 먼저 산타북 프로그램을 다운로드 해주세요.

산타북 프로그램 다운로드

1. 산타북 프로그램은 다음의 주소에서 다운로드를 합니다.

산타북 프로그램 다운로드 : https://cafe.naver.com/santabook/9
(*맥 OS인 분들은 주소에서 [산타북 프로그램_맥운영체제.zip] 파일을 다운로드 하면 됩니다.)

다운로드를 완료하면 다음과 같이 **산타북 프로그램.zip** 파일을 볼 수 있습니다.

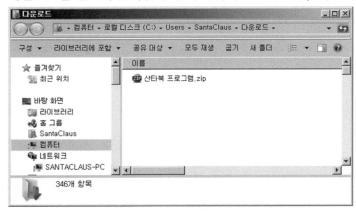

2. 산타북 프로그램.zip의 압축을 풀어주세요.

압축을 풀면 다음과 같이 **Read_me.txt** 파일과 **산타북 프로그램.exe** 파일이 있습니다.

맥 운영체제에서는 확장자가 exe
파일이 아닌 app로 되어 있습니
다.
- 산타북 프로그램.app
(확장자가 보이지 않는다면 정상
입니다. 그것은 디폴트로 보이지
않도록 되어 있기 때문입니다.)

Read_me.txt 파일은 **산타북 프로그램의 특정 위치로 가기 위해 필요한 파일**이며, 본 책을 위해서 반드시 필요하며, **산타북 프로그램.exe** 파일은 **영어진단, 실습, 실험을 위한 프로그램**입니다.

※ 항상 둘 모두 같은 위치에 있어야 산타북 프로그램이 이상없이 작동합니다.

산타북 프로그램 모습

다음은 산타북 프로그램의 모습들입니다.

[산타북 메인 모습]

[산타북 INDEX 모습]

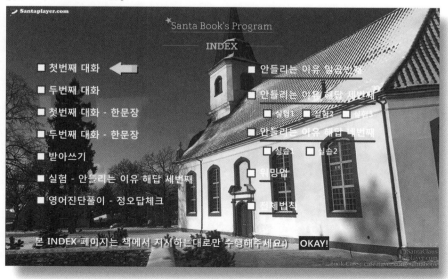

산타북 프로그램은 좀 신기하고 낯설건데요. 산타북 프로그램으로 진행하다 보면 약간은 학원에서 수업 받는 느낌도 들겁니다. 저자가 옆에 없어도 옆에 있는 것과 같은 효과를 주기 위해서 산타북 프로그램을 만든 것입니다. 그래서 산타북 책은 수업과 같은 것이라 생각하면 됩니다. 프로그램은 다양한 실습, 실험 메뉴들이 준비되어 있으며, 다음은 그 일부 화면 입니다.

[두번째 대화]

[두번째 대화 - 한문장씩 듣기]

[실험 - 안들리는 이유 해답 세번째]

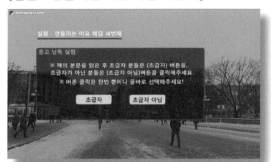

[안들리는 이유 해답 네번째]

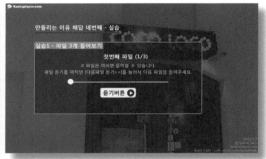

[워밍업 - 실험1 - 머리에 받아쓰기]

[전체법칙]

산타북 프로그램의 특정 위치로 가기 위해서는

산타북 프로그램을 사용하다 종료한 후 특정 위치로 가기 위해서는
산타북 프로그램과 같은 경로에 있는 Read_me.txt 파일의 count 숫자를 수정하면 됩니다.
Read_me.txt 파일을 열면 간략한 소개 설명이 있으며,
다음과 같이 count= 우측의 숫자 0 부분에 특정 숫자(0~11사이의 숫자)를 넣으면 해당 차례 위
치로 갈 수 있습니다.

★count=0★

표는 산타북 프로그램의 차례(목차)에 대한 count 값을 나타냅니다.

프로그램 차례	값
첫번째 대화	0
두번째 대화	1
첫번째 대화 - 한문장	2
두번째 대화 - 한문장	3
받아쓰기	4
실험 - 안들리는 이유 해답 세번째	5
영어진단풀이 - 정오답체크	6
안들리는 이유 일곱번째	7
안들리는 이유 해답 세번째	8
안들리는 이유 해답 네번째	9
워밍업	10
전체법칙	11

그래서 0을 넣고 (ex, count=0) 저장을 한 후 프로그램을 실행하면, 처음 영어 진단 시작인
[첫번째 대화] 부터 시작할 수 있으며, 10를 넣고 (ex, count=10) 저장을 한 후 프로그램을 실행
하면 **[워밍업]**에서 시작할 수 있습니다.

다음은 10를 넣고 저장했을 때 프로그램 실행 모습입니다.

이미지에서 보듯이 **[워밍업]**목차에 화살표가 가르키고 있는데요.

[워밍업]목차를 클릭하면 **[워밍업]**을 진행할 수 있게 됩니다.

이 부분이 헷갈린 분들은 산타북 카페(https://cafe.naver.com/santabook)에 글을 남겨주시면 자세히 알려드립니다:)

※ 노트

산타북 프로그램은 책에 흑백으로 나오지만 실제 산타북 프로그램의 색상은 칼라 입니다.

※ 산타북 책과 산타북 프로그램에서 사용된 유럽 이미지는 모두 저자가 유럽에서 찍은 사진들입니다.

산타북 프로그램에 도움 주신 분들

Pete는

아름다운 도시인 BC주 빅토리아 근처의 캐나다 서부 해안에서 왔으며 현재는 아내와 고양이 두 마리와 함께 서울에서 살고 있습니다. 야외 활동을 좋아하는 그는 북한산 국립공원에서 하이킹을 하거나 한강을 따라 자전거를 타는 모습을 종종 볼 수 있습니다.

그는 배움이 평생의 노력이라고 믿으며 역사와 천문학, 문학을 공부하는 것을 좋아합니다. 특히 동아시아의 역사와 20세기와 21세기 영미문학에 관심이 많습니다.

Mark는

캐나다 토론토 근처에서 자랐고 17개국 이상을 여행했습니다.

그의 취미는 여행과 사진 촬영입니다. 그와 그의 아내는 두 명의 어린 자녀를 두고 있으며 세 마리의 골든 리트리버 강아지의 자랑스러운 소유자입니다. 그들은 서울에 살고 아이들과 노는 시간을 좋아합니다. Mark는 "아이와 함께 여행하는 것은 어렵습니다. 하지만 아이들이 조금 더 크면 해외에서 가장 좋아하는 여행지를 보여주고 싶어요. 일단은 한국만 가자!"

Janelle은

미국 노스다코타에서 자랐고 햇살 좋은 캘리포니아 골든 스테이트에서 대학 공부를 했습니다.

그녀는 서핑, 수채화, 피아노 연주, 세계 여행을 즐깁니다. 그녀는 교사로 일하는 것이 그녀에게 멋진 직업이라고 말하며 현재 스페인의 한 고등학교에서 일하고 있습니다.

그녀는 "학생들에게서 너무 많은 것을 배운다"며 "때로는 학생이 진짜 나이고, 교사는 바로 그들이라고 생각한다"고 말합니다.

Mr. Pete, Mr. Mark, Ms. Janelle
세 분은 산타북 프로그램에서 목소리 연기한 분들이며, 이분들 덕분으로 책이 올바로 만들어 질 수 있었습니다. 세분의 노고에 지면을 빌어 다시 한번 감사를 드립니다.

감사합니다.

He can do!
She can do!
Why not me!

Don't give up!

I'll do whatever it takes!

베타테스트 후기

저는 40대 주부로써 영어를 잘하기 위해서 오랫동안 수많은 영어 공부법으로 이것저것 많이 접해 보고 하다 말다 멈추기를 수없이 반복해 왔습니다.

어느 한 날 저자분께 베타테스트를 권유 받고 베타테스트를 하게 되었습니다.

베타테스트를 하면서 저는 "산타북" 책에 놀랐습니다.
저 같은 주부 입장에게 정말로 영어에 대한 궁금한 것들, 토킹 레벨까지 가려면 어떻게 해야 한다는 것까지 모두 들어 있었거든요. 어떤 면에서는 좀 충격이었습니다.

"이런 책이 한국에 있나?"
"이거 이 책대로만 하면 영어 되겠구나!" 생각이 들었거든요.

수십 년 동안 공부해 온 저로써는 영어 궁금한 것들이 너무 많았는데 책의 여기저기에서 궁금증들이 해소되고, 산타북 책대로만 한다면 내 영어도 머지 않아서 해방된다는 것을 알게 되었습니다.
이런 책에 제가 베타테스트를 할 수 있게 되어 너무 좋았고 감사히 생각합니다.

베타테스트를 하면서 책의 훈련 파트대로 영어공부를 해왔었는데요. 훈련은 내가 알고 있는 영어공부 상식을 넘어 "내가 그 동안 무엇을 한 건가?" 싶을 정도입니다. 훈련을 소화하면서 내 영어가 제대로 발전되는 느낌을 받았는데요. 외국 프로를 보는데 조금씩 들려오는 나를 보니 "아 정말 공부한 효과가 나타나는구나~, 책의 훈련의 효과가 있구나~"하고 생각했거든요.
돌이켜보면 산타북 책을 만나기 위해 수많은 길을 달려온 것이 아닌가 생각합니다.

왕초보인 제게 "영어 토킹의 꿈" 이제 실현 가능한 것으로 된다니.. 유럽 여행가서 유럽사람들과 자유롭게 토킹하며, 친구로 사귀는 것이… 정말로 현실로 된다니… 꿈만 같습니다.

이제 영어 포기하지 않을겁니다. 두고 보세요. 영어의 꿈, 저는 이 책을 통해서 반드시 이룰 겁니다. 산타북은 제게 축복이었습니다.

독자분들도 산타북을 만나보세요. 저처럼 영어의 행운을 잡게 될 겁니다.
감사합니다.

2022.7.30
베타테스터 김선희

준비사항

본 책은 마이크로 내 목소리를 녹음하는 실습을 하기에 책을 올바로 진행하기 위해서 컴퓨터 마이크와 음성 녹음기가 준비되어야 합니다. 없는 분들은 준비를 해주세요.
준비사항의 **녹음 연습**의 경우는 컴퓨터를 모르시는 분들을 위해서 녹음 방법이 자세히 설명이 되어 있습니다.

※ 본 책의 녹음 설명은 윈도우 운영체제 컴퓨터에 맞추어져 있습니다. 맥 운영체제의 경우 녹음은 음성메모를 통해서 녹음할 수 있습니다.

마이크

컴퓨터가 노트북이라면 노트북에서 녹음 테스트를 해보세요. 정상적이면 마이크가 준비된 상태입니다.

컴퓨터가 데스크탑이라면 마이크가 없기 때문에 마이크가 준비되어야 합니다.
컴퓨터 마이크는 다음과 같습니다.

대형마트에서도 판매하는 곳이 많으며(전화해서 확인하시고), 인터넷 쇼핑몰에서도 판매하는 것으로 알고 있습니다.
내 컴퓨터에 맞는 마이크를 준비하시면 됩니다.
내 컴퓨터에 맞는 마이크를 모른다면 해당 컴퓨터 회사에 물어보면 자세히 알려줍니다.

마이크는 USB 마이크와 데스크탑 연결단자에 연결하는 마이크, 이렇게 2가지 마이크가 있습니다.

노트북의 경우 마이크가 올바로 작동하지 않는다면 해당 노트북 회사에 문의해서 마이크를 정상적으로 작동하도록 준비해주세요.
그럼 여러분에게 마이크가 있다는 가정하에 진행합니다.

녹음 연습

운영체제가 윈도우 10인 경우

윈도우 녹음기를 사용하면 됩니다.
윈도우 녹음기를 열고 녹음 연습을 해보겠습니다.

1. 먼저 작업표시줄의 [검색아이콘]을 클릭합니다.

그러면 다음과 같이 입력할 수 있는 팝업 창이 나옵니다.

2.검색필드에 "녹음기"라고 입력해주세요.

3. 나오는 검색결과에서
[음성 녹음기]를 선택해주세요.

그러면 다음과 같이 음성 녹음기가 나타납니다

중앙의 마이크 아이콘에 파랑색 원이 있습니다.
그러면 마이크 기능이 정상 작동하는 것이구요.

만약 중앙의 파랑색 원이 회색으로 되어 있다면 마이크가 없거나 정상 작동하지 않는겁니다. 회색으로 되어 있는 분은 마이크를 구하셔야 하구요
정상 작동하지 않는 분은 마이크에 문제가 있기 때문에 해당 컴퓨터 회사에 전화해서 해결해주세요.

4. 이제 마이크 아이콘을 클릭합니다.

그러면 녹음이 시작되는 겁니다.

5. "마이크 테스트, 마이크 테스트"라고 말을 합니다.

6. 이제 다시 중앙의 동그라미 멈춤 버튼을 누릅니다.

자, 그러면 이제 다음과 같이 녹음해서 만들어진 파일이 보입니다.

7. 창을 약간 늘리겠습니다. 우측 하단을 잡고 드래그해서 늘려주세요.

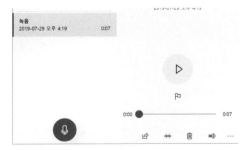

그러면 7번 설명 이미지처럼 창이 가로로 늘어나서 리스트가 왼쪽에 만들어집니다.

8. 이제 녹음한 파일을 들어보세요.

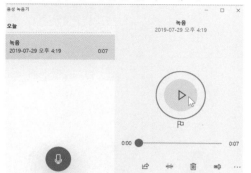

모두 끝난 것입니다.
만약 녹음내용이 들리지 않는다면 컴퓨터를 좀 아는 주변 분들께 물어보시거나 그렇지 않으면 컴퓨터 회사에 전화를 해서 고쳐야 합니다.

9. 녹음파일 이름 바꾸기
파일 녹음을 완료 한 후에는 녹음 파일의 이름을 해당 녹음 문장 파일 이름으로 바꾸는 것이 좋습니다.
바꾸는 방법은 간단합니다.
녹음 파일 리스트에 마우스 우측 버튼을 누르면 다음과 같이 팝업이 나옵니다.

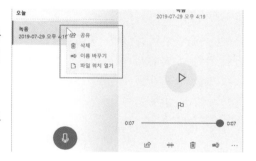

나온 팝업에서 [이름 바꾸기]를 선택해주세요.

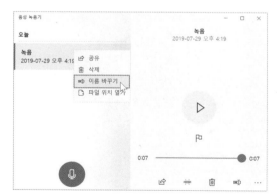

그러면 다음과 같이 이름 바꾸는 창이 나옵니다.

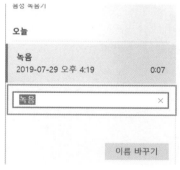

※ 노트

운영체제가 윈도우 7 이라면 [운영체제가 윈도우 7 또는 그 이하인 경우]로 이동해서 녹음 연습을 해주세요.

10. 여기서 [녹음]이라는 텍스트를 지우고 "마이크 테스트"로 변경 후 [이름 바꾸기]버튼을 눌러서 저장합니다.

만약 이름을 수정하지 않는다면 우측의 모습과 같이 녹음(2), 녹음(3)… 형태로 네이밍이 넘버링 됩니다. 이렇게 되면 어떤 파일에 어떤 녹음을 했는지 구별할 수 없기 때문에 녹음한 파일에는 항상 알아 볼 수 있는 이름을 달아두는 것이 좋습니다.

윈도우 녹음기는 이렇게 녹음 할 때마다 이름을 알아볼 수 있도록 수정하는 것이 좋습니다. 영어 녹음이기 때문에 문장을 녹음 할 때는 문장명으로 하는 것이 좋습니다.

그러면 다음과 같이 녹음파일이 이름이 바뀌어진 것을 보게 됩니다.

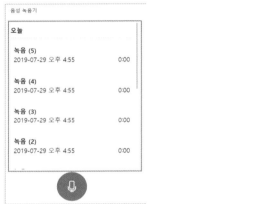

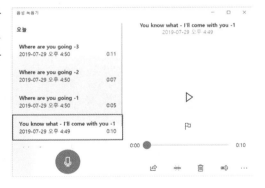

파일 이름명 규칙

파일 이름에 들어가면 안되는 문자들이 있습니다.
바로 특수 문자들입니다.

특수문자의 예)

!, #, $, %, ^ & (, :, ? 등

그래서 파일 이름을 만들때는 문장에 특수 문자만 제외하고 입력하면 됩니다.
다음은 Where are you going 이라는 문장에 "?" 물음표를 입력한 것입니다.

Where are you going? -3	✕

일부 문자가 허용되지 않습니다. 다른 이름
을 사용하세요.

특수문자는 허용되지 않는다고 나옵니다.

※ 특수 문자가 헷갈리는 분들은 다음의 산타북 카페에 주소를 두었으니 참조해주세요.

파일명으로 사용되지 않는 특수문자 : https://cafe.naver.com/santabook/10

※ 향후 책 판매가 1만권이 된다면 저자는 산타북 카페(https://cafe.naver.com/santabook)에 독자
분들을 위해 따로 심플 녹음 플레이어를 개발하고 무료 배포할 것입니다.

운영체제가 윈도우7 또는 그 이하인 경우

운영체제가 윈도우 7 또는 그 이하의 경우도 녹음기가 기본적으로 있는데요.
한 문장만 녹음되는 단일 녹음기 입니다.
자 그러면 녹음 연습을 해보겠습니다.

※ 노트

운영체제가 윈도우 10 이라면 앞의 [운영체제가 윈도우 10인 경우]로 이동해서 녹음 연습을 해주세요.

1. 먼저 작업표시줄의 [시작]버튼을 누릅니다.

2. 그리고 팝업메뉴에서 [모든 프로그램]을 선택합니다.

3. 그러면 다음과 같이 나오는 팝업에서 스크롤을 하단으로 내리면 다음과 같이 [보조프로그램]폴더가 있습니다. [보조프로그램]폴더를 클릭해주세요.

4. [보조프로그램] 폴더 하단으로
여러 가지 프로그램 아이콘이 보이는데요.
보이는 프로그램 중 [녹음기]를 클릭해주세요.

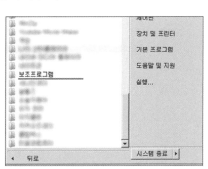

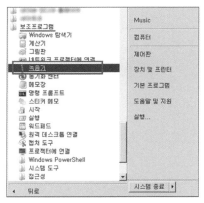

5. 다음과 같이 녹음기가 열립니다. 그러면 [녹음 시작]버튼을 눌러주세요.

6. 그러면 녹음이 시작됩니다. 녹음중이므로 "마이크 테스트" 라고 말해주세요.

7. 이제 [녹음 중지]버튼을 눌러주세요

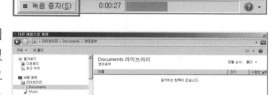

8. 그러면 다음과 같이 [다른 이름으로 저장] 창이 뜨는데요. 현재 파일 이름이 [제목없음.wma]라고 되어 있습니다. 이것을 "마이크테스트1.wma" 이라고 하고 [저장]버튼을 눌러주세요.

9. 저장된 경로를 보면 **마이크 테스트 1.wma** 파일이 만들어진 것을 볼 수 있습니다.

10. 이제 해당 파일을 재생해보세요. 올바로 녹음이 되었다면 정상입니다.
만약 녹음이 올바로 되지 않았다면 설명 5번 ~8번까지를 반복해서 녹음하면 되구요.
만약 녹음이 올바로 안되면 마이크나 컴퓨터에 문제가 있을 수 있으니 컴퓨터 회사에 문의해 주세요.

자, 이렇게 해서 컴퓨터에서 마이크로 목소리 녹음하는 방법을 살펴보았습니다.

만약 녹음하는 방법이 낯설 경우 몇 번 더 녹음 연습을 해보면 금방 익숙해질겁니다.
만들어진 녹음 파일의 이름도 바꾸는 연습을 해주세요.
이 정도는 알고 있다고 가정하에 시작을 하겠습니다.
그래도 어려우신 분들은 컴퓨터에 좀 익숙한 주변분들께 문의하면 잘 알려줄겁니다.

이제 저자는 여러분이 마이크를 사용할 수 있고 녹음을 할 수 있다고 가정합니다.

이렇게 해서 녹음 연습을 마치도록 하겠습니다.

※기타사항

인터넷 연결
책은 종종 인터넷으로 이동해서 특정 사이트로 가서 실습을 하기도 하고 참조를 할 수 있습니다. 그래서 인터넷이 연결되어 있는 것이 좋습니다.

영어 진단에 임하는 자세
학교에서 시험 볼 때 같은 자세로 임해야 합니다.
시험 보는데 문자나 전화를 보거나 다른 볼일을 보면 집중이 안되겠지요? 그래서 영어 진단 할 때는 집중해서 영어 진단에 임해 주시길 바랍니다.

책의 보는 순서
본 책은 강의 형태로 이루어져 있습니다. 그래서 책은 순차적으로 봐야 합니다.
가령 특정 파트를 미리 보는 것은 강의 내용을 미리 보는 것이기에 컨닝과 같습니다. 내용을 이미 파악하기 때문에 저자가 전달하고자 하는 메시지를 제대로 파악하지 못할 수 있으며, 책의 진행 중 꼬일 수도 있습니다.
[책의 구성]에도 이미 언급이 되어 있듯이 이전 파트에서 다룬 내용이 다음 파트에서 참조해서 다루어지는 곳들이 많습니다. 그렇기에 독자분들의 올바로 진행하기 위해서 책은 순차적으로 진행하시길 바랍니다.

산타북 카페 가입
산타북 카페 : https://cafe.naver.com/santabook
저자와의 소통공간이며, 본 책의 북 카페입니다.
책을 진행 시 참조해야 할 책의 특정 자료(ex, 산타북 프로그램)나 정보는 산타북 카페에 있습니다. 그래서 북카페 가입을 부탁드립니다.
카페는 승인을 거쳐야 하는데요. 최대한 빠르게 가입승인을 해드릴겁니다.
책을 구입한 분들의 카페이므로 책을 구입하지 않은 분들은 가입이 되지 않습니다.
[진행을 위한 질문]의 19개의 질문 답변 내용을 사진 찍어 카페에 올려주시는 분은 열심히 하시고자 하는 분이기에 그분만의 공부공간을 북카페에 만들어드립니다.
(단, 카페에 있는 **열심공부 서약서**에 동의를 하면 됩니다.)

Q&A
책을 보다 궁금하신 사항들은 책의 소통 공간인 산타북 카페에 질문을 올려주시면 됩니다. 그러면 최대한 빠르게 답변을 드립니다.

Thoughts
Become
Things

믿음은 생각의 물질이다
모든것은 믿음으로써 시작된다
— YKS. —

Question!

Who am I?

진행을 위한 질문

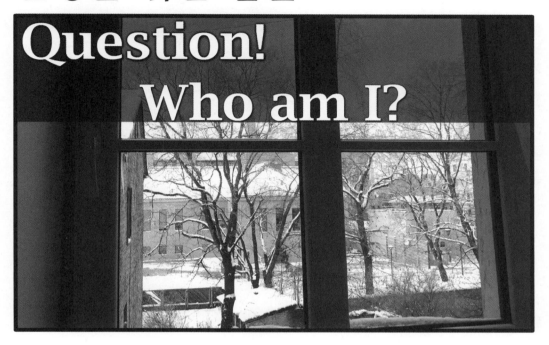

"나는 누구인가?"

"내 영어는 어느 수준인가?"

"나는 영어를 위해 지금까지 얼마큼 공부를 해왔는가?"

"내가 프리토킹 되려면 얼마큼 공부하면 되는 것인가?"

"이제 나는 게으르지 않고 영어공부를 열심히 할 준비가 되어 있는가??"

"나는 매일 공부할 자신이 있는가?"

"나는 프리토킹을 위해 세월이 흘러도 포기하지 않을 자신이 있는가?"

He can do it!
She cant do it!
Why not me!

진행을 위한 질문

지금부터 책 진행을 위한 몇 가지 질문이 있습니다.
본 질문들은 스스로의 영어에 대한 다짐을 하는 것이니 가벼운 마음으로 솔직하고 구체적으로 질문에 답변해주세요.

자 그럼 질문 시작합니다.

질문1
혼자 공부할 때 어떻게 공부하셨나요?
(구체적으로 자세히 적어주세요)

질문2
지금까지 영어공부를 위해서 어디어디에 얼마를 투자하셨습니까?
(학원, 인강, 화상영어, 전화영어, 다양한 책 구매 등 영어를 위해서 투자한 금액 내용을 작성하는 것입니다. 예시를 토대로 작성을 해주세요.)
예시)

전화영어 몇 년전 3개월 – 50만원 화상영어 1년전 4개월 – 150만원 인터넷 강의 3년전 – 200만원 영어학원 오프라인 3년전부터 – 2년 500만원 과외 5년전(1년간) – 500만원 어학연수 1년 – 1년전 – 4000만원(밥값, 생활비, 월	세 포함) 책 (학습법, 토익, 회화, 문법) 30권 – 50만원 **토탈 : 5천 4백 5십만원** (올바로 작성해야만 내가 영어를 위해 투자한 내용을 올바로 이해하고, 각성하며, 냉정하게 나를 돌아볼 기회를 가지게 됩니다.)

질문3
내 영어 실력이 상,중,하 중에서 어느 정도라고 생각하십니까?

질문4

영어공부 하다 말다를 몇 년째 하고 계십니까?

질문5

영어를 잘하시고자 하는 이유가 무엇입니까?

(여러분들이 달성하고자 하는 목적을 구체적으로 적어야만 그 꿈이 실현가능한 것으로 오게 됩니다.)

질문6

영어는 혼자 공부할 때 절대 두어 달, 서너 달 혹은 1~2년만에 되지 않으며, 40대 혹은 그 이상의 분들은 10년, 20년째 영어를 잡고 있지만, 여러 가지 이유로 영어 초급자를 벗어나지 못합니다.
본 책에서 제시한 훈련대로 영어를 공부한다면, 외국인과 듣고 말하는데 있어서 점점 자유로워 질 것입니다.
그렇다면 본 책대로 열심히 공부 할 준비가 되셨습니까?

(이것은 독자분과 저와의 약속입니다.)

열심히 한다고 약속을 했지만 나중에는 결국 하지 못한 분들을 저자는 많이 봐왔습니다.
그 이유는 다음과 같았습니다.
"귀찮아서..", "시간내기 불편해서", "양이 많아서", "그냥 바빠서", "하기 싫어서" 등등 초기에는 **"열심히 한다"**고 그렇게 다짐다짐을 하지만 지켜지지 않았습니다.
그러면 또 다시 영어를 못하게 되고, 자존감도 낮아지고. 영어 때문에 투자한 시간과 돈이 아깝잖습니까? 그렇기 때문에 다시 한번 질문을 드립니다.

질문6.1
정말로 본 책에서 제시한 대로 스스로 열심히 공부 할 준비가 되셨는지요?
(이것은 독자분과 저와의 약속입니다.)

질문7
매일 몇 시간씩 공부 할 준비가 되셨습니까?

질문8
하루도 빠지지 않고 매일 공부 할 준비가 되셨습니까?

질문9
본 책이 아닌 스스로 공부한다고 할 때 프리토킹하는데 걸리는 예상기간을 어느 정도로 생각하십니까?

만약 프리토킹 하는데 10년이 걸린다고 해도 공부를 하시겠습니까?

지나가는 개가 "왈왈왈"이렇게 짖습니다. 매일 나에게 5시간씩 노출해 줍니다. 그래서 1년이 지났습니다. 그렇다면 그 개가 무슨 말 하는지 알아듣습니까?

12번부터 19번 질문 답변의 룰

한 번 답변을 적은 후, 이후 생각이 달라져서 다시 수정하면 안됩니다.
답변은 한 번 작성하면 두 번 다시 고칠 수 없습니다.

답변의 룰 이해되셨죠?

미국 드라마나 영화의 대사 한 문장을 몇 번 반복하는 것이 좋을까요?

질문13

12번에서 답변한 횟수 정도면 그 문장이 익숙해질까요?

질문14

그렇다면 완전 익숙해지려면 몇 번 정도 반복하는 것이 좋을까요?

질문15

영어는 읽기, 쓰기, 듣기, 말하기를 매일 해야 한다고 합니다.
왜 그럴까요?

질문16

하루에 미드(미국 드라마) 문장을 몇 문장 연습하는 것이 좋을까요?

조건
1) 각 연습하는 문장들은 원어민과 똑같은 발음이 되도록 해야 하며,
2) 자막을 보지 않고 들으면 무슨말인지 바로 들리고(이해되고) 그대로 따라 말할 수 있는 정도가 되어야 합니다.

(지금 여러분은 하루 종일 공부할 수 있는 시간이 없기에 미드 문장을 내것으로 만들기 위해서 하루에 미드 문장을 몇 문장 연습 하는것이 좋을까요? 답변을 적어주세요.)

질문17
미국 사람 마이클이 한국에 와서 한국어를 공부합니다.
한국 사람의 실력이 되고자 합니다.
즉, 원어민(네이티브 스피커)과 똑같은 실력을 갖추려고 합니다.
어떻게 하면 될까요?

질문18
원어민이 되는 방법을 뭐라고 생각하십니까?
(영어 네이티브 스피커가 되는 방법을 물어본 것입니다.)

질문19
"나의 영어 실력"을 미국 어학연수 6개월 레벨을 만들려면 어떻게 하면 좋을까요?
(어학연수 6개월 정도 되면 미국 TV 쇼 프로그램 등은 내가 처음 본 것도 자막을 보지 않고 대체적으로 알아듣고 이해합니다.)

질문에 답변하느라 수고하셨습니다.

자 이렇게 해서 [진행을 위한 질문]을 마치겠습니다.
[진행을 위한 질문]을 한 것은 먼저 **"영어를 위해 투자한 간략한 나의 객관적인 데이터"**를 이해하는 것과 동시에 독자분들의 새로운 마음가짐, 다짐을 받아두기 위해서, 그리고 향후 책에서 영어에 관해 어떤 사실들을 언급할 때 참조하기 위해서 질문을 받은 것입니다.

다음 파트는 이제 영어 진단을 할 차례입니다.

아마 지금까지 공부하는 과정에서 영어 진단을 받고, 공부한 적은 드물겁니다. 좀 생소한 방법이고 낯설지만 진단 받고 나면, 현재 나의 영어에 대한 여러가지 데이터를 알게 되어 좀더 구체적으로 나의 영어를 알 수 있는 계기가 되어줄겁니다.

너무 걱정하지 마시구요.

병원에 가서 진찰을 받는 것은 어디가 아픈지 진찰을 받는 것이며, 그 결과 처방이 나가는 것처럼 본 책의 영어 진단도 그와 같다고 생각하시고, 영어 진단에 임하면 됩니다:)

그럼 영어 진단 받으실 준비되셨나요?

※ 북카페의 각 독자분들의 공부 공간 안내
앞의 진행을 위한 19개의 질문과 답변 내용을 사진을 찍어
산타북 카페(https://cafe.naver.com/santabook)에 올려주신 분들께는 산타북 카페에 영어 공부 공간을 만들어 드립니다. 또한 산타플레이어를 구매한다면 할인도 해드립니다.
왜냐하면 정말 공부를 하실 분들이기 때문입니다:)

Thoughts
Become
Things

"내가 얼마큼 온 것일까?"

나를 돌아보자
내 자신을 올바로 이해할 때
발전이 시작된다

– YKS. –

Test my English

How far have I come?

파트1. 영어 진단

여러분은 (학창 시절을 제외하고) 지금까지 긴 세월동안 영어공부를 하면서 누군가에게 영어 진단을 받아보거나 혹은 스스로 영어 진단을 해본 적이 있습니까?
아마 거의 없을겁니다.
영어 진단은 어떤 가이드가 있는 것이 아니기에 어떻게 해야 하는지도 알기 어려웠고, 또한 진단을 해야 할 생각조차 못 했을 수도 있었을겁니다.
그렇다면 여러분은 **프리토킹 목적지까지 가야 하는데 내가 현재 어디쯤 왔는지**를 모르는 것입니다.
그래서 이제 여러분의 영어를 좀 제대로 진단할 차례입니다.

생각해 보시면 다른 사람들이 하라는대로 했지만 **"프리토킹까지 가기 위해 나의 영어가 지금 어디쯤 왔는가?(서울에서 목적지인 부산까지 가야 하는데 지금 어디쯤 가고 있는가?) 내 영어가 어느 정도 일까?"** 생각해 본 적이 있습니까?

좀더 객관적으로 "내가" 어느 정도 수준인지 알아야 한다는 것입니다.
그래서 저자는 몇 가지 진단 절차를 도입했습니다.

이 진단 절차를 마치게 되면 여러분의 현 영어 수준을 보다 현실적으로 알게 됩니다.

또한 영어 진단한 결과의 자료는 향후 나의 영어 실력 비교 자료로도 활용할 수 있는 좋은 자료이기도 합니다.

그래서 향후 여러분이 이 책을 가지고 공부를 해서 1년이 지난 시점에 본 책에서 제시한 영어 진단 방식으로 스스로를 다시 한번 진단을 해보세요.

그러면 나의 얼마나 영어가 향상되었는지 알게 될 것입니다.

그리고 본 영어 진단은 산타북 프로그램과 책을 동시에 진행 하므로, 산타북 프로그램을 아직 다운로드 하지 않은 분들은 책의 앞에서 다룬 [산타북 프로그램]으로 이동해서 프로그램을 다운로드 해서 준비를 해주세요.

자 그러면 이제 영어 진단 시작합니다!

영어 진단

준비
산타북 프로그램, 인터넷 연결, 북 카페 가입

[북카페 가입 및 인터넷 연결]
*인터넷이 연결 안된 분은 인터넷을 연결해주세요.
*산타북카페 가입이 되지 않은 분들은 산타북카페 가입을 해주세요.
 산타북카페 : https://cafe.naver.com/santabook
 산타북 프로그램은 북카페에서 바로 다운로드가 가능합니다.

[산타북 프로그램 준비]

1. 산타북 프로그램을 실행해주세요.
그러면 다음과 같은 모습입니다.

2. 그러면 화면의 **[Start]**버튼을 눌러주세요.
다음과 같은 산타북의 INDEX 페이지가 나옵니다.

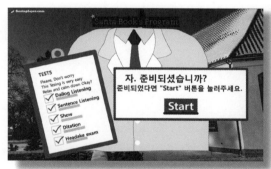

INDEX 페이지에 보면 ◁────화살표가 있으며, **[첫번째 대화]**목차를 가르키고 있죠? 그렇다면 이것은 **[첫번째 대화]** 목차 부분을 클릭하라는 뜻입니다.
만약 다른 목차(**[첫번째 대화]**가 아닌 **[안들리는 이유 해답 세번째]**나 다른 곳)를 클릭하게 되면 다음과 같이 하단에 경고 표시가 뜰겁니다.
화살표가 가르키는 곳을 클릭하지 않기 때문입니다. 그래서 항상 화살표가 가리키는 차례를 클릭해주세요:)
경고를 사라지게 하려면 깜박이는 **[OKAY!]**버튼을 누르면 됩니다.

3. 자 그럼 이제 화살표가 가리키는 **[첫번째 대화]**목차를 클릭해주세요.
그러면 다음과 같이 화면이 나타납니다.

※ 여기서 [룰]을 설명해야 하므로, 아무것도 클릭하지 마시고, 잠시 멈추어 주세요.

그러면 이제 진단 룰을 설명합니다.

룰을 어기면 안됩니다.

진단 룰

> 1. 절대 미리 들어서도 되지 않으며,
> 2. 들으면서 적으면 안되며(노트나 공책 등에) **적는다는 것**은 **컨닝**입니다.
> 3. 그냥 집중해서 듣는 행동만 해야 합니다.
> 4. 본 장에서 지시히는데로 해야 합니다.
> 5. 또한 답변은 책에 답변을 적어야 합니다.
> 6. 마지막으로 스스로에게 솔직하게 진단에 임해야 합니다.

룰 이해되셨죠?
이 영어 진단은 정말로 성실히 집중해서 임해야 합니다. 성실히 집중해서 영어 진단 시작할 마음의 준비 되셨나요?

자 그러면 이제 시작하겠습니다.

첫번째 대화

지시문
산타북 프로그램의 첫번째 대화 화면의 [듣기버튼▶] 클릭해서 파일
을 끝까지 들어주세요.

("아.. 대화를 듣다보니 생각나지 않는데.." 괜찮습니다. 이것을 하는 이유는 뒤에서 계속 나옵
니다.)

다 듣고 나면 다음과 같은 화면이 됩니다.

프로그램은 그 상태 그대로 두면 됩니다.

이제 문제를 내겠습니다.

문제1

이제 지금 들었던 대화 내용의 한글 뜻을 다음 빈 칸에 모두 적어주세요.

(상황을 적지 마시고, 기억나는 대화를 모두 작성해주세요.)

(기억나는 것이 많이 없다면 들었던 단어를 적어도 괜찮습니다.)

※ 질문이 있으면 항상 책에 답변을 적어주세요.

질문1

혹시 들으면서 까먹지 않습니까?

실제 그 언어를 어느 정도하기 전까지 초보라면 누구나 까먹게 되어 있으며, 1초를 들어도 1초만에 까먹게 됩니다.

(※ 본 책에서 **"까먹다"**는 **"잊어버리다"**의 의미로 사용됩니다.)

질문2

이렇게 들으면서 까먹는 원인과 해결책을 알면 어떻게 될까요?

대화의 몇 퍼센트를 이해하신 것 같습니까?

두번째 대화

산타북 프로그램은 책과 함께 진행해야 하며, 미리 먼저 다른곳을 이동해서 들으시면 안되며, 룰을 어기면 안됩니다.(가령 노트에 들으면서 적는 행위 등) 규칙이거든요.
자신에게 솔직해야 합니다. 룰이 기억나지 않는 분은 앞의 [진단 룰]을 읽어주세요.

준비되셨습니까?
이제 두번째 대화 진단을 시작합니다.

지시문1
1. 이제 두번째 대화를 진행하기 위해서 산타북 프로그램 우측 상단의 [INDEX로 이동▶] 버튼을 누릅니다.

그러면 다음과 같이 다시 INDEX 페이지로 돌아갑니다.

INDEX 페이지에서는 화살표가 **[두번째 대화]** 목차를 가르키죠?

2. 자 INDEX페이지의 [두번째 대화] 목차를 클릭해주세요.

그러면 다음과 같이 두번째 대화 화면으로 바뀝니다.

이제 잠시 멈추고 다음 문제를 위해서 다음의 [지시문2]을 읽고 지시
문대로 실행해주세요.

지시문2
두번째 대화의 [듣기버튼▶]을 클릭해서 파일을 끝까지 들어주세요.

(진단룰을 지켜주세요. 어디에 적거나 하면 안되며 집중해서 듣기만 하면 됩니다.)

두번째 대화의 재생이 완료되면 다음과 같은 모습과 같은 모습입니다.

이제 문제 들어갑니다.

문제1

지금 들었던 두번째 대화 내용의 한글 뜻을 다음의 빈 칸에 모두 적어주세요.

(상황을 적지 마시고, 기억나는 대화를 모두 적으면 됩니다. 들었던 단어라도 괜찮습니다.)

(도저히 모르겠다면 현재 여러분의 감정을 적어도 됩니다. 감정을 적는 것은 여러분이 향후 1년 뒤 다시 비슷한 형태로 영어진단을 만들어 스스로 진달할 때 **"아~ 그때 내가 이런 대화를 이 정도 뿐이 알지 못했구나"**라고 생각하며 **"현재 나의 실력"**을 보다 올바로 이해할 수 있기 때문입니다.)

질문1

대화의 몇 퍼센트를 이해하신 것 같습니까?

질문2

다시 한번 같은 질문을 드립니다. 혹시 들으면서 까먹지 않습니까?

그렇다면 왜 들으면서 까먹을까요?
(들으면서 까먹는 원인을 물어보는 것입니다.)

들으면서 까먹는 원인이 있습니다.
이 원인을 알고 이것을 섭렵하면 **내 실력은 이제 굉장히 올라갑니다.**
물론 섭렵하는 과정에 절대적인 시간과 절대적으로 해야 할 것들이 있습니다.

한 문장씩 듣고 풀기

자 이제 방금 들었던 첫번째 대화, 두번째 대화를 한 문장씩 들어보겠습니다.
한 문장씩 듣고 답변을 작성하는 것은 한 번에 전체 대화를 듣고 쓰는 것보다 훨씬 많이 적게 될 겁니다.

프로그램을 종료하지 않았다면 현재 위치는 두번째 대화의 종료화면입니다.

지시문
1. 우선 INDEX페이지로 돌아가야 하니 [INDEX로 이동▶]버튼을 눌러주세요.

그러면 다음과 같이 INDEX페이지로 돌아갑니다.

INDEX페이지에서 화살표는 이미지와 같이 **[첫번째 대화 - 한문장]** 목차를 가리키고 있습니다.

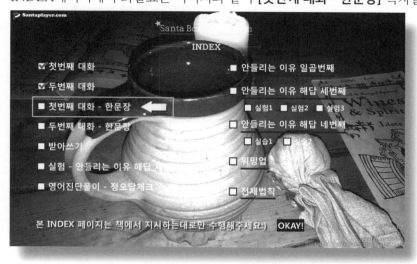

2. 자 INDEX페이지의 [첫번째 대화 – 한문장] 목차를 클릭해주세요.

그러면 다음과 같이 **[첫번째 대화 - 한문장씩 듣기]** 화면으로 바뀝니다.

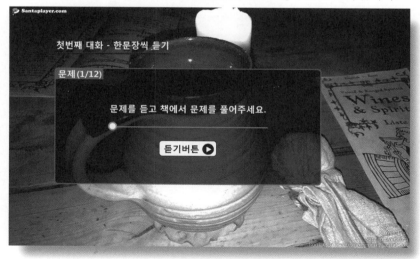

이 상태면 준비가 된 것입니다.

첫번째 대화는 총 12문장이며, 한 문장씩 듣고 문제를 푸는 것입니다.

룰

룰은 이렇습니다.

> 1. [듣기버튼▶]을 한 번만 눌러야 합니다.
> 2. 답변은 문장을 듣고 책에 바로 작성하는 것입니다.
> 3. 들을 때 노트 같은 곳에 메모를 하면 안됩니다.
> 4. 한 문장씩이니 문장마다 집중해서 들으면 됩니다.
> 3. 프로그램을 종료했다가 다시 실행하면 안됩니다. 아셨죠?

이것이 룰입니다. 간단하죠?

자 그럼 이제 시작하겠습니다.

첫번째 대화 – 한 문장씩 듣기

유의사항

문장은 한 번씩 뿐이 들을 수 없으므로 파일을 들을 때 집중해서 들어야 합니다.

문제1

Q.문제(1/12)화면에서 [듣기버튼▶]을 눌러서 문장을 듣고 문장의 한글 뜻을 적어주세요.
(화면은 그대로 놔두시고, 들은 영어 문장의 한글 뜻을 빈칸에 적어주세요.)

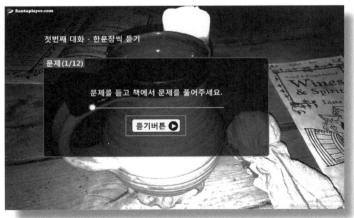

듣기가 완료되면 다음과 같은 화면으로 바뀔겁니다.

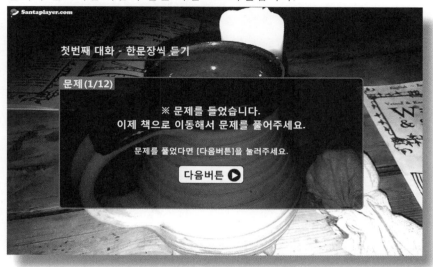

※ 노트

앞에서는 이해를 돕기위해 산타북 이미지를 두었습니다만 나머지 문제는 같은 화면에서 진행되므로
산타북 프로그램의 이미지를 생략합니다.

문제2

[다음버튼▶]을 눌러서 문제(2/12)로 이동해주세요.

Q.문제(2/12)화면에서 [듣기버튼▶]을 눌러서 문장을 듣고 문장의 한글 뜻을 적어주세요.

문제3

[다음버튼▶]을 눌러서 문제(3/12)로 이동해주세요.

Q. 문제(3/12)화면에서 [듣기버튼▶]을 눌러서 문장을 듣고 문장의 한글 뜻을 적어주세요.

문제4

[다음버튼▶]을 눌러서 문제(4/12)로 이동해주세요.

Q.문제(4/12)화면에서 [듣기버튼▶]을 눌러서 문장을 듣고 문장의 한글 뜻을 적어주세요.

문제5

[다음버튼▶]을 눌러서 문제(5/12)로 이동해주세요.

Q.문제(5/12)화면에서 [듣기버튼▶]을 눌러서 문장을 듣고 문장의 한글 뜻을 적어주세요.

문제6

[다음버튼▶]을 눌러서 문제(6/12)으로 이동해주세요.

Q.문제(6/12)화면에서 [듣기버튼▶]을 눌러서 문장을 듣고 문장의 한글 뜻을 적어주세요.

문제7

[다음버튼▶]을 눌러서 문제(7/12)로 이동해주세요.

Q.문제(7/12)화면에서 [듣기버튼▶]을 눌러서 문장을 듣고 문장의 한글 뜻을 적어주세요.

문제8

[다음버튼▶]을 눌러서 문제(8/12)로 이동해주세요.

Q.문제(8/12)화면에서 [듣기버튼▶]을 눌러서 문장을 듣고 문장의 한글 뜻을 적어주세요.

문제9

[다음버튼▶]을 눌러서 문제(9/12)로 이동해주세요.

Q.문제(9/12)화면에서 [듣기버튼▶]을 눌러서 문장을 듣고 문장의 한글 뜻을 적어주세요.

문제10

[다음버튼▶]을 눌러서 문제(10/12)로 이동해주세요.

Q.문제(10/12)화면에서 [듣기버튼▶]을 눌러서 문장을 듣고 문장의 한글 뜻을 적어주세요.

문제11

[다음버튼▶]을 눌러서 문제(11/12)로 이동해주세요.

Q.문제(11/12)화면에서 [듣기버튼▶]을 눌러서 문장을 듣고 문장의 한글 뜻을 적어주세요.

문제12

[다음버튼▶]을 눌러서 문제(12/12)로 이동해주세요.

Q.문제(12/12)화면에서 [듣기버튼▶]을 눌러서 문장을 듣고 문장의 한글 뜻을 적어주세요.

자 수고하셨습니다.
문제를 모두 풀었다면 이제 산타북 프로그램은 다음과 같은 모습일겁니다.

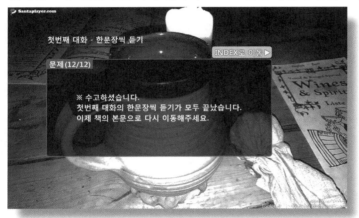

지시문

1.이제 우측상단의 [INDEX로 이동▶] 버튼을 눌러주세요.

그러면 다시 다음과 같이 메인의 INDEX페이지로 이동하며, 화살표는 **[두번째 대화 - 한문장]** 목차를 가리킵니다.

자 그러면 바로 두번째 대화를 진행하도록 하겠습니다.

2. INDEX 페이지의 [두번째 대화 - 한문장] 목차를 클릭해주세요.

화면은 다음과 같은 모습이 될겁니다.

[두번째 대화 - 한문장]도 [첫번째 대화 - 한문장]과 방식은 같습니다.

이제 두번째 대화를 한 문장씩 들어보겠습니다.

두번째 대화 - 한 문장씩 듣기

유의사항
파일을 들을 때 집중해서 들어야 합니다.
들으면서 노트 등에 적는다면 컨닝으로 룰을 어기는 것이니 룰 지켜주세요.

문제1
Q.문제(1/15)화면에서 [듣기버튼▶]을 눌러서 문장을 듣고 문장의 한글 뜻을 적어주세요.

문제2

[다음버튼▶]을 눌러서 문제(2/15) 화면으로 이동해주세요.

Q.문제(2/15)화면에서 [듣기버튼▶]을 눌러서 문장을 듣고 문장의 한글 뜻을 적어주세요.

문제3

[다음버튼▶]을 눌러서 문제(3/15) 화면으로 이동해주세요.

Q.문제(3/15)화면에서 [듣기버튼▶]을 눌러서 문장을 듣고 문장의 한글 뜻을 적어주세요.

문제4

[다음버튼▶]을 눌러서 문제(4/15) 화면으로 이동해주세요.

Q.문제(4/15)화면에서 [듣기버튼▶]을 눌러서 문장을 듣고 문장의 한글 뜻을 적어주세요.

문제5

[다음버튼▶]을 눌러서 문제(5/15) 화면으로 이동해주세요.

Q.문제(5/15)화면에서 [듣기버튼▶]을 눌러서 문장을 듣고 문장의 한글 뜻을 적어주세요.

문제6

[다음버튼▶]을 눌러서 문제(6/15) 화면으로 이동해주세요.

Q.문제(6/15)화면에서 [듣기버튼▶]을 눌러서 문장을 듣고 문장의 한글 뜻을 적어주세요.

문제7

[다음버튼▶]을 눌러서 문제(7/15) 화면으로 이동해주세요.

Q.문제(7/15)화면에서 [듣기버튼▶]을 눌러서 문장을 듣고 문장의 한글 뜻을 적어주세요.

문제8

[다음버튼▶]을 눌러서 문제(8/15) 화면으로 이동해주세요.

Q.문제(8/15)화면에서 [듣기버튼▶]을 눌러서 문장을 듣고 문장의 한글 뜻을 적어주세요.

문제9

[다음버튼▶]을 눌러서 문제(9/15) 화면으로 이동해주세요.

Q.문제(9/15)화면에서 [듣기버튼▶]을 눌러서 문장을 듣고 문장의 한글 뜻을 적어주세요.

문제10

[다음버튼▶]을 눌러서 문제(10/15) 화면으로 이동해주세요.

Q.문제(10/15)화면에서 [듣기버튼▶]을 눌러서 문장을 듣고 문장의 한글 뜻을 적어주세요.

문제11

[다음버튼▶]을 눌러서 문제(11/15) 화면으로 이동해주세요.

Q.문제(11/15)화면에서 [듣기버튼▶]을 눌러서 문장을 듣고 문장의 한글 뜻을 적어주세요.

문제12

[다음버튼▶]을 눌러서 문제(12/15) 화면으로 이동해주세요.

Q.문제(12/15)화면에서 [듣기버튼▶]을 눌러서 문장을 듣고 문장의 한글 뜻을 적어주세요.

문제13

[다음버튼▶]을 눌러서 문제(13/15) 화면으로 이동해주세요.

Q.문제(13/15)화면에서 [듣기버튼▶]을 눌러서 문장을 듣고 문장의 한글 뜻을 적어주세요.

문제14

[다음버튼▶]을 눌러서 문제(14/15) 화면으로 이동해주세요.

Q.문제(14/15)화면에서 [듣기버튼▶]을 눌러서 문장을 듣고 문장의 한글 뜻을 적어주세요.

문제15

[다음버튼▶]을 눌러서 문제(15/15) 화면으로 이동해주세요.

Q.문제(15/15)화면에서 [듣기버튼▶]을 눌러서 문장을 듣고 문장의 한글 뜻을 적어주세요.

수고하셨습니다.

산타북 프로그램의 화면은 다음과 같은 모습일겁니다.

그러면 다음 진행을 위해서 [INDEX로 이동▶] 버튼을 눌러주세요.

자 이렇게 대화를 한 문장씩 듣고 작성한 내용을 보니 기존에 한번에 12문장, 15문장을 들었던 것보다 많이 작성하게 되죠?

이제 다음은 유명 헐리웃 배우가 나온 인터뷰를 보겠습니다.

인터뷰 듣기

문제 준비

1. 다음의 [제니퍼 가너 인터뷰] 주소로 이동 한 후 동영상 재생을 멈추고 동영상을 0초로 이동해주세요.

[제니퍼 가너 인터뷰]
https://www.youtube.com/watch?v=KGOsnW8lSug
(2022년 8월 현재 유투브 주소)

만약 주소에 영상이 존재하지 않는다면 다음의 북카페 주소로 이동해서 진행해주세요.
산타북 카페 인터뷰 주소 : https://cafe.naver.com/santabook/3

※ 노트

> 인터뷰 내용이 산타북 카페에도 있는 것은 향후 유투브에서 해당 동영상이 삭제되거나 볼
> 수 없을 수도 있기 때문에 그렇다면 저자는 다른 동영상으로 대체를 할겁니다.
> 그래서 안전한 카페의 주소도 함께 둔 것입니다.
> *산타북 카페에 가입을 하지 않은 분은 산타북 카페 가입을 해주세요.

2. 동영상 플레이어 시간을 0초에 두고, 일시 정지가 안된 분은 꼭 동영상을 일시 정지하고 시간을 0초로 이동해 주세요.

자 준비되셨습니까?

룰을 설명드립니다.

룰

> 1. 듣는 도중에 안들린다고 플레이어를 뒤로 돌려서 다시 들어보고 하면 안됩니다.
> 2. 그냥 주욱 한 번만 듣는 것입니다.
> 3. 두 번이 아닙니다.
> 4. 단 한 번만 듣는 것입니다.
> 5. 듣는 도중 노트 등에 적으면 안됩니다. 적으면 컨닝입니다. 컨닝 No, No!

아셨죠?

인터뷰를 1분만 들어주세요. 1분이 지나면 멈추고 다음의 문제 1을 읽고 문제를 풀어주세요.

(반복해서 들으면 안됩니다. 한 번만 들어야 합니다. 들으며 적으면 안됩니다. 룰 지켜주세요.)

문제1

인터뷰 내용에서 들었던 내용의 한글 뜻을 다음의 빈 칸에 모두 적어주세요.

(어떤 상황을 적는 것이 아닙니다. 들었던 내용의 뜻을 한글로 모두 적어야 하는 것입니다.)

(기억나지 않는다면 기억나는 것만 적으시면 됩니다.)

(단어만이라도 적어도 상관없습니다.)

질문

대화의 몇 퍼센트를 이해하신 것 같습니까?

(답을 적으셔야 합니다. 질문이 있다면 항상 답을 적어주세요.)

수고하셨습니다.

힘드시죠?

조금만 참아주세요. 이제 진단의 거의 끝에 도달했습니다.

받아쓰기 하나만 남아 있거든요.

받아쓰기는 총 2개의 문장을 할 것이며,

문장당 3번의 듣기 기회가 있습니다.

이제 받아쓰기 시작합니다.

받아쓰기

문제 준비

산타북 프로그램은 INDEX 페이지 상태이고, 화살표는 다음과 같이 **[받아쓰기]** 목차를 가리키고 있을겁니다.

1. 산타북 프로그램의 INDEX 페이지에서 [받아쓰기] 목차를 클릭해 주세요. 그리고 아무것도 클릭하면 안됩니다.

그러면 화면은 다음과 같이 **[받아쓰기]**화면의 **[첫번째 받아쓰기(1/3)]**화면으로 바뀌게 됩니다.

아무것도 아직 클릭하면 안됩니다.

다음 페이지에서 먼저 설명과 룰을 읽어주세요.

첫번째 문장의 받아쓰기입니다.

설명

듣는 기회는 문장당 총 3번이며, 3번 전에 받아쓰기를 올바로 했다면

[다음버튼▶]을 눌러서 두번째 받아쓰기로 이동하면 되며, 만약 아니라면

[다시듣기▶]버튼을 눌러서 3번까지 들어보면서 받아쓰기를 하는 것입니다.

받아쓰기 룰

1. 문장을 듣고 영어로 작성 하는 것이며,

2. 작성은 책에 하면 됩니다.

물론 초보자 분들은 정말 많이 들리지 않습니다.

그것은 정상입니다. 왜냐하면 **"내 나라 말이 아니니"** 당연한 것 아니겠습니까..

하지만 걱정하지 마십시요.

독자 여러분은 영어를 잘하려고 본 책을 만난 것이며, 본 책은 여러분의 실력을 최고로 끌어올릴것입니다.

자 준비되셨습니까?

그러면 시작하겠습니다.

첫번째 문장 받아쓰기

1. 받아쓰기 첫번째 시도

지시문

[첫번째 받아쓰기(1/3)]화면에서 [듣기버튼▶]을 클릭해서 문장을 들어주세요.

듣기가 완료되면 다음과 같은 모습입니다.

문제

[첫번째 받아쓰기(1/3)]화면에서 들었던 문장을 영어로 적어주세요.

정답이라고 생각된다면 [다음버튼 ▶]을 누른 후 **두번째 문장 받아쓰기**로 이동하면 됩니다.

그렇지 않다면 받아쓰기 두번째 시도를 하겠습니다.

2. 받아쓰기 두번째 시도

지시문

1.[첫번째 받아쓰기(1/3)]화면에서 [다시듣기▶]버튼을 클릭해서 [첫번째 받아쓰기(2/3)]화면으로 이동
해주세요.

2. [첫번째 받아쓰기(2/3)]화면에서 [듣기버튼▶]을 눌러서 문장을 들어주세요.

<u>문제</u>

[첫번째 받아쓰기(2/3)]화면에서 들은 문장을 영어로 작성해주세요.

정답을 적었다고 판단되면 **두번째 문장 받아쓰기**로 이동해 주시고, 그렇지 않다면 세번째 받아쓰기를 하겠습니다.

3. 받아쓰기 세번째 시도

<u>지시문</u>

1. [첫번째 받아쓰기(2/3)]화면에서 [다시듣기▶]버튼을 클릭해서 [첫번째 받아쓰기(3/3)]화면으로 이동해주세요.

2. [첫번째 받아쓰기(3/3)]화면에서 [듣기버튼▶]을 눌러서 문장을 들어주세요.

<u>문제</u>

[첫번째 받아쓰기(3/3)]화면에서 들은 문장을 영어로 작성해주세요.

수고하셨습니다.

첫번째 문장 받아쓰기가 끝났습니다.

화면은 다음과 같은 모습이 됩니다.

자 그러면 [다음버튼▶]을 클릭해서 다음 이미지와 같이 두번째 받아쓰기(1/3)화면으로 이동해주세요.
그리고 아무것도 클릭하면 안됩니다.

두번째 문장 받아쓰기

두번째 문장의 받아쓰기도 첫번째 문장 받아쓰기 룰과 방식은 같습니다.

1. 받아쓰기 첫번째 시도

지시문
1.[두번째 받아쓰기(1/3)]화면에서 [듣기버튼▶]을 클릭해서 문장을 들어주세요.

문제
[첫번째 받아쓰기(1/3)]화면에서 들었던 문장을 영어로 적어주세요.

정답이 아니라고 판단되면 받아쓰기 두번째 시도로 이동해서 진행해주세요.

※ 받아쓰기를 올바로 작성하신 분들은 프로그램 화면에서 [INDEX로 이동▶]버튼을 눌러서 INDEX 페이지로 이동한 후 80페이지로 이동해서 진행해 주세요.

2. 받아쓰기 두번째 시도

지시문

1.[두번째 받아쓰기(1/3)]화면에서 [다시듣기▶]버튼을 클릭해서 [두번째 받아쓰기(2/3)]화면으로 이동해주세요.

2.[두번째 받아쓰기(2/3)]화면에서 [듣기버튼▶]을 눌러서 문장을 들어주세요.

문제

[두번째 받아쓰기(2/3)]화면에서 들은 문장을 영어로 작성해주세요.

```
```

어렵죠?

이 문장을 듣는 분들은 정말로 많지 않습니다.

올바로 답변을 적지 못하셨다면 이제 마지막 시도입니다.

"아 안들리는데 그래도 해야 하나?"

"도대체 왜 하는거지?"라고 생각하는 것은 당연합니다.

하지만 이것은 필요한 것입니다.

책에 꼭 답변을 적어주세요.

자 그러면 세번째 받아쓰기를 하겠습니다.

3. 받아쓰기 세번째 시도

지시문

1.[두번째 받아쓰기(2/3)]화면에서 [다시듣기▶]버튼을 클릭해서 [두번째 받아쓰기(3/3)]화면으로 이동해주세요.

2.[두번째 받아쓰기(3/3)]화면에서 [듣기버튼▶]을 눌러서 문장을 들어주세요.

문제

[두번째 받아쓰기(3/3)]화면에서 들은 문장을 영어로 작성해주세요.

```
┌─────────────────────────────────────────────────────────────┐
│                                                             │
│                                                             │
│                                                             │
│                                                             │
└─────────────────────────────────────────────────────────────┘
```

자 이렇게 해서 이제 받아쓰기가 끝났습니다.

이제 영어 진단을 마치기 전 한가지 새로운 실험을 하겠습니다.
아직 프로그램을 닫으면 안됩니다:)

안들리는 이유 해답 – 세번째를 위한 실험

본 장에서는 녹음기와 산타북 프로그램을 병행해서 진행할 것입니다.

준비
1. 녹음기
2. 산타북 프로그램

지시문
1. 녹음기를 준비해주세요.
2. 기존 받아쓰기를 모두 마친 분들은 산타북 프로그램 화면에서 [INDEX로 이동▶]버튼을 눌러서 INDEX 페이지로 이동해주세요.

INDEX 페이지는 다음과 같이 **[실험 - 안들리는 이유 해답 세번째]** 목차를 화살표가 가르키고 있을겁니다.

3. **[실험 - 안들리는 이유 해답 세번째]** 목차를 클릭해주세요.
자 그러면 다음과 같이 **[실험 - 안들리는 이유 해답 세번째]** 화면으로 이동됩니다.

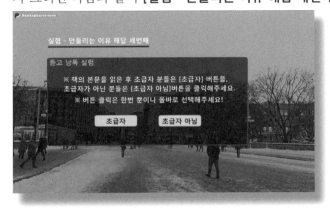

여기서는 한 문장을 듣고 낭독하는 실험을 할 건데요.

4.초급자 분들은 **[초급자]**버튼을, 초급자가 아닌 분들은 **[초급자 아님]**버튼을 클릭해주세요.
*초급자인지 아닌지를 보려면 영어 진단의 **[인터뷰 듣기]**에서 해답을 약 25% 이상 적었다면 초급자는 아닙니다.
버튼을 클릭하면 다음과 같이 실험화면으로 바뀝니다.

자 그러면 이제 준비가 된 것입니다.
같은 문장을 10번을 들을 건데요.
다음의 룰을 지켜야 합니다.

룰

> 1. 문장을 한 번 듣자마자 바로 낭독하는 것이며, 다 기억나지 않으니 기억나는 것만
>   낭독하면 됩니다.
> 2. 들으며 노트 등에 적으면 안됩니다. 적는다면 컨닝이 됩니다.
> 3. 문장 재생이 끝남과 동시에 1초도 뜸들이지 않고 바로 따라 말하는겁니다.

아셨죠?

※ 실험 전 준비사항

> 1. 녹음기는 바로 녹음할 수 있도록 준비해 주세요.
> 2. 한 문장을 총 10번을 듣는 것이며,
> 3. 문장을 듣고 바로 낭독하는 것입니다.
> 4. 만약 10번을 하기 전 문장을 올바로 따라 낭독했다면 이제 실험은 모두 끝났으니 멈춰주세요.
> 5. 10번을 들었어도 올바로 듣지 못했더라도 10번을 하고 멈추는 것입니다.

자 그러면 시작합니다.

녹음시작
1.자 먼저 녹음기의 녹음버튼을 눌러주세요.
(녹음 상태로 두는 것입니다.)

2.녹음기를 종료하지 마시고 화면에서 보이지 않게 해주세요.

※ 산타북 프로그램은 화면에서 보이는 상태로 두면 됩니다.

자 이제 실험을 할 차례 인데요.
실험은 산타북 프로그램에서 합니다.
앞에서 설명드린대로 총 10번을 반복하겠습니다.
만약 10번 전에 문장을 모두 똑같이 말한다면 실험을 멈추고
책의 실험 뒤에 있는 **3. 녹음기 정지**로 이동해서 진행해주세요.

실험

1) 첫번째 시도
[첫번째 시도 1/10]화면의 [듣기버튼▶]을 클릭해서 문장을 들어주세요.

Q.문제 - 들은 문장을 소리내어 낭독해주세요.

2) 두번째 시도
1.[첫번째 시도 1/10]화면의 [다음]버튼을 클릭해서 [두번째 시도 2/10]으로 이동해주세요.
2.[듣기버튼▶]을 클릭해서 문장을 들어주세요.

Q.문제 - 들은 문장을 소리내어 낭독해주세요.

3) 세번째 시도
1.[두번째 시도 2/10]화면의 [다음]버튼을 클릭해서 [세번째 시도 3/10]으로 이동해주세요.
2.[듣기버튼▶]을 클릭해서 문장을 들어주세요.

Q.문제 - 들은 문장을 소리내어 낭독해주세요.

4) 네번째 시도
1.[세번째 시도 3/10]화면의 [다음]버튼을 클릭해서 [네번째 시도 4/10]으로 이동해주세요.
2.[듣기버튼▶]을 클릭해서 문장을 들어주세요.

Q.문제 - 들은 문장을 소리내어 낭독해주세요.

5) 다섯번째 시도
1.[네번째 시도 4/10]화면의 [다음]버튼을 클릭해서 [다섯번째 시도 5/10]으로 이동해주세요.
2.[듣기버튼▶]을 클릭해서 문장을 들어주세요.

Q.문제 - 들은 문장을 소리내어 낭독해주세요.

6) 여섯번째 시도
1.[다섯번째 시도 5/10]화면의 [다음]버튼을 클릭해서 [여섯번째 시도 6/10]으로 이동해주세요.
2.[듣기버튼▶]을 클릭해서 문장을 들어주세요.

Q.문제 - 들은 문장을 소리내어 낭독해주세요.

7) 일곱번째 시도
1.[여섯번째 시도 6/10]화면의 [다음]버튼을 클릭해서 [일곱번째 시도 7/10]으로 이동해주세요.
2.[듣기버튼▶]을 클릭해서 문장을 들어주세요.

Q.문제 - 들은 문장을 소리내어 낭독해주세요.

8) 여덟번째 시도
1.[일곱번째 시도 7/10]화면의 [다음]버튼을 클릭해서 [여덟번째 시도 8/10]으로 이동해주세요.
2.[듣기버튼▶]을 클릭해서 문장을 들어주세요.

Q.문제 - 들은 문장을 소리내어 낭독해주세요.

9) 아홉번째 시도

1.[여덟번째 시도 8/10]화면의 [다음]버튼을 클릭해서 [아홉번째 시도 9/10]으로 이동해주세요.
2.[듣기버튼▶]을 클릭해서 문장을 들어주세요.

Q.문제 - 들은 문장을 소리내어 낭독해주세요.

10) 열번째 시도

1.[아홉번째 시도 9/10]화면의 [다음]버튼을 클릭해서 [열번째 시도 10/10]으로 이동해주세요.
2.[듣기버튼▶]을 클릭해서 문장을 들어주세요.

Q.문제 - 들은 문장을 소리내어 낭독해주세요.

수고하셨습니다.

열번째까지 듣게되면 다음과 같은 화면이 됩니다.

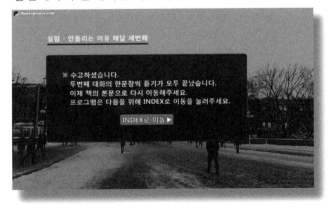

3. 녹음기 정지

녹음도 멈추어야 하니 작업표시줄로 내린 녹음기를 열어서 녹음을 멈춰주세요.
그리고 파일을 저장해주세요.

(녹음파일의 저장명은 자유롭게 하면 됩니다.)

4. 녹음한 내용 듣고 한글 독음을 적기
이제 독자분들이 녹음한 파일을 재생해서 들으며, 들은 내용을 다음의 빈칸에 한글로 독음을 한 문장씩 적어주세요.

(총 10번을 듣고 낭독했다면 적은 문장은 10줄이 될겁니다.)

한글 독음을 적는다는 의미는
지금 독자분들이 녹음한 내용을 이곳에 한글로 기록하는 것입니다.
가령, go to school은 "고우 투 스쿨"로 한국말 발음이 되죠? 그 소리나는 대로의 한국말 발음을 적는겁니다.
한 문장만 적는 것이 아니라 10번 들은 내용을 한문장씩 내려쓰며 모두 빈칸에 적으시면 됩니다.

적은 내용을 보면 듣는 횟수가 많아질수록 점점 올바로 적은 것을 볼 수 있습니다.

정답

<u>초급자인 경우</u>

And our friends been there since midnight. They've been waiting for almost an hour!

<u>초급자가 아닌 경우</u>

I was upset, but I calmed down, and I just stepped in front of him and then the kid told me, "Hey! Don't cut in line!"

자 그러면 질문하나 드리겠습니다.

질문

이렇게 계속 들으면서 그 문장을 올바로 말하려고 하니까 머리가 아픕니까? 아닙니까?

여기는 다양한 답변이 있었습니다.

"머리가 뽀개질 것 같아요"
"머리가 아파요"
"멍해지네요"

당연히 머리가 아파옵니다.

왜 그럴까요?

이 원인이 있습니다. 이 원인을 제대로 안다면 여러분의 영어 실력 향상에 방해 된 한 가지를 알게 된 것이고, 어떤 방법으로 해결해야 하는지 알고 그 해결 방안으로 공부하면 여러분의 영어 실력은 크게 향상 될 것입니다.

영어는 계단을 오르고 계단을 오른다고 하죠? 사실 계단보다는 벽을 넘어야 하는 것인데, 이 원인과 해결책으로 큰 벽을 하나 넘은 것과 같다고 할 수 있습니다.

왜냐하면 그 해결 방안을 섭렵한다면 미국 어학연수 몇 개월 이상 수준과 비슷해집니다. 그렇다면 이것은 실력이 있는 상태가 되기 때문입니다.

그래서 지금의 실험을 영어 진단 끝나자 마자 한 것이며, 보다 자세한 내용은 **안들리는 이유 해답 세번째**에 있습니다.

하지만! 아직 그곳을 넘기지 말아주세요. 왜냐하면 책은 강의 형태로 되어 있기 때문에 정말로 순차적으로 봐야 합니다.

아셨죠?:)

자 수고하셨습니다.
이렇게 해서 영어 진단이 모두 끝났습니다.

어떻습니까? 할만하죠?

"영어를 공부하며, 그동안 이런식의 영어 진단을 해본 적이 있었는가?"

있었습니까? 아마 없었을 겁니다.
프리토킹까지 가려면 내가 얼마큼을 공부했으니 지금 어디까지 왔고, 앞으로 얼마큼 더 가면 되는지 알아야 하며, 또한 내 실력이 향상 되었다면 향후 비교 자료가 필요한데 바로 이 영어 진단이 그 자료가 됩니다.

그래서 본 책의 훈련대로 열심히 해서 6개월 혹은 1년이 지난 뒤 지금의 방식으로 다른 미국 드라마를 가지고 진단해보세요.
그리고 지금의 영어진단 결과와 비교하면 내가 어느 정도 향상되었는지 알게 될겁니다.

또한 이 영어 진단의 뒷배경에는 영어를 왜 못했는지 그리고 영어를 잘하려면 어떻게 해야 하는지가 숨어 있답니다.
그래서 이 진단을 하게 된 것입니다.

영어 진단 결과에 대한 질문 3가지

자 이제 다음의 질문에 대한 답변을 적어주세요.

질문1
영어 진단 시 첫번째 대화 12문장, 두번째 대화 15문장을 한번에 듣고 왜 (   )퍼센트 뿐이 듣지를 못할까요?

질문2
듣지 못하는 또 다른 이유가 또 없을까요?

질문3
듣지 못하는 알고 있는 이유를 모두 작성하셨습니까?

3가지 질문은 독자분들이 영어를 듣지 못하는 그 이유가 무엇인지를 올바로 알고 있는지 스스로를 파악하기 위해서 드린 질문입니다.

자 그러면 영어 진단 풀이를 하겠습니다.

영어 진단 풀이

이제 정답과 비교를 할 차례입니다.

산타북 프로그램을 종료하지 않았다면 산타북 프로그램 화면은 **[실험 - 안들리는 이유 해답 세 번째]**의 다음과 같은 화면일겁니다.

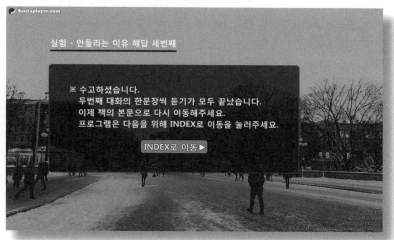

1. [INDEX로 이동▶]버튼을 눌러서 INDEX페이지로 이동해주세요.

만약 프로그램을 종료한 경우라면 Read_me.txt 파일을 열고 count변수에 숫자 6을 넣고 ★count=6★ 파일을 저장 후 산타북 프로그램을 열고 INDEX페이지로 오면 됩니다.

산타북 프로그램은 다음과 같이 **[영어진단풀이 - 정오답체크]** 목차에 화살표가 가리키고 있습니다.

2. 자 이제 정오답 체크를 위해서 INDEX페이지에서 [영어진단풀이 - 정오답체크] 목차를 클릭해주세요.

그러면 다음과 같이 **[영어진단풀이 - 정오답체크]** 화면으로 바뀌며, 첫번째 대화, 두번째 대화에 대한 문장을 볼 수 있습니다.

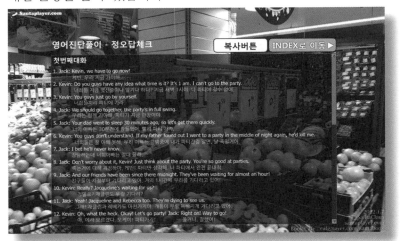

3. 이제 우측상단의 [복사버튼]을 눌러주세요.

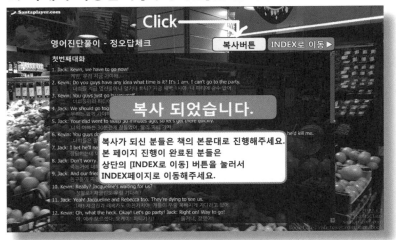

[복사버튼]을 누르면 이미지와 같이 복사되었다는 창이 나타납니다.
대화가 복사 된 것입니다.
이제 문서에 붙여넣기 할 차례인데요.

4. MS워드를 열어주세요. (한글 문서 프로그램도 괜찮습니다.)

(메모장이나 워드패드는 복사가 안됩니다.)

5. 그리고 복사된 내용을 붙여넣기 해주세요.

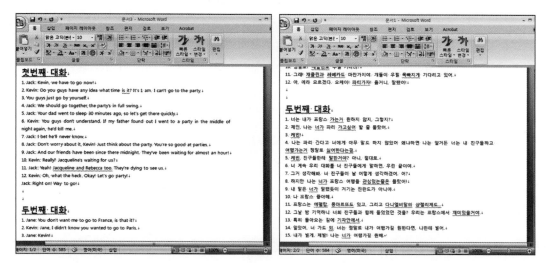

복사는 이미지에서 보는 것과 같이 먼저 영어 대화가 복사 되고, 그 아래에는 한글이 복사가 됩니다.

문서 프로그램 화면 모습이 저자와는 다를 겁니다. 그것은 MS 워드의 버전 때문입니다.

6. 파일을 "나의_파랑색"이름으로 저장해 주세요.

이제 틀린 문장을 파랑색으로 만들 차례인데요.

7. 예시파일을 참조하기 위해서 북카페(https://cafe.naver.com/santabook/7)로 이동해서 [나의 파랑색 예시]를 봐주세요.

여기는 등급을 한단계 올려야 볼 수 있으므로, 등급신청을 하시면 최대한 빨리 올려드립니다.

이렇게 하는 이유는 정답을 산타북과 함께 제공할 수 있지만 미리 대사를 볼 수 있기 때문입니다. 그 점을 방지하고자 번거롭지만 이렇게 하게 된 것입니다. 이점 양해드립니다.

(※ 카페에 가입하지 않은 분은 카페 가입을 해주시고, 등업신청을 해주세요.)

[나의 파랑색 예시]는 **문장들이 파랑색**으로 되어 있는 곳이 많고 해당 문장들 우측에는 **(많이 들어보지 않음)** 글자가 있습니다. 이것은 문장이 정답이 아닌 문장을 나타냅니다.

영어 진단 시 첫번째 대화, 두번째 대화를 각각 한 문장씩 듣고 한글 뜻을 책에서 적었습니다.

([첫번째 대화 - 한 문장씩 듣기] [두번째 대화 - 한 문장씩 듣기] 편)

8. 그러면 이제 다음의 [한글 정답]을 보고 여러분이 [첫번째 대화 - 한 문장씩 듣기] [두번째 대화 - 한 문장씩 듣기]에서 작성한 것과 비교를 해서 [나의 파랑색 예시]와 같이 틀린 문장은 굵은 파랑색 문장으로 만들고 우측에 (많이 들어보지 않음)을 써주세요.

틀렸는지 맞혔는지 보려면 문장마다 정답과 비교해서 독자분이 적은 해당 문장 답이 70%이상이 다르다면 틀린 답으로 가정하면 됩니다. (※ 정 어렵다면 산타북 카페에 파일을 올려 주시면 저자가 수정해 드리겠습니다:)

한글 정답

첫번째 대화
1. 케빈, 우리 지금 가야해.
2. 너희들 지금 몇신줄이나 알기나 하니? 지금 새벽 1시야. 나 파티에 갈수 없어.
3. 너희들끼리 파티에 가라.
4. 우리는 함께 가야 해, 파티가 지금 한창이야.
5. 너의 아빠는 30분전에 잠들었어, 빨리 파티 가자.
6. 너희들은 잘 이해 못해, 우리 아빠는 한밤중에 내가 파티간걸 알면, 날 죽일거야.
7. 장담하는데 너희아빠는 절대 몰라.
8. 죽는거에 대해 걱정하마, 케빈! 파티만 생각해. 너 파티에서 완전 끝내줘.
9. 친구들이 자정부터 기다리고 있어. 거의 1시간째 우리를 기다리고 있어!
10. 정말로? 재클린도 우릴 기다려?
11. 그래! 재클린과 레베카도 마찬가지야. 걔들이 우릴 목빠지게 기다리고 있어.
12. 아, 에라 모르겠다. 오케이! 파티가자! 옳거니, 잘했어!

두번째 대화
1. 너는 내가 프랑스 가는거 원하지 않지, 그렇지?
2. 제인, 나는 너가 파리 가고싶어 할 줄 몰랐어.
3. 케빈!
4. 나는 파리 간다고 너에게 아무 말도 하지 않았어 왜냐하면 나는 알거든 너는 내 친구들하고 여행가는거 정말로 싫어한다는걸.
5. 케빈, 친구들한테 말한거야? 아니, 절대로.
6. 너 계속 우리 대화를 너 친구들에게 말하면, 우린 끝이야.
7. 그거 생각해봐. 너 친구들이 날 어떻게 생각하겠어. 어?
8. 하지만 나는 너가 프랑스 여행을 관심있는 줄은 몰랐어!

9. 내 말은 너가 말했듯이 거기는 핀란드가 아니야.
10. 나 프랑스 좋아해.
11. 프랑스는 에펠탑, 몽마르뜨도 있고, 그리고 다니엘비달의 샹젤리제도...
12. 그날 밤 기억하니 너희 친구들과 함께 들었었던 것을? 우리는 프랑스에서 재미있을 거야.
13. 특히 돌아오는 길에 기차안에서.
14. 알았어, 너 가도 되. 너는 정말로 내가 여행가길 원한다면, 나한테 빌어.
15. 내가 빌게, 제발! 나는 너가 여행가길 원해.

9. 모두 마친 분들은 파일을 저장해주세요.

방금 만든 "나의_파랑색" 파일은 향후에 계속적으로 참조를 하기 때문에 꼭 저장해주세요.

틀린곳을 이렇게 **파랑색**과 (많이 들어보지 않음)으로 표시하고 파일을 보면 좀더 나의 영어상태를 냉정하게 바라보게 됩니다.
"아~ 내가 이정도 인가?"하고 생각이 들겁니다.

이 파랑색들은 단순히 영어 테스트의 결과가 아닙니다.
여러분들이 왜 이렇게 파랑색이 많은지를 알아야 합니다.
파랑색이 많은 원인이 있으며, 그 원인들을 알게 되면 여러분은 영어에 대한 생각이 달라지고, 그 원인들에 대한 해결책으로 어떻게 해야 하는지를 알고 그 해결책 대로만 한다면 영어는 장족의 발전을 하게 됩니다. 여러분이 그리는 영어의 꿈에 가까이 가게 됩니다.
본 책에서는 이것의 원인과 해결책으로 영어를 어떻게 해야한다는 것들이 구체적으로 나옵니다.

※ 참고로 책의 여러곳에서 지금 만든 파랑색을 참조하게 되므로 반드시 이 과정을 해주세요.

인터뷰 정답은 아쉽게도 이곳에 올릴수는 없습니다.
다만, 북 카페에 올려져 있으니 북 카페를 참조해주세요.

받아쓰기의 분석은 **안들리는 이유 원인편**에서 할 것이기에 여기서는 생략합니다.

자 이렇게 해서 영어 진단 파트를 마치겠습니다.

파트를 마치며

원래 뭔가 시험을 본다거나 테스트에 임하는 것은 쉽지 않은 일입니다.

어떻습니까?

정답이 여러분의 답과 많은 차이가 나는 분이 있고, 비슷하게 작성한 분들도 있을겁니다.

많은 차이가 있어도 너무 낙담하지 마세요.

영어를 잘하려고 본 책을 구입한 것이 아니겠습니까:)

그렇다면 이제부터는 영어를 잘하는 일만 남은 것입니다. 그러니 전혀 낙담할 필요가 없답니다:)

또한 프리토킹이라는 목적지까지 가기 위해서 **"내가 지금 얼마큼 왔구나"**를 알면 되는 것입니다.

그리고 본 책에서 진단한 것은 단순히 나의 현재 수준을 보는 것만이 전부가 아닙니다.

여기에는 많은 비밀스러운 내용들을 담고 있고, 암시하고 있답니다.

그래서 이 진단한 것을 근거로 영어를 잘하기 위한 여러가지들을 꺼내겠습니다.

※ 노트

영어 진단을 하지 않은 분이라면 먼저 진단을 꼭 해주세요.

향후 1년 간 본 책에서 제시한 대로 영어 공부를 한 후 이 영어 진단과 같은 형태로 스스로를 진단해보세요.

그리고 지금의 진단 결과와 비교해보세요.

실력이 많이 달라진 여러분의 모습을 눈으로 보게 될겁니다.

이제 다음 장(**프리토킹의 비밀 - 깨달음**)에서는 타국어를 공부하는 모든 사람에게 가장 중요한 언어의 깨달음을 접하게 됩니다.

깨달음 파트를 마치게 되면, **"아~ 어떻게 공부해야 프리토킹 되는지 알았다."**라고 하게 될겁니다.

다음 장은 어쩌면 30분도 안 걸릴 수도 있습니다.

장장 10년을 하다말다, 하다말다를 하신분이 깨달음부를 마치게 되면 **"이제 실제 어떻게 프리토킹 되는지 알게 되었다"**라고 하게 됩니다.

또한 왜 그동안 하다말다, 하다말다를 반복하면서 방법을 찾고 찾아도 왜 안되었는지에 대한 것도 알게 됩니다.
그래서 저자는 늘 말을 합니다.
영어를 시작할 때 가장 먼저 알고 시작해야 하는 것은 바로 이것이라고 말합니다.

'어떻게 공부해야 프리토킹 되는가?'

이 수수께끼 같은 프리토킹의 비밀을 풀게되면 나머지 어학공부는 어떻게 해야 하는지 자동적으로 술술 풀리게 되는 것입니다.

깨달음을 알게되면 모든 어학 공부는 이 깨달음을 기반에 두고 해야 한다는 것을 알게됩니다.
학원을 다니든, 전화영어를 하든, 혼자 공부하든, 어학연수를 하든 말입니다.

"정말일까?"

네. 정말입니다.

프랑스어, 스페인어, 독일어, 일본어, 중국어 등 모든 언어는 이 깨달음 안에 들어가 있습니다.
이 깨달음은 언어의 진리가 됩니다.
저자 스스로 이 깨달음을 얻기까지 오랜 시간이 걸렸습니다.

이것을 알려드리는 저자의 마음은 이미 설레입니다.
독자 여러분이 깨달음 장을 마치게 되면 저자의 이 마음이 충분히 이해가 될겁니다.

자 그러면 이제 정말로 영어를 깨닫게 되는지 어떤지,
한번 깨달음 장으로 가볼까요?

It has always been there

Thoughts
Become
Things

깨달음은 원래부터 있었다
근본이며 진리이다
단지 깨달음을 얻지 못했을 뿐이다

– YKS. –

The Secret!

It has always been there

파트2. 프리토킹의 비밀 – 깨달음
(언어의 진리–영어를 바라보는 패러다임의 전환)

"영어는 비법이 없어요", "그냥 열심히 반복 뿐이에요", "반복 하다보면 되요", "비법, 비법 같은 말 믿지 마세요", "상술이에요"..

과연 그럴까요? **과연?!**

이제 저자는 처음으로 **"영어 프리토킹의 비밀, 깨달음"**을 꺼냅니다.

태초부터 지금까지 늘 존재해 있었던... 그 비밀... 수수께끼같은 그 비밀.... 언어의 진리, 통찰, 깨달음... 모든 언어에 모두 적용되는 그것을 꺼냅니다.

The Secret of FreeTalking

수수께끼 같은 프리토킹의 비밀을 풀다

많은 분들이 영어 때문에 어려워 하는 것은 기정사실입니다. 영어는 영원히 풀리지 않는 수수께끼, 미로거든요.

그래서 믿는 것은 다음과 같습니다.

[잘못된 명제1]
"언젠가 된다, 반복해라, 반복 뿐이다, 왕도가 없다"

과연 그럴까요?

많은 분들이 다음과 같이 제게 토로했습니다.

"산타님. 전 말이죠. 나름대로 10년간 열심히 했어요. 그런데 영어가 쉽게 되지 않네요. 돈도 꽤 들어갔는데… 영어는 풀리지 않는 숙제같아요."

영어는 "소원이다, 염원이다, 숙제다, 족쇄다, 방법을 모르겠다, 난 안되는 사람인가.." 말씀들을 합니다.
왜냐하면 위의 저 문장**[잘못된 명제1]** 그것이 답인 것으로 믿어왔고, 뾰족한 답은 없고, 그래서 많은 분들은 지금도 그렇게 생각합니다.

저자 또한 처음 영어공부 시절 그런 생각들을 했습니다.

저자는 이제 말합니다.

그런데 **과연 그럴까요?**

저 문장은 어쩌면 "지구는 네모야. 지구가 우주 중심이야. 그러니까 이상한 소리 하면 안된다." 어쩌면 이런 것이 아닐까요?

이런 낡은 개념은 이제 버려야 할 때가 된 것 같습니다.

왜냐하면 **그 수수께끼 같은 프리토킹의 비밀** 산타가 풀었기 때문입니다.

보통 영어는 외국인들과 있으면 된다고 합니다.

다음의 11가지에 속하는 분들은 영어가 될 수 밖에 없는 환경이며, 혼자 공부하는 분들보다 훨씬 좋은 환경에서 영어를 접한 분들입니다.

1. 교포지만 미국에서 태어났거나 (영어권)

2. 초등학교 때 이미 미국에 건너가서 중·고등학교를 다녔거나

3. 수천만원의 과외비를 수년이상 주며 원어민 강사가 매일 집에 와서 몇 시간씩 가르쳤거나(수년이상 매일 화상영어를 했거나)

4. 미국 유학가서 최소 1년이상을 살았거나(한국 사람들과 있는 것이 아닌 주로 미국 사람들과 어울리거나)

5. 미국 유학 1년가서, 가자마자 미국 사람과 사귀어서 동거를 하며 지냈거나

6. 유학도 아니고 그냥 미국 가서 6개월 동안 미국 사람들과 매일같이 같이 살며, 같이 먹고, 같이 잠자고, 같이 밤새도록 노는

7. 한국이지만 미국 사람을 만나서 한국땅에서 동거하면서 살았거나

8. 영문학과를 나오고 영어를 전공해서 오랜동안 영어를 해왔거나

9. 영문학과를 나와서 한국에 위치한 회사지만 외국계 회사를 다녀서 외국인들과 일하면서 시간 내내 영어를 사용할 수 밖에 없어서 결국 몇 년도 채 되지 않아서 영어가 되어버린 (영문학과 졸업해도 프리토킹을 못했지만)

10. 집이 부유해서 어릴때부터 미국인의 출입이 잦았거나 (미국인 친척들과 어릴 때 함께 수년을 지냈거나)

11. 외국인 클럽에서 일을 했거나

이것은 영어를 잘 못하는 분들의 공부하는 입장은 아닙니다.

그런데 위 1~11번까지의 분들이 다음의 것으로 되었을까요?

"들어라, 따라말해라, 리듬맞춰라, 발음맞춰라, 속도맞춰라, 쉐도잉 해라, 받아써라"

저자는 이것을 **"팁"**이라고 합니다.
어느 정도 효과를 보게 하는 조언 정도라 판단됩니다.

생각해 볼 점은 위 1~11번 사이에 있는 분들의 환경에서는 **"팁"**을 하지 않아도 영어가 되지 않을까요?
반대로 위의 1~11번 사이에 있는 분들이 그 환경에 없고, 그냥 **"팁"**으로만 했다면 영어가 유창하게 되었을까요?

저자는 스스로 영어를 터득하는 과정에서 많은 것들을 다르게 보아왔습니다.
스스로를 다양하게 실험도 해왔습니다.

그리고 많은 의구심이 들었습니다.

"왜 모국민은 모두 모국말을 잘하는 걸까?"
"그런데 왜 타국민은 타국어를 모국어처럼 못하는 걸까?"
"왜 1~11번의 사람들이 영어가 되는 걸까?"

가령 받아쓰기를 7~8년을 하신분도 만나보았습니다. 이분은 공무원일을 하시기에 6시면 퇴근을 하고, 가족과 떨어져 다른 지방에 살기에 공부 시간이 다른 분들 보다 많았습니다.
그래서 하루 2~3시간씩 꾸준히 받아쓰기를 하셨다고 들었습니다.
하지만 영어 듣기 조차도 못하셨습니다.

문법을 30년 하신 한국 문법 모든 것을 A4용지 10페이지 분량으로 정리하셨다는 달인분도 만나보았습니다.
"툭"치면 문법이 나오는 분입니다. 그런데 이분이 제게 말씀하시길 **"전 듣기와 말하기는 꽝이에요"** 라고 합니다.

학원 원장님들도 꽤 만나보았습니다.

가령 한 원장님은

"학원에 미국 원어민 강사가 있어요. 그 미국인 강사님만 만나면 귀가 닫히고 입이 닫혀요. 빨리 집에 가고 싶은 생각뿐이에요. 저는 토익은 고득점자에요."
토익은 고득점자인데도 영어를 잘하지 못합니다.

호주 유학 5년한 분께 1년 500만원을 투자해서 듣고 말하기를 배운 분이 있었습니다.
남편분과 같은 회사를 다니는 이분은 "이제 1년 지났고, 나도 어느 정도 듣고 말할 수 있다."라고 생각했었습니다. 이후 남편분은 영어를 잘해서 미국에 가게 되었고, 이분은 회사에서 미국 어학연수를 보내준 것입니다. LA에서 가장 비싼 달에 250만원짜리를. 그리고 한달 뒤 제게 말씀하시길

"산타님. 저는 제가 영어를 좀 하는 줄 알았어요. 온지 한 달 되었는데 이 사람들 무슨 말 하는지 도무지 못 알아 먹겠고, 또 말도 안나와요. 학원에서 수업하는 걸 보니 이러다 10개월이 지나도 내가 원하는 수준에는 전혀 못 미칠 것 같아요ㅠㅠ"

영어를 공부하는 우리는 어쩌면 다음과 같습니다.

그렇다면 도대체 우리는 어떻게 해서 우리말을 잘하게 된 것일까?
저자 스스로 수많은 질문에 질문을 하고 수년간을 고민해왔으며, 다양한 방법으로 스스로를 테스트 해왔습니다.
예를 들면 한 편의 영화를 마스터하기 위해서 221페이지 깜지가 소요되기도 했습니다.
다음의 주소를 보면 221페이지의 깜지를 보실 수 있는데요.

이것은 대단한 노력입니다.

이 외에 저자는 다양한 방법을 통해 계속적으로 저자 스스로를 테스트 한 결과 어느날 영어 실력이 어떻게 하면 급속도로 발전하는지 발견하게 되었습니다.

이것은 놀라운 발견입니다.

발견이라는 것이 맞습니다.

이것은 태초부터 지금까지 있었던 것이고, 누군가에게 아직 발견되지 않았을 뿐이기 때문입니다.

그 놀라운 발견, 그것은 영어에만 국한되는 것이 아니였습니다.

스페인어, 프랑스어, 독일어, 네덜란드어, 덴마크어, 핀란드어, 일본어, 중국어 등 그 어떤 언어에도 공통적으로 적용된다는 것도 알게 되었습니다.

이것은 언어의 진리이며, 통찰이며, 깨달음이었습니다.

[영어한계의 팁]

"들어라, 따라말해라, 리듬맞춰라, 발음맞춰라, 속도맞춰라, 쉐도잉해라, 받아써라"

프리토킹이 되는 비밀을 풀고보니 **"왜 이런 팁으로는 영어가 되지 않는가?"**를 알게되었고,

즉, 팁으로는 안되는 것은 그 근본적인 원인이 있었으며, 해결책은 아예 다른 곳에 있었습니다.

우리가 어떻게 해서 말을 배우는지…

어학연수를 간 사람들이 어떻게 해서 말을 하게 되는지…

미국 사람들과 하루종일 뒹근 사람들이 문법을 몰라도 왜 말을 잘하게 되는지…

유학간 사람은 왜 저것(영어한계의 팁팁)만을 유독 말하는지 그것을 하지 않아도 영어가 되는데…

단순히 **"하다보니 되었다."** 물론 그렇습니다만 실제 그 밑에는 정말로 중요한 것이 있었습니다.

이것은 저자가 꺼내가 않았다면 어쩌면… 어쩌면…

영원히 풀리지 않는 수수께끼 같은 비밀이었을지도 모릅니다.

이제 본 장에서는 이 수수께끼 같은 프리토킹의 비밀을 여러분들이 정말로 이해하기 쉽도록 하나씩 꺼내겠습니다.

프리토킹 비밀을 풀다

프리토킹이 되는 비밀을 알게되는 시점이기 때문에 본 장은 영어 전체에서 가장 중요한 것이며, 본 책에서도 가장 중요한 부분이 됩니다.

여러분! 이제 영어, 깨달아야 할 차례입니다.
영어! 깨쳐야 합니다!

그렇게 되면 수수께끼 같은 프리토킹의 비밀이 풀리는 것입니다.

※ 노트

> 본 장을 시작하면서 먼저 짚고 넘어가야 할 내용이 있습니다.
> 질문에 대한 답변은 여러분의 생각이라는 것입니다.
> 즉, **"내가 현재 가지고 있는 영어의 생각과 관점과 시각"**이라는 것입니다.
> 이제 그 생각과 관점과 시각이 바뀌어야 합니다. 그래서 본 장을 준비한 것이므로,
> 질문에는 항상 성실히 답변을 해주세요.
> 항상 앞에서부터 순서대로 해야 하며, 먼저 뒤를 넘기지 말아주세요. 그러면 **컨닝**입니다.

이제, 여러분의 영어에 대한 생각, 시각, 영어를 바라보는 관점이 달라져야 할 차례입니다.
또한 각 질문에는 꼭 답변을 달아주세요.

질문1
영어는 읽기, 쓰기, 듣기, 말하기를 매일 해야 한다고 합니다.
왜 그럴까요? (성실히 답변을 달아주세요. 컨닝하면 안됩니다.)

질문2
영어를 통달하고 싶으십니까?

그렇다면 책의 앞부분인 **[진행을 위한 질문]**에서 했던 질문 중 질문16입니다.

질문16

하루에 미드(미국 드라마) 문장을 몇 문장 연습하는 것이 좋을까요?

조건
1) 각 연습하는 문장들은 원어민과 똑같은 발음이 되도록 해야 하며,
2) 자막을 보지 않고 들으면 무슨말인지 바로 들리고(이해되고) 그대로 따라 말할 수 있는 정도 입니다.

(지금 여러분은 하루 종일 공부할 수 있는 시간이 없기에 미드 문장을 내것으로 만들기 위해서 하루에 미드를 몇 문장을 연습 하는것이 좋을까요? 답변을 적어주세요.)

___

몇 문장을 적으셨나요? (솔직히요)

저자가 강의할 때 거의 모든 분들이 이 질문의 답변에 5~10문장을 적었습니다. (물론 20~30 문장을 적는 분들도 있었습니다.)

좋습니다.

___

5~10문장

___

자 이제
앞의 **질문1**의 문장에 **"내가 가지고 있는 문장 가지고"**라는 문구를 추가로 넣어 질문을 만들어 보겠습니다.

___

질문1

영어는 **"내가 가지고 있는 문장 가지고"** 읽기, 쓰기, 듣기, 말하기를 매일 해야 한다고 합니다. 왜 그럴까요?

___

좋습니다.

"내가 가지고 있는 문장 가지고"

어떻게 보이십니까?

- 내가 가지고 있는 문장가지고 - "그게 뭐에요?"

라고 많은 분들이 물어옵니다.

내가 가지고 있는 문장 가지고

이것은 의미심장한 말입니다.

즉, 내가 가지고 있는 문장이 무엇을 뜻하는지 알아야 한다는 것입니다.

좋습니다.
다시 질문을 드립니다.

질문3
내가 가지고 있는 문장이란 무엇을 뜻할까요?
이 질문을 드리는 이유는 저자의 생각과 여러분의 생각을 비교해야 하기 때문이며,
또한 질문이 있다는 것은? 곰곰히 생각해보면
바라보는 관점의 시야를 달리봐야 한다는 것이고, 결국 보다 폭넓게 문제를 바라보게 된다는 것입니다. (물론 근본에 접근하는 방법이기도 합니다.)
좋습니다.
내가 가지고 있는 문장이란? 무엇일까요?
(답변을 써주세요)

그렇다면 10년전에 공부했던 문장이 내가 가지고 있는 문장일까요?

(질문의 조건은 현재 입니다. 즉, 현재 시점에서 10년전에 공부한 문장을 말하는 것입니다.)

※ 내가 가지고 있는 문장이란

1. **현재 나한테 이미 익숙해버린 문장**이라서
2. **들으면 문장이 모두 들리고 그 문장을 비슷하게 따라말할 수 있어야 한다** 라는 것입니다.

독자분들이 10년전에 공부한 문장… 지금도 익숙해진 상태일까요?
아닐겁니다.

좋습니다.
질문 들어갑니다.

그렇다면 현재 나한테 익숙해버린 문장이 몇 개나 됩니까?

이 답변 또한 많은 분들이 **"몇 개 되지 않습니다"**라고 합니다.
좋습니다. 다음 박스안의 내용이 핵심입니다.

> **영어는**
> **"내가 가지고 있는 문장 가지고"** 읽기, 쓰기, 듣기, 말하기를 매일 해야
> 한다고 합니다.

왜 그러냐 말입니다.

심플합니다.

바로 **이것이 영어를 통달하는 방법**입니다.

"어? 머여? 고작 이거여?"라고 한다면 아직 제대로 이해를 하지 못한 것입니다. 이 파트를 마칠 때까지만 인내하면서 책을 읽어주세요. 곧 그 의문이 풀릴 테니 말입니다.
그리고 질문이 있으면 책에 답변을 꼭 적고 넘어가 주세요.

위 한 문장이 영어를 통달하는 방법이라 설명드렸습니다.
단, 전제 1과 전제2가 있습니다. 이 조건에 부합해야 합니다.

※영어를 통달하는 방법 전제1,2

> **전제1**
> # 나에게 더 이상 새로운 문장이 많이 없다면
>
> **전제2**
> # 내가 원어민처럼 빨리 말할 수 있는 문장수가 많았을 때

즉, 수많은 문장이 익숙하며, 그 문장들을 원어민처럼 빨리 말할 수 있다는 것입니다.

생각해 보시면 여러분의 영어는 **전제1**과 **전제2**가 부합되고 있습니까?

우선 앞의 영어 진단 시 한 문장씩 들어보았던 샘플을 다시 보겠습니다.

독자분들이 저장해둔 파일을 열어보세요.
파일명은 "**나의_파랑색**"입니다.

다음은 한 초급자분의 샘플입니다.

첫번째 대화

1. Kevin, we have to go now! (많이 들어보지 않음)

2. Do you guys have any idea what time is it? It's 1 am. I can't go to the party. (많이 들어보지 않음)

3. You guys just go by yourself. (많이 들어보지 않음)

4. We should go together, the party's in full swing. (많이 들어보지 않음)

5. Your dad went to sleep 30 minutes ago, so let's get there quickly. (많이 들어보지 않음)

6. You guys don't understand. If my father found out I went to a party in the middle of night again, he'd kill me. (많이 들어보지 않음)

7. I bet he'll never know. (많이 들어보지 않음)

8. Don't worry about it, Kevin! Just think about the party. You're so good at parties. (많이 들어보지 않음)

9. And our friends have been since there midnight. They've been waiting for almost an hour! (많이 들어보지 않음)

10. Really? Jacqueline's waiting for us?

11. Yeah! Jacqueline and Rebecca too. They're dying to see us. (많이 들어보지 않음)

12. Oh, what the heck. Okay! Let's go party! Right on! Way to go! (많이 들어보지 않음)

두번째 대화

1. You don't want me to go to France, is that it? (많이 들어보지 않음)

2. Jane, I didn't know you wanted to go to Paris. (많이 들어보지 않음)

3. Kevin!.

4. I didn't say anything to you about going to Paris because I know you really don't like going on trips with my friends. (많이 들어보지 않음)

5. Kevin, did you tell them that? No, never.

6. If you keep repeating our private conversations to your friends, we're through.

7. Think about it. What will they think of me, huh? (많이 들어보지 않음)

8. But I didn't think you'd be interested in a trip to France! (많이 들어보지 않음)

9. I mean, like you said, it's no Finland.

10. I love France.

11. There's the Eiffel Tower, Montmartre, and Daniele Vidal's Champs Elysees···

12. Remember the night we heard it with your friends? We can have so much fun in France. (많이 들어보지 않음)

13. Especially on the train on the way back. (많이 들어보지 않음)

14. Okay. you can come. If you really want me to, just beg me. (많이 들어보지 않음)

15. I'm begging you, please I want you to.

"(많이 들어보지 않음)"이 너무 많지요?

그렇다면 이런 **"많이 들어보지 않음"** 문장들은 나한테 익숙하지 않은 낯선 문장이라는 것입니다. 다시 말씀드립니다.

전제1과 전제2에 부합한다면, 영어를 통달하기 위한 조건이 되며,

그렇다면 그 영어공부한 것을 **한국어를 우리가 어릴 때 접했던 것처럼의 양을 하루에 해주면 됩니다.**

위 샘플의 분은 **많이 들어보지 않음**이 너무나 많은 것이고, **많이 들어보지 않음**이 많다는 것은 새로운 문장이 너무나 많으니 이미 **전제1**이 성립되지 않은 것입니다.

전제1이 성립되지 않으니 당연히 그 문장들을 빨리 말할 수 없는 것입니다. 그것은 곧 **전제2** 도 성립되지 않는다는 것입니다.

위 글을 보고 이미 감이 오는 분도 계실것이구요.

뭔가 느낌을 갖는 분들도 많을겁니다.

좋습니다.

다시 말씀드립니다. "읽기 쓰기 듣기 말하기를 매일 해라." 이것은? 누구나 말하는 삼류같은 삼무입니다. (※ 삼무는 "파트3. 안들리는 원인과 해답의 해답편에서 두번째에서 자세히 나옵니다.) 이런 삼무는 큰 의미가 없습니다. 그렇다면 다시 말씀드리면

전제가

더이상 새로운 문장이 나에게 많이 없다면
이제 새로운 문장을 할 것이 아니라 새로운 문장을 할 필요 없고!
내가 가지고 있는 문장들 가지고
한국어를 한만큼을 매일 돌려줘야 한다는 것입니다.

내가 가지고 있는 문장들 가지고
하루에 한국어를 한만큼을

무엇을!

바로 **읽기, 쓰기, 듣기, 말하기**를 말입니다.

※ 지금부터 몇 개의 물음들은 모두
   아침에 일어나서 잠들기까지 한국말에 대한 질문입니다.

※중요한 내용이니 질문에 꼭 답변을 적으셔야 합니다.

질문1
평상시 하루에 한국어로 된 문장을 몇 문장 읽어보셨습니까?
(핸드폰에서 여러 다양한 수많은 기사들을 읽고-기사 1개당 수십개의 문장이며- 핸드폰 문자
대화 내용도 읽고, TV에서 나오는 자막 글도 읽고, 업무를 볼 때도 업무에 대한 내용도 읽고 등
등 수많은 글들을 읽습니다. 이것은 하루에 접한 한국어 읽기 문장 수를 말합니다.)

질문2
한국 드라마 중 주말 드라마는 약 1시간짜리입니다.
이 주말 드라마는 몇 문장 정도 될까요?

20분짜리 드라마는 약 350문장내외 정도 되며, 40분짜리 드라마는 약 700~900문장내외 정도 됩니다.
그렇다면 한국 주말 드라마 1시간짜리는 약 700~1000문장정도 됩니다.

질문3
평상시 하루에 한국말을 몇 문장을 들어보셨습니까?
(만약 몇 백문장이면 대학교 때나 학창 시절을 떠올려서 하루에 들어본 한국 문장을 적어주세요)

질문4
평상시 하루에 한국어를 몇 문장을 쓰셨습니까?

질문5
평상시 하루에 한국말을 몇 문장을 말해보셨습니까?

※ 만약 듣기·말하기의 질문에 대한 답변 개수가 몇 십개 혹은 몇 백개라면? 대학생 때나 그 이전 학창 시절로 돌아가서 생각하시고 답변을 적으면 됩니다.
답은 족히 수백 수천개의 답을 적었을 겁니다.

※ 이제 생각의 전환을 해보겠습니다.

질문6
그렇다면 한국말로 말한 그 문장들은 내가 익숙한 문장입니까?
아닙니까?

그렇다면 이들은 다른말로 내가 가지고 있는 문장이 맞습니까?

※ 이제 생각의 전환을 또 해보겠습니다.

질문8

그렇다면 영어로 하루에 이 만큼을 하면 영어 실력이 좋아질까요? 그대로 일까요?

지금 앞의 **질문 1,2,3,4,5** 에서 답변하신 문장수를 생각하면서 답변을 해주세요.

이 질문에 모든 분들이 말씀해주신 것이 바로
"엄청 좋아지겠죠" 입니다.
-> 지금 영어가 유창하지도 않은 분들이 모국어가 아닌데도 불구하고 엄청 좋아진다고 답변을 주셨답니다.

좋습니다.
이제 8번의 질문을 다시 읽어보고, 작성하신 답변을 생각해보고,
다음의 9번, 10번 질문에 답변을 적어주세요.

참고로 다음의 **질문9번**, **10번**은 정말로 중요한 질문이며, 생각나는 모든 것을 적어주시면 됩니다.

왜 엄청 좋아진다고 생각하십니까?

(한 페이지를 할애 할 만큼 중요한 질문입니다. 왜 엄청 좋아진다고 생각하는지 여러 가지가 떠오를 겁니다. 떠오르는 모든 것을 이 페이지에 작성해주세요. 단, 작성을 하기 전까지 다음 장을 보시면 안됩니다.)

질문10

그렇다면 영어로 이만큼을 하루에 해본 적이 있습니까?

한 예로

저자에게 영어를 배우신 분 중 직장 은퇴 후 필리핀과 인도에서 1년 어학연수를 하신 분이 있습니다.

이 분은 동남아에서 한국어를 가르치려고 하는 분으로 S대학교 사범대학 지도자과정을 마친분 이기도 합니다.

이 질문을 드렸을 때 제게 말씀하시길

"헉! 이건 생각조차 해보지도 않았었는데요!"라고 하셨답니다.

물론 **질문10**의 답변으로 모든 분들이 **"없습니다"**였습니다.

아시겠습니까?

앞의 핵심을 다시 한번 꺼내겠습니다.

내가 가지고 있는 문장들 가지고
하루에 한국어를 한만큼을

무엇을!

바로 **읽기, 쓰기, 듣기, 말하기**를 말입니다.

질문11
그렇다면 하루에 평균 몇 문장의 영어 문장을 먹었습니까?
"먹었다"라는 표현은 내가 그 원어민 말을 듣고 비슷하게 따라 말할 수 있는 정도의 문장을 말합니다. 어느 정도 인지를 적어주세요.

질문11은 모든 분들이 몇 개 되지 않는다고 하였습니다.

질문12
5살된 아이는 잠자는 시간을 제외한다면 하루 종일 떠듭니다. 쉴 틈이 없습니다. 그렇다면 이 아이는 평균 듣기와 말하기를 몇 문장을 할까요?

이 아이는 족히 수천문장이 될겁니다.

일반 사람들은 보통 작게는 수십개에서 많게는 수천개의 문장을 하루에 사용하고 있습니다.

일반 한국 사람들 (평균)
한국말을 읽고 - 수천개 이상
한국말을 듣고 - 수천개 이상
한국말을 말하고 - 수백개 이상
한국말을 쓰고 - 수십개 이상

자 그렇다면

생각해보면 미국 어학연수를 간 사람은 1년간 어학연수를 열심히 한 결과 대부분이 **어느 정도 듣고 말하고**가 됩니다.

그렇다면 질문들어갑니다.

질문13
미국 어학연수 간 사람과 한국에서 혼자서 2시간을 열심히 공부한 사람의 가장 큰 차이점은 무엇이라 생각됩니까?

(답은 뒤에 나오는 예시2 뒤에 있습니다.)

그래서 2시간을 한 사람이 8시간을 따라갈래야 갈 수가 없는 것입니다.

많은 분들은 노출이라고 합니다.
그것은 잘못된 언어공부의 개념입니다.
지나가는 개가 "왈왈왈" 이렇게 짖는데 매일 5시간을 개한테 노출해서 1년 지나면 그 개가 무슨 말 하는지 알아들을까요?
당연히 못 알아듣죠.
노출은 많은 시간을 공부해도 실제 큰 의미가 없습니다.

이것은 노출 같은 개념이 아닙니다.

＊노출의 심각한 문제

영어를 하는 분들이 **"영어는 노출하면 된다"**라고 말을 합니다.
노출만 하면 될까요?
노출의 의미는 주로 밖으로 드러내는 것을 말하는데요.
소림사에서 쿵푸를 배우려는 홍길동이 쿵푸를 노출합니다. 소림사의 무술인들은 정말로 스승의 가르침대로 열심히 훈련을 하지만 홍길동은 앉아서 편하게 관람하는 것입니다. 늘 관람하는 입장입니다.

왜냐하면 홍길동은 노출이 중요하거든요. 그렇게 10년이 흘렀습니다.

홍길동은

"노출하면 쿵푸 잘한다는데 왜 나는 쿵푸를 잘 못할까?? 어느새 10년째 노출 중인데… 도대체 어떻게 해야 할까..??"

쿵푸에 참여해서 직접 쿵푸를 익혀야 합니다. 영어 또한 그래야 하는 것입니다.

단순히 **"노출"**로 영어에 노출하면 10년을 공부해도? 아마 큰 발전이 없을겁니다.

그러니 이제 노출만 하면 안되요. 아셨죠?

※ 생각의 전환

그렇다면 이제 생각의 전환을 해볼까요?

자 그러면 한국에서 2시간을 어떤식으로 공부했는지를 보면 이제 어학연수를 간 사람과 한국에서 2시간을 공부한 사람의 차이는 정말로 큰 차이가 난다는 것을 알 수 있습니다.

이제 2가지 예시를 드리고 질문을 드리도록 하겠습니다.

예시1

> 한국 사람이라면 가수 **"김흥국"**씨를 대부분 알고 있습니다.
> 이 가수 김흥국씨는 기러기 아빠였습니다. 왜냐하면 아내분과 아이가 미국으로 갔기 때문입니다. 그런데 김흥국씨가 2012년 코미디언 이경규씨가 진행한 [붕어빵]에 딸과 함께 나온 적이 있습니다.
> 이때 김흥국씨의 딸은 자기소개를 하며 미국에서 있었던 이야기, 아버지와 대화했던 에피소드 등 다양한 답변을 했습니다. 그런데 한국말이 이상한겁니다. 미국 사람이 한국말 배워서 말하는 느낌입니다. 다른말로 한국말을 잘 못하는 것입니다.

좋습니다.

이 김흥국씨의 딸 이야기를 기억해두시고,

[영재 발굴단]이라는 영재들이 나오는 프로그램 아십니까?

모르는 분은 포탈사이트에서 **"영재 발굴단"**으로 잠시 검색하고 어떤 프로그램인지 살펴보고 돌아와주세요. 그리고 영재 발굴단을 설명하는 예시2를 읽어주세요.

예시2

2015년 10월 당시 드럼 신동편이였습니다.

이 드럼 신동 아이는 앉아서 아무곳도 안가고 드럼을 8시간 동안 치기도 하며, 그래서 소변을 바지에 보기도 합니다. 아 아이는 드럼 소리만 듣고도 거의 똑같이 드럼을 치는 드럼 신동입니다. 그래서 의사선생님이 아이에게 질문을 했는데요.

질문의 내용은 지금 잘 기억나지 않지만 가령

"얘야 오늘날씨가 어떠니?" 같은 간단한 질문에

아이는 말을 더듬기 시작하더니 **"아⋯ 아⋯ 아⋯ 배⋯ 배⋯ 배고..배고파"** 같은 식으로 말했습니다.

언어 발달 수준 하를 받았으며, 동문서답을 합니다.

어머니에게 의사선생님이 물었습니다.

"아이의 16개월~36개월 무엇을 하셨습니까?"

아이의 엄마는

"대학원에서 공부했는데요"

의사선생님은

"그러면 아이에게 없었습니까?"

아이의 엄마는

"네"

의사선생님은 **"아⋯⋯"**

아이의 엄마는

"그래도 하루에 한시간씩은 열심히 있었는데요" 하며, 엉엉 울기 시작했습니다.

그래서 아이가 말을 못하게 된 결과인 것입니다.

엄마가 18개월동안 매일 1시간씩만 있었기에⋯

※ 다음의 먹은 문장 수는 앞의 질문13의 답변 입니다.

바로 먹은 문장수입니다.

자 그렇다면 김흥국씨 딸의 한국어가 어눌해진 것과 영재 발굴단에 출연한 드럼 신동의 언어발달 최하수준, 이렇게 2가지 예를 기억해주세요.

이제 질문을 드리겠습니다.

질문1

한국 사람에게 하루에 딱 한국말을 1분 30초만 말하든, 듣든하고 나머지는 절대 한국말 생각지도, 듣지도, 보지도, 말하지도 말고, 아무것도 생각하지 않는 "무"상태로 한달 지내게 합니다.
이 사람 한달 뒤 한국어 실력 어떻게 될까요?

모든 분들이 여기서 답변을 적은 것은 **"떨어집니다."**였습니다.

질문2

질문1과 같이 하루 중 1분 30초만 한국말을 사용하고 이후는 사용하지 않는 방식으로 10년을 지내면 한국말이 어떻게 될까요?

질문3

왜 그렇게 생각하십니까?

질문4

다른말로는 한국어 바보 된 것이 아닐까요?

많은 분들이 "한국어 떨어지겠네요. 사용을 안해서. 네 바보된 것 맞습니다." 라고 하셨습니다.

생각해보면 독자분들은 한국어 원어민이고, 어떤 외국인보다 한국말을 잘합니다.

그런데 원어민이 "한국말이 떨어진다, 바보가 된다"고 말하는 것입니다.

질문5
그렇다면 한국의 보통 영어공부 쫌 했다는 분들이 다들 초보를 벗어나지 못합니다.
이분들이 영어공부를 하다말다를 공부한 기간이 몇 년일까요?

"보통 10년되지 않을까요?"

나이 40이 넘은 분들은 초등학교부터 시작하면 20년이 넘죠?
보통 10년입니다.
놀랍지 않습니까?

1분 30초 분량을 10년하게 되면 영어가 어떻게 되는지 알아야 하기 때문에 질문을 드린 것입니다.

미국 드라마를 보면 1분 30초는
짧게는 10여문장, 길게는 30여문장이며, 보통 20여문장입니다.
그렇다면 예시로 1분 30초는 25문장으로 하겠습니다.
1분 30초(25문장)을 10년 사용
1분 30초(25문장)을 20년 사용
독자분들이 지금 영어를 그렇게 해왔다는 것입니다.

그 결과 영어 실력이 몰라보게 향상되어 듣고 말하기에서 자유로워졌습니까?

즉, 이것은 많은 문장을 하지 않으면 실력에 큰 변화가 없다는 것을 의미합니다.

자 좋습니다.

2개의 지시사항

자 이제 2개의 지시사항입니다. 지시사항대로 행동하면 됩니다.

지시사항 1

이제 다음의 글을 입으로 소리내지 않고 눈으로만 정독해주세요.

자 그렇다면 이것은 잘 생각해보셔야 합니다.

왜냐하면요.

문장수를 계산해보면 웃기게 됩니다.

전라도 방언을 좀 빌리자면 "얼척"이 없게 됩니다.

다른 말로는 바보 되는겁니다.

한국말을 하루에 몇 문장 못먹으면 몇 년 뒤 한국어 바보 될 판에 영어를 모르는 우리가 영어를 몇 문장 못 먹으면?

당연히

* 영어로 몇 문장 못 먹으면?

바보 되는거에요.

왜냐구요?

한국말을 하루에 몇 분 동안만 사용하고(듣고, 말하고, 생각하고를 포함), 나머지 한국말을 사용하지 않고, 생각도 안하고, 무 상태로 있으면? 바보 되는거에요.

그렇지 않습니까?

지시사항 2

이제 앞의 글을 소리내서 큰 소리로 낭독해 주세요.

지시사항1,2를 통해 열 몇 문장을 읽고, 소리내어 낭독해 보았습니다.

질문5

이렇게 한국 문장 열 몇 문장을 읽으니 한국어 실력이 엄청나게 좋아지는 느낌이 드는지요?

-> 이 질문은 바로 생각의 전환을 해야 한다는 것입니다. 다른 관점에서 바라봐야 한다는 것입니다.

바로!

<u>간에 기별도 안온다구요.</u>

질문6

만약 모든 한국 사람에게 이렇게 열 몇 문장만 1년간 쓰라고 하면 1년 뒤 한국어 실력이 엄청 좋아질까요?

근본적인 관점에서 생각해봐야 합니다.

우리가 영어 목표를 달성하기 위해서 지금 어떻게 영어를 바라보고 공부하고 있는지를 말입니다.

그렇다면 반대로 한국어 수 천 문장을 매일같이 낭독하면 한국어 실력이 일정기간 뒤 어떻게 될까요? 당연히 한국어가 달라지겠지요?

영어는 한국말과 결코 다르지 않습니다.
언어는 결국에는 같습니다.
어순차이, 단어의 형태 차이뿐이라는 것입니다.

★즉, 언어란!
하루에 얼마만큼 많은 양을 했느냐, 안했느냐가 언어를 결정짓는데 아주 중요한 역할을 하게 됩니다.

노출이 중요한 것이 아닙니다.
어쩌면 이 노출은 유행처럼 많은 사람들이 그렇게 말을 합니다.
누구나 그렇게 말할 수 있구요.

하지만 실제 영어는 "하루에 얼마만큼의 많은 양을 했는냐" 그것이 가장 중요합니다.

내가 하루에 얼마큼의 많은 양을 "소화시켰느냐, 먹었느냐, 안먹으냐" 그것이 중요합니다.

노출을 했는데 그 문장을 모두 이해하지 못하고,
그 문장을 들었을 때 그대로 비슷하게 따라 낭독하지 못한다면 그것은 소화를 못했으니 내것이 아닌 것입니다.
즉, 많은 분들이 무작정 이어폰 꼽고 듣고만 있습니다.
좋습니다.
이분들께 질문드릴 것은 **듣는 문장들이 무슨말인지 이해하면서 듣고 비슷하게 따라 말할 수 있느냐** 입니다. 그렇지 않다면 그것은 시간낭비일 뿐이기 때문입니다.

자 그렇다면 어떻게 해서 언어가 만들어지는 걸까요?
지금 저자가 어떤 말을 하려고 하는지 이미 많은 분들이 눈치를 채고 있을겁니다.

결론을 내리겠습니다.

내가 **얼마큼의 많은양**을

내가 아는문장을 가지고 먹었느냐(돌렸느냐)이겁니다. (읽기, 쓰기, 듣기, 말하기)를

이것이 언어를 결정짓습니다.

영어를 공부하는 많은 분들이 한결같이 다음과 같이 하소연을 합니다.

"열심히 한것 같은데 썩 늘지 않는다... 벌써 10년째인데... 왜 그럴까? 숙원이다, 소원이다"

바로 그 이유가 저 결론을 하지 않아서 그렇습니다.

지금 영어를 공부하는, 어학을 공부하는 수많은 분들이 도대체 하루에 몇 문장을 하고 있었던 걸까요?

이제 **"확~"** 와 닿지요?

여러분들은 최초 책을 진행하기 위해 질문드린 내용 중에서 **"질문16. 하루에 미드(미국 드라마) 문장을 몇 문장 연습하는 것이 좋을까요?"** 이 질문에 많은 분들이 다음과 같은 답변을 주었습니다.

5~10문장

자 그렇다면 도대체 10년을 해도 왜 그리 썩 느는 느낌이 없을까요?

이미 답변을 드렸습니다만 다른 예로 질문을 드리고 설명을 드리겠습니다.

질문1
지구 모양이 네모입니까?

질문2
그렇다면 걸어다니면서 지구는 둥글다라는 것을 느끼면서 걸어다녔겠습니다. 맞습니까?

왜 지구가 둥글다고 느끼지를 못했습니까?

여기서 수많은 분들이 비슷한 답변들을 주었습니다.
"느낄 필요가 없어서"
"생각해 본 적이 없어서"
등등

지구가 둥글다면 왜 걸어다면서 둥글다고 느끼지 못했을까요?

그 이유가 내가 걸어가는 속도가 너무 느리니 지구가 둥글다고 느껴질래야 느껴질 수가 없듯이

영어도 빠르게 거리를 달려가야 하는데 기어가고 있단 말입니다.

그렇다면 그렇게 기어가는데 영어 실력이 늘겠냐구요.

영어 실력이 느는 것을 느끼지 못하는 것은 당연할 수 밖에 없습니다

<u>* 지구는 영어입니다. 맨날 10문장만 하며 지구를 걸어가니 둥근 느낌이 들래야 절대 들 수가 없습니다.</u>

그래서 영어를 10년을 공부해도 하루에 밥알 몇 개 먹으니 영어 실력이 느는 느낌이 들지 않는 것입니다.

자 그렇다면 이제 결론을 짓겠습니다.

★ 영어는 결국에는 하루에 읽기, 쓰기, 듣기, 말하기를

한국말을 한 것처럼의 **양** 만큼 해주면 되는겁니다.

여기서 중요한 사항입니다.

★ 이 **"양"** 은 매일 같은 양이 아닌 매일 다른 양을 말하며, 이 것이 최소 한달치는 있어야 합니다.

★ 기억해주세요.

만약 매일의 하는 양이 많아도 단순히 매일 똑같은 문장을 반복하는 것은 발전할래야 할 수가 없습니다.

("문장은 길이다" 기억 나시죠? 내가 가보지 않거나 익숙하지 않은 문장은 이해하거나 사용하기 어렵습니다.)

그렇다면 이것은 영어에만 적용될까요?

그렇지 않습니다. 프랑스어, 독일어, 스페인어, 일본어, 중국어 등 모든 언어에 공통적으로 적용되는 것입니다.

그래서 결국 타국어 또한 이것이 적용되는 것입니다.

> ★ __타국어는 결국에는 하루에 읽기, 쓰기, 듣기, 말하기를__
>
> __모국어를 한 것처럼의__ **양** __만큼 해주면 되는겁니다.__

갓난아이 시절 한국말을 배운 때를 생각해보세요.

갓난아이가 태어나면 아이의 어머니는 그 첫날 **"나 엄마다"**, **"나 엄마고,…"**, **"엄마와 아빠는…"**, **"그래서 엄마는…"** 등등 **"엄마"**를 수도 없이 외칩니다.

하루에 최소 몇 시간은 그 아이에게 이야기를 할겁니다.

1분 30초 분량인 25문장만 아이에게 이야기 할까요? 당연히 그렇지 않겠지요? 아마도 족히 10을 더 곱하거나 100을 더 곱해야 할겁니다.

또한 아이가 2살부터 말을 하기 시작 할 때도 그 아이가 다른 형제들이나 또래 친구들에게 말하는 것을 생각해보세요. 50문장만 하루에 하고 아무말도 하지 않을까요?

아니겠죠.

아이는 잠자기 전까지 떠듭니다. 하루 종일 말입니다.

하루 종일 떠드는 그 듣고 말하기의 양 (수많은 다양한 상황의)

그것을 생각해보세요.

고작 몇 문장? 그러면 결국 영재발굴단의 드럼 신동 혹은 김흥국씨의 딸처럼 한국어 원어민인데 불구하고 언어를 잘 못하게 됩니다.

하물며 타국어인데 잘할 수 있을까요?

그렇지 않습니다.

여러분들은 그 수준낮은 방법으로 하다말다를 10년을 했습니다.

결국 영어를 잘하지 못하는 것입니다.

질문

이제 왜 여러분들이 그동안 영어를 해도 안되었는지 이해가 되십니까?

이것은 언어의 원리로 진리이며, 근본이며, 통찰인 것입니다.

언어의 깨달음이며, 깨우침입니다.

파트를 마치며

이 "프리토킹의 비밀"

이것을 알지 못하는 한 밑도 끝도 없이 쉐도잉이나 받아쓰기나 하며 영어가 된 사람들의 말이라면 무조건 믿어버리고, 결국 영어는 언제나 도돌이표로 끝없는 윤회를 하며, 끝없이 반복하게 될것입니다.

결국 내 영어 실력은 그닥 발전없이 말입니다.

그래서 영어는 반드시 이 "프리토킹의 비밀"을 알아야 하며, 여러분들은 이제 알게 되었습니다.

그렇다면 구체적으로 어떻게 영어공부를 해야 할까요?

영어 깨달음을 얻었다면 이제 어떻게 해야 할까요?

전제입니다.

영어는 하루에 **"내가 가지고 있는 문장 가지고"** 읽기, 쓰기, 듣기, 말하기를 매일 해야 하는 것입니다. (문법이니 뭐니 다 제쳐두고)

바로 **"내가 가지고 있는 문장가지고"** 특정한 훈련을 매일 해야 하는 것입니다. 바로 본 책에서 제시하는 엄격한 훈련을 하는 것입니다.

(내가 가지고 있는 문장이 없을 때는 내가 가지고 있는 문장을 만드는 과정이 필요하며, 이것도 훈련에 포함되어 있으며 아주 혹독합니다.)

훈련 자체는 꽹장히 빡십니다.

또한 그렇게 해야 영어가 올바로 향상될겁니다.

훈련을 하기 전 알아야 할 것들이 있습니다.

왜 귀가 안들리는지, 그 원인이 무엇인지, 해결하려면 어떻게 해야 하는지, 그렇다면 언제까지 공부해야 하는지 등입니다.

그래서 다음장부터 안들리는 이유와 원인, 그 해답과 프리토킹까지 걸리는 시간이 준비되어 있으며, 그 뒤에는 고대하는 프리토킹을 위한 빡신 훈련들이 준비되어 있습니다.

자 이렇게해서 깨달음부를 마치겠습니다.

I can not hear you

영어가 안들리는 이유는 다양합니다.
안들리는 이유를 알고 이것을 섭렵한다면
영어는 말 그대로 장족의 발전을 하게 됩니다.

그래서 안들리는 이유의 원인들의 문제를 올바로 직시하고,
그 해답을 찾으면, 어둠에서 한 줄기 빛을 발견한 것처럼 영어를
잘하는 다양한 방법들을 알게 됩니다.
그중에서는 프리토킹을 넘어 원어민이 되는 방법을 발견하게
됩니다.
저자가 그러했거든요.
그래서 그 원어민의 방법을 알게 되면 좀 허탈하고, 허무합니다.
왜냐하면 왜 안들리는지 정말로 올바로 알게 되거든요.

자 그러면 이제 왜 안들리는지, 그 해결책으로 어떻게 해야 하는

지 한번 가 보시죠!

Thoughts
Become
Things

듣지 못하는 원인을 알고
이것을 섭렵하면 언어의 큰 발전을 이룬다
– YKS. –

I can not hear you!

What should I do?

파트3. 안들리는 원인과 해답

Causes and Solutions to Inaudibility

"우리는 왜 듣지를 못할까요? 왜 안들릴까요?"

"어떻게 해야 할까요?"

그 언어를 잘하기 위해서는 먼저 왜 들리지 않는지를 알 필요가 있습니다.
안들리는 원인을 올바로 이해를 한다면 들리는 것은 시간문제가 됩니다.
원인이 있다면 해답이 있기 때문입니다.
그래서 원인에 대한 해답을 섭렵하면 어떻게 될까요?
당연히 들리게 되죠.

자 그러면 먼저 안들리는 원인 7가지를 살펴보겠습니다.

안들리는 이유 원인 7가지

타국어에 대해서 들리지가 않는 수많은 이유들이 있습니다. 저자는 그 이유를 몇 가지로 추렸습니다.

그 첫번째는 원어민과 관련되어 있으며, 그것은 영어 듣기에서 가장 중요한 이유로 꼽았으며, 이것은 보편적으로 생각하는 것과 다르며, 구체적으로 어떻게 하는지는 [**파트5.엄격한 훈련**]에서 자세히 다루게 됩니다.

두번째는 그 원인이 네이티브 스피커 즉, 원어민이 되는 방법과 연결되어 있으며, 세번째는 영어의 구조에 익숙하지 않은 부분으로 이것을 섭렵하면 미국 일반 TV 프로그램들을 자막없이 봐도 많은 부분이 들리며, 외국의 어느 나라 사람을 만나도 그들의 말이 많이 들리는 시점인데 이것은 미국에서 어학연수 몇 개월 수준과 맞먹게 되며, 어떻게 해야 그렇게 되는지를 제시하며, 네번째는 너무 쉽게 생각하는 아는 단어에 대한 이해와, 이것을 해결하기 위해 해답편에서는 또 하나의 실습을 하게되며, 여기는 녹음을 해야 하는 이유가 담겨 있습니다.

그리고 다섯번째는 단어, 여섯번째는 표현, 일곱번째는 발음 있으며, 이 다섯번째부터 일곱번째는 원인과 해답을 원인편에서 함께 제시를 합니다.

먼저 원인들 7가지를 살펴본 후 이후 안들리는 이유 해답편으로 가겠습니다.

자 그러면 이제 안들리는 이유를 시작하겠습니다.

안들리는 이유 원인 - 첫번째

질문
근래에 미국 사람이나 유럽 사람들과 실제 하루에 2~3시간씩(
최소 1~2시간 이상) 여러 이야기를 하며, 6개월에서 1년을 있어
본적이 있습니까?
(참고로 "미국 드라마를 본다" 그런 것이 아닙니다. 실제 미국 사람들과 하루 2~3시간씩 – 최
소 1~2시간 이상 – 지내며 6개월에서 1년 정도 있어 보았는가? 입니다. 미드 같은 가짜 대사를
말하는 것이 아닙니다.)

자 안들리는 이유의 첫번째 원인이 바로 이것입니다.

> **미국 사람이나 유럽 사람 등 영어권 나라 사람들과 하루
> 에 2~3(최소 1~2시간 이상)시간 이상을 6개월에서 1년
> 을 있어보지 않아서**

그래서 들리지 않는 것입니다.
여기에는 고등교육을 받은 사람이며, 네이티브들과 있을 때 호응정도만 해도 상관없습니다.

"내가 인생 살면서 근래에 이렇게 원어민과 있어본 적이 있었는가?"

말입니다.
그렇지 않다면

"인생에 원어민과 하루 2~3시간씩 6개월에서 1년을 함께 한 적이 있었는가?"

입니다.
미국에서 태어나면 하루 1시간이 아니라 하루 24시간 내내 미국인들과 있는 것입니다.
이런 환경에서는 영어가 안될래야 안될 수 없겠지요?
반대로 **"우리는 그렇게 할 수 있느냐?"** 입니다.

이 환경에 있지 않기 때문에 들리지 않는 것입니다.

안들리는 이유 원인 - 두번째

우선 앞서 영어 진단한 내용을 보겠습니다.

다음은 다른 분의 영어 진단 결과의 샘플입니다.

첫번째 대화

---

1. 케빈, 우리는 지금 뭐 해야 해
2. 너네들 아이디어 있어? 지금 1시에 파티 가자?
3. 너네들 혼자 가서 사
4. 같이 가서 사야되. 풀스윙을
5. 너희들 이해되, 내가 파티가는거? 아빠가 죽일거야.
6. 우리 아빠가 날 죽여
7. … 절대 몰라
8. 걱정하지마. 파티 가는거 생각해. 너는 …야
9. 친구들이 빈대떡 샀어, 기다리다 갔어
10. 정말로? 재클린도 우리 기다려?
11. 그래, 재클린도 레베카도 기다려, 우리 보고 싶어 죽을려그래
12. 아.. 헥하는거야. 그래 그 길로 가

- -

1. Kevin, we have to go now! (많이 들어보지 않음)
2. Do you guys have any idea what time is it? It's 1 am. I can't go to the party. (많이 들어 보지 않음)
3. You guys just go by yourself. (많이 들어보지 않음)
4. We should go together, the party's in full swing. (많이 들어보지 않음)
5. Your dad went to sleep 30 minutes ago, so let's get there quickly. (많이 들어보지 않음)
6. You guys don't understand. If my father found out I went to a party in the middle of night again, he'd kill me. (많이 들어보지 않음)
7. I bet he'll never know. (많이 들어보지 않음)
8. Don't worry about it, Kevin! Just think about the party. You're so good at parties. (많이 들어보지 않음)

9. And our friends have been since there midnight. They've been waiting for almost an hour! (많이 들어보지 않음)

10. Really? Jacqueline's waiting for us?

11. Yeah! Jacqueline and Rebecca too. They're dying to see us.

12. Oh, what the heck. Okay! Let's go party! Right on! Way to go! (많이 들어보지 않음)

두번째 대화

1. 너는 프랑스 가지 않아 그렇지?

2. 제인 나는 너가 패리스 원하는거 알아

3. 케빈

4. 나는 파리에 관해서 말했어 나는 친구들과 간다고

5. 케빈, 그들한테 말했어? 아니 절대 말하지 않았어

6. 계속 우리대화를 다른 사람에게 말하면 우린 끝난거야

7. 생각해봐. 그들이 날 생각하지?

8. 나는 프랑스 가는거 흥미로워

9. 내 말은 너가 말했잖아 거기는 핀란드가 아니야.

10. 나는 프랑스 좋아해.

11. 거기에는 에펠탑도 있고, 몽마르뜨도 있고, 다니엘 비달의 샹제리데도 있자나

12. 그날밤 친구들과 다쳤어. 그리고 프랑스 재미있을거야.

13. 특히 내가방에

14. 너 할수 있어. 너 할수 있으면 내 가방

15. 내가 너에게 애원할게. 제발 나는 너가 가길 원해

- -

1. You don't want me to go to France, is that it? (많이 들어보지 않음)

2. Jane, I didn't know you wanted to go to Paris. (많이 들어보지 않음)

3. Kevin!.

4. I didn't say anything to you about going to Paris because I know you really don't like going on trips with my friends. (많이 들어보지 않음)

5. Kevin, did you tell them that? No, never.

6. If you keep repeating our private conversations to your friends, we're through.

7. Think about it. What will they think of me, huh? (많이 들어보지 않음)

8. But I didn't think you'd be interested in a trip to France! (많이 들어보지 않음)

9. I mean, like you said, it's no Finland.

10. I love France.

11. There's the Eiffel Tower, Montmartre, and Daniele Vidal's Champs Elysees···

12. Remember the night we heard it with your friends? We can have so much fun in France. (많이 들어보지 않음)

13. Especially on the train on the way back. (많이 들어보지 않음)

14. Okay. you can come. If you really want me to, just beg me. (많이 들어보지 않음)

15. I'm begging you, please I want you to.

이정도면 아직 초급 단계 수준입니다.

이 테스트를 하셨던 분께 틀린 몇 문장-(**많이 들어보지 않음**)문장-에 대해서 다음과 같이 열거한 후 물어보았습니다.

질문
다음의 문장들은 모두 아는 단어들입니까?
네

> **첫번째 대화**
> 1. Kevin, we have to go now. (많이 들어보지 않음)
> 2. Do you guys have any idea what time is it now? It's 1 am. I can't go to the party. (많이 들어보지 않음)
> 3. You guys just go by yourself. (많이 들어보지 않음)
> 5. Your dad went to a sleep, 30 minutes ago, so let's get there quickly. (많이 들어보지 않음)
> 6. You guys don't understand my father found out I went to the party in the middle of night again, he'll kill me.. (많이 들어보지 않음)
>
> **두번째 대화**
> 1. You don't want me to go to the france, is that it? (많이 들어보지 않음)
> 2. Jane, I didn't know you wanted to go to Paris. (많이 들어보지 않음)
> 3. Kevin!.
> 4. I didn't say anything to you about going to Paris because I know you really don't like going on trips with my friends. (많이 들어보지 않음)

이 테스트를 한 분은 **틀린 부분이 모두 아는 단어들**이라고 하셨습니다.

독자분들도 영어 진단 시 풀었던 첫번째, 두번째 대화의 틀린 부분을 보면 어떻게 보이십니까? 모두 아는 단어들이라고 생각되지 않나요?

생각해보면 모두 아는 단어들인데 듣지를 못한다는 것입니다.

그렇다면 이제 질문 드립니다. 답을 적어주세요.

질문
그렇다면 안들리는 이유 두번째 원인이 뭘까요?
(힌트를 드리자면, 틀린 문장이 모두 아는 단어들로 이루어져 있고, 많이 들어보지 않아서 입니다)

안들리는 이유 원인 첫번째는 미국 사람들과 하루 2~3시간씩(최소 1~2시간) 6개월에서 1년을 있어보지 않아서였습니다.
그리고 앞서 다른분의 진단 샘플 내용을 보여드렸고, 이후 **"다음의 문장들은 모두 아는 단어들입니까?"** 질문에서 제시한 문장들은 거의 모든 분들이 아는 단어였습니다. 하지만 들리지가 않는 것입니다. 그렇다면 생각해 봐야 합니다.

첫번째
예를 들어 다음과 같은 문장이 있습니다.

Especially on the train on the way back

이제 2가지 물음이 있을 수 있습니다.

1) 위 문장을 들어보았는가?

들어본 적이 있을 수도 있습니다.

2) 그렇다면 나에게 익숙한가?

입니다.
익숙하지 않겠지요?
그래서 들리지 않는 것입니다.

두번째

이것이 더욱 신기합니다.

1) 문장은 모든 단어가 아는 단어로 이루어진 문장이며,

2) 구조를 보면 아는 구조인데 안들리는 것입니다.

(특정 패턴이라는 것입니다.)

즉, 그런 단어들로 이루어진 문장을 처음 만났기에 **"처음 만나는 문장"**이라는 것입니다.
처음 만나는 문장이면 들리지 않습니다.
이것은 다른 말로는 **"(나에게) 새로운 문장"**이라는 것입니다.

질문

예를 들어 내가 가보지 않은 다른 나라의 골목길이 있습니다.
그 골목길을 내가 다른 사람에게 설명할 수 있을까요?

(질문이 있으면 항상 적어주시면 됩니다.)

왜 저자가 이 골목길 질문을 했을까요?

이제 다음페이지에서 새로운 명제를 드립니다.

● 문장은 길이다

즉, 안들리는 문장은 안 가본 길입니다.
들리는 문장은 내가 많이 가본 길입니다

이미지에서도 보듯이 왼쪽은 많이 가본 길이며, 오른쪽은 많이 가보지 않은 길이 됩니다.
그렇다면 이렇게 결론을 내릴 수 있습니다.

안들리는 이유 원인 - 두번째

새로운 문장이면 안들린다
(내가 모르는 문장 - 내가 만나본 적이 없는 문장)

즉, 문장은 길이다
- 내가 가보지 않은 길은 들리지 않는다

새로운 문장은 다른말로 **"(나에게) 새로운 길"**입니다. "(나에게) 새로운 길을 어떻게 알겠는가?"** 말입니다.

1) 눈으로는 이해를 하지만(눈으로 보면 그 문장을 이해하지만) 귀에서는 이해를 하지 못하는 문장으로, 그래서 결국 듣지를 못하며

2) 아는 단어로 이루어진 문장으로 **처음 만나는 문장**이면? 안 들립니다.

3) 눈에 정말로 많이 익은 패턴의 문장으로,
   가령 **"~은 ~이고, ~은 ~이다"** 같은 문장이라고 해도 나에게 익숙하지 않은 단어들이 배치된 패턴의 문장은 듣지를 못합니다. (즉, **"3000패턴에 익숙하면 된다"** 라는 법칙이 깨진다는 것입니다. 이 부분은 책의 뒤에서 다시 나오게 됩니다.)

그래서

A.문장은 **눈으로 읽으면 아는 단어**들로 이루어져 있지만

B.그 단어가 **내가 많이 사용되지 않는 단어로 이루어진 처음 만나본 문장**이 됩니다.

---

4) 모두 알고 있는 단어입니다. 그런데 **문장 구조가 처음 만나는 문장**도 안들리게 되며 많이 만나게 될겁니다.

5) 아는 단어로 이루어져 있어도 몇 번은 들어본 문장이여도, 그 문장이 익숙하지 않으면? 안 들립니다.

안들리는 이유 원인 - 세번째

안들리는 이유 원인편 세번째는 바로 여러분의 뇌구조가 영어식 뇌구조로 잡혀 있지 않기 때문입니다.

뇌구조가 영어식 뇌구조로 잡혀 있지 않다

이것은 의미심장한 말입니다.

"영어를 들으면서 이해하는 수준이 되느냐"

이것입니다.

되지 않는 것입니다.

그러니 들으면서 어떻게 되냐구요? 까먹게 됩니다.
그렇다면 해답으로
문법책을 많이 보라는 것이 아니며
패턴책을 보라는 것이 아닙니다.
아무리 패턴책을 달달 외워도 안들리는 이유 원인 두번째에 성립되지 않기에 접해보지 않은 문장은? 역시 들리지 않게 됩니다.
그렇다면 처음 영어 진단 시 질문을 다시 보겠습니다.

문제1
지금 들었던 두번째 대화 내용의 한글 뜻을 다음의 빈 칸에 모두 적어주세요.

(상황을 적지 마시고, 기억나는 대화를 모두 적으면 됩니다. 들었던 단어라도 괜찮습니다.)

(도저히 모르겠다면 현재 여러분의 감정을 적어도 됩니다. 감정을 적는 것은 여러분이 향후 1년 뒤 다시 비슷한 형태로 영어진단을 만들어 스스로 진달할 때 **"아~ 그때 내가 이런 대화를 이 정도 뿐이 알지 못했구나"**라고 생각하며 현재 "나"의 실력을 보다 올바로 이해할 수 있기 때문입니다.)

질문1

대화의 몇 퍼센트를 이해하신 것 같습니까?

질문2

다시 한번 같은 질문을 드립니다.
혹시 들으면서 까먹지 않습니까?

질문3

그렇다면 왜 들으면서 까먹을까요?
(들으면서 까먹는 원인을 물어보는 것입니다.)

들으면서 까먹는 원인이 있습니다.
이 원인을 알고 이것을 섭렵하면 **내 실력은 이제 굉장히 올라갑니다.**
물론 섭렵하는 과정에 절대적인 시간과 절대적으로 할 것들이 있습니다.

이 들으면서 까먹는 원인이
뇌구조가 영어식으로 잡혀있지 않기 때문이고,
그래서 뇌구조가 잡혀 있지 않는 문장을 들을 때,
집중해서도 들어야 하고,
듣게되면 해석을 해야 하고,
결국에는 어떻게 되냐구요?
다음 문장을 듣게 되면,
그 문장을 해석하느라 이전 문장이 날아가버리며,
또한 기억도 잘 안나고,
엉키게 되며,
결국 그 다음 문장, 그 다음 문장이 연달아 오기에
10문장을 듣고는 **"아 뭔말을 했드라…"**라고 생각하며
잊어버리게 되는 것입니다.

언어란 듣는 것과 동시에 거의 바로 이해하는 정도가 되어야 하는 것입니다.
뇌구조를 잡는 해답을 알고 이것을 섭렵하게 되면 독자분들은 들으면서 이해하는 문장들이

많아질 겁니다.

그러면 이제 미국 여행을 가셔도 됩니다. 유럽 여행을 가셔도 됩니다. 왜냐하면 적어도 미국 어학연수 몇 개월 수준이 될테니 말입니다.

안들리는 이유 해답편에 뇌구조를 잡으려면 어떻게 하면 되는지에 대해서 자세한 내용이 나옵니다.

안들리는 이유 원인 - 네번째

자 그러면 이제 다음으로 안들리는 이유 네번째 입니다.

네번째 이유를 알게되면 여러분들은 단어에 대한 생각이 바뀌게 될겁니다.

우선 질문 드리겠습니다.
질문에 답변을 글로 작성하시면 됩니다.

질문1
want와 what은 무슨 뜻인지 대충 알고 있습니까?

질문2
want와 what은 들으면 구별할 수 있습니까?

질문3
That과 back는 무슨 뜻인지 대충 알고 있습니까?

질문4
That과 back는 들으면 구별할 수 있습니까?

여기서 거의 모든 분들이 **"네"** 라고 답변해주셨습니다.

하지만 여기는 많은 분들이 특히 초보 분들(특히 듣기 연습을 많이 하지 않은 분들)은 want와 what을 구별하지 못하였습니다.
"에…설마!" 라고 하실 수 있습니다.
하지만 (초보 분들의 경우) 현재 상태는 구별하지 못하는 분들이 많았습니다.

그렇다면 이제 처음 영어 진단 시 받아쓰기 했던 문장과 비교를 해보세요.
다음 예시는 영어 실력 초보분이 작성한 받아쓰기입니다.

* 다른분의 예시

받아쓰기 한 문장입니다.
1. you don't **what** meet do france   is that it?
2. you don't **what** meet do go france   is that it?
3. you don't **what** meet to go to france   is that it?

정답
You don't want me to go to France, is that it?

받아쓰기 한 문장입니다.
1. especially …train of **that**.
2. especially …train of **that**.
3. especially… train of back

정답
Especially on the train on the way back.

초급자 분들의 대부분 첫번째 문장에서 받아쓰기를 보면
You don't want 여기를 틀립니다.
You know what으로 하는 분들도 많았으며,
to go to는 작성을 못했습니다.

두번째 받아쓰기의 경우 실제 영어 레벨 중급인 분들도 올바로 적지 못했습니다.
이것은 그리 많지 않은 단어로 된, 쉽디 쉬운 문장으로 보이지만 이 문장에는 중요한 내용들이 숨어 있습니다. 이것에 대해서는 책의 부록에서 다루어집니다.

중요한 것은 구별할 수 있어야 하는 단어들 조차도 구별 하지 못한다는 것입니다.

다른 단어로 들음
want -> what
back -> that

전혀 듣지 못함(전멸구간)
to go to -> ....
on the tain on the way -> …..

이것은 어쩌면 초등 단어도 아닌데도 불구하고 못 알아 듣는다는 것은
충격적이지 않을 수 없으며, 기본적으로 알고 있는 많은 단어들을 다시 바라봐야 할 필요가 있
습니다.

또한 이렇게 쉬운 단어로 이루어진 문장도 듣지 못하고 있습니다.

첫번째 대화
1. Kevin, we have to go now. (많이 들어보지 않음)
2. Do you guys have any idea what time is it now? It's 1 am. I can't go to the party. (많이 들어보지 않음)
3. You guys just go by yourself. (많이 들어보지 않음)
5. Your dad went to a sleep, 30 minutes ago, so let's get there quickly. (많이 들어보지 않음)
6. You guys don't understand my father found out I went to the party in the middle of night again, he'll kill me.. (많이 들어보지 않음)

두번째 대화
1. You don't want me to go to the france, is that it? (많이 들어보지 않음)
2. Jane, I didn't know you wanted to go to Paris. (많이 들어보지 않음)
3. Kevin!.
4. I didn't say anything to you about going to Paris because I know you really don't like going on trips with my friends. (많이 들어보지 않음)

자 그렇다면 안들리는 이유 네번째의 답을 드리겠습니다.

> 1. 읽었을 때 아는 단어를 들었을 때 다른 단어로 듣는 것
>
> 2. 읽었을 때 아는 단어를 듣지 못하는 것

즉, 초등학교 단어들부터 다시 공부해야 한다는 것이 느껴지죠?

자 그렇다면 이제 안들리는 이유 다섯번째, 여섯번째, 일곱번째 입니다.

안들리는 이유 원인 - 다섯번째

> 모르는 단어

이 모르는 단어는 당연히 들리지 않습니다.
그래서 지나가는 개들이 **"왈왈왈"** 짖어도, 프랑스인이 프랑스말로 **"쏼라쏼라"**해도 들리지 않는것입니다.

모르는 단어는 어쩔수 없이 그 단어의 발음과 뜻을 익혀야 하는 것입니다. 그러기 위해서는 모르는 단어는 정리를 하고, 사전가서 듣고 따라 말하며, 공책에 단어도 써봐야 하는 것입니다. 저자는 영어 공부 시절 모르는 단어가 넘쳐났습니다. 그래서 늘 워드패드에 정리를 했습니다.

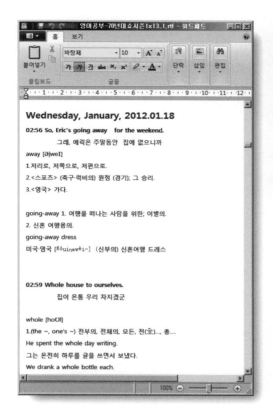

〈산타플레이어 영어단어장 모습〉

이 자료는 산타플레이어 카페(https://cafe.naver.com/santaplayer/1106)에 가면 파일로 올려져 있습니다. 2010년부터 이렇게 공부를 해왔습니다. 결국 2012년 하반기쯤 산타플레이어에 영어단어장을 만들게 되었답니다:)

안들리는 이유 원인 - 여섯번째

<table>
<tr><td>영어 표현</td></tr>
</table>

저자는 자주 말합니다.

"영어단어는 스펠링이고, 표현이 단어이다"

영어 프리토킹을 하는 사람들 중에 초급인 분들이 있고, 플루언트처럼 느껴지며 유창한 분들이 있습니다.
이 프리토킹 부류에서 이렇게 나뉘어지는 것 중의 하나가 바로 표현입니다.
표현을 문장에서 사용하면 문장이 부드러워지고, 유창해지기 시작합니다.

독자분들은 지금 당장 영어 단어를 떠올려 보면 이미 수십개도 넘게 떠오를 것이며,
조금만 생각해도 또 다른 단어들이 계속 떠오를 겁니다.
하지만!
영어표현!
표현을 떠올리면 어느 정도의 표현이 떠올라집니까? 영어 단어처럼 수많은 표현들이 떠올라집니까? 그렇지 않지요?
일상 생활에서 사용하는 단어는 중·고등 학교때의 영어 실력 중간 정도 레벨이면 단어는 충분하다는 말은 독자분들도 들어왔을 겁니다.
하지면 표현은 그렇지 않습니다.
표현을 50개라도 떠올려서 당장 문장과 함께 쓸 수 있습니까?
저자가 다양한 분들께 질문을 드리니 이것은 초급자분들이 아니더라도 표현을 사용한 문장을 만들기 어려워 했습니다.
그래서 공부하면서 표현을 익히는 것은 정말로 중요한데요.

이 대목에서 독자분들 중에는 이렇게 말할 수도 있을 겁니다.

"아니, 표현인지 아는지 어떻게 아는가?"

가령 다음과 같은 말이 있습니다.

"I'm just call it a day"

한글 해석을 보니 **"나 그만한다"**, **"나 퇴근할래"** 등으로 나타납니다. 그런데 단어 단어를 그냥 해석한다면 **"나는 단지 그 하루 부른다"**등으로 해석됩니다.
그렇다면 단어 하나하나로 해석하면 해석이 잘 되지 않습니다.

그 이유는 특정 부분이 바로 표현이기 때문입니다.
"I'm just"는 바로 알 수 있는데
"call it a day"는 문구 해석이 잘 되지 않습니다.

이 문구를 포탈사이트에 검색해보면 **"퇴근하다, 일과를 마치다, 어떤 활동을 마칠 때"**로
나옵니다.

그래서 문장에서 해석이 **"나 퇴근한다"**, 혹은 **"나 그만한다"** 같은 의미로 해석이 됩니다.
표현을 몰랐다면 당연히 해석이 잘 되지 않습니다.

미국 사람들은 적어도 몇 문장에 한 번 이상은 표현을 쓰며, 어떤 경우는 한 문장에 2~3개의
표현을 사용하기도 합니다.
이것은 원어민을 만나도 그렇지만 미국 드라마, 영화, 애니메이션을 봐도 마찬가지입니다.

그래서 표현은 굉장히 중요하며, **영상으로 공부할 때 반드시 표현
을 익혀야** 합니다.

표현을 자연스레 익히는 것 방법 중 하나는 문장에서 잘 이해되지 않는 부분들, 문구들이 있다
면 포탈사이트에서 검색해보세요.
여러분이 검색하고자 하는 대부분의 문구는 이미 먼저 공부한 선배들이 모두 검색했기에, 검색
하고자 하는 문구에 대한 해답을 어렵지 않게 찾게 될겁니다. 그러면 **표현+표현의 뜻+문장**을
함께 적어두세요. 그리고 자주 보세요. 이 과정에서 표현을 점차 익히게 됩니다.

20분짜리 미국 드라마는 약 50~80개 이상의 표현을 가지고 있습니다.
만약 20분짜리 미국 드라마 10편을 본다면 500개 이상의 표현을 가지게 된다는 논리가 나오죠?

저자는 그렇게 해서 문장에서 해석이 단어 자체를 해석했을 때 의미가 잘 이해되지 않고 해석하
는과 달라진다면 그 잘 해석되지 않는 부분을 포탈사이트에서 검색해서 찾아봅니다. 한국 포탈
사이트 뿐 아니라 영어권 포탈사이트(Google.com, Yahoo.com 등)에서도 찾아봅니다.
미국 TV 프로그램 등을 볼 때도 마찬가지였으며, 항상 그렇게 표현을 찾았답니다. 그러다 보니
이제 표현을 보는 눈이 생겨서 어떤 문장을 봐도 표현인지 아닌지 구별하게 됩니다. 설령 모르
는 표현이라고 해도 표현이 보이기에 포탈에서 검색하면 뜻을 알게 됩니다.
그래서 저자는 산타플레이어 영어 단어장에 늘 표현을 등록했었는데 단어장은 단어 등록이
중심이였기 때문에 결국 산타플레이어에 표현 노트까지 만들게 되었답니다.

다음은 산타플레이어의 표현노트입니다.

안들리는 이유 원인 - 일곱번째

내 귀에 낯선 발음

"내 귀에 낯선 발음"은 들릴까요?
들릴 수도 있고 그렇지 않을 수도 있습니다.

좋습니다.
그러면 한번 발음을 들어보죠.

어려운 발음 들어보기

1. 실습을 위해 Read_me.txt 파일을 열고 카운트 숫자를 7로 변경 후 Read_me.txt파일을 저장하고 종료해주세요.
★count=7★

2. 산타북 프로그램을 열어주세요.
(산타북 프로그램이 열려있다면 먼저 산타북 프로그램을 종료하고 다시 열어주세요.)

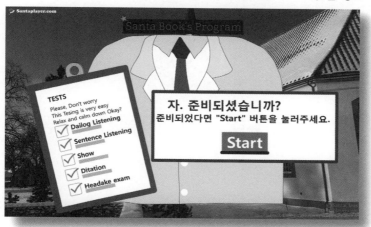

2. INDEX페이지로 가기 위해 화면에서 [Start] 버튼을 눌러주세요.
그러면 INDEX 페이지가 열립니다.
INDEX화면에서는 화살표가 [안들리는 이유 일곱번째]목차를 가르키고 있습니다.

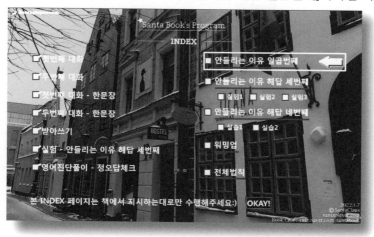

3. INDEX페이지에서 [안들리는 이유 일곱번째] 목차를 클릭해주세요.

그러면 다음과 같이 화면이 나옵니다. 여기는 2개의 파일을 들을 수 있습니다.

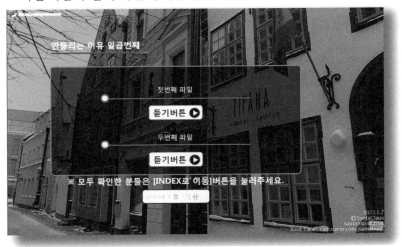

4. 첫번째 파일, 두번째 파일의 [듣기버튼▶]을 각각 눌러서 문장을 들어주세요.

어떤가요? 잘 들리셨나요?
아닐겁니다.

좋습니다.

5. 각 파일을 두 번씩 다시 들어보세요.

6. 무슨 말을 한 것 같습니까?

안들리시죠? 특히 영어 초급자 분들의 경우는 더욱더 안들릴겁니다.

7. 이제 프로그램은 종료하거나 [INDEX로 이동▶]을 눌러주세요.

자 이렇게 실습을 해보았습니다.

그렇다면 왜 안들릴까요?

"발음"때문입니다.

외국어는 말하는 사람의 발음이 달라지면 우리는 그것을 올바로 인지하지 못하는 경우가 발생합니다. 또 어떤 경우는 동일한 사람이 다른 문장을 발음하면 그것을 동일 사람이 아닌 다른 사람으로 인식하는 경우도 발생됩니다.

70년대 쇼 시즌1 1화에서도 역시 그런 부분들이 있는데요. 바로 등장인물 Donna의 목소리입니다.

이렇게 말하는 분들이 있습니다.

"난 프렌즈 보고 영어 프리토킹 되었어요"

그렇다면 프렌즈에 나오는 주인공들 몇 사람의 목소리는 익숙하게 이해를 하고 있습니다.

그런데 지금 들은 2개의 문장을 프렌즈에 나오는 사람의 목소리로 다시 틀었다면? 보다 잘 들을 수 있을겁니다. 그 이유는 바로 나에게 익숙한 목소리이기 때문입니다.

하지만 목소리가 다르고 문장에 약간만 변형을 주면 어떻게 될까요? 가령 70년대 쇼의 등장인물 Donna의 목소리로 하고 문장을 약간 변형하면 들리지 않는 경우가 발생합니다.

그 이유는 발음이 달라서 입니다.

즉, 내게 익숙하지 않은 낯선 발음이라는 것입니다. 그래서 들리지 않는 것입니다.

여러분 알아야 할 것 중 하나는 미국 아이 8살이 되면 놀랍게도 거의 모든 사람의 발음을 다 이해한다는 것입니다.

가령 전화가 왔습니다.

들어보니 앞집 할아버지 입니다.

"안녕하세요. 앞집 할아버지"

또 전화가 왔습니다.

이번에는 뒷집 할아버지 입니다.

"안녕하세요. 뒷집 할아버지"

또 전화가 왔습니다.

이번에는 옆집 할아버지 입니다.

"안녕하세요. 옆집 할아버지"

또 전화가 왔습니다.

이번에는 공원 할아버지 입니다.

"안녕하세요. 공원 할아버지"

이 아이는 할아버지의 목소리만 구별하는 것이 아니라 수많은 사람들의 목소리를 구별합니다.

그래서 아픈 목소리를 하는 목소리인데 옆집 아저씨인지, 뒷집 아저씨인지, 친구 마이클 아빠인지, 국어 선생님인지, 미술 선생님인지, 청소하는 아저씨인지, 경비 아저씨인지, 친척인데 아빠의 형제인지, 엄마의 형제인지를 구별합니다. 흑인 인지, 백인 인지도 구별합니다.

사람의 목소리는 사람들마다 목소리가 다르며, 색깔이 존재하고, 억양이 있습니다.
한 사람의 목소리에서도 속삭이는 목소리, 화난 목소리, 기분 좋은 목소리, 슬픈 목소리, 행복한 목소리 등등 수많은 발음들이 존재합니다.

가령
영어를 잘하지 못하는 사람이 성별이 같고, 연령층이 비슷한 미국 사람에게 전화를 받게 되면 같은 한사람 목소리로 대부분 들린다는 것입니다.
(정말 다른 발음이 아닌 경우라면)
이것이 문제입니다.

흑인도 다양한 흑인의 목소리가 있는 것입니다.
그 다양한 흑인들의 발음도 이해를 해야 합니다.

"그렇다면 이것을 해결하려면 어떻게 해야 하는가?"

그 사람들의 목소리를 찾아서 계속 들으면서 익숙해질 수 밖에 없답니다.

미국 아이 8살짜리는 거의 모든 목소리를 전화만 듣고도 구별합니다.
즉, 천의 목소리를 구별한다는 것입니다.
그렇다면 미국아이 8살짜리 만큼은 아니더라도 최소 몇 백명의 사람 목소리는 구별할 수 있어야 하지 않을까요?

또한 세계는 수많은 사람들이 살고 있습니다.
우리는 미국인만 만나는 것이 아닙니다.
가까이는 일본인, 중국인이 있고, 동남아 사람들이나 인도 사람들도 만납니다.
물론 유럽 사람들 뿐 아니라 세계의 다양한 나라 사람들을 만납니다.
영국, 독일, 프랑스, 네덜란드, 핀란드, 오스트리아, 호주, 뉴질랜드, 스페인, 멕시코, 캐나다, 러시아 등

필리핀 사람들 역시 영어를 유창하게 합니다.
하지만 이들의 발음은 자신 나라의 언어(따갈로그)를 말하는 식으로 영어 발음을 합니다.
저자는 미국에서 오래산 필리핀 사람을 몇 번 만난 적이 있습니다. 만날 때마다 간혹 발음을 못 알아 듣는 경우가 있습니다. 그 이유는 그 필리핀 여성의 특유의 발음이 저자에게 익숙하지 않

았기 때문입니다.

유럽에서도 독일 사람들은 발음이 좋은 편이지만 오히려 오리지널 영국 사람들을 만나면 특히 나이든 사람을 만나면 발음이, 가령 한국으로 보면 서울 사람이 오리지널 경상도 사투리, 대구나 부산 사람을 만난것과 유사합니다. 꿩장히 진한 오리지널 영국 발음이라는 것입니다. 방송으로만 공부한 영국 발음을 실제 만나보면 발음이 보다 다르다는 것을 알게 됩니다.

네덜란드인들도 특유의 발음들이 있으며, 독일 발음과 비슷한 발음이지만 그들 특유의 발음을 가지고 있으며, 프랑스 또한 그들만의 특유의 프랑스 억양과 발음을 한답니다.

또한 저자는 알게된 러시아 여성 친구가 있습니다. 이 친구는 정말로 러시아식 발음으로 영어를 하는 친구입니다. 대화가 잘 되다가도 이해가 되지 않는 때가 있습니다. 그 친구와 대화했던 기억을 되살려보면 TV를 보면서 친구가 그 상황을 이야기해주는데 "that girl is very cute" 과 같은 말을 했는데 "cute"도 발음이 이상하지만 "girl" 발음이 너무 달라서 이해를 못하고 그 단어를 여러 차례 물어봤던 기억이 있습니다.

물론 치아교정하는 중이었고, 치아를 보호하기 위한 어떤 플라스틱 장치도 함께 달려있어서 더 발음이 이상했습니다만 러시아말을 하는 것과 같은 그 악섹트를 쓰며, 러시아식 영어를 쓰는 친구입니다.

알게 된 인도 친구를 오프라인에서 만나고 다음 날 전화와서는 **"페이스북 있느냐?"**는 질문이었는데도 무슨말을 하는지 잘 이해되지 않아 여러 차례 물어본 기억이 납니다. 그럴 수 밖에 없습니다.

그 이유는 그 친구들(인도, 러시아)의 발음들이 내게 낯설기 때문입니다.

학창 시절을 떠올려보면 시험볼 때 항상 한 사람의 목소리로만 듣기 평가했었던 것을 기억합니다. 그 한 사람만의 목소리만 이해해서는 안됩니다.

그래서 이제는 달라져야 합니다.

다양한 연령층의 말, 그 사람들의 희로애락일 때의 발음, 그리고 다양한 나라 사람들의 말, 발음을 이해해야 합니다.

천의 목소리를 이해해야 합니다.

즉, 천 사람의 발음을 계속 듣고 익숙해져야 한다는 것입니다.

그렇다면 이것을 해결하기 위해서는 다양한 연령대의 다양한 나라 사람들의 희로애락 감정을 담은 발음을 찾아서 계속 들어보아야 합니다.

이것뿐 입니다.

흑인 발음에 약하다면 유투브나 흑인들이 많이 나오는 드라마, 영화를 통해서 흑인 발음들을 계속 들어야 하고 그 발음들, 그 문장들을 익숙하게 만들어야 합니다.

이외에는 그들을 오프라인에서 자주 접하는 수밖에 없답니다.

발음의 마지막으로는

육성과 기계음은 차이가 큽니다.

육성이란 실제 오프라인에서 외국인을 만났을때의 목소리란 것이고,

기계음은 컴퓨터나 핸드폰 등에서 나오는 소리를 말합니다.

기계음은 육성을 따라갈 수 없습니다.

언어를 접할 때 가장 좋은 것은 육성이며, 육성을 많이 접해보지 않았다면 - 실제 외국사람을 만났을 때 같은 나라 말이라고 해도(가령 미국) 알아듣지 못하는 경우도 발생하며- 기계음에서 많이 들었던 것과 육성의 소리는 발음 자체가 다르기에 육성으로 언어를 공부한 사람과의 차이가 날 수 밖에 없습니다.

육성은 언어를 빨리익히도록 만드는 육성만의 또 다른 비밀이 있습니다. 이것에 대해서는 **[파트 5. 엄격한 훈련]**에서 언급됩니다.

그래서 미국 애인 혹은 미국인 친구가 있고, 이 미국 사람들을 거의 매일 만나는 사람들의 영어를 기계음으로 공부하는 사람이 따라갈 수가 없는 것입니다.

그래서 독자분들이 만들 수만 있다면 반드시 육성을 듣는 기회를 많이 가지시길 바랍니다.

정리하며

자 이렇게 해서 안들리는 이유 7가지 원인을 살펴보았습니다.

어떻습니까?

영어가 왜 안들리는지 이제 좀 해답을 찾은 것 같지 않습니까?

안들리는 이유 원인 다섯번째, 여섯번째, 일곱번째에 대한 해답은 원인 파트에서 원인을 설명하며 답변을 함께 드렸으며,

이제 안들리는 이유 원인에 대한 해답 4가지입니다.

이 해답들 중에는 원어민이 되는 방법도 들어있고, 미국 어학연수 몇 개월 수준이 되는 방법도 들어 있으며, 실습해야 하는것도 있습니다.

그러면 잠시 쉬고 다음 단원에서 시작하겠습니다.

목적지가 있는가
시련이 가는 길에 있다
꿋꿋하게 버티고 이겨내라
시련을 지나가면
목적지에 도착한다

Thoughts become things

- YKS. -

I can not hear you...

What should I do?

안들리는 이유 해답 4가지

안들리는 이유 해답 - 첫번째

안들리는 이유 원인 첫번째는 바로 이것이였습니다.

> 미국 사람이나 유럽 사람 등 영어권 나라 사람들과 하루에 2~3(최소 1~2시간 이상)시간 이상을 6개월에서 1년을 있어보지 않아서

<u>질문</u>
자 그렇다면 이것을 미국 사람 만나지 않고 혼자 공부하는데 어떻게 해결하면 될까요?
(답변을 적어주세요)

"미드를 본다, 영화를 본다, 미국 사람을 만난다, 미국에서 태어난다, 미국 사람 친구를 사귄다, 원어민 학원을 간다."
등 다양한 답변이 있을 수 있습니다.

좋습니다.

해결책은 이것입니다.

미국 사람이나 유럽 사람 등 영어권 나라 사람들과 하루
에 2~3(최소 1~2시간 이상)시간 이상을 6개월에서 1년
을 지내 보는 것

"어떻게 혼자 하는데 가능할까?" 생각하신다면 잠시만 기달려주세요.

지금은 그 구체적인 방법을 알려드리면 안되기에 여기서는 이렇게만 이해를 하시면 됩니다.

그 구체적인 방법은 [파트5. 엄격한 훈련]에서 자세히 설명드리겠습니다.
프리토킹 될 때까지 이것을 항상 해야 합니다.

☯ 문장은 길이다

The Sentence Is The Road

문장은 길이라는 것은 "새로운 명제"이다.

이제 문장은 "길"이라고 받아들여야 한다.

모든 "언어의 진리"이기 때문이다.

- YKS. -

안들리는 이유 두번째 원인은 다음과 같습니다.

새로운 문장이면 안들린다

(내가 모르는 문장 - 내가 만나본 적이 없는 문장)

즉, 문장은 길이다

- 내가 가보지 않은 길은 들리지 않는다

안들리는 문장은 내가 안 가본 길입니다.
들리는 문장은 내가 많이 가본 길입니다.
새로운 문장이면 안 들립니다.
새로운 문장은 다른 말로 **내가 가보지 않은 새로운 길** 입니다.
내가 가보지 않은 새로운 길에 무엇이 있는지 어떻게 알 수 있는가? 말입니다.

※ 새로운 길, 새로운 문장

눈으로는 이해를 하지만 귀에서는 이해를 하지 못하는 문장
아는 단어로 이루어진 문장이여도 처음 만나는 문장
모두 알고 있는 단어인데 문장 구조를 처음 만나는 문장
아는 단어로 이루어져 있어도 몇 번은 들어본 문장이여도? 그 문장이 익숙하지 않은 문장

자 먼저 질문을 드리겠습니다.
질문에 답을 적어주세요.

질문1
내가 가보지 않은 다른 나라의 골목길이 있습니다.
그 골목길을 내가 다른 사람에게 설명할 수 있을까요?
(가령 네덜란드 로테르담 센트럴 스테이션을 가보지 않았다면 그 주변을 설명할 수 있을까요?)

자 그렇다면 내가 해보지 않은 문장을 어떻게 유창하게 나오게 할까요?
나오게 할 수 없겠지요?

질문2
내가 모르는 단어가 들릴까요?

질문3
왜 안들릴까요?

생각해보면 귀가 있기에 단어 즉, 그 말은 잘 들립니다. 지나가는 개가 **"왈왈왈"** 하면 잘 들리죠. 들리니 시끄럽기도 하고 말이죠. 그런데 생각해보면 말의 뜻을 모르는 것입니다. 즉, 뭔 말인지 모른다는 말이 됩니다.

이렇게 전제를 내리겠습니다.

<u>전제</u>

모르는 문장은 새 문장이고, 새 문장은 모르는 단어와 같다

영어는 합성어(Compound nouns)들로 된 단어들이 좀 있습니다.

to + night = tonight
to + day = today
police + man = policeman
hair + cut = haircut

any + more = anymore
my + self = myself
car + pet = carpet
moon + light = moonlight
sea + food = seafood
sun + rise = sunrise
tool + box = toolbox
you + self = yourself
home + work = homework
birth + day = birthday

합성어를 찾아보면 실제 보다 많이 존재합니다.

자 그렇다면 다음의 예는 6개의 문장입니다.
6개의 문장을 문장으로 보는 것이 아니라 합성어라고 생각해주세요.
이해되셨나요?

　6개의 합성어 단어.

---

1. What's
2. What's wrong
3. What's wrong with
4. What's wrong with your
5. What's wrong with your man's
6. What's wrong with your man's hair?

그렇다면 1번과 2번은 뜻이 같을까요? 다릅니다.
3번과 6번은? 서로 다릅니다.
가령 홍길동이 3번 단어는 많이 들어서 이해를 하고 있습니다.
하지만 6번 단어는 처음 접했습니다.
그렇다면 6번 단어를 들었을 때 이해할까요? 이해 못하겠지요. 그 이유는 6번은 뒤에 다른 단어들 (your man's hair?)이 붙었기 때문입니다.

그래서 내가 듣지 못하는 문장은 들어본 문구도 있고, 들어보지 못한 문구도 있습니다. 이 들어보지 못한 문구가 들어본 문구 앞이나 뒤에 붙거나 혹은 앞뒤 양쪽에 붙어버린다면 그 문장은? 내가 모르는 문장이 되는 것입니다.

즉, 모르는 단어와 같은 의미가 됩니다. 그래서 문장이 이해가 되지 않는 것입니다.

자 그렇다면 이제 뜬금없을 것 같은 새로운 질문을 드리겠습니다.
질문에 답변을 작성해주시면 됩니다.

질문1
원어민이 되는 방법을 아는 것은 중요할까요?
("네이티브 스피커가 되는 방법을 아는 것은 중요한가?"를 물어본 것입니다.)

질문2
왜 중요할까요?

많은 분들이 여기서 **"원어민이 되는 방법이 중요하다"** 라고 답변을 주셨습니다.

좋습니다.
한가지 결론이 나왔습니다.

"원어민이 되는 방법을 아는 것은 중요하다"

※결론

원어민이 되는 방법을 알아야 한다!

원어민이 되는 방법을 알아야만 원어민처럼 듣고 말할 수 있다는 것은 누구나 잘 알겁니다. 그렇다면 좋습니다.

다시 질문 드립니다.

질문에 답변을 작성하시면 됩니다.

질문1
원어민이 되려면 어떻게 해야 할까요?

여기서 독자분들이 생각해봐야 하는 것은
안들리는 이유 해답편 두번째를 만들어가는데 뜬금없이 원어민이 되는 방법에 대한 이야기가 나오는겁니다.
왜 뜬금없이 원어민이 되는 질문이 나올까요? 해답과 원어민은 관련이 아주 깊기 때문입니다.

저자가 강의할 때 **질문1**에는 다양한 답변들이 있었습니다.

질문) 원어민이 되려면 어떻게 하면 될까요?
답변1 – 많이 들어야 됩니다.
답변2 – 생활 속에서 영어를 사용해야
답변3 – 단어를 한국어로 외우지 말고 이미지화해서, 그 단어뜻을 이미지로 연결시켜서..?
답변4 – 미국에서 태어난다
답변5 – 미국 친구를 사귄다
답변6 – 평생 영어공부 한다
답변7 – 최대한 미드를 많이 보고 공부한다

물론 올바로 답변하는 분들이 있었습니다.
답변8 – 절대량이 많아야 한다.
답변9 – 아는 문장이 많아야 한다.

답변 8,9번을 제외한다면 이 다양한 답변에 저는 삼무라고 합니다.

삼무. 처음 들어볼 겁니다.

저자는 종종 **"삼무"**라는 표현을 사용합니다. 그래서 삼무를 이해할 필요가 있는데요.
그러면 **"삼무"**를 이해하기 위해 먼저 예시를 살펴본 뒤, 계속 진행하겠습니다.

삼무의 예시

서울에서 부산까지 가야 합니다. 세계에서 오직 홍길동만이 그 서울에서 부산까지 가보았습니다. 그래서 홍길동은 서울역에 돗자리를 깔고 부산의 여러 사진들(갈매기 사진, 바닷가 사진, 모래사장 사진, 배 사진, 등대 사진 등등)을 걸어두고는 부산을 가고자 하는 사람에게 50만원을 받고 부산까지 어떻게 가는지를 알려주려고 합니다. 홍길동은 이렇게 말합니다.

"자 여러분! 이 홍길동이가 세계 최초로 서울에서 부산을 가본 사람입니다. 갈매기 사진, 등대 사진, 해변가 사진, 파도 사진 등등 부산 사진 많습니다. 자 보세요. 보세요. 서울에서 부산 가고자 하는 모든 분들께 제가 정말로 자세하게 그 방법을 알려드리겠습니다. 가격은 50만원 뿐이 받지 않아요!!!!"

수많은 사람들이 모였습니다.
그래서 제임스가 홍길동에게 50만원을 주면서 부산까지 가는 길을 물어보았습니다.
"홍길동씨, 여기서 부산가려면 어떻게 구체적으로 가면 될까요?" 라고 물으니

홍길동은
"아...방법이 없어요. 이것 외에는 없어요. 무조건 계속 가야 되요. 페달 100번 밟아요. 왕도가 없어요. 계속 가도 보면 나와요"라고 합니다

그래서 제임스는 다시 물었습니다.
"저 홍길동님. 어느 방향으로 가야 합니까?"

홍길동 왈
"아따 답답하시네.... 그냥 계속 가면 된다니까요!!!"

그래서 제임스는 다시 물었습니다. 답답하니까 말입니다.
"서울에서 부산가려면 어느 방향으로 어느 도로를 타야 합니까?"

홍길동왈

"아따 이양반이 답답하시네. 왕도가 없어요. 방법이 없다니까요! 무조건 반복뿐이라고요. 계속 가다보면 나온다고요!!"

라고 합니다.

질문

제임스는 홍길동에게 50만원을 주었습니다.

이 홍길동 어떻게 생각되십니까?

(솔직한 답변을 적어주시면 됩니다.)

자 그렇다면 앞의 예시 글 중에서 몇 문구를 가져오겠습니다.

왕도가 없어요.

방법이 없다니까요!

무조건 반복뿐이라고요.

계속 가다보면 나온다고요!!

자, 이 문장들 어디서 많이 들어보지 않았습니까?

"영어 될 때까지 끝까지 해야 한다, 반복뿐이 없다"고 말입니다.

그래서 저는 이것을 삼무라고 말합니다.

삼무의 정의를 내리면

삼무란?

무가 3개로 풀어보면

무의미하고, 무책임하며, 무성의
한 것입니다.

아무 뜻도 의미도 없는 그런 것이고, 영어 프리토킹 안됩니다.

홍길동이 저렇게 부산가는 방법을 알려준 것은? 바로 삼무 라는 것입니다.

삼무 이해되시죠?

효과는 볼수도 있겠지요. 하지만 영어, 그리 되는 것이 아닙니다.

※ **노트 : 본 책에서 간간히 삼무가 나오면 그것은 큰 의미 없다는 위의 뜻을 말하는 것입니다.**

자 그렇다면 다시 돌아와서 질문 들어갑니다.
질문이 있으면 항상 답변을 적어주세요.

질문1
8살짜리 한국 아이는 한국말 프리토킹 한다고 해도 될까요?

질문2
그런데 이 8살짜리 아이는 뉴스나 정치 경제를 보면 모르는 경우가 발생합니다. 왜 그럴까요?

질문3
네 좋습니다. 그렇다면 이 8살짜리 아이에게 그 단어들, 문장들이 새롭기 때문은 아닐까요?

질문4

독자분들은 평상시에 한국 주말 드라마를 TV에서 볼 때 자막없이 어떤 드라마든지 이해되지 않습니까?

질문5

손석희 아나운서 아시죠?
손석희 아나운서가 JTBC에서 말하는 그 모든 뉴스들 자막없이 다 이해되지 않습니까?

질문6

도대체 왜 자막없이 이해가 될까요?

질문7

"다 아는 내용 이라서" 라는 답변을 작성하셨다면 (혹은 그 비슷하게 작성하셨다면) "다 아는 내용 이라서"를 "다 아는 문장이라서"라고 바꾸어도 될까요?

질문7에 "네"라는 답변을 했다면

자 보세요.

"다 아는 문장이라서"라고 문장을 바꿀 수 있습니다.

다른분들의 답변 예시를 보겠습니다.

다른분들의 샘플1,2

다른분의 샘플1

Q. 손석희 아나운서가 JTBC에서 말하는 그 모든 뉴스들 자막없이 다 이해되지 않습니까?
  네 이해됩니다.
Q. 왜 그럴까요?
  뜻을 다 아니까
Q. "뜻"을 "문장"으로 바꿔도 될까요?
  네
– (한국어) 문장을 다 아니까

다른분의 샘플2

Q. 왜 그럴까요?
  다 익숙한 표현이어서요
Q. "표현"이라는 단어를 "문장"이라고 바꾸어도 될까요?
  네네
– 문장을 모두 알고 있으니까요.

아마 본 책을 보는 모든 분들의 답변이 거의 비슷할 것입니다.

질문8

그렇다면 자막없이 일상 대화의 한국말을 모두 이해하는 것 맞습니까?

(답변을 적어주세요)

앞의 **질문8**의 답변으로 아마 **"네"**라고 하셨을겁니다.

자 그러면 결론을 내겠습니다.

※결론

한국어 문장을 모두 알고 있기에
그래서 손석희 아나운서의 JTBC에서 말하는 그 모든 뉴스를 가볍게 볼 수 있으며,

어떤 한국 주말 드라마든지 가볍지 쇼파에 누워서 볼 수 있습니다.

어쩌면 이미 저자의 의도를 간파한 분도 계실텐데요.

이제 생각의 전환을 할 때 입니다.
독자 여러분의 생각하는 관점이 전환되어야 합니다.
그래서 질문을 다시 드리겠습니다.
질문에는 꼭 답변을 적어주세요.

※ 생각의 전환

질문1
그렇다면 독자 여러분이 영어 문장을 모두 알면 어떻게 될 것 같습니까?

질문1의 답변에 모든분들이 **"원어민 되겠네요"**라고 하셨답니다.

그것이 의미하는 것은 **"언어의 본질"** 입니다.
즉, 이제 "언어의 본질"을 이해한 것입니다.

한국어 문장을 모두 알면?

"한국어 원어민이 된다"

영어 문장을 모두 알면?

"영어 원어민이 된다"

언어 측면에서 원어민이 된다는 것입니다.

즉, (언어 측면에서)

"어떤 언어든 그 언어에서 사용되는 문장을 모두 알면
그 언어의 원어민이 된다."

질문2

영어 문장을 모두 알게 되면 즉, 영어 문장을 모두 알고 있어서
들으면 그 말을 알아듣고, 말도 원어민처럼 할 수 있다면 이것은
원어민이 되는 것이 사실일까요? 아닐까요?

사실입니다.
네이티브 스피커가 되는 것이 사실입니다.

가령 A라는 사람이 서울시 양천구로 이사를 갔습니다.

모든 곳이 낯설지요.

그래서 첫날 필요한 식료품 등을 사기 위해 마트를 찾아갑니다. 그리고 다음 날은 밥을 먹기 위해 식당을 찾아갑니다. 그리고는 잠시 커피를 마시기 위해 카페를 찾습니다. 그리고 다음 날이 되어 어제 간 마트는 뭔가 부족한 부분들이 있어 좀 더 큰 마트가 어디 있는지를 찾습니다. 가는 도중에 세탁소를 발견하고, 피자 가게, 햄버거 집도 발견하고 얼마 뒤 그 길에 빵집도 있다는 것을 발견합니다.

이렇게 계속 돌아다닙니다. 하루 이틀⋯ 결국 시간이 좀 지나서 몇 달이 되니 동네가 눈에 익숙합니다.

그런데 이렇게 세월이 흘러서 어느덧 10년이 흘렀습니다.

A는 이제 이사간 동네의 모든 길을 다 알게 되었고, 그 길은 모두 익숙한 상태이고, 모든 상점들의 주인들과 친한 사람이 되었습니다.

질문3

그렇다면 이 A는 그 동네 원어민이 된 것일까요? 아닐까요?

("길"적인 측면에서 질문입니다.)

원어민이 된 것입니다.

그렇다면 영어 언어로는 원어민인 것입니다.

안 가본 길이 없습니다. 즉, 안 가본 문장이 없다는 것입니다.

모든 길이 익숙합니다. 즉, 모든 문장이 익숙한 것입니다.

그래서 길 적인 측면에서는 원어민이며, 이것을 언어 측면에서 모든 길을 다 가고 모든 길이 익숙해지면 그것은 원어민이라는 것입니다.

위 **질문2**의 {영어 문장을 모두 알고 있어서 들으면 그 말을 알아듣고} 라는

문장에서 **"알아듣다"**는 중요한 내용을 의미하고 있습니다.

국어사전에는 다음과 같이 나옵니다.

"알아듣다"의 국어사전 뜻

남의 말을 듣고 그 뜻을 알다.

자 이제 결론을 내리겠습니다.

※결론

즉, 원어민이 되려면
새로운 문장이 없을 때까지 공부하면 됩니다.
즉, 처음 만나는 문장이 없을 때까지 공부하면 됩니다.
그래서 만나는 문장들이 모두 익숙한 문장이(**모두 내가 이해가 되는 문장이**)될 때까지 공부 하기만 하면 됩니다.

위 결론이 바로 안들리는 이유 해답 두번째 이기도 합니다.

모든 길은 다른 말로 모든 문장입니다

가령 새로 이사간 동네가 양천구인데..
양천구 모든 길을 다 가보면 그래서 그 모든길이 다 익숙해지면 나는? 그 동네 길을 다 아는 원주민이 되는겁니다.

미국에 있든 한국에 있든 어디에 있든 간에 이 방법 외에 원어민이 되는 방법이 또 있을까요?
하지만 타국어를 공부하는 입장에서 이것은 거의 불가능합니다. 셀수 없는 수많은 길을 가야하고 그 길을 모두 익숙한 길로 만들기에는 우리 인생이 너무 짧기 때문입니다.
그렇다면 단순히 영어 문장을 하루에 몇 문장 정도만 공부하면 될까요?
안되겠지요?
이미 안된다는 것을 누구보다도 잘 알게 되었습니다.
그래서 몇 문장을 공부하니 영어 실력이 쑥쑥? 당연히 늘지 않겠지요?

안들리는 이유 두번째의 원인은 "나에게 새로운 문장"이라서 들리지 않았던 것입니다.

그렇다면 그 해답은 나에게 그 새로운 문장, 즉, 나에게 새로운 길을 가는 것이고, 결국 모든 길을 익숙하게 만드는 것입니다.

그런데 그것이 바로 원어민이 되는 방법이 되는 것입니다.

그래서 안들리는 이유 두번째의 해답편은 바로 원어민이 되는 방법을 제시한 것입니다.

그래서 독자분들은 원어민들이 말이 잘 들리지 않는 이유 중 하나가 내가 그 문장의 길을 가보지 않은 것입니다.

다음 페이지의 [길]그림에는 수많은 길이 있습니다. 이것은 전체가 원어민 길이라고 하겠습니다.

가령 [길]그림에서 A가 3번 길에 이사를 갔습니다. ([길]그림의 좌측 하단입니다.)

이사간 주변, 직장 주변만 다닌다고 가정할 때 – 이 길은 3번 길을 말합니다.

A는 원어민 제인을 만납니다.

그리고는 제인은 11번 길이나 23번 길을 말합니다.

11번 길과 23번 길은 그림에서 보듯이 3번 길과 다른 길이며, 두 길이 서로 겹쳐 지지도 않았습니다.

그렇다면 A는 그 길을 이해할 수 있을까요?

절대 이해할 수가 없습니다.

그 이유는 내가 가보지 않은 길(즉, 가보지도 않은 것은 경험하지 않은 길로 들어본 적도 없고, 본 적도 없는 길입니다.)을 어떻게 이해를 하고 말을 할 수 있겠습니까? 불가능입니다.

그래서 영어는 될 수 있는 한 많은 길을 가야 하고, 그 갔던 많은 길이 익숙해져야 합니다.

한가지 더 예시를 드립니다.

가령 "나"는 [길]그림의 16번, 8번, 47번 길을 갔다고 가정을 합니다. ([길]그림의 우측 하단입니다.)

이때 원어민을 만났더니 원어민 말을 어느 정도 이해를 하는 겁니다.

원어민이 말하는 길은 35번 길입니다.

이미 나는 16번, 8번, 47번 길을 가보았기에 그림에서 보면 35번 길은 내가 가본 길과 교차 지점이 생기는 겁니다. 그렇기 때문에 그 부분이 이해가 되어 들리는 것입니다.

그래서 영어를 잘하고자 한다면 반드시 많은 문장을 가고, 그 문장들을 익숙하게 해야 하는 것입니다.

이해되셨습니까?

이것은 모든 언어가 동일한 것입니다.

자 그러면 이제 잠시 쉬고 안들리는 이유 해답 세번째를 만나보기로 하겠습니다.

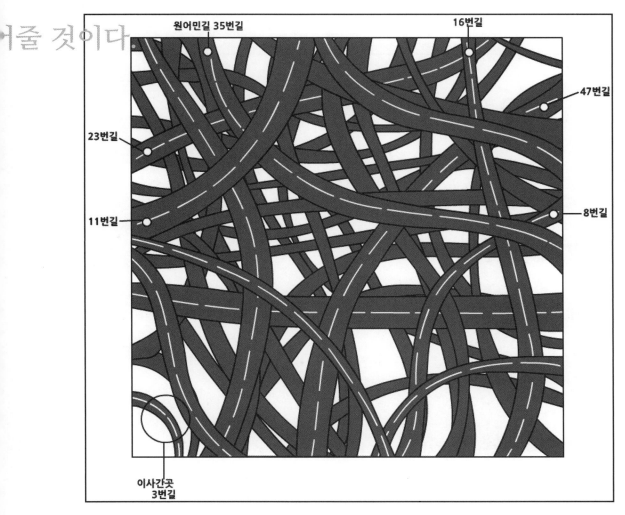

얼마나 많고 다양한 많은 길을 가서 그 길을 익숙하게 하는가?
그것이 평이함 잘함의 핵심이다.
문장은 길이다
하루에 얼마나 많고 다양함을 가서 익숙하게 만들어야 하는가?
한국말을 한 만큼의 그 양.
그것을 가야 한다는 그것은 아마 깨달음이고, 진리이고, 통찰이며,
사실이고, 그것이 나의 언어를 발전시키는 길이다.
YKS
깨달음 파트는 언어의 근본을 건드린 것이다.

안들리는 이유 해답 - 세번째

안들리는 이유 원인 세번째는 다음과 같습니다.

뇌구조가 영어식 뇌구조로 잡혀 있지 않다

영어 진단 시 질문들을 다시 한번 보겠습니다.

참고로 저자가 강의할 때 영어 진단 시 답변은 들으면서 까먹었던 분들이 거의 대부분이었습니다.

첫번째 대화

문제1

이제 지금 들었던 대화 내용의 한글 뜻을 다음 빈 칸에 모두 적어주세요.

(상황을 적지 마시고, 기억나는 대화를 모두 작성해주세요.)

(기억나는 것이 많이 없다면 들었던 단어를 적어도 괜찮습니다.)

질문1

혹시 들으면서 까먹지 않습니까?

실제 그 언어를 어느 정도하기 전까지 초보라면 누구나 까먹게 되어 있으며, 1초를 들어도 1초만에 까먹게 됩니다.

질문2

이렇게 들으면서 까먹는 원인과 해결책을 알면 어떻게 될까요?

두번째 대화

질문2

다시 한번 같은 질문을 드립니다.
혹시 들으면서 까먹지 않습니까?

질문3
그렇다면 왜 들으면서 까먹을까요?
(들으면서 까먹는 원인을 물어보는 것입니다.)

들으면서 까먹는 원인이 있습니다.
이 원인을 알고 이것을 섭렵하면 **내 실력은 이제 굉장히 올라갑니다.**
물론 섭렵하는 과정에 절대적인 시간과 절대적으로 할 것들이 있습니다.

이 까먹는 원인이 바로 뇌구조가 영어식 구조로 되어 있지 않기 때문입니다.

그런데 두번째 대화 질문의 마지막 문구는 다음과 같습니다.

이 원인을 알고 이것을 섭렵하면
내 실력은 이제 굉장히 올라갑니다

정말입니다. 정말로 "**이것**"을 섭렵하면 내 실력은 엄청나게 올라갑니다:)
저자가 영어를 가르칠 때 영어 진단 시 첫번째 대화(12문장)를 한 번에 듣고, 절반 혹은 그 이상을 쓰신 분들을 보면 다음과 같은 3가지 부류였습니다.

1. 어학연수를 1년이상 갔다 왔거나
2. 토플 100점 넘어서 미국 대학교 입학 자격이 되거나
3. 1,500만원 이상을 영어에 쓰면서 꾸준히 영어공부를 10년이상 했거나

이 3가지 부류 분들은 다른 말로는 뇌구조가 잡혀 있는 분들입니다.
그래서 당장에 미국 사람을 만나도 완전한 플루언트는 아니지만 의사소통이 되는 분들입니다.

그렇다면 결론은 **"나도 뇌구조를 잡아야 한다"**는 것입니다.

그래서 안들리는 이유 해답 세번째는 다음과 같습니다.

뇌구조를 영어식으로 잡으면 된다

여러분들도 뇌구조가 영어식 구조로 잡힌다면 영어권 사람들이 말할 때 오래 생각하지 않아도 많이 들린다는 것입니다.

* 계속 진행 하기전에 다시 당부 말씀드리면 질문이 있으면 답변을 꼭 적어주세요.

자 그러면 또 질문 들어갑니다.

질문
뇌구조를 영어식으로 만들려면 어떻게 해야 할까요?

여러분이 작성한 내용과 다른분들이 작성한 내용은 별반 다르지 않았습니다.

다음은 다른분들이 답변한 예시들입니다.

> *질문*
> *뇌구조를 영어식으로 만들려면 어떻게 해야 할까요?*
> *답변1 : 방법을 모르겠습니다.*
> *답변2 : 영어를 많이 듣는다.*
> *답변3 : 자꾸 듣고 익숙해져야*
> *답변4 : 듣고 실제로 말하기 연습을 끊임없이하고, 원어민 발음 강좌와 억양 강좌를 지속적으로 보면서 공부한다*
> *답변5 : 새로운 문장이 없도록 많이 듣는다.*
> *답변6 : "무한반복"한다*

구체적으로 무엇을, 어떻게, 언제까지에 대한 부분들이 없습니다. 그러면 아시죠? 삼무가 됩니다.

삼무란?
무가 3개로
무의미하고, **무**책임하며, **무**성의한 것입니다.
아무 뜻도 의미도 없는 그런것이고, 영어 프리토킹 안됩니다.

뇌구조를 영어식으로 만든다는 것에서 필요한 것은 분량입니다.

즉,

여기선 분량이 나와야 합니다

정말로 여기선 분량이 나와야 합니다.
특정한 분량이 나와야 합니다.
뇌구조를 잡는 특정한 분량 말입니다.

뇌구조를 잡는 답

그래서 뇌구조를 영어식 구조로 만드는 방법은 간단합니다. 머리속에 많은 문장이 있으면 됩니다.

즉, 본 책에서 제시하는 훈련으로 만들어진 문장들이 많다는 것을 말합니다.
이제 질문 드리겠습니다.

질문1

머리 속에 많은 문장이 있으면 뇌구조가 잡힙니다. 그렇다면 어느 정도가 많은 문장일까요?

(숫자를 써주세요)

질문1번의 답은 도대체 어떻게 해서 나온겁니까?

혹시 "3천문장"이라고 하셨습니까?
저는 이렇게 말씀드립니다.
"택도 없다"라고 말입니다.

5천문장? 역시 마찬가지입니다.

자 그렇다면 이제 **생각의 전환**을 할 차례입니다.

질문1
한국 주말드라마 1시간짜리는 대략 몇 문장 정도 될까요?
(이것은 이미 앞에서 질문드린 내용입니다.)

아마 생각해 본적이 없을겁니다. 왜냐하면 영어공부와 상관없으니 말입니다. 하지만 있어야 합니다. 이것은 깊은 관계가 있거든요.
답은 700~1,000문장입니다.

엄청나죠?
이어서 질문 들어갑니다.

질문2
미국 사람 마이클이 한국어를 공부하기 위해서 한국에 왔습니다. 이 미국 사람 마이클이 한국 드라마 한 편 보고 한국어 구조가 잡힐 것 같습니까?
(그래서 한국 사람 만났을때도 한국어 알아듣는 수준인 한국 어학연수 몇 개월 정도의 레벨이 되겠습니까?)

그렇다면 이 마이클이 한국 드라마 5편만 보면 한국어 식으로 뇌구조가 잡혀서 한국말 많이 알아듣겠네요?

모든 분들이 한결같이 **"아니요"**라고 답변을 합니다. 모든 사람은 모두 모국어는 전문가입니다. 생각을 약간만 모국어 관점으로 전환하게 되면 생각하는 사고의 틀이 깨지게 됩니다.(올바로 보는 눈을 가지게 됩니다.) 그렇다면 **"미국드라마 한편 보면 미국식으로 뇌구조가 잡히겠냐"** 이말입니다. 택도 없다는 것을 이제 좀 실감하게 될겁니다.
왜냐하면 언어는 같기 때문입니다.

뇌구조를 잡는 것은 사실 좀 막연하고 막막할 수 밖에 없습니다. 그 이유는 내가 거기를 가보지 않았거든요. 가보았어야 **"이 정도 하면 된다"** 라고 답변을 하는데 그래서 막막하고 막연하니 **"될 때까지 하면 된다, 왕도가 없다"**같은 말이 나오며 **"무한 반복"**을 하게 되는 것입니다. 안타까운 일이 아닐 수 없습니다.
실제 답은 간단합니다.

바로 몇 만 문장입니다

"몇 만 문장" 멋지지 않습니까? 할만하지 않습니까?
저자가 그리했기 때문입니다.

최소 1만 5천문장 이상이 아니라면 영어는? 반드시 한계에 부딪히게 됩니다.

최소 1만 5천문장 정도 되면 일상적인 대화의 새로운 미드를 보거나 영화를 봐도 새로운 사람이 나오고, 내용도 새롭지만 내가 이해하는 문장들이 많이 발생됩니다. (하지만 머리속에 문장이 많지 않으면 그렇지 않았습니다.) 그래서 익숙한 패턴 형태의 문장이 단어만 바꿔치기 해서 나오게 되는 것을 자주 보게 됩니다. 실제 이때부터 영어가 쉬워지기 시작하며, 이때부터 영어 패턴책이나 문법책을 봐도 그리 어렵지 않게 느껴지게 됩니다. **Essential Grammar in Use** 아시죠?

100여개의 유닛으로 되어 있으며, 책장을 넘겨보면 **내가 아는 형태**가 나오는 것입니다. 그 이유는 독자 여러분들도 모르는 사이에 문장을 공부하는 과정에서 비슷한 형태의 문장을 자주 접하게 되어 영어식 뇌구조가 잡혀버렸기 때문입니다.

즉, 영어의 문법적인 이론 구조를 본적이 없어도 이미 영어구조가 잡히기 시작한 것입니다.

내가 이미 알고 있는 구조 형태가 나오기 때문이고, 그래서 내가 알고 있는 구조가 많이 나올수록 더욱 쉬워집니다. 그래서 **최소 1만 5천문장을 내것으로 만들어야** 합니다. 다만, 본 책에서 제시하는 엄격한 훈련의 방식대로 해야 한다는 것 잊지 마세요. 본 책의 훈련은 문장만 하는 것이 아니니 오해하시면 안됩니다:)

자 그렇다면 뇌구조가 영어식으로 안되어 있는 것을 인지하는 것은 굉장히 중요합니다. 단순히 어떤 사람들이 **"영어식 구조가 중요해"**라고 말하니까 그런가 보다가 아니라 실제 영어식 구조가 안되어 있는 것을 인식하는 것은 굉장히 중요하며, 그것을 위해 1만 5천문장 정도를 본 책에서 제시하는 훈련대로 하기까지는 꽤 오랜 시간이 필요합니다.

※ 노트

훈련의 과정에서 초보자 분들은 반드시 1,000~2,000 문장은 최소 녹음을 해야 합니다.

녹음 과정은 안들리는 이유 4번의 내용에 포함이 되며, 구체적인 내용은 안들리는 이유 해답 4번에서 설명합니다.

녹음을 한 2천 문장을 하면 이후에는 필수가 아니고 선택이라서

비슷하게 말할 수 있을 정도로 해주면 됩니다.

그래서 2~3천문장 이후에 녹음은

"아 이 문장 마음에 드네. 녹음 한 번 해볼까? 도전 한 번 해볼까?" 라고 생각들 때 하면 됩니다.

이제 다시 질문을 드리겠습니다.

질문

처음 영어 진단 시 한 번에 12문장을 들었었던 것은 거의 적지 못했습니다. 또한 "들으면서 까먹지 않습니까?"라는 질문에 많은 분들이 "네. 까먹었습니다"라고 답변했습니다.

그런데 12문장을 한 문장씩 들었었던 것은 틀리든 맞든 간에 답을 그래도 어느 정도 적어 나갔습니다.
왜 그럴까요?무슨 이유 때문일까요?

그 이유는 바로 이렇습니다.
"뇌구조가 영어식으로 안되어 있어서" 입니다.
답을 올바로 적지 못한 분들은
저자의 판단에 아직 **"뇌구조가 영어식으로 된다 안된다"**가 와 닿지 않는 것 같습니다.
저자가 제시하는 약과 같은 이것을 먹으면 이제 **"확~"** 와 닿게 될겁니다.

이제 뇌구조가 영어식으로 잡히는 것이 중요하다는 것을 **"확~"** 와 닿게 해드리겠습니다.

질문 들어갑니다. 질문이 있으면 꼭 답변을 써주세요.

질문
한국 문장을 듣고 1초만에 까먹을 수 있을까요?

생각의 전환(패턴의 법칙이 깨진다)

저자가 강의할 때 모든 분들이 앞의 질문의 답변에 **"아니오"**로 답변 했습니다.
하지만 한국 문장을 듣고 듣자마자 까먹을 수 있다는 것을 보여드리겠습니다.
실험을 하나 하겠습니다.

실험1

준비

1. Read_me.txt 파일을 열고 카운트 숫자를 다음과 같이 8로 한 후 파일을 저장하고 종료해주세요. (산타북 프로그램이 열려있다면 역시 종료해주세요)
★count=8★

2. 산타북 프로그램을 열어주세요. 최초 화면에서는 [Start] 버튼을 INDEX 페이지로 이동해주세요.

자 그러면 INDEX페이지에서는 다음과 같이 화살표가 **[안들리는 이유 해답 세번째]**목차를 가르킵니다.

3. 자, INDEX페이지에서 [안들리는 이유 해답 세번째] 목차를 클릭해주세요.

화면이 **[실험1 - 한국어 듣고 낭독하기]**로 바뀝니다. 여기서 잠시 멈추고 실험 룰을 읽어주세요.

실험 룰

룰은 이렇습니다.

1. 파일을 듣자마자 바로 빠르고 정확하게 따라말해야 합니다.

2. 파일을 듣고 오랫동안 생각하면 안됩니다. 듣고 적어도 1초안에 들은 문장을

그대로 낭독해야 합니다.

3. 듣자마자 바로 빠르고 정확한 발음으로 해야 합니다.

4. 1번 다음 2번하는 방식입니다.

5. 절대 미리 재생하면 안됩니다. 그러면 실험이 의미가 없어지기 때문입니다.

이해되셨죠?

자 준비되셨습니까?

실험1-1

1. [실험1 - 한국어 듣고 낭독하기]의 [듣기버튼 ▶]을 눌러서 한국어 문장을 들은 후 바로 똑같이 따라 낭독해주세요.

어떻습니까?

쉽죠?

실험1-2

1. 이제 두번째 실험을 위해서 다음 화면에서 [두번째파일로 이동] 버튼을 눌러 주세요.

자 그러면 화면은 다음과 같이 두번째 실험을 위한 화면으로 바뀝니다.

3. [듣기버튼 ▶]을 눌러서 한국어 문장을 들은 후 바로 똑같이 따라 낭독 해주세요.

질문1
두번째 들은 한국어 문장은 무슨 뜻이였습니까?

질문2
한국말인데 왜 무슨 뜻인지 모를까요?

많은 분들이 **질문1**에서 **"모르겠다"**라고 하셨습니다.
그렇다면 한국말을 1초만에 듣고 까먹은 것, 이해하지 못하는 것이 되었습니다.

좋습니다.

그렇다면 실험을 하나 더 해보겠습니다.

실험2

준비

1. 산타북 프로그램은 다음과 같은 모습입니다. 다음 실험을 위해서 [다음실험으로 이동] 버튼을 눌러주세요.

자 그러면 다음과 같은 화면이 나옵니다.

2. 이제 실험을 위해서 [다음실험버튼]을 눌러주세요.

자 그러면 이제 **[실험2 - 한국어 보고 낭독하기]**화면으로 이동됩니다.

이 상태면 이제 실험 준비가 된 것입니다.

실험 룰

룰은 간단합니다.

1.보이는 문장을 **보자마자 빠르고 정확하게 낭독하는 것**입니다.

2.문장을 본 직후 몇 초 뒤 낭독하면 안됩니다.

  그러면 읽어버리기 때문에 이 실험을 하는 것이 의미없어지게 됩니다.

3.앞에서 들은 한국어처럼 빠르고 정확하게 보고 낭독하는겁니다.

아셨죠?

자 그러면 이제 실험을 시작하겠습니다.

실험2-1

1. [실험2 - 한국어 보고 낭독하기]화면에서 [문장발음하기 1]버튼을 클릭하자마자 보이는 글을 바로 낭독해주세요.

아마 버벅대었을겁니다.

좋습니다.

2. 실험을 한 분들은 다음 실험을 위해 화면에서 [다음실험 버튼]을 클릭해주세요.
그러면 다음과 같은 화면이 나옵니다.

실험2-2
1. [문장발음하기 2] 버튼을 클릭하자마자 보이는 글을 바로 낭독해주세요.

좀 쉬웠죠?

2. 실험을 한 분들은 다음 실험을 위해 화면에서 [다음실험 버튼]을 클릭해주세요.

실험2-3
1. [문장발음하기 3] 버튼을 클릭하자마자 보이는 글을 바로 낭독해주세요.

자, 해보니 어떻습니까?

저자의 판단에 어쩌면 7살짜리 아이 낭독으로 돌아갔습니다. 낭독이 우습게 되었다는 것입니다.

* 다음 실험을 위해 화면에서 [다음실험으로 이동] 버튼을 누르고 대기해주세요.

자 그렇다면 질문을 드립니다.

질문1
왜 한국어 문장을 낭독하는데 버벅대고 오타도 많았습니까?
(물론 마음으로 이미 여러 번 읽고 그리고 천천히 읽은 분들은 오타가 적을 수 있습니다. 그렇게 되면 룰에 어긋납니다. 룰은 "**보자마자 빠르고 정확하게**"였으니 말입니다.)

자 그런데 아십니까?

성인이고, 원어민 이라는 것입니다.

다시 한번 생각의 전환을 할 때입니다.

생각의 전환 (패턴의 법칙이 깨진다)
(다르게 보는 관점)

질문1
위 문장을 인생살면서 단 한 번이라도 말해 본 적이 있습니까?

즉, 뭐냐하면요.

한국어 원어민이 새로운 한국문장을 만난것입니다.

한국어 원어민이 말입니다.

즉, 새로운 길을 만나게 된 것입니다.

새로운 길이니 들릴 수가 있을까요? 없습니다. 원어민이든 아니든 관계없이 말입니다. 이건 사실입니다.

그래서 독자분들은 새로운 구조의 문장이라서 절대 빨리 말할 수가 없습니다.

생각해보면 **"내가 이 문장과 거의 비슷한 단어들로 이루어진 문장들을 많이 해보았는가?"** 이겁니다. 없었을겁니다.

또한 나한테 익숙하지 않으면 내가 그 나라말의 모국민이여도 즉, 원어민이여도

그 문장을 들으면 1초만에 까먹으며 빨리 말할 수가 없습니다.

(무슨 말인지 해석도 안됩니다.)

즉, 새로운 한국 문장을 만나면

한국어 원어민인데도 못들을 확률이 정말 높아집니다.

이것이 의미하는 것은 미국 사람도 새로운 미국 문장을 만나면 아십니까? 못 알아 듣습니다.

언어가 원래 그런 것입니다.

그러니

새로운 문장이 없을 때까지 공부하지 않는 한

못 알아듣는 문장은 계속 발생합니다.

여기서 발견된 2가지 사실입니다.

---

1. 미국 사람도 안 가본 길(안 만나 본 미국 문장)은 말할 수 없습니다.

즉, 미국 사람도 안 만나 본 문장은 듣지도 말하지도 못할 가능성이 아주 높습니다.

실험과 같은 문장을 만나면 무슨 뜻인지도 모릅니다.

2. "패턴의 법칙이 깨진다"라는 것입니다.

문장은 다음과 같았습니다.

춘천 공작창 창장은 편 창장이고, 평촌 공작창 창장은 황 창장이다.

이 문장은 "~은 ~이고, ~은 ~이다" 입니다.

즉, 홍길동은 사람이고, 개는 동물이다.

얼마나 많이 들어본 패턴입니까?

항상 매일같이 쓰고 있는 말입니다.

그런데 원어민인 우리가 그렇게 잘 아는 패턴인데도 불구하고 못 알아 들었습니다.

즉, 영어 5,000패턴이면 영어 정복이라는 패턴 법칙이 깨진다는 겁니다.

원어민도 못 알아 듣거든요.

그 이유가 다음과 같습니다.

※ 내게 생소한 단어들로 조합된 문장이라면 그 문장의 패턴이 평생 들어왔어도 안 들립니다.

그렇다면 이미 영어 진단한 문장을 다시 보겠습니다.

(다른 분의 샘플 예시입니다.)

첫번째 대화

1. Kevin, we have to go now! (많이 들어보지 않음)

2. Do you guys have any idea what time is it? It's 1 am. I can't go to the party. (많이 들어보지 않음)

3. You guys just go by yourself. (많이 들어보지 않음)

4. We should go together, the party's in full swing. (많이 들어보지 않음)

5. Your dad went to sleep 30 minutes ago, so let's get there quickly. (많이 들어보지 않음)

6. You guys don't understand. If my father found out I went to a party in the middle of night again, he'd kill me. (많이 들어보지 않음)

7. I bet he'll never know. (많이 들어보지 않음)

8. Don't worry about it, Kevin! Just think about the party. You're so good at parties. (많이 들어보지 않음)

9. And our friends have been since there midnight. They've been waiting for almost an hour! (많이 들어보지 않음)

10. Really? Jacqueline's waiting for us?

11. Yeah! Jacqueline and Rebecca too. They're dying to see us. (많이 들어보지 않음)

12. Oh, what the heck. Okay! Let's go party! Right on! Way to go! (많이 들어보지 않음)

두번째 대화

1. You don't want me to go to France, is that it? (많이 들어보지 않음)

2. Jane, I didn't know you wanted to go to Paris. (많이 들어보지 않음)

3. Kevin!.

4. I didn't say anything to you about going to Paris because I know you really don't like going on trips with my friends. (많이 들어보지 않음)

5. Kevin, did you tell them that? No, never.

6. If you keep repeating our private conversations to your friends, we're through.

7. Think about it. What will they think of me, huh? (많이 들어보지 않음)

8. But I didn't think you'd be interested in a trip to France! (많이 들어보지 않음)

9. I mean, like you said, it's no Finland.

10. I love France.

11. There's the Eiffel Tower, Montmartre, and Daniele Vidal's Champs Elysees···

12. Remember the night we heard it with your friends? We can have so much fun in France. (많이 들어보지 않음)

13. Especially on the train on the way back. (많이 들어보지 않음)

14. Okay. you can come. If you really want me to, just beg me. (많이 들어보지 않음)

15. I'm begging you, please I want you to.

이렇게 (많이 들어보지 않음)이 많았던 영어 문장들은 내가 모르는 한국 문장과 같습니다.
그러니 들으면 당연히 안들리게 됩니다.

그렇다면 다시 한 번 실험을 해보겠습니다.

실험3

<u>준비</u>
1. 실험2까지 마친 분들은 다음과 같은 화면이 나올겁니다.

(만약 실험2의 3번째 한국어 발음을 낭독 한 후 **[다음실험으로 이동]**버튼을 누르지 않았다면 눌러주세요.)

2. 이제 화면에서 [실험3 이동] 버튼을 눌러주세요.

자 그러면 **[실험3 - 영어 독음 보고 낭독하기]** 화면이 나옵니다.

<u>실험 룰</u>
룰은 한국어 낭독한 것과 같습니다.

1. 영어독음을 보자마자 바로 빠르고 정확하게 낭독해야 합니다.

2. 영어독음을 보고 1초이상 지체하면 실패입니다.

3. 절대 미리 클릭해서 영어독음을 보면 안됩니다. 그러면 실험이 의미가 없어지기 때문입니다.

이해되셨죠? 이제 실험을 하겠습니다.

실험3-1

[실험3 – 영어 독음 보고 낭독하기]에서 [영어독음발음하기 1] 버튼을 눌러서
나오는 영어 독음 문장을 바로 낭독해주세요.

＊그리고 다음 실험을 위해 화면에서 [INDEX로 이동▶]버튼을 눌러주세요.

잘 안되죠?
그렇다면 생각해 볼점은 이렇습니다.

---

1. 방금 실험에서 본 문장을 말해 본 적이 있는가?

2. 하지 않았는데 어떻게 빨리 말하며 어떻게 들리겠는가?

여러분들은 프리토킹을 원합니다. 그런데 듣기만 합니다. 될까요? 절대 되지 않습니다. 내가 많
이 말해서 나한테 익숙해져버린 문장이 아니고서는 절대 바로 나오지 않습니다. 해보지 않았던
문장은 절대 바로 나오지 않습니다.

방금 실험한 문장의 영어문장입니다.

Above all, don't get sucked into my God's hair

독음을 낭독해 보았습니다만 **"그렇게 어렵다"** 할 정도의 문장이 아니며 오히려 앞에서 실험 한
한국말 낭독한 것이 훨씬 더 쉬웠습니다.

독자분들은 앞으로 인생에서 영어공부하며 실험 한 예와 같은 낭독하기 어려운 문장들을 수십
만 문장 이상 만난다는 것입니다.
그러면서 과정에서 비슷한 패턴을 많이 만나게 되면서 문장에서 단어 바꿔치기만 되는 것들이
많다는 것이 인식되기 시작합니다. 이때부터 영어가 익숙해지기 시작하고, 쉬워지기 시작하며
그래서 최소 1만 5천문장을 해야 하며, 그전까지 어려운 것입니다.

영어 진단 끝나고 바로 1문장을 듣고 말하는 실험을 한 것 기억나십니까?

문장을 10번 시도했었습니다.

초급자인 경우

And our friends have been since there midnight. They've been waiting for almost an hour!

한글 독음

앤 프렌즈 .. 아워

앤 프렌즈 데어 밋… 웨이

앤 프렌즈 아워 데어 웨이팅 밋…

앤 프렌즈 데어 밋 나잇….. 아워

앤 아워 프렌즈 데어 밋 나잇 올 모스트 아워

앤 아워 프렌즈 빈 데어 밋 나잇 올 모스트 언 아워

앤 아워 프렌즈 빈 데어 신 밋 나잇 올 모스트 언 아워

앤 아워 프렌즈 빈 데어 신 밋 나잇 데어 웨이팅 올 모스트 언 아워

앤 아워 프렌즈 빈 데어 신스 밋 나잇 데어 웨이팅 올 모스트 언 아워

앤 아워 프렌즈 빈 데어 신스 밋 나잇 데어 웨이팅 포 올 모스트 언 아워

초급자가 아닌 경우

I was upset but I'm calm down and I just stepped in front of him and then that kid told me "Hey! Don't cut in line!"

한글 독음

돈 컷 라인

스텝 프론트 오브 미 헤이 돈 컷 라인

업셋 돈 컷 라인

아이 워스 업 셋 돈 컷 라인

아이 워스 업 셋 캄 다운 돈 컷 라인

아이 워스 업 셋 캄 다운 스텝 힘 돈 컷 라인

아이 워스 업 셋 캄 다운 스텝 인 프론 힘 헤이 돈 컷 라인

아이 워스 업 셋 캄 다운 스텝 인 프론 힘 헤이 돈 컷 라인

아이 워스 업 셋 캄 다운 스텝 인 프론 힘 킷 톨 미 헤이 돈 컷 라인

아이 워스 업 셋 벗 아이 캄 다운 앤 스텝 인 프론 힘 댓 킷 톨 미 헤이 돈 컷 라인

※ 각 한글 독음은 영어 문장을 실험한 다른 분의 예시입니다.

그리고 이 실험의 마지막에 다음과 같은 질문을 하였습니다.

> **질문**
> **이렇게 계속 들으면서 그 문장을 올바로 말하려고 하니까 머리가 아픕니까? 아닙니까?**

위 질문에 어떻게 답변 하셨나요?
거의 모든 분들이 머리가 아프다고 하셨답니다.

여기는 대부분 분들이 낭독하며, 앞뒤가 바뀌고, 이전에 들었던 단어들이 현재 듣는 곳의 단어들을 집중해서 듣다보니 날아가고, 계속 반복 듣는 과정에서 문장의 단어들이 점차 자리를 잡아갑니다.
퍼즐 맞추는 것과 같이 말입니다.
이것은
한국말 **"철수야 수퍼에 가서 콩나물 사와"**는 바로 말할 수 있었지만
"춘천 공작창 창장은 편창장이고, 편촌 공작창 창장은 황창장이다"는 말할 수 없었던과 같습니다. 그 원인은 해당 문장에서 사용한 단어가 내게 익숙하지 않은 단어들로 이루어진 문장이고, 이런 문장에 대한 구조가 잡혀있지 않기 때문(익숙하지 않기에) 입니다.

그래서 뇌구조를 영어식 구조로 만드는 것은 그 무엇보다 중요한 것입니다.

그래서!
1만 5천문장 정도를 하게 되면 수많은 단어를 알게 되며, 그 수많은 단어들이 비슷한 구조의 문장에서 사용되는 것을 인지하게 되고, 그래서 아직 내게 낯선 단어들로 이루어진 비슷한 구조의 문장을 많이 만나서 그 낯선 단어가 낯설지 않게 되어 뇌구조가 잡혀지는 것입니다.
그래서 서로 뜻이 다른 문장에서 여러 비슷한 형태의 구조를 많이 만나게 되어 결국 여러분은 일상 대화에서 정말 많이 들리게 되는 현상이 일어나게 된답니다.
단! 본 책에서 제시하는 훈련대로 했을 때 입니다. 그것은 단순히 문장만 하는 것이 아니며 문장을 익힐 때는 단순히 쉐도잉으로 하는 것이 아닙니다.
이해되셨죠?

자 그러면 이제 안들리는 이유 해답 네번째로 가보실까요?

안들리는 이유 해답 - 네번째

안들리는 이유 원인 네번째는 다음과 같습니다.

> ## 1. 읽었을 때 아는 단어를 들었을 때 다른 단어로 듣는 것
> ## 2. 읽었을 때 아는 단어를 듣지 못하는 것

모르는 단어는 당연히 들리지 않지만 읽었을 때 아는 단어가 들었을 때 전혀 다른 단어로 듣거나 아예 듣지를 못하는 것은 리스닝에 심각한 문제입니다.

다음의 질문 기억하시죠?

> ### 질문1
> want와 what은 무슨 뜻인지 대충 알고 있습니까?
>
> ### 질문2
> want와 what은 들으면 구별할 수 있습니까?
>
> ### 질문3
> That과 back는 무슨 뜻인지 대충 알고 있습니까?
>
> ### 질문4
> That과 back는 들으면 구별할 수 있습니까?

수많은 분들이 이 질문의 간단한 단어들을 구별하지 못했습니다.

다음은 다른분의 받아쓰기 샘플입니다.

받아쓰기 첫번째 문장
1. you don't **what** meet do france   is that it?
2. you don't **what** meet do go france   is that it?
3. you don't **what** meet to go to france   is that it?
정답 : **You don't want me to go to France, is that it?**

받아쓰기 두번째 문장
1. especially …train of **that**.
2. especially …train of **that**.
3. especially… train of back
정답 : **Especially on the train on the way back.**

이것은 읽어서 아는 단어가 들었을 때 다른 단어로 듣거나 그렇지 못한 것입니다.
그래서 다음과 같은 현상들이 나타난 것입니다.

다른 단어로 들음

want -> what
back -> that

전혀 듣지 못함(전멸구간)

to go to -> ....
on the tain on the way -> ….

이것은 어쩌면 초등 단어도 아닌데 못 알아 듣는 것은 기본 단어들을 다시 바라 봐야 하며, 어떻게 해결해야 할지 고민해야 합니다.

그래서 이렇게 쉬운 단어로 이루어진 문장도 듣지 못하고 있게 되는 것입니다.

첫번째 대화

1. Kevin, we have to go now. (많이 들어보지 않음)
2. Do you guys have any idea what time is it now? It's 1 am. I can't go to the party. (많이 들어보지 않음)
3. You guys just go by yourself. (많이 들어보지 않음)

5. Your dad went to a sleep, 30 minutes ago, so let's get there quickly. (많이 들어보지 않음)

6. You guys don't understand my father found out I went to the party in the middle of night again, he'll kill me.. (많이 들어보지 않음)

두번째 대화

1. You don't want me to go to the france, is that it? (많이 들어보지 않음)

2. Jane, I didn't know you wanted to go to Paris. (많이 들어보지 않음)

4. I didn't say anything to you about going to Paris because I know you really don't like going on trips with my friends. (많이 들어보지 않음)

12. Remember the night we heard it with your friends? We can have so much fun in France. (많이 들어보지 않음)

그것은 단어 발음 공부를 올바로 하지 않은 결과이기에 해결책은 내 목소리를 내가 직접 녹음해서 들어서 교정을 해야 합니다.

그래서 안들리는 이유 해답 네번째는 다음과 같습니다.

내가 연기자가 되어야 한다

(녹음을 해서 내 발음을 교정해서 연기자처럼 만들어야 한다)

그렇다면 이것을 해결하기 위해서는 어떻게 해야 하는지를 실습과 실험을 통해서 구체적으로 살펴보도록 하겠습니다.

실습1 - 파일 3개 들어보기

준비

1. 우선 산타북 화면은 다음과 같이 화살표가 [안들리는 이유 해답 네번째] 목차를 가리키고 있습니다.

만약 화면이 다르다면 산타북 프로그램을 종료 한 후 Read_me.txt파일을 열고 카운트 숫자를 다음과 같이 9로 넣고 파일을 저장 후 산타북 프로그램을 실행해서 INDEX 페이지로 이동하면 됩니다.

★count=9★

2. INDEX 페이지에서 [안들리는 이유 해답 네번째] 목차를 클릭해주세요. 그러면 다음과 같은 화면이 나오고 실습 할 준비가 된 것입니다.

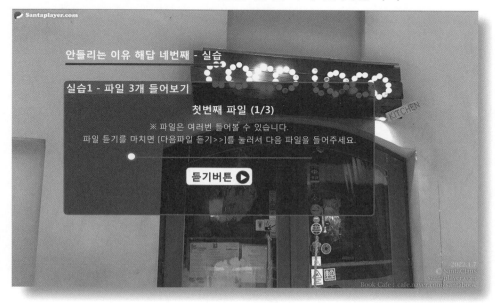

본 장에서는 3개의 영어 문장을 들어보겠습니다.

실습1

1. **첫번째 파일 (1/3)**화면에서 [듣기버튼▶]을 눌러서 영어 문장을 들어주세요.

2. 첫번째 문장을 들었다면 이제 [다음파일 듣기>>]버튼을 눌러서 두번째 파일 듣기로 이동해주세요.

3. **두번째 파일 (2/3)**화면에서 [듣기버튼▶]을 눌러서 두번째 영어 문장을 들어주세요.

4. 두번째 문장을 들었다면 이제 [다음파일 듣기>>]버튼을 눌러서 세번째 파일 듣기로 이동해주세요.

5. 세번째 파일(3/3)화면에서 [듣기버튼▶]을 눌러서 세번째 영어 문장을 들어주세요.
* 실습2를 곧 하므로 프로그램은 현 상태에서 잠시 멈춰주세요.

잘 들으셨나요?
이 파일에 대해서 왜 들어야 하는지는 잠시 후에 설명을 드리겠습니다.

이제 질문을 드리겠습니다.
질문에는 답변을 적어주세요.

질문1
영어 문장을 최소 7백문장 이상 녹음 해본 적이 있습니까?
(모두 다른 7백문장을 말합니다.)

좋습니다.

질문2
가령 that, that's, remember, don't, want 등 내가 아는 단어들을 영어 사전가서 발음 기호를 보며, 듣고 따라 말하고, 듣고 따라 말하고를 수십 번 해본 적이 있습니까?

<u>내가 아는 단어인데 읽어서 잘 들리지 않은 이유 중 하나가 바로!</u>
이것을 하지 않아서 그렇습니다.
보통 두어번 말하고 넘어갔을겁니다.
그래서 이제는 쉽게 생각하는 단어들 조차 간과하면 안되는 것입니다.

발음을 고칠 수 있는 좋은 2가지가 있습니다.

1. 미국 사람이 내 앞에 있거나
2. 내가 사전가거나

미국 사람이 매일 나와 함께 있으면서 대화를 하며 지내게 되면 아십니까? 자동으로 그 미국 사람을 말을 흉내내게 되어 발음이 좋아지게 됩니다. (엄격한 훈련에서 보다 자세히 나옵니다.)
(하지만 그곳을 지금 보면 안됩니다. 그러면 "컨닝"이 되니 말입니다.)
이것의 작용은 귀에서 듣고 뇌에서 발음을 인식해서 혀와 입에서 어떻게 해야 한다고 전달해서 그것을 말하게 되는 것입니다.

내가 사전을 가도 마찬가지입니다.
즉, 많이 듣고 많이 발음하게 되면 자동적으로 귀가 혀를 고치고 뇌가 혀를 고치게 됩니다.

이제 실험을 하나 해보겠습니다.

실험1

1. 네이버 프랑스어 사전으로 이동을 해주세요.

네이버 프랑스어 사전 : https://dict.naver.com/frkodict/#/main

2. 검색 창에 **"나무"**라고 입력한 후 **"나무"** 프랑스어 페이지 이동해주세요.

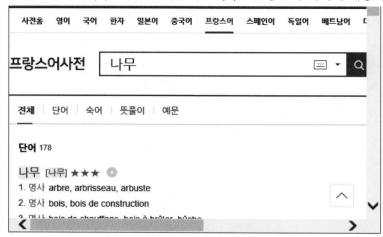

3. 검색된 페이지에서 "arbre" 단어가 적힌 곳으로 이동해 주세요.

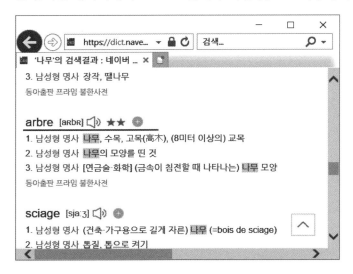

4. 이제 프랑스어 나무(arbre) 발음을 할건데요.
   사운드버튼을 눌러서 듣고 따라말하기를 총 3번 해주세요.

   (똑같이 따라 말하려고 하는 노력이 중요합니다.)

3번을 똑같이 따라 낭독했다면 실험은 끝났습니다.

할만하죠?
이 프랑스어 나무 발음을 한 이유는 책의 뒤에서 다시 나옵니다.

자 이제 질문 드리겠습니다.
질문에 답변을 적어주시면 됩니다.

질문1
이 프랑스어 "나무"는 처음 듣고 발음 했을텐데요. 이 프랑스어 발음을 계속 듣고 따라 발음하다보면 발음이 더 좋아질까요? 아니면 변함없이 그대로 일까요?

좋아진다면 왜 더 좋아질까요?

발음이란
이렇습니다.
많이 들어보면 미세하게 놓쳤던 부분들이 많이 들리게 되고
즉, 잘 안들렸던 부분들이 보다 잘 들리게 되고
많이 말해보면 미세하게 놓쳤던 발음들도 발음하게 됩니다.

특정 문장을 많이 말해보면 그 문장을 보다 더 잘 말하게 되는데요. 이왕이면 녹음을 하는 것이 더 좋습니다. 녹음을 해야만 내가 다르게 발음하고 있는지 아닌지를 보다 정확하게 집어낼 수 있거든요.

지금 want와 back 같은 단어를 구별하지 못하는 상태인 분들도 많습니다.
정말로 쉬운 단어들(You don't want me to go to France, is that it? And our friends have been since there midnight. They've been waiting for almost an hour!)도 구별 못하는 상태입니다.
그렇다면 **"내가 이런 쉬운 단어들을 근래에 사전가서 듣고 따라 말해보고를 수십 번 해보았는가?"** 입니다.
거의 한 적이 없을겁니다.
읽어서 아는 단어는 넘어갔기 때문에 읽어서 아는 단어가 제대로 들을 수 없는 것입니다. 쉽다고 넘어가면 안됩니다. 지금 눈에서는 이해를 하지만 귀에서는 이해를 하지 못하고 있기 때문입니다.

자 그러면 이제 녹음 실습에 들어가겠습니다. 다음의 유의사항을 읽고 실습을 진행해주세요.

※실습 시 유의사항

본 실습은 문장 녹음, 단어 녹음을 해야 합니다.
만약 마이크로 내 목소리를 녹음하는 방법을 모른다면 본 책의 가장 앞에 있는 **[녹음연습]** 파트로 이동해서 마이크로 녹음하는 방법을 익혀주세요.
실습은 여러분이 녹음을 할 수 있다는 전제로 시작을 합니다.

실습2

준비

1. 녹음기를 열어주세요.

2. 산타북 프로그램 화면은 첫번째 실습한 마지막 화면입니다.

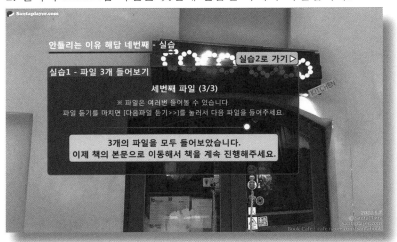

3. 실습을 진행하기 위해 **[실습2로 가기▶]** 버튼을 눌러주세요.
그러면 다음과 같이 실습을 위한 화면으로 바뀝니다.

이제 실습할 준비가 된 것입니다.
실습 파일의 원어민 문장은 다음과 같습니다.

"Why don't you do it?"

※ 실습하기 전 알아둘 사항 : 같이 따라말하기

> ### 1) **같이 따라말하기**란?
>
> [듣기버튼▶]을 눌러서 파일을 재생했을 때 원어민이 말을 하게되면 그 시점에 같이 따라 말하는 것입니다. (각 단어들까지 나오는 시점에 똑같이 – 즉, 일대일 대칭되도록)
>
> ### 2) 한 문장의 **같이 따라말하기**를 어느 정도까지 해야 하는가?
>
> 원어민과 똑같이 될 정도로 따라말하면 되는 것입니다.
>
> 그러면 여러분은 이때 속도도, 리듬도 똑같이 해야 한다는 것을 알게 됩니다.
>
> 같이 따라말하기가 원어민과 같이 되었다면 다음의 **문장 실습**에서 **3번**을 할 차례 입니다.

3. 자 이제 실습을 해보겠습니다. 이제 녹음기를 열어주세요. 문장 녹음을 해보겠습니다.

문장 실습

---

1. [실습2 – 듣고 녹음하기] 화면에서 [듣기버튼▶]을 눌러서 문장을 듣고 따라 낭독해 주세요. 익숙해질때까지 반복해주세요.

여러 번 듣기버튼을 눌러서 듣고 낭독을 반복해도 좋습니다.

듣고 따라낭독하는 것이 중요합니다.

문장이 익숙해졌나요?

좋습니다.

이제는 같이 따라말하기 할 차례입니다.

2. [듣기버튼▶]을 눌러서 **[같이 따라말하기]**를 해주세요.

같이 따라말하기가 원어민과 같이 되었다면 이제 녹음을 할 차례입니다.

3. 이제 녹음기를 열고 방금 연습한 문장을 단 한 번 녹음을 해 주세요.

(단 한 번만 녹음하고 멈추는 것입니다. 한 문장을 두 번 녹음하는 것이 아닙니다:)

4. 녹음을 멈추고, 녹음한 파일을 why don't you do it -1 이름 으로 특정 경로에 저장해주세요.

5. 녹음한 파일을 들어보세요.

우선 이것이 있습니다. 세상에서 가장 닭살스러우며 듣기 싫은 소리가 내 목소리를 녹음해서 내 목소리를 들어보는겁니다. 너무 닭살스럽지만 해야 합니다. 계속 듣다보면 익숙해집니다.

녹음해서 들어보니 **원어민과 똑같은 것 같습니까? 아닙니까?**
원어민과 똑같다라는 것은 그 원어민의 목소리와 완전 똑같은 것을 말합니다.
원어민 감정을 담아야 합니다.
연기자는 영혼이 있습니다. 그래서 국어책 읽듯이 하면 안됩니다.

앞에서 3개의 파일을 들어보았던 것 기억나십니까?
기억나지 않는다면 본 장의 처음에 실습했던 **[실습1 - 파일 3개 들어보기]**페이지로 이동하고, 산타북 프로그램은 종료한 후 Read_me.txt 파일의 카운트 숫자를 9(★count=9★)로 하고 파일을 저장 후 산타북 프로그램을 실행해서 INDEX페이지로 이동한 후 **[안들리는 이유 해답 네번째]** 목차를 클릭해서 3개 파일을 들어보세요.

앞에서 3개의 사운드를 들어본 이유는 바로!

녹음은 이정도로 녹음을 해야 한다는 것입니다. 연 기자가 되어야 한다는 것입니다. 그래야만 녹음이

성공한 것입니다. (3개의 사운드는 저자의 목소리입니다.)

자 그렇다면 방금 여러분이 녹음했던 (Why don't you do it?) 문장을 다시 들어보세요.
저자가 했었던 정도로 녹음이 되었습니까? 그렇지 않습니까?
아마 많은 분들이 다를겁니다.

[사전에서 각 단어를 듣고 녹음하기]

그렇다면 이제 사전으로 가서 각 단어를 듣고, 따라말하고를 해야 할 차례이며, 이때 녹음도 병행되어야 합니다.
저자가 판단할 때 독자분들이 녹음한 목소리는 5개 단어 모두 다른 분들도 많을겁니다.
그렇다면 5개 단어(why, don't, you, do, it) 모두 사전에서 연습해야 합니다.

※. 녹음기를 종료하신 분들은 먼저 녹음기를 준비해주세요.

6. why 단어 인터넷 사전으로 이동해주세요.

https://dic.daum.net/word/view.do?wordid=ekw000185799&q=why

그러면 다음과 같이 why에 대한 사전 모습이 나옵니다.

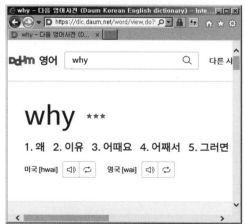

7. 사운드 아이콘을 눌러 why단어의 듣고 따라말하기를 해주세요.

이때 사전의 원어민과 거의 비슷하다 할 정도로 듣고 따라말하기를 하면 됩니다.

8. 이제는 why단어 발음을 [같이 따라말하기]를 해주세요.

여기서도 사전과 거의 똑같을 정도로 해주세요.

똑같다면 9번을 할 차례입니다.

9. 이제 녹음기에서 녹음버튼을 누른 후 방금 연습한 why단어를 녹음하고 녹음을 멈추고 파일을 저장해주세요.

※ 유의 : 녹음은 단 1번만 발음해서 녹음을 합니다.

10. 녹음한 파일을 들어보세요.

사전의 원어민 발음과 똑같은 것 같습니까? 그렇지 않습니까?

11. 녹음파일의 이름을 why － 1로 변경해주세요.

※ 만약 녹음한 파일이 원어민과 다르다면 다시 녹음(실습 6번~11번) 한 후 파일명은 why － 2 로 해주세요.

(파일명의 넘버링은 첫번째는 -1로, 두번째는 -2로, 세번째는 -3 형태로 하는 것입니다.)

중요합니다. 대충 넘어가면 안됩니다.

초급자 분들은 지금 "want"와 "what"을 구별하지 못합니다.

초급자가 아닌 분들 조차도 다음의 받아쓰기 했던 한 문장을 제대로 듣지를 못합니다.

더 정확히는 거의 모든 분들이 다음의 문장을 제대로 쓴 분이 없었습니다.

"Especially on the train on the way back"

그 이유는 읽어서 아는 단어가 들었을 때 다른 단어로 듣거나, 또한 들리지 않기 때문이였습니다.

그것을 해결하기 위해서는 이 방법을 해야 하는 것입니다.

"대충하지 뭐"라고 하신다면 귀 뚫기 실패가 될겁니다.

그래서 이 단어들을 꼭 사전과 똑같이 발음 되도록 해주세요.

나중에는 연습한 단어들의 발음들이 들을 때나 말할 때 익숙해지기 때문에 이런 절차를 하지 않게 됩니다.

지금은 힘들지만 이때는 반드시 오니 힘내시고, 꼭 녹음한 것을 들었을 때 원어민과 다르다면 모두 사전가서 이 방식으로 해주세요. 사전발음과 거의 똑같을 정도로요.

12. "Why" 단어에 어느 정도 익숙해졌다면 이제 "don't", "you", "do", "it" 단어들 모두 앞의 6~11번 과정을 해주세요.

윈도우 10의 경우 다음과 같이 녹음된 리스트가 만들어집니다.

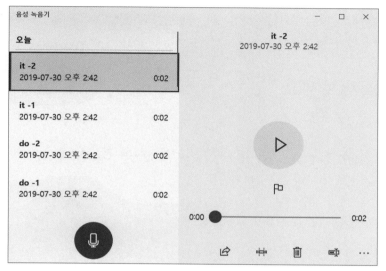

날짜가 2019년 7월인 것은 본 책의 원고를 처음 집필 완료 한 날짜가 2019년 7월이기 때문이다.

본 책이 나오기까지 정말 어려운 역경이 많았답니다.

자 이렇게 해서 문장에서 원어민과 다르게 발음한 단어를 모두 해보았습니다.
어느 정도 단어들이 익숙해지셨나요?
좋습니다.

이제 다시 문장을 녹음해보겠습니다.

[다시 문장 녹음]

이 개별 단어들에 익숙한 상태에서

13. 이제 앞의 실습 1번~실습 5번에서 했던 방식으로 (Why don't you do it) 문장을 듣고 따라말하기를 여러번 한 후 문장을 녹음해주세요.

유의사항 : 한번 듣고 녹음하면 안되며, 원어민(연기자와)과 똑같이 되었다고 판단되면 녹음 할 수 있습니다.
[파일 3개 들어보기]에서 들었던 정도로 녹음이 되어야 합니다

14. 녹음을 한 파일의 이름을 why don't you do it -2 로 저장해주세요.

이렇게 문장명-1,문장명-2 형태로 파일명에 넘버링을 다는 것은 어떤 문장인지 구분도 되며, 향후 문장들을 비교할때도 유용합니다.

15. 녹음한 파일을 들어보세요.

16. 처음 파일(why don't you do it -1)과 비교를 해보세요.
처음보다 지금 녹음한 -2 파일이 보다 나아졌을겁니다.
하지만 원어민과 똑같은 리듬, 발음을 해야 합니다.
[파일 3개 들어보기]가 바로 한 문장의 녹음 척도로 독자분들의 녹음과 비교할 샘플입니다.

17.[실습1 - 파일 3개 들어보기]정도로 비슷하지 않다면 다시 1~16번을 해주세요

* 충분히 실습한 분들은 산타북 프로그램 화면에서 [INDEX 로 이동]버튼을 눌러서 INDEX페이지로 이동해주세요.

이 방식으로 영화나 드라마 등 영상에 나온 모든 문장을 공부해야 하는 것입니다.

녹음은 초급자라면 **최소 2천문장** 정도 녹음을 해야 합니다.
"OMG"라고 생각할 수 있습니다.(OMG - Oh my God!)

아마 700문장이상 하게 되면 귀가 달라지는 것을 알게 될겁니다.

물론 이런 질문이 있을 수도 있습니다.

Q. 해도해도 안되는 문장은 어떻게 해야 하는가?

당연히 해도해도 안되는 문장이 나올 수 있습니다.

해도해도 안되는 문장들은 앞의 실습[1번~16번]을 약 10회~15회 하고 패스하면 됩니다.

왜냐하면 비슷한 형태의 문장이 다음에 또 나오거든요. 나오고 또 나오다보면 언젠간 되게 되어 있거든요.

※ 단어의 발음이 사전의 단어 발음과 거의 같다고 판단되면 단어 녹음부(실습 6번~실습 11번)는 생략해도 됩니다.

저자의 경우 한 문장을 몇 시간이고 연습한 적이 적지 않습니다. 알고보니 다음에 나오고, 나오다보니 어느 순간 안되었던 문장이 되었는데 굳이 안된다고 몇 시간을 할 필요가 없드라구요. 그래서 녹음을 10여회하고 안되면 패스하고 다음 문장을 하는겁니다.

왜냐하면 그 정도면 열심히 한 정도이고, 향후 비슷한 문장을 계속 만나게 되고, 그래서 계속 비슷한 문장을 만나면 어느순간 하게 되어 있기 때문입니다.

참고로 한가지 룰을 말씀드립니다.

※ 연기자가 되셔야 해요.

그렇다면 그 한 문장을 영혼 있게요.

연기자처럼, 연기자가 되어 연기해야 합니다.

국어책 읽듯이 하면 안됩니다.

국어책 읽듯이 하면 실패입니다.

국어책 읽듯이 하면 대충한 것이며,
그러면 외국인에게 말하는 느낌, 외국인의 느낌을 받지 못합니다. 그래서 그 외국인의 느낌까지
느끼기 위해서는 문장마다 연기자가 되어 연기를 해야합니다.

파트를 마치며

자, 이렇게 해서 읽었을 때 아는 단어가 들었을 때 다른 단어로 듣거나 듣지 못하는 방법의 해결책까지 살펴보았습니다.

이제 독자분들은 왜 귀가 안들리는지 들리게 하려면 어떻게 해야 하는지 알게 되었으며, 결국 원어민이 되는 방법까지 이해를 하게 되었습니다.

영어 공부를 본격적으로 시작하기 전 이런 내용들을 알고 시작해야 하는 것은 기본입니다.

그래서 깨달음 파트 다음에 안들리는 원인과 해답 파트를 둔 것입니다.

이 안들리는 원인과 해답 파트는 여러분들께 영어를 잘하기 위한 초석이 되어줄겁니다.

안들리는 원인 해답 세번째는 뇌구조를 영어식으로 만드는 것이고 그러기 위해서 1만 5천문장을 해야 한다고 되어 있습니다. 영어를 잘하기 위한 기본이기도 합니다.

1만 5천문장 정도를 본 책에서 제시하는 훈련대로 하면 독자분들은 이제 더이상 영어를 못하는 분들이 아닙니다.

매 문장마다 어떻게 해야 하는가? (연기자가 되면 됩니다.) 초급자 분들은 안들리는 이유 해답 네번째에서 제시한 녹음. 이 녹음을 최소 2천문장 정도는 해야 합니다. 독자분들 옆에는 원어민이 있는 환경이 아니기에 그래서 내 스스로 발음을 교정하는 것이며, 과정에서 리스닝 실력이 상당히 올라갈 것입니다. 저자 또한 그러했기 때문입니다.

그리고 아직 안들리는 이유 해답 첫번째는 어떻게 해야 한다는 것을 설명드리지 않았습니다. 그것은 훈련할 때 알려드리기 위해서 입니다. 그것을 함께 할 때 여러분의 영어는 보다 빨리 향상될 것입니다.

이제 알아야 할 내용은 영어를 잘하기 위한 시간들입니다.

"목적지를 도착하기 위해 나는 지금 얼마큼 왔는가?"
"영어를 잘하기 위해서 어느정도 시간이 필요한가?"
"내가 어느정도 시간을 투자해야 하는가?"
"프리토킹 하는데 얼마큼의 시간이 필요한가?"
"뇌구조를 영어식 구조로 잡으려면 최소 얼마큼의 시간이 필요한가?"

등 영어를 잘하기 위해 시간을 올바로 그리고 현명하게 이해해야 합니다.

자 그러면 이제 얼마큼의 시간을 영어에 투자해야 할지 알기 위해서 **[파트4. 시간]**으로 가 보실까요?

팁(Tip)의 실체

> 팁의 실체를 말씀드리는 이유는? 삼무만을 하는 것을 막기 위해서입니다.

※ 영어는? 100% 팁으로 영어 프리토킹 불가능합니다.
들어라, 반복해라, 따라말해라, 억양맞추라... - 삼무의 예
이런류는 팁입니다. 팁은? 영어 프리토킹 불가능합니다.
팁으로는 20년을 영어공부해도? 영어 프리토킹 불가능합니다.
팁은? 삼무입니다.
삼무는 절대 영어 프리토킹 안됩니다.
아무 의미도 없고, 무의미하고, 무책임하며, 무성의한 것입니다.

물론 가능한 사람들이 있습니다.
미국 사람과 함께 있으면 말입니다.
즉, 미국 사람과 매일같이 어울리되 나머지 집에서는 혼자 팁으로 하는 사람. 그러면 됩니다.
만약 미국 사람과 함께하지 못하고 집에서 혼자 팁으로 한다면 그것은 될 수 없습니다.

삼무는?
일종의 효과는 봅니다.
삼무의 실체 (실력이 올라간 후부터는 더 올라가지 않습니다.)

알아야 할 것이 바로~!
실력이 올라간 후부터는 더 올라가지 않습니다.
즉, 벽에 부딪히게 됩니다.
왜냐하면?
"들어라, 반복해라, 따라말해라, 억양맞추라, 발음맞추라..." 이렇게 했거든요. 이렇게 해서 20년 공부한 분들은 효과는 보지만 크게 늘지 않습니다. 어쩌면 나이 70이 되었어도 효과만... 보게 될 겁니다. 그러면 이때 **"아.. 헛공부했구나.."** 생각듭니다.

잠깐 효과보고 그 이상 안되는 겁니다.
팁으로는 20년을 영어공부해도?

"왜 난 늘 그자리인가?" 를 맞이하게 됩니다.
팁은 영어 프리토킹 불가능합니다.
즉, 절대 팁으로만 하면? 영어 안됩니다.

Thoughts
Become
Things

영어를 평생 잡고 있을 순 없다
반드시 시간을 알아야 한다
언제까지 왔는가?
남은 길은 얼마큼인가!

– YKS. –

Time of My English life

How long do I have to study?

파트4. 시간 - 올바른 사고

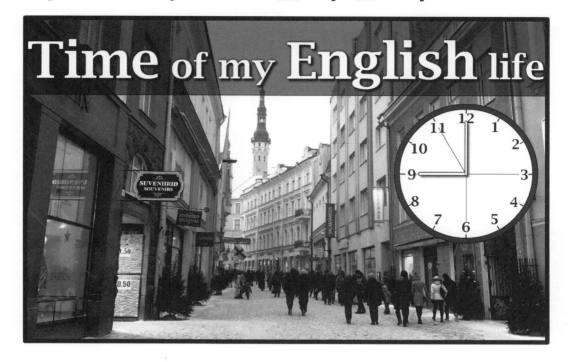

"시간"

"시간은 금이다"라는 말처럼 되돌릴 수 없는 것이 시간이다.
우리 삶에서 가장 중요한 **"시간"** 그렇다면
우리는 삶에서 얼마큼의 시간을 영어에 투자해야 하는 걸까...?
언제까지 영어공부를 해야 하는가??

산타의 당부
이제 다음의 말은 더이상 맹신해서는 안된다. 세뇌 당하면 안된다.
"될때까지 반복해라. 계속 하면 된다. 될때까지 해라. 언젠가 된다."

영어는 보다 구체적인 것이 필요하다.
타당성 있는 것이 필요하다.
논리적이고, 사실적이고, 투명하고, 객관적인 시간을 가진 데이터.. 그것이 필요하다.
그렇지 않으면 영어는 평생의 족쇄가 되어 영원히 저 삼류같은 삼무에 농락당하게 된다.
평생을.........................

파트4.시간 – Time of my English life

영어를 공부하는 우리는 인생에 정말 많은 시간을 영어에 투자합니다.

학원을 다니고, 집에서 공부하고, 인터넷 강의를 듣고, 다시 집에서 공부하고, 핸드폰으로 짬나는 시간에 공부하고, 책을 보고 공부하고... 그러는 과정에서 시간은 점점 흘러갑니다.

어느덧 2년이 흐르고, 3년이 흐르고… 어느새 10년이 훌쩍 넘어버렸습니다.

20대에 공부하는 영어가 이제 40이 되고, 30대에 공부하는 영어가 이제 50이 되고, 40대에 공부한 영어가 60이 됩니다. 이렇게 되어서도 공부를 계속합니다. 다음과 같은 마음을 가지면서 말입니다.

"모든지 꾸준히 하면 된다. 꾸준히 하면 반드시 좋은 결과가 있을거야"

하지만 정작 시간에 대한 개념은 잘 생각하지 않습니다.

결국 영어를 영원히 하게 됩니다.

그것을 막아야 합니다. 그 족쇄를 끊어야 합니다.

그래서 본 파트를 준비한 것입니다.

이제 저자는 영어공부시간에 대해서 보다 구체적인 이야기를 해볼까 합니다.

내 영어 삶의 시간에 대한 올바른 사고

이제 드디어 시간입니다.

"내가 영어에 얼마큼 시간을 투자를 했는가?"

"내가 영어에 얼마큼 시간을 투자 해야 하는가?"

"앞으로 내가 얼마큼 해야 내가 원하는 수준에 도달하는가?"

"프리토킹까지는 얼마큼 걸릴까?"

영어 뿐 아니라 타국어를 공부하고 그 언어를 유창하게 사용할 때까지는 반드시 특정 시간이 소요가 됩니다.
이렇게 소요되는 시간에 대해 올바른 사고를 가지고 이해하지 않으면 자칫 시간과 노력을 낭비하고, 비 효율적인 방법으로 공부 할 수 있는데요.
"언젠가 된다. 언젠가 된다. 언젠가 된다. 언젠가 된다고 했다. 언젠가 될꺼야." 같은 밑도 끝도 없는 말에 세뇌가 되어 정말로 무한정... 어쩌면 평생 잡고 있게 될겁니다.
그러고 싶지는 않죠?
저자 역시도 처음에 공부할 때는 그러했습니다.

그래서 시간은 언어를 공부할 때는 냉정하고 냉철하게 바라봐야 하는 중요한 부분 중 하나입니다.

올바른 공부 시간 사고관이 필요하다

저자는 영어공부 처음 시절 영어 공부 시간을 따로 생각하지 않고, 영어를 공부해 나갔습니다.
공부한지 1년이 지나고 문득 밀려오는 것은 **"아니 내가 지금까지 공부한 시간이 얼마일까?"**
하지만 **"그래 언젠가 된다고 했어. 나는 이말을 믿을거야. 언젠가 될거야"** 라는 맹목적인 믿음뿐이였는데, 그런데 시간이 좀더 흐르며 공부를 하면 할 수록 그 과정에 뭔가 잘못되어 간다는 느낌이 들었습니다.

"아.. 이건 아닌것 같다."

"내가 귀가 열리고 말이 트이는 시점이 언제이고, 내가 얼마큼 공부를 했는지, 어느정도 시간을 투자했는지 알아야 한다."

"한달에는 내가 얼마큼 공부했는지, 시간은 어느정도 되었는지..."

"그런데 현재는 알 방도가 없다"

"그냥 두리 뭉실해지고, 남들과 똑같이 되어 버린다"

"그런데 공부한 시간이 얼마큼인지를 알려면 좀더 객관적인 것이 필요해!"

"이거 프리토킹 되었어도 내 스스로가 얼마큼 시간이 들어갔는지도 알 수 없게 되는게 아닌가??"

저자는 이런 결과를 원치 않았습니다.
불안감과 초조함 그리고 걱정과 스트레스가 밀려왔고, 그래서 시간이 흐르면서 저자는 공부시간을 체크하지 않는 것이 공부의 성과 체크에 잘못된 결과를 불러올 수 있다는 것을 알고 고민 끝에 공부시간 저축하는 방법을 저자가 유일하게 공부 도구로 사용하는 산타플레이어에 달기로 마음먹고(2012년) 다음과 같이 스케치를 했으며, 시간 도구를 산타플레이어에 달고 공부했습니다.

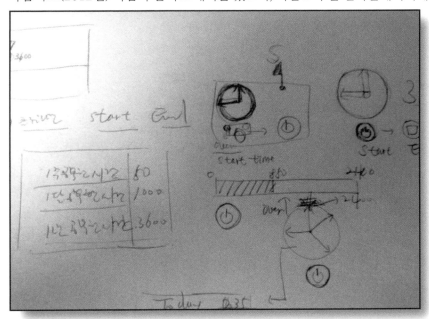

이 내용은 다음의 주소에 있습니다.

공부시간 저축 스케치 : https://cafe.naver.com/santaplayer/1977

이 당시는 2012년 8월이였으며, 그 이후부터 2022년 지금까지 공부시간을 저축해오며 공부해오고 있습니다.
산타플레이어 카페에 가면 저자가 공부한 내용과 시간을 고스란히 볼 수 있습니다.

❖ 공부시간 저축의 의미

보통 은행에 저축을 합니다. 그러면 돈이 은행에 누적되게 됩니다.
공부는 시간을 할애해서 하는 것입니다. 하지만 이것은 다른 시각으로 보면 시간을 할애해서 내 노동(공부)을 무엇인가를 달성하기 위해, 달성 될 때까지 특정한 시간을 계속해서 넣는 것이기 때문에 특정 목적을 위해 은행에 별도의 계좌를 만들어서 돈을 저축하는 방식과 같이 누적되는 것입니다.
그렇다면 얼마큼의 노동 시간이 들어갔는지에 대한 그 노동 시간을 알고 있어야 하는 것입니다.
은행의 돈은 항상 눈에 숫자로 그 수치가 정확하게 보이며, 필요하면 바로 꺼내 쓸 수 있습니다.
특정한 무엇을 달성하기 위해 투자한 노동(공부)은 항상 눈에 보이지 않는 결과가 나오기 때문에, 측정할 수 있고 눈에 보이도록 만들 수 있는 의미있는 단 1가지 수단은 노동(공부) 시간의 기록입니다.
그래서 노동한 시간, 이것을 특정 장치로 기록했다는 것은 그 자체가 나의 노동의 댓가를 볼 수 있는 수치이며, 결과이며, 신뢰성을 기반한 객관적인 데이터라는 것입니다.
그래야만 **"난 평균적으로 매일 한 시간은 했어, 그래서 1년 지났으니 쉬는 날을 빼면 대략 330시간이야"** 같은 볼 수 없는 말 뿐인 공부시간을 과대평가하는 두리 뭉실한 말은 하지 않게 되며,
공부를 하지 못한 시간들은 (아파서 출근도 못해서 공부를 못할 수도 있고, 야근하다가 늦어서 못할 수도 있고, 피곤해서 쉴 수도 있고, 출장 때문에, 회식 때문에 등등) 올바로 제외할 수 있으며, 힘들게 노동(공부)을 꾸준히 해왔다면, 얼마큼의 기간동안 얼마큼의 노동(공부)를 했는지 올바로 볼 수 있고, 말할 수 있게 되는 것입니다.

그래서 노동의 시간은 언어 실력과 비례하게 되어 노동을 한 즉시 댓가를 얻는데 즉, 그 언어가 반드시 그 노동한 만큼만 발전하는 결과로 오는 것입니다.
물론 아쉬운점은 뒤에서 나오는 3가지 함정으로 인해 그 비례 가치가 비례하지 않는(즉, 영어가 그리 썩 늘지 않는) 결과도 나오게 됩니다.

또한 1시간의 노동가치는 2022년 7월 현재, 9,160원입니다.

만약 홍길동이 100시간을 했다면 이것은 100시간 x 9,160원 = 916,000원으로 그만큼의 실력이 된 것입니다.

시간은 곧 실력이기 때문입니다.

그래서 공부시간을 체크하는 장치로 3년 공부했다고 할 때, 공부시간이 500시간이면 그것은 공부를 게을리 한 결과 임을 말해줍니다.

저자는 2012년 가을 공부시간 저축 장치를 산타플레이어에 장착하고 차근차근 공부해 나갔습니다.

저자가 최초 공부시간을 넣고 28시간 공부한 내용은 다음의 산타플레이어 카페에서 볼 수 있습니다.

28시간 공부시간 저축 : https://cafe.naver.com/santaplayer/1985

(*최초의 산타플레이어 메인 모습)

자 그렇다면 이제 왜 공부시간을 저축하고 공부하는 것이 중요한지 이해가 될겁니다.

자 그러면 이제 좀더 심도 있게 들어가 보겠습니다.

영어를 잘하기 위해서 어느 정도 시간이 필요한가?

영어는 프리토킹하는데 걸리는 시간이 있습니다. 그래서 프리토킹하는데 어느 정도 시간이 걸리는지 구체적으로 알 필요가 있습니다.

또한 공부하는 과정에서 함정 3가지가 있습니다. 이 함정들을 알게 되면 급실망을 하게 됩니다. 왜냐하면 자칫 여러분의 게으름으로 인해 실제 영어 프리토킹 하는데 수십 년을 공부하게 될 수도 있는데 그것이 현실로 보이기 때문입니다.

질문1
지금까지 "내가" 공부한 영어 공부시간은 어느 정도 일까요?
(한번 가만히 생각해보세요. 학창 시절까지 포함해서 영어공부에 투자한 시간이 어느정도인지 생각해보고 적어주세요.)

지금 대학교를 졸업했다면 독자분은
최소 1,300시간 이상을 영어공부에 투자한 것입니다.
1,300 시간(학창 시절 투자시간) - 52주를 주당 4시간을 가정하면 1년은 208시간이 나오며, 여기서 중학교 3년, 고등학교 3년, 그래서 6년을 하니 1,248시간이 나오고 그 외에 약 52시간정도를 대학생 때 했다고 가정해서 1,300시간을 영어에 투자한 것입니다.

준비사항 : 계산기
본 장에서 계산을 해야 하니 계산기를 준비해주세요.

윈도우10의 경우 계산기
윈도우10의 경우 녹음기를 꺼냈던 방식으로 작업표시줄의 검색아이콘을 클릭해서 [계산기]라고 입력을 하면 찾을 수 있습니다.

윈도우 10 이하의 경우 계산기

윈도우 7 이하의 경우 계산기

윈도우 7 이하의 컴퓨터의 경우 녹음기를 꺼냈던 방식으로 시작>모든 프로그램>보조프로그램으로 들어가면 계산기가 있습니다.

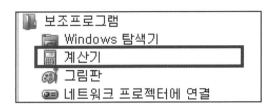

맥의 경우 계산기

맥은 이미지와 같이 Finder>응용 프로그램>계산기에서 계산기를 열 수 있습니다.

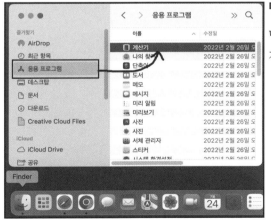

계산기 준비되셨나요?

그럼, 이제 시작하겠습니다.

질문을 먼저 드리겠습니다.
질문이 있으면 꼭 답변을 책에 써주세요.

질문2
어학연수를 간 사람은 하루에 몇 시간 영어공부를 할까요?

질문3
한국에서 8시간을 혼자 공부하는 사람과 미국 어학연수 가서 8시간을 공부한 사람 중 1년 뒤 누가 더 실력이 좋아질까요?

질문4
어학연수를 간 사람은 매일 공부할까요? 매일 공부하지 않을까요?

많은 분들이 여기서 작성하신 답변을 보면 미국 어학연수를 간 사람은 6~8시간이라고 합니다.
어학연수를 간 사람은 어학원에서 많게는 8타임을 끊고, 또한 집에 와서도 다시 공부를 합니다.
그렇다면 공부하는 시간은 족히 8시간 이상은 될겁니다.
그리고 생각해 보시면 미국이나 영어권 나라에 여행을 가게 되면 마트도 가고, 편의점도 가고,
레스토랑도 가고, 커피숍도 가고 합니다. 과정에서 현지 사람들과 말을 하고 돈을 계산해야 하
며, 혼자 있어도, 길거리를 걸어다녀도 영어를 듣게 됩니다. 생생한 살아있는 영어를 말입니다.
즉, 미국 어학연수를 간 사람은 학원을 가지 않는 날 조차도 영어 공부를 하는 것과 같습니다.
그렇다면 어학연수를 간 사람은 매일 공부한다는 것입니다.
좋습니다.

어학연수를 간 사람은 하루 8시간을 공부를 한다고 가정하겠습니다.
물론 매일 공부입니다.
그리고 1년간 열심히 공부한 사람은 1년 뒤 어느 정도 말을 하고 듣는 수준이 됩니다.

하루 8시간 x 365일 (1년) = 2,920 시간

<u>* 이것이 맞는지 여러분도 계산기로 한번 계산해보세요.</u>

미국 어학연수를 간 사람은
1년 뒤 2,920 시간으로 영어가 어느 정도 되는것입니다.

그렇다면 한국에서 혼자 공부한 사람은 미국에서 어학연수한 사람과 비교할 때 족히 2배이상의 시간이 필요하다고 저자는 생각됩니다.

하루 8시간 x 2년 (730일) = 5,840 시간

자 좋습니다.

그렇다면 또 다른 질문을 드립니다.

질문1
영어 프리토킹하는데 걸리는 시간이 있습니다.
그 시간이 얼마일까요?
답변을 작성해주세요.

프리토킹하는 걸리는 시간을 답변을 바로 알려 드릴수도 있지만 여러분들도 이제 실제 구체적인 시간을 생각해봐야 하기에 질문을 드린 것입니다.

왜 질문1과 같이 생각하십니까?

위 시간에 프리토킹 된다면 영어공부 할만하겠습니다. 맞습니까?

프리토킹하는데 걸리는 약 6천시간을 적은 분들도 많습니다.

이해를 돕기 위해 6천시간이라고 가정하고 이 시간이 얼마나 긴 시간인지 보여드리겠습니다.

본 책의 처음에 이렇게 질문을 드렸습니다.

※ 질문의 답변은 다른분의 예시입니다.

질문7
매일 몇 시간씩 공부 할 준비가 되셨습니까?
2시간

질문8
하루도 빠지지 않고 매일 공부 할 준비가 되셨습니까?
거의 매일 할 준비가 되었습니다.

질문9
본 책이 아닌 스스로 공부한다고 할 때 프리토킹하는데 걸리는 예상기간을 어느 정도로 생각하십니까?
모르겠습니다.

만약 프리토킹 하는데 10년이 걸린다고 해도 공부를 하시겠습니까? 여태까지해도 안되었는데 평생 해도 안될 것 같습니다

그리고 여러분이 답변했던 내용을 한번 다시 봐주세요.

저자는 여기서 질문7의 답변을 하루 2시간으로 답변 하신분의 예를 가지고 시간을 계산하도록 하겠습니다.
이분 역시 프리토킹하는데 걸리는 시간을 6천시간이라고 답변 주셨습니다.

6,000 (시간) / 2 (하루공부 2시간) = 3,000일

3,000일을 365로 나누게 되면

3,000 / 365 = 약 8년 2개월이 나옵니다.

질문
그렇다면 프리토킹하는데 8년 2개월 정도니 영어공부 할만할까요?

6천시간을 답변하신 분은 **"지치긴 하겠지만 할만합니다"**라고 주셨습니다.

그런데 한가지 간과하는 것이 있습니다.
바로 **"매일 공부하느냐"**, 아니면 **"뜨문뜨문 하느냐"** 입니다.
영어공부한 인생을 돌이켜보면 매일 공부하셨나요? 아니면 2틀에, 3일에, 4일에 한 번씩 하셨나요? 매일 할 때도 있지만 며칠에 한 번 할 때도 많았을겁니다.

그렇다면 6천시간을 답변 하신분이 매일 하게되면 일상 대화의 프리토킹 하는데까지 약 8년 2

개월이였습니다.

그런데 **3일에 한번 공부하게되면?** 약 **24년 6개월**
이 됩니다. (8년 2개월 x 3년 = 24년 6개월)

여러분의 **나이가 만약 35세라면, 약 24년 6개월을 더해서 이제 60이 되는것**
입니다.

35세 + 24년 6개월 = 약 60세 (환갑)

그래서 매일 하느냐, 그렇지 않느냐 차이 때문에 영어는 실제 수십 년 걸립니다.
그리고 이렇게 거의 25년이 걸리는 것은 사실 영어 프리토킹 된다고 장담하기 어렵습니다.

그래서 영어는 매일 공부해야 하는 조건이 붙습니다.

저자가 좋아하는 한 문장입니다.

<u>불타는 노력</u>이 필요한 것입니다.

이런 자세가 필요하지 않겠습니까?
영어를 잘하기 위해서는
무조건 이 조건은 성립되어야 합니다.
내가 **<u>게으르지 않아야 한다</u>**는 것입니다.

※ 노트

다른 말로는 이미 설명드린, **자주성, 독립성, 근면성, 성실성**이 밑바침 되어야 합니다.
그래서 영어는 매일 해야 합니다.

> # 안그러면 60대, 70대 혹은 90대가 되어야 가능할 수 있거든요.

"영어 프리토킹하는데 걸리는 시간이 있습니다. 그 시간이 얼마일까요?"라는 질문을 드린 이유는
스스로 곰곰히 생각해보셨을 때

"내가 영어를 잘하기 위해서 실제 시간을 구체적인 시간을 생각해본 적이 있는가?"

입니다.

"없다"라면 이제는 있어야 하기 때문입니다.
왜냐하면 영어는 구체적이고, 냉정하고, 냉철한 것들이 필요하기 때문입니다.

* 현실적으로 냉정하게 바라봐야 하거든요.
* **"언젠가 될거야"**같은 절대 추상적인 것도 배제되어야 하며,
* 공부하지 않는데 공부시간을 포함시켜서도 안됩니다.

가령 다음처럼 하면서 이것을 공부시간에 포함시키는 분들도 있습니다.

> 청소하면서 미드 틀어놓고
> **"난 청소하면서 틀어놓으니 이것도 공부시간이야"**

당연히 공부시간 포함하면 안됩니다. 샤워하면서 미드 틀어놓는, 혹은 다른 볼일 보면서 미드 틀어놓는 이런류는 아마 수십만 시간 공부해도? 그리 썩 늘지 않습니다. 그러니 공부시간에 포함하면 안됩니다.

공부시간 저축은 오직 **주적인 시간**입니다.

부적인 시간을 포함하면 안됩니다.

또한 서울에서 부산을 가야 하는데 부산까지 가려면 이제 몇 시간 남았는지 알아야 합니다.
내가 하루에 한 시간을 가면 며칠이 걸리고, 2시간을 가면 며칠이 걸리는지 알고 영어를 시작해야 합니다.
그렇지 않는다면

"왕도가 없어요. 될 때까지 가세요. 밑도 끝도 없이 반복하세요"

라는 삼류 같은 말에 세뇌가 됩니다.
이것은 부질없고 모호한 희망만을 안겨준채 어쩌면 평생 영어를 삽질하게 만들게 되기 때문입니다.

그래서 영어 프리토킹을 하기 위해서 구체적인 시간 계획이 필요한 것입니다.

※ 노트

> 저자는 **"왕도가 없어요. 방법이 없어요. 반복뿐이에요. 무조건 될 때까지 반복하세요"**는 삼무로 너무 많이 우려먹었습니다.
> 이제 그 말은 그만 할 때도 되었다고 생각됩니다.
>
> 위 말은 고리타분한 구석기시대에나 유행했던
> 미신을 믿는, 그래서 지구는 네모이고, 끝에는 낭떠러지고, 지구가 우주의 중심이고, 지구는 안돌고,
> 사람은 물체를 타서 날아다닐 수 없고, 오신 **"신"**만이 그것을 하며,
> 그런 시대의 사고방식을 지금 21세기 지식기반 경제 사회의 유비쿼터스 컴퓨팅 기반에 들어간 스마트하고, 센세이션 한 시대에 500년 쾌쾌묵은 것을 지금까지 말하고 있으니 여러분의 언어 발전에 한계가 오는 것이며, 이제 저 말은 이제 더 이상은 없어져야 하는 것입니다.
> 그런데 **"될 때까지 반복하면 되"**라는 말은 이렇게 써보면 어떨까요?
> **"왕도가 없어, 미국 사람과 함께 있으면서 될 때까지 미국 사람과 반복적으로 어울리면 되"**

왜냐하면 미국 사람과 함께 지내다 된 사람은 자신도 모르는 사이에 계속 미국 사람과 있다 보니 된 것이기 때문입니다.

오히려 미국 사람과 있는 것을 뺀 **"왕도가 없어, 될 때까지 반복해"**라는 말보다 믿음직하고 신뢰가 되지 않습니까?

그런데 **"나는 그 미국 사람과 함께 한 환경인가?"** 말입니다.

한국의 거의 모든 분들이 그 환경이 아니라는 것입니다.

"언젠가 되. 반복만 하면 되."를 믿고, 밑도 끝도 없이 계속하다가 결국 평생 반복하게 됩니다.

지금 여러분처럼 말입니다.

여러분은 이제 **"영어를 시작한다"**고 마음 먹는다면, 그러면 구체적인 시간계획까지 해야합니다.

공부시간 저축에 포함되지 않는 예

어느 한 분은 **"나는 버스타고 서울에서 세종을 오갑니다. 그래서 그 시간은 3시간이니 이 시간도 포함시키면 될까요?"** 라고 제게 문의하신 적이 있습니다.

2,400~4,800시간은 버스타고 왔다갔다하며 출퇴근 시간 같은 "부"적인(부수적인) 시간을 말하는 것이 아닙니다.

그 부적인 시간은 **"부적인 시간"**을 뿐입니다.

그래서 시간이 지속되어서도 결국 큰 발전이 없게 되며, 어쩌면 영어 프리토킹과는 거리가 먼, **"왜 난 그리 썩 안느는 걸까???"**인 늘 그 언저리만 헤매이고 있을 가능성이 큽니다.

그래서 공부시간 저축에 포함되는 시간, 이것은 주적인 시간 즉, 특정한 공간에서 나혼자 있으면서 특정한 분량을 성실히 애쓴 노력으로 한 시간 입니다.

프리토킹 하는데 걸리는 실제 시간

실제 프리토킹하는데 걸리는 시간은 이 시간입니다.

2,400~4,800 시간

"아니! What?!"
놀라는 분들이 많을겁니다.
이것은 타국어를 공부하는 외국인이 걸리는 시간이며, 세계적으로도 유명한 시간입니다.
2,400시간대는 효율적으로 공부한 시간이 되고(미국 사람들과 어울린 2,400시간), 4,800시간은 비효율적으로 공부한 (혼자 공부하는) 시간이 됩니다.

좋습니다.

질문 들어갑니다.
질문에 답변을 적어주세요.

질문1
이 시간(2,400~4,800)에 프리토킹 된다면 영어공부 할만하지 않을까요?

질문2
그렇다면 알파벳도 모르고 영어를 접해보지 않은 홍길동이가 하루도 안 쉬고 매일 하루 1시간을 공부한다고 할 때 **"나"**의 실력, 즉, 독자분의 실력이 되려면 어느 정도 기간을 공부하면 될까요?

계산하기 애매하다면 영어 진단 시 첫번째, 두번째 대화를 한 문장씩 듣고 정오답 체크를 한 결과, **많이 들어보지 않음이 3분지 2정도 이상 차지를 했다면** 실제 **질문2**의 답은 **몇 백 시간대**가 됩니다.

영어 초보분들은 여기에 3백 시간, 5백 시간, 6백 시간 등 다양하게 답변을 주셨습니다.

자 그렇다면 5백 시간이라고 가정을 합니다.

500 시간 / 1 (하루공부 1시간) = 500일,
500 시간 − 365일 (1년) = 135일, 135/30(한달) = 4.5 개월
즉, 1년 4개월 정도의 수치입니다.
이렇습니다.
1년 4개월을 하루도 빠지지 않고 매일 1시간씩 공부한 사람은 지금의 500시간 정도를 작성한 여러분의 실력과 비슷한 것입니다.

물론 영어 진단의 인터뷰 내용에 답변을 30%이상 달았다면(상황이 아닌 구체적인 대화 내용을 적은 경우) 많게는 1천시간 정도 되는 것입니다.

자 좋습니다.

이제 좀 더 세분화해서 프리토킹하는데 걸리는 시간을 정의하겠습니다.

2,400시간
(미국 애인과 동거할 때나 가능한 시간)
4,800시간
(본 책으로 혼자 공부할 때 시간)

※ 노트

2,400시간은 미국 애인과 동거할 때나 가능하다는 것은 그 시간 만큼 외국인들과 매일같이 몇 시간씩 어울리는 사람을 말합니다. 이렇게 되면 2,400시간 이전에도 영어가 될겁니다.
미국 어학연수를 떠올려보면 하루 8시간 영어공부하는 사람은 2,920시간이 됩니다. 그래서 2,400시간은 외국인들과 어울린다면 누구나 이 시간에 의사소통이 된다는 것을 말해줍니다.

그렇다면 최대치인 4,800으로 계산을 해보면

4,800 시간 - 여러분이 작성한 시간 = 실제 나의 프리토킹하는데 걸리는 시간

영어 진단 시 **(많이 들어보지 않음)** 문장들이 많았던 다른 분의 진단의 경우 500시간 정도였습니다.

4,800 시간 - 500시간 = 4,300 시간

만약 많이 들어보지 않은 문장이 많아도 영어 진단 시 제니퍼 가너 인터뷰 내용을 25~30% 적었다면 약 1천시간 정도 공부한 사람이라 할 수 있습니다.

그렇다면 다음과 같이 1,000시간으로 계산을 해줍니다.

4,800 시간 - 1,000 시간 = 3,800 시간

이렇게 구체적인 시간을 보게되니
"아~~~ 영어 쉽지 않겠다"고 생각이 들 수 있습니다.

하지만 그리 걱정하지 않아도 됩니다.

* 참고로 지금부터 2,000시간만 되시면?
일상적인 대화에서 귀가 많이 열려 버립니다.
많이 들어보지 않음 문장이 많이 사라집니다.
그래서 너무 기죽을 필요 없습니다.

(하루도 안 쉬고 꾸준히 해서 2,000시간이 되었다면 말입니다)

"2천시간이라! 해볼만하겠는걸"이라고 생각될겁니다.

실제 해볼만 합니다.

(마냥 이어폰 꼽고 1년에 5천시간 하는 것은? 주적인 공부가 아니니 그런 시간은 모두 제외됩니다.)

다만 조건이 있습니다.

조건

1) 만약 **1만 5천문장을 달성해야** 하는데 2천시간으로 안되면 시간을 늘려서라도 **1만 5천문장을 달성해야만** 일상적인 대화에서 귀가 많이 열립니다.

2) 물론 매일 열심히 공부하는 분이라면 2천시간이 안되어 1만 5천문장을 당연히 달성하게 되어 있습니다.

안들리는 이유 해답 세번째로 얼마큼 영어문장을 해야 한다는 것 기억나시죠?

영어식 구조가 되려면 최소 1만 5천문장을 해야한다고 나와 있습니다. 이것은 2,000시간 안에서 입니다.

하지만 프리토킹 하는데 4,300시간 동안 공부한다는 것은 그래도 길다고 생각될 수 있습니다.

그렇다면 보다 시간을 당길 수 있는 방법이 있습니다.

1만 5천문장을 달성했다면
1. 본훈련 마지막 훈련인 전체법칙을 한달 한 후
2. 화상영어 + 원어민이 가르치는 학원 + 전화영어를 약 1년에서 1년 6개월정도 하는 것입니다.

(물론 이 과정에서 기존에 공부했던 것은 훈련파트의 마지막 훈련인 전체법칙으로 자주 보시고)

이 정도는 투자해도 됩니다.

그렇다면 시간은 3천시간대로 바뀌어질겁니다.

일상적인 대화에서도 큰 무리가 없을겁니다.

왜냐하면 토킹 레벨에 올라왔거든요:)

이미 1만 5천문장을 달성하고, 전체법칙을 한달 하게되면, 여러분의 실력은 어학연수 5~6개월과 비슷한 수준이 됩니다.

그렇다면 이때는 전화영어를 해도, 그 미국 사람이 말하는 말이 많이 들리게 되고, 상대방이 영어로 3~4번 던질 때 나도 한두 번은 답변을 하게 됩니다.

바로 미국 사람 말이 들리기 때문입니다.

또한 원어민이 강의하는 학원을 가도 그 원어민 강사가 말하는 말이 대부분 들립니다.

그러면 어떻게 되냐구요?

수업이 이제 효율적으로 되는 것입니다.

※ 노트

> 실제 말은 기계음(컴퓨터나 핸드폰 등)에서 나는 소리보다
> 생생한 원어민 목소리를 듣는 것이 훨씬 더 좋습니다.

다른 사람들은 **"뭘 말하는지 잘 안들리는데… 아…"**하고 있을 때 나는 언제나 방긋하며, 수업에 집중할 수 있습니다.

왜냐구요?

2천시간 + 1만 5천문장 + 전체법칙 한달. 했기 때문입니다.

이것은 실제 어학연수 몇 개월 이상의 실력이 되기 때문입니다.

그래서 이때 학원과 전화영어 등을 투자하는 것은 실제 그만큼의 효과를 보게 됩니다.

원어민과 치고받고가 되기 시작하는 순간이기 때문입니다.

하지만!

이 조건(2천시간 + 1만 5천문장 + 전체법칙 한달)이 성립되지 않는 초보분들이 학원이나 전화영어, 화상영어 등에 투자를 하면 자칫 **"돈의 기부"**가 될 수 있습니다.

1년을 투자했어도 내 실력은 **"그리 썩 늘지 않는"** 상태가 될 가능성이 많기 때문입니다.

그래서 이 조건(2천시간 + 1만 5천문장 + 전체법칙 한달)이 성립되면 전화영어 + 화상영어 + 원어민 회화학원은 이제 영어에 날개를 달아주게 될겁니다.

또한 이것이 있습니다.

1천시간이 넘으면 기본적으로 귀가 약간 열립니다.

조건은 5천문장을 달성했을 때 입니다.
하지만 충분히 달성할 수 있는 시간이라는 것입니다.

그렇다면 하루 공부시간 대비 기간을 계산해보면 다음과 같이 나옵니다.

1,000(시간) / 2 **(하루 2시간 공부)** = 500일, 약 1년 4개월 입니다.

1,000(시간) / 3 **(하루 3시간 공부)** = 약 333일, 약 11개월 입니다.

1,000(시간) / 4 **(하루 4시간 공부)** = 약 250일, 약 8.3개월 입니다.

자 그렇다면 2,000시간을 기준으로 시간대비 기간을 계산하면 다음과 같습니다.

2,000(시간) / 4 **(하루공부 4시간)** = 500일, 약 1년 4개월 입니다.

2,000(시간) / 3 **(하루공부 3시간)** = 666일, 약 1년 10개월 입니다.

2,000(시간) / 2 **(하루공부 2시간)** = 1,000일, 약 2년 9개월 입니다.
(1000-730(2년) = 270일, 270일/30(한달) = 9개월, 약 2년 9개월)

이것은 할만 한 것입니다.
그래서 저자가 좋아하는 한 문장입니다.

그래서 이제는!
불타는 노력을 할 때 입니다.

영어는 본래 **"왕도가 없다, 될 때까지 반복해라"**같은 추상적인 것이 아닌, 내 공부하는 현실을 냉정하고 객관적으로 바라봐야 하는 것입니다. 그래서 영어가 쉽지 않습니다.

가령 500시간 정도 공부한 분이 하루 공부 2시간을 할 경우는 다음과 같습니다.

4,300 (시간) / 2 (하루공부 2시간) = 2,150일, 약 5년 11개월 입니다.
(2,150일 - 1,825(5년) = 325일, 325일/30(한달) = 약 11개월)

1천시간 정도 공부한 분의 경우는 다음과 같습니다.

3,800 (시간) / 2 (하루공부 2시간) = 1,900일, 약 5년 3개월 입니다.
(1,900일 - 1,825(5년) = 325일, 325일/30(한달) = 약 2달 반개월)

이것은 할 만한 것입니다.

그런데 1만 5천문장을 본 책에서 제시한 훈련으로 한 후 전체법칙으로 약 1달 정도 하고,
바로 원어민학원 + 전화영어 + 화상영어를 1년정도 하면 영어에서 자유로워 질겁니다.
시간도 당연히 짧아지게 됩니다.
물론 틈틈히 전체법칙을 함께 해야 하구요.

그리고 또한 이것이 있습니다.
하루에 한 번 공부하는 사람과 2틀에 한 번 공부하는 사람의 효과 차이는 2배가 아닙니다.
더 많은 차이가 납니다.
가령 하루 한 번 공부하는 사람이 5년에 되었다면 2틀에 한 번 공부하는 사람은 "10년이면 되
겠구나" 생각하겠지만 매일 공부하는 사람보다 기억이 감퇴가 되어 효과가 떨어지니 실제 3배
인 15년에서 많게는 20년이 걸릴 수 있다는 것입니다.
그래서 매일 공부하는 것이 중요한 것입니다.

세가지 함정

자 그렇다면 본 장의 처음에 함정 3가지가 있다고 설명드렸습니다.
이 함정을 알게되면 영어가 쉽지 않고 정말로 열심히 해야 한다는 것을 깨닫게 될겁니다.

■ 첫번째 함정
"나는 매일 공부하는가?"

즉,
크리스마스때도 안 쉬고, 동료들과 회식하면서 술을 마시고 온 날도 안 쉬고,
아파서 일을 못하는 날도 안 쉬고, 추석, 설날 등의 명절 때도 안 쉬고,
하루 빠짐없이 매일 공부하는가?

그렇다면
하루 2시간을 공부해서 4,300시간이 걸리는 분의 경우
4,300 시간 / 2 (하루공부 2시간) = 2,150일
2,150일 - 1,825일(5년) = 325일, 325일/30(한달) = 약 10.8로, 5년+10.8
개월 = 약 5년 11개월이면 영어가 되며

3,800시간이 걸리는 분의 경우
3,800 시간 / 2 (하루공부 2시간) = 1,900일
1,900일 - 1,825일(5년) = 75일, 75일/30(한달) = 2.5개월, 5년+2.5개월 =
약 5년 3개월이면 영어가 되는데

그렇다면 4,300시간을 기준으로 공부하는 분의 경우
2틀에 한번 했다면 약 11년 10개월로 만약 현재 40대 후반이라면

"어느덧 내 나이 60이 됩니다"

3,800 시간을 기준으로 공부하는 분 역시도
2틀에 한번 하게 되면 10년 6개월로, 현재 40대 후반이라면 **"어느덧 내 나이 60이 거의 되었습니다"**가 됩니다.
2틀, 3일에 한번 공부가 매일 공부에 비해 3~4배 차이가 나기에 실제 수십 년이 걸릴 수도 있

게되는 것입니다.

그래서 이제는 하루도 빠짐없이 공부하는 노력이 필요한 때입니다.

-> 이것을 뒷받침 하는 것이 바로

불타는 노력+근면성+독립성+성
실성+자주성 입니다.

그래서

> # 그래서 이제는!
> # **불타는 노력**을
> # 시작 할 때 입니다.

■ 두번째 함정

"진짜 이 시간 내내 공부만 하는가?"

하루 공부시간 : 2시간 (하루 공부 2시간이라고 가정)

하지만 실제 2시간을 공부하지 않는 경우도 많답니다.

공부 도중에 전화가 오면 5~10분이 날아갈 수 있습니다.
그런데 3번 왔다면 30분을 날려버리는 것이 됩니다.

"가족분들과 대화하지 않을까요?"

"화장실은 가지 않을까요?"

"혹은 물 마시러 냉장고에 가지 않을까요?"

"잠시 휴식을 취하지 않을까요?"

"불현듯 갑자기 인터넷에서 뭘 검색하고 싶은 생각이 듭니다.
그럴 때 인터넷 검색은 안 할까요?"

"문자 메시지가 오면 어떻게 될까요?"

공부의 흐름도 깨지고 집중도 떨어지게 됩니다.
그렇다면 2시간보다는 1시간 40분 혹은 1시간 30분이 될 여지가 충분히 있어 보입니다.

이것이 문제라는 것입니다.

또한 "공부시간 저축 기계가 있는가?" 말입니다.
없다면 공부시간을 과대평가하게 됩니다.
그래서 어떤 스톱와치 장치로 내 공부시간을 체크하지 않는다면 100% 공부시간을 과대평가 하게 만들게 됩니다.
그래서 저자는 저자가 만든 산타플레이어라는 도구에 2012년 공부시간 저축기능을 넣은 것입니다.

공부란 **열심히 피나는 노력, 지극정성의 노력!**이 필요합니다.
그렇지 않고 "그냥 미드 켜둔다" 같은 것은 아무 의미도 없습니다.
그런 것은 공부시간에 포함해서도 안되구요.

그렇다면 기존에는 이렇습니다.

하루 2시간을 공부해서 4,300시간이 걸리는 분의 경우
4,300 시간 / 2 (하루공부 2시간) = 2,150일
2,150일 − 1,825일(5년) = 325, 325/30(한달) = 약 10.8로, 5년+10.8개월 =
약 5년 11개월

하루 2시간을 공부해서 3,800시간이 걸리는 분의 경우

3,800 시간 / 2 (하루공부 2시간) = 1,900일

1,900일 – 1,825일(5년) = 75, 75/30(한달) = 2.5, 5년+2.5개월 = 약 5년 3개월

하지만 2시간을 공부하는 분이 실제 여러 상황으로 인해(전화를 받거나 가족과 대화를 하거나 잠시 쉬거나 등) 2시간 중에서 30분을 허비하고 실제 1시간 30분을 공부한 경우라 가정하고 시간을 조정해보겠습니다.

조정된 시간)

하루 1시간 30분을 공부

4,300 (시간) / 1.5 (하루공부 1시간 30분) = 약 2,866일, 약 7년 11개월로(30일로 나눈 경우) (2,866일/30(한달) = 약 95개월-84개월(7년) = 11개월, 총 약 7년 11개월), 3일에 한번 하게되면? 40대 후반분의 경우 약 24년으로 어느덧 내 나이 70이 넘습니다.

3,800 (시간) / 1.5 (하루공부 1시간 30분) = 약 2,533일, 약 7년으로, 3일에 한번 하게되면? 40대 후반분의 경우 약 21년으로 어느덧 내 나이 70을 바라보게 됩니다.

정말 오랜시간 공부하게 되는 결과입니다. 그래서 영어는 추상적이지 않고 내 공부하는 현실을 정말로 냉정하고 객관적으로 바라봐야 하기에 영어가 쉽지 않은 것입니다.

■ 세번째 함정
"나는 하루에 얼마나 현명하게 공부하는가?"

공부하는 분들마다 하루 공부시간이 다를겁니다. 그렇다면 많이 공부할수록 좋으며, 효과는 빠르게 나타나고, 적게 공부하는 사람은 느리게 효과가 나타날 겁니다.
그런데 오해하는 것은 이렇습니다.

"모든지 적게 꾸준히 하라고 했어. 그래서 나는 하루에 1시간만 할것이고,

시간이 걸리지만 언젠가 영어 될거야!"

과연 프리토킹 목적지에 도달 할까요?

좋습니다.
다음과 같이 전자와 후자가 있습니다.

$$\text{(전자) 하루 10시간} \times \text{365일(1년)} = \text{3,650시간}$$
$$\text{(후자) 하루 1시간} \times \text{3,650일(10년)} = \text{3,650시간}$$

시간은 두 사람 모두 3,650시간이 됩니다.
전자는 토킹에 가까이 왔습니다.
후자 또한 시간이 같기에 토킹에 가까이 왔다고 생각할 수 있습니다만 실제 이 후자는 안될 가능성이 많습니다.

이제 질문을 드립니다.

질문
왜 전자는 되고 후자는 안될까요?

실제 우리는 학습했던 것이 기억에서 점점 날아가게 됩니다. 배운 것이 점점 없어지게 된다는 것입니다.

깨달음 파트에서 설명드린 컬투의 영재발굴단 드럼 신동 기억나십니까?
엄마의 1년 6개월의 부재가 아이를 언어발달 최하 수준으로 만들어 냈습니다.
물론 엄마는 하루 1시간 열심히 아이와 있었습니다.
붕어빵 프로그램에 초등학교 고학년이 되어 출현한 김흥국 딸의 말이 어눌하게 되어버렸습니다.
물론 집에서는 당연히 어머니와 이야기를 하겠지요.

혹시 지금 하는 일을 위해서 학창 시절 공부를 하루에 1시간 동안만 했습니까?

1시간은? 워밍업입니다.

수영을 잘하고자 해서 수영장을 갔는데 워밍업만 하고(몸에 물뿌리고, 체조하는 등), 수영은 하지 않고, 다시 집에 오는겁니다.
이렇게 10년을 하면서 **"아~~~ 왜 나는 수영이 잘 늘지 않을까?"** 생각하게 됩니다.
수영이 늘까요?
거의 늘지 않겠지요?

좋습니다.
질문을 드립니다.

질문
한 아이가 태어났습니다.
아이의 엄마는 아이가 태어난 뒤 매일 1시간만 아이와 있습니다.
어느덧 5년이 흘러 아이는 5살이 되었습니다.
아이는 말을 제대로 할 수 있을까요?

우리는 성인입니다.
또한 우리는 외국 사람이 볼 때 모국어를 정말로 유창하게 합니다.
그렇다면 타국어 관점에서 보면 초급자 분들의 경우 미국에서 태어난지 몇 개월 된 아이의 수준이라는 것입니다.
그렇다면 미국 엄마도 없는데 하루 1시간만 영어를 혼자 공부하고 다시 한국어를 쓰는겁니다.
이것이 잘 될까요?
안되는겁니다.

* 그래서 후자는 당연히 말을 못하지만 제대로 듣지도 못하는 결과를 낳게 됩니다.

그렇다면 해답은 단 한 가지 뿐입니다.

만나고 헤어지고 만나는 시간이 짧아야 한다

가령 어제 밤에 공부했던 것을 출근길에 잠시 봐주고,
출근 후 2시간 뒤에 잠시 몇 분 봐주고 그리고 점심 뒤로 잠시 봐주고,
이후 다시 2시간 뒤 몇 분 봐주고, 퇴근길에 잠시 보고, 저녁 후에 잠시 보고 등등
이렇게 하루안에서 지속적으로 공부했던 것을 보는 것입니다.

그렇다면 이 결과는 매일 2시간 하는 사람(하루에 한번 하는 사람) 즉, 어제 밤 2시간 공부하고
다시 오늘 밤에 2시간 공부하는 이 사람보다 매일 짧은 자주 만나는 사람이 장기적으로 보면 실
력이 보다 향상되게 됩니다.
그래서 매일보다 짧은 자주, 짧은 자주 만나는 것이 더욱 중요합니다.
이것은 부지런해야 하며, 열정이 있어야 합니다.
또한 이것은 하루에 얼마나 현명하게 공부하는지를 나타내주는 방법입니다.
알면서 안하는 것은? 게으름입니다.
게으르다는 것은 현명하지 않은 것이지요?
반드시 현명해져야 합니다.

자 이렇게 해서 프리토킹하는데 걸리는 시간을 마치도록 하겠습니다.

파트를 마치며

어쩌면 여러분의 머리속이 좀 복잡해 질 수도 있을겁니다.
"언젠가 된다. 언젠가 된다. 왕도가 없다, 언젠가 되니 반복해라"같은 단순한 말은 듣기에 좋을 수 있으나
하지만!
영어는 절대 그렇지 않다는 것을 이제 잘 알게 되었을 겁니다.

영어는 구체적이고, 냉정하고, 냉철한 것들이 필요합니다.
어쩌면 **"언젠가 된다"** 같은 말 때문에 그래서 독자 여러분이 **"10년 영어를 해도 영어 실력이 썩 늘지 않는 것이 아닌가?"**하는 생각이 되며, 또한 그래서 **"여러분의 영어실력을 지금 수준으로 만들어놓은 것이 아닌가?"** 생각됩니다.
이제는 잘 알게 되었을 겁니다.
프리토킹하는데 걸리는 시간은 어떻게 되며, 하루 한 시간 공부하게 되면 얼마큼 가고, 두 시간 공부하게 되면 얼마큼 가는지 알게 되었으며,
또 내가 공부를 게을리하게 되면 정말로 수십 년을 공부하게 되고, 어쩌면 영영 영어를 못하게 된다는 것을 영어공부하는 다른 누구보다 잘 알게 되었을겁니다.
또한 이제부터는 공부할 때 공부시간을 시간체크를 해야 한다는 것도 알게 되었을겁니다.
그래야만 내가 지금 어디쯤 왔고, 목적지까지 얼마큼의 시간이 남아있는지 알게 되니 말입니다.

그래서 먼저

2천시간 = 1만 5천문장 + 훈련의 마지막 법칙 한 달. 이것에 도전하십시요.

도전해서 달성하게 되면 어떻게 되었는지, 어느 정도 향상 되었는지 산타북 카페에 올려주세요.
저자는 무척 뿌듯할 것이며, 또한 보는 이들로 하여금 귀감이 되어 자신감도 향상되어 영어를 보다 잘하게 될겁니다:)
그래서 이제는 공부할 때마다 꼭 공부시간을 저축하시길 바랍니다.

공부시간을 어떻게 체크하는지, 쌓아가는지, 어떤 시간들은 공부시간 체크를 하면 안되는지에 대해서도 알게 되었습니다.
공부시간 저축에 관해서 보다 자세한 내용은 **[파트6. 부록 기타]**의 **[공부시간 저축하기]**를 참조해주세요.

이제 들어갈 파트는 엄격한 훈련입니다.
엄격한 훈련은 여러분이 지금까지 만나보지 못한 험난한 훈련 과정이며, 아주 빡셀겁니다.
하지만 나의 영어를 향상 시키고, 나의 영어가 되도록 만들어 준다면 이 정도 험난한 것 쯤이야
넘을 수 있지 않겠습니까!

그럼 엄격한 훈련 파트로 가볼까요?

Thoughts
Become
Things

누구나 어두운 시기(초급자)가 있었다
어두움이 지나면 새벽이 온다
그러니 그 힘든시기를 견뎌라
멋진 도구(훈련)로 뚫고 목적지를 향해 나아가라
새벽이 오면 꿈에 그리던 그날을 맞이할 것이다

— YKS. —

Hard Training
of My English

I want to try harder!!!

파트5. 엄격한 훈련

엄격한 훈련은 독자분들이 어떤 종류의 영상을 가지고 훈련을 시작해야 하는지부터 워밍업에서 전체법칙까지 있습니다. 이 훈련은 지금까지 만나보지 못한 새로운 방식의 훈련이 될 것입니다. 훈련 곳곳에서는 다양한 질문들과 실습들도 함께 있습니다.
이 엄격한 훈련은 독자분들의 영어실력을 점차적으로 강하게 만들어 주게 될겁니다.

반드시 근면성+자주성+독립성+성실성+습 관을 가지고
<u>불타는 노력</u>을 해야 합니다.

그러면 이제 지금부터는 훈련입니다.

공부의 3가지 스텝

많은 분들이 **"어떤 류의 미드나 영화를 가지고 공부를 하는가?"** 질문을 합니다.
저자는 이것을 3가지 스텝으로 분류 했습니다.
처음에는 가볍게 시작하는 워밍업 차원의 스텝이며,
두번째에서는 좀더 한 스텝 어렵지만 보다 우리 일상에 맞는 현실적인 대화 위주의 스텝이며,
세번째는 길고, 분량이 많은 영상으로 공부하는 스텝입니다.

특히 초보자 분들이라면 첫번째 스텝부터 시작해서 순차적으로 가시길 권하며,
만약 어학연수를 다녀왔거나 미국TV 프로그램을 자막없이 볼 정도가 된다면 두번째 스텝으로
출발해도 됩니다.

초보자라면 첫번째 스텝조차 쉽지 않습니다. 감당하기 어려울 수도 있습니다. 하지만! 그 첫번째 스텝만 하게 되면 그 정도 수준을 할 수 있는 정도로 올라가게 됩니다.
정말입니다.
저자가 그러했거든요. 그래서 꼭 이 첫번째 스텝을 완주해보세요.

자 그러면 첫번째 스텝입니다.

첫번째 스텝 - 캐주얼하게

(워밍업차원)

영상은 캐주얼한 형태로 시작해야 합니다.
시간도 짧아야 합니다.
전체 문장수도 많지 않아야 하며, 문장 하나를 볼 때 장문보다는 단문이 많아야 합니다.

그래서 첫번째 스텝의 영상 스타일은 다음과 같습니다.

1. 종류 : 미국 드라마(줄여서 "미드"라고도 합니다.)

2. 분량 : 20분 분량의 미드 (20분대 초반)

3. 미드의 스타일 : 시트콤, 가짜 배경에 방청객들이 웃는 드라마

시트콤은 한국말로 풀어보면 **"일일 드라마"**라는 의미이며,
여기서 중요한 부분은 배경이 가짜 배경으로 방청객이 미드안에서 웃는 미드를 찾아야 합니다.

혹시 잘 이해되지 않는다면 한국 드라마 중에서 **"순풍산부인과"**라고 들어본적이 있습니까? 순풍산부인과라는 예전에 유명했던 시트콤이 있습니다. 순풍산부인과는 배경이 가짜이며, 방청객들이 웃습니다. 이와 같은 미드를 찾으면 됩니다.

예 : 70년대 쇼, 프렌즈, 한나몬타나 (이들은 순풍산부인과와 비슷합니다.)

4. 문장 수 : 400문장 이하
5. 해야할 수량 : 에피소드 7편

이 첫번째 스텝의 조건에 맞는 미드로 공부를 하면 됩니다. 도저히 모르겠다고 판단이 된다면 그렇다면 위에서 제시한 3편 중 1편을 선택해서 하면 됩니다.
참고로 이들 시트콤(일일 드라마)은 말이 빠릅니다.

"어떤것으로 할까?" 고민이 된다면 3편 중 1편를 선택하면 되는데요. 그 이유는 그 수준이 비슷한 수준이기 때문입니다.

그리고 한국 드라마 순풍산부인과의 인터뷰 했던 내용을 보면 연기자분들이 에드립을 자주 한다고 합니다. 오지명, 미달이 아빠 모두 애드립을 하며, 그래서 감독은 **"에드립을 맛깔나게 친다"**라고도 합니다.
미드에서 배우가 에드립을 치게되면 대본과 약간 다릅니다. 그러면 에드립이 들리면 대본보다는 에드립에 맞추어서 해야 하고 안들리면 대본대로 하면 됩니다.

첫번째 스텝은 감상용으로 보기는 쉽습니다.
"할만하겠다" 생각될 수 있어도 실제 공부로 하게되면 절대 쉽지 않습니다.
또한 이런 것이 있습니다.
이보다 낮은 수준으로 공부하는 것이 어떨까(가령 말이 느린 애니메이션 등) 생각한다면 권하지 않습니다. 왜냐하면 실제 많은 미국 사람들은 느리게 말하는 애니메이션보다 더 빠른 말로 말을 하며, 말투가 첫번째 스텝과 비슷하기 때문입니다.

참고로 자막과 동영상이 싱크가 맞지 않는 경우가 있습니다.

※싱크(Sync)가 맞지 않는다는 뜻
가령 Hello. Long time no see 라는 문장이 있다고 할 때 영상에서는 1분 30초에 해당 문장 사운드가 나오는데 자막은 5초 뒤 1분 35초에 나오는 겁니다.
이것을 싱크(Sync)가 맞지 않다고 합니다.
(같이 따라말하기-일대일 대칭-가 바로 싱크를 맞추는 것이기도 합니다.)

이런 경우는 같은 영상의 다른 자막을 찾거나 자막의 싱크를 수정할 수 있습니다.

자막 수정하는 프로그램 중 편리한 프로그램을 추천드리면, SMISyncW 입니다.

SMISyncW에 관해서는 다음의 산타북 카페에 주소에 정보링크를 두었습니다.

SMISyncW 정보 : https://cafe.naver.com/santabook/8

에피소드 1개(즉, 1화)를 본 훈련대로 마치는 것에 중점을 두세요. 그래서 1개를 마치고, 다시 1개를 마쳐야 합니다.

이런식으로 첫번째 스텝에서는 7개 정도의 에피소드를 소화합니다.

두번째 스텝 - 보다 강도 있게

1. 종류 : 미국 드라마

2. 분량 : 20분 분량의 미드 (20분대 초·중반)

3. 미드의 스타일 : 일상적인 배경을 다룬 미드

두번째 스텝은 첫번째 스텝과 유사할 수 있으나 배경이 일상적인 배경이라 첫번째 스텝 보다 원어민이 말하는 말투에 가깝습니다.

예 : 모던패밀리, 뉴 걸

4. 문장수 : 400문장~600문장 이하

5. 해야할 수량 : 에피소드 6편 정도

두번째 스텝은 위의 1~5번에서 제시한 스타일대로 하면 되며, 찾기 불편하다 싶다면 **"예"**에서 제시한 **모던패밀리**나 **뉴 걸** 둘 중 하나를 선택하면 됩니다.

두번째 스텝의 미드는 첫번째 스텝의 미드보다 문장 당 말이 더 길 뿐만 아니라 말이 더 빠른 경우가 많습니다.

어떤 에피소드들은 40분짜리 미드보다 문장 분량이 많기도 하고, 애니메이션 한 편과 거의 같은 수준의 문장 분량인 에피소드도 있습니다.

이것은 두번째 스텝이 첫번째 스텝보다 그만큼 더 쉽지 않다는 것을 의미합니다.

그래서 초보자분들은 첫번째 스텝부터 출발해야 합니다. 아셨죠?

※ 왕초보 탈출 기준

> **저자가 생각하는 왕초보의 탈출 기준**
>
> 왕초보다 아니다를 판단할 때 "한국어 문장을 주고 영어로 말할 수 있는가?"를 물어봅니다. 그래서 답을 못하면 "**초보다**"라고 하고, 답을 하면 "**초보자 아니다**"라고 합니다.
>
> 가령 "**모자 벗는다**"를 영어로, "**비가 온다**"를 영어로, "**화장실이 어디에요?**"를 영어로 질문하는 이런 류를 가지고 "왕초보다, 아니다"를 판단하는 것은 판단기준이 너무 약한 것이 아닌가 생각됩니다.
>
> **저자가 판단하는 왕초보의 탈출 기준은**
>
> 첫번째, 두번째 스텝 합이 13편이 되면 약 5천문장이 됩니다.
>
> 이렇게 **약 5천문장**을 훈련대로 소화를 하면 **왕초보 탈출**이라고 말합니다.
>
> 그래서 초보자 분들은 왕초보 탈출이 우선입니다.
>
> 1차 목표를 왕초보 탈출, 여기에 포커스를 잡아보세요.

급질문을 좀 드리겠습니다.

질문1
외국에 여행갈 때 냉장고, 세탁기, 에어컨, 장롱, 침대, TV 등을 모두 들고 다닙니까?

질문2
왜 안들고 다닙니까?
(질문들을 만나면 항상 답변을 꼭 써주세요.)

이 질문을 드린 이유는 이것과 같습니다.

공부하려고 준비한 미드나 영화가 아마 많이 있을겁니다.

에피소드 한 편만 남겨두고 모두 삭제해주세요.

왜냐하면 "**나는 이제 시즌1의 에피소드 1화 50문장을 하고 있는데 언제 시즌10의 20화를 하는가?**"에 봉착하게 되기 때문입니다. 즉, 공부 집중에 방해도 되고, 의욕도 떨어뜨리게 됩니다.

아마 몇 년 내내 해도 시즌 5도 못할겁니다.

많은 분들이 의욕과 열정이 생기다보니 정말 수많은 다양한 영화, 드라마를 준비하는데요.

좋은 공부 마음가짐입니다만 내가 공부하려고 하는 것 단 한 편만 준비하시고, 나머지는 모두 삭제해버리세요.

홀가분한 마음으로 가방하나 들고 여행을 떠나듯이 이 영어 여행도 홀가분한 마음으로 시작해야 하기에 에피소드 한 편을 제외한 모두 삭제하시길 권합니다.

세번째 스텝 - 어떤 종류도 상관없다

1. 종류 : 영화, 드라마, 애니메이션 등 무엇도 제한 없음

2. 분량 : 40분짜리든, 1시간 30분이든 제한 없음

3. 미드의 스타일 : 제한 없음

4. 문장수 : 제한 없음

5. 해야할 수량 : 제한 없음

세번째 스텝으로 오게 되면, 이제 첫번째, 두번째 스텝으로 인해서 학습의 내성이 잡혔습니다.

2,000문장짜리 영화로 몇 개월을 공부 한다고 해도 할 수 있는 끈기, 인내력, 열정 등이 잡힌 상태입니다. 그래서 무너지지 않습니다. 포기하지 않습니다.

그래서 세번째 스텝에서는 영화, 드라마, 애니메이션 등 그 무엇을 가지고 해도 됩니다.

인턴 (The Intern, 2015)이라는 2015년에 나온 영화는 2,700문장 정도 됩니다.

만약 영어공부 처음부터 인턴 영화로 시작하면? 6개월 내내 그 인턴 영화를 하게 될겁니다.

그러면 질리고 지쳐서 포기하게 됩니다.

그래서 첫번째 스텝에서는 짧은것부터 시작한 것입니다.

세번째 스텝을 위해서 저자가 준비한 것은 가족, 코메디 입니다.

다음 표는 미국, 영국의 가족, 코미디 장르입니다.

이것은 저자의 추천이기에 독자분들이 선호하는 것이 있다면 그것을 선택해도 됩니다.

즉, 세번째 스텝은 그 어떤것으로 해도 관계 없습니다.

※ 노트

다음 표는 2022년 7월 현재 보여지는 내용이며, 주소가 바뀔 경우는 북 카페에 별도 공지를 하겠습니다.

미국

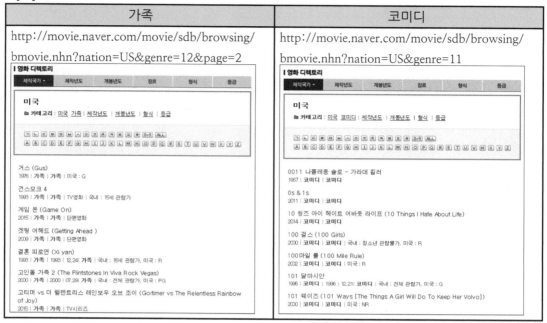

영국

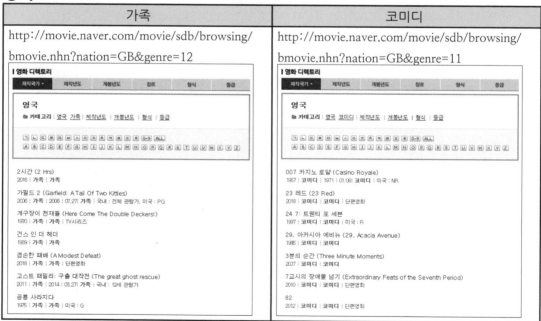

각 표의 주소로 이동하게 되면 해당 국가의 장르에 대한 영화가 가나다 순으로 나옵니다.
그곳에서 공부하고 싶은 영화를 선택해서 하면 됩니다.

3가지 스텝을 마치며

자, 이렇게 해서 공부의 3가지 스텝에 대해서 자세히 설명드렸습니다.

어떤가요? 할만하지 않습니까?

어떤 미드를 가지고 공부를 해나가야 할지 충분히 이해가 되었을거라 생각됩니다.

이제는 이 3가지 스텝으로 열심히 공부하는 일만 남았습니다. 저자는 압니다. 초보자라면 첫번째 스텝, 두번째 스텝만 떼어도 왕초보를 탈출한다는 것을요. 실력이 없는 상태가 아니라는 겁니다.

그리고 세번째 스텝에서 만약 영화 5편, 애니메이션 3편, 40분 분량의 미드 10편을 선택해서 그것을 엄격한 훈련대로 소화한다면 이제는 영어를 못하는 상태가 아니게 됩니다.

영어가 익숙해지는 상태가 되거든요.

물론 훈련에서는 이런 영상으로만 하는 것은 아닙니다. 당연하죠. 그렇게 영상으로만 하면 반드시 한계에 부딪히기 때문입니다. 그래서 1만 5천 문장 정도를 포함해서 본 훈련에서 제시하는 방식의 프로세스대로만 공부한다면 여러분의 영어의 큰 밑거름이 되어 영어에서 헤메이지 않게 됩니다. 해외여행을 가고 싶으시다면 충분히 떠나셔도 됩니다:)

1만 5천문장이 되면 훈련의 마지막인 전체법칙에서 제시하는 형태를 그대로 한다면 영어는 장족의 발전을 하게 됩니다. 영어에서 해방되는 날이 그로부터 멀지 않았거든요:)

저자는 이것을 믿어의심치 않습니다.

자 그러면 이제 본격적으로 엄격한 훈련, 워밍업으로 들어가 볼까요?

저자의 연기 이야기

저자의 인생에서 작은 한 부분은 10대 후반 연기학원을 다닌 것입니다. MTM이라고 합니다. Model Talent Management 약자이며, MTM이라고 검색해도 지금도 볼 수 있습니다. 너무 오래전이라 기억이 잘 나지 않지만 90년대 초 당시 정말 많은 사람들이 지원을 했으며, 스틸 사진을 찍고, (일주일 시간을 주고) 실기 시험을 보게 되며, 실기 시험에 합격해야만 MTM학원을 다니게 됩니다.

실기 시험장은 지원자들로 발디딜 틈 없이 복도 및 건물 밖까지 꽉 차있었으며, 유명 연기자분들 및 전문가분들이 심사위원으로 무대 맞은편에 자리한 심사테이블에서 무대를 바라보며 앉아 계셨고, 그 주변으로 여러대의 스포트라이트가 무대를 비추며, "레디 액션!"이라는 구호에 맞추어 연기생들은 준비한 연기를 합니다. 지원자 중에서는 무대를 걸어가다가 다리가 떨려서 탈락이 되거나, 입술이 부들부들 떨려서 탈락되거나, 안면 마비가 와서 탈락되는 등 다양한 형태로 탈락이 되었으며, 저자 역시도 굉장히 떨렸습니다. 실기시험은 그럭저럭 치뤘고, 며칠 뒤 합격통지서가 집으로 날아왔고, 뛸듯이 기뻤으며, 이후 MTM학원에 정식으로 다니게 되었습니다. 6개월 코스였고, 처음에 가면 강사가 입푸는 것, 혀 푸는 것, 얼굴 푸는 것, 발음 좋아지는 방법 등등 다양한 것을 알려줍니다.

그리고 일정한 연기 기술을 알려주고 무대에 나가서 연기 실습을 하는겁니다. 저는 잘하든 못하든 간에 "이것 연기 해볼사람 손들어요?"라고 하면 늘 손들었고, 자주 앞에 나갔습니다. 챙피하기도 했습니다만 그래야 더 배우지 않겠습니까? 결국 "여러분 이렇게 하면 안되요. 알았죠?" 라고 강사님에게 망신 당한적도 많습니다.

그런데 종종 씬(Scene)이라는 말을 들었고, "이번 씬은 이렇게 연기한다" 등으로 수업했던 기억이 납니다. 그당시 제게 "씬"이라는 말은 생소했고 낯설었습니다.

6개월 수료전 마지막에는 많은 사람은 아니지만 실전에 들어갑니다. 바로 영화나 TV의 엑스트라로 출연하는 것입니다. 어느새 겨울이 지나 6개월 차 수료 2주전 여름이 되었고, 남자2명, 여자2명이 한 영화의 엑스트라로 가는 것입니다. 그래서 저자는 "김혜수"라는 국민 여배우를 만나게 되었습니다. 이른 새벽 충무로에 모여 스탭들 차를 타고 간곳은 전라도의 풍경 좋은 교회 앞이였습니다.

점심때가 되어 도착이 되고, 국민 여배우 김혜수와 함께 냉면을 먹은 후 오후에 교회안에서 MTM 학생들이 찍는 씬(Scene)은 주일학교 교사이므로, 특정 테이블에서 아이들 가르칠 준비물을 챙기는 씬인데 대사가 없습니다.

감독이 이랬던 것 같아요.

"너희들은 엑스트라야. 그러니 대사가 없어. 즉흥 연기야. 너희들은 주일학교 교사이고, 아이들 가르치기 위해 준비물 챙기는 액션이다. 알았지? 잘해. 레디. 액션!" 그리고는 당연히 "컷!"이 떨어졌죠.

호흡도 제대로 맞춰보지도 못하고. 대사도 없고 하니 낯설기도 하고.. 그래서 몇 가지 지도를 받은 뒤 다시 "레디 액션!".. 몇초 뒤 "컷!, "야! 너네들 왜 떨어. 전운 선배님에게 연기 안 배웠어?" 컷컷이 난발했으며, 긴장도 많이 했고, 떨리고 결국 2시간 30분정도 되어서 끝났습니다.

저는 운좋게 다음 날도 감독이 찍자더군요. 대사도 있다고 합니다. 지금은 그 대사가 기억나지 않지만, 추억의 에피소드가 있습니다.

그 당시 영화 제작 장소는 일반 사람들에게 오픈되어 있었으며, 그래서 관람하는 분들도 많았고, 외지에서 온 분들도 있었습니다.

여름이라 저자는 반팔 티셔츠를 입고 있었는데 관람하는 분 중 재킷을 입은 남성분께 감독이 "소품으로 쓰면 안될까요?"라고 하자 관람객은 흔쾌히 감독에게 건네주었고, 감독은 제게 그 재킷을 주었습니다.

그리고는 씬을 찍기 시작했습니다. 몇 마디 안했지만 여러 차례 래디 액션이 반복되었고, 시간도 아마 또 2시간은 족히 갔을겁니다. 마침내 감독이 "잘했어! 훌륭해!"라면서 여기저기서 박수가 쏟아지고 "수고했다"고 하고… 그래서 저는 그 재킷을 주인에게 "감사합니다"하며 돌려주었는데요. 30분 정도 뒤에 감독이 찍은 씬을 보더니.. "좀더 웃으면 좋겠는데… 등등"하며 다시 찍자는 거였습니다. 그래서 저는 감독에게 옷이 없다고 했죠. 감독은 "뭣이? 옷이 없어?" 그러면서부터 교회안은 술렁이더니 옷을 찾으러 사방을 돌아다니고 와서 찾을 수 없었고, 결국 그 교회안에는 그 감독, 그리고 국민여배우 김혜수 그리고 저 이렇게 3명이 있었고, (나머지 스탭과 조감독은 사라지고) 거기서 거의 30분을 국민여배우 김혜수 앞에서 감독의 시원시원한 육두문자와 함께 혼쭐이 났던 기억이 납니다.

제 연기 인생은 이렇게 마치겠습니다.

그런데 제 연기 인생을 왜 설명했을까요?
바로 **"씬"**입니다.
저는 공부하고자 미국 드라마를 준비한 순간 씬으로 공부를 하기 시작했기 때문입니다.

다음에는 저자가 영어공부 처음 접할 때 씬으로 공부한 이야기가 자세히 있습니다.

5천문장 달성 : https://cafe.naver.com/santaplayer/119

씬별로 공부를 해야 하는 것은 영상을 공부하는데 있어서 굉장히 중요합니다.

자 그러면 이제 워밍업에 들어가겠습니다.

워밍업

워밍업은 중요합니다. 그래서 전체에서 차지하는 비중은 5%내외 입니다.
"에~ 5%가 뭐가 중요하지?"라고 하실 수 있습니다.
실제 워밍업을 하게되면 워밍업이 얼마나 중요한지 깨닫게 된답니다.

또한 5%가 의미하는 것은 너무 많은 시간을 여기에 투자하면 안된다는 것이기도 합니다.
정 워밍업을 열심히 하고자 해도 전체 공부시간 대비 20%이상 넘을 필요는 없습니다.

※ 워밍업 준비사항

1. 영상/영어자막 준비
앞에서 설명한 공부의 3가지 스텝에서 현재 내 수준이 어느 정도 인지를 보고,
해당 스텝에 대한 영상을 찾고, 영상 1개와 해당 영상의 영어 자막을 준비합니다.
가령 모던패밀리 시즌1 1화를 하고자 한다면 해당 영상과 영어 자막을 준비합니다.
(초보자분들은 앞의 **공부의 3가지 스텝** 중 **첫번째 스텝**의 영상과 영어자 막을 준비하면 됩니다.)

"영어 자막을 찾으라고?"이라고 생각하는 분들도 있습니다. 영어공부하려면? 당연히 영어 자막이 필요합니다.

영어 자막을 찾는 것은 처음 찾는 분들은 쉽지 않으므로, 다음의 북카페 주소에 영어 자막을 찾는 방법을 두었습니다.

영어 자막 찾는 방법 : https://cafe.naver.com/santabook/4

2. 영상을 재생 할 수 있는 플레이어 준비
영어를 공부하는데 해당 영상을 재생할 플레이어는 필수 입니다.
그래서 플레이어를 준비해주세요.

※참고로 저자가 만든 **산타플레이어**는 본 훈련을 할 때 가장 이상적인 소프트웨어입니다.

3. 영상에 대한 씬(Scene)을 모두 나누기
(이것은 해당 영상으로 최초 공부할 경우 입니다.)

씬을 나누는 방법은 간단합니다.
자막을 보이지 않게 한 상태에서 영상을 봅니다.
그러면 장면이 바뀌는 때가 나옵니다.
바뀌기 전까지가 한 개의 씬(Scene)을 나타냅니다.

씬의 예시
커피숍에서 친구들과 다양한 이야기를 합니다.
그리고 한 친구가 커피숍에 들어와서 이야기를 합니다.
"얘들아! 영화 시작 5분전이야. 빨리 영화관 가자"
그러면 씬1은 커피숍, 씬2는 영화관이 됩니다.

씬(scene) 분할의 규칙
씬을 나누되 규칙이 있습니다.

규칙 : 씬의 번호 + 씬에서 사용된 문장번호 + 씬의 마지막 문장 시작초

(**씬의 마지막 문장 시작초**를 적는 것은 어디서 문장이 끝나는지를 알아야 하기 때문입니다.)

씬의 공부 장점
이렇게 영상에 대한 씬을 모두 분할하며 구체적인 씬에서 사용된 문장번호를 기입해서 공부하게 되면
1. 영상이 몇 개의 씬으로 되어 있는지 알 수 있으며,
2. 공부할 씬이 몇 개의 문장으로 되어 있는지 알 수 있어서,
3. 스토리별로 공부할 수 있으며,
4. 내가 하루에 어느 정도의 씬을 하루에 소화할 수 있는지를(씬에서 사용된 문장이 2개라면 다음 씬을 추가해서 오늘 할 분량으로 정할 수 있고, 씬의 문장이 많으면 하루에 못할 분량이라고 판단되어 세부적으로 분할 할 수도 있습니다. - 씬1-1, 씬1-2, 씬1-3 형태로) 가늠해 볼 수 있게 되며,
5. 효율적이고 효과적이며, 생산적으로 공부를 하게 됩니다.

ex) 70년대 쇼 시즌1 1화의 경우
가령 1~11문장까지는 지하실이였는데 12문장부터는 파티장이라면
이렇게 씬(Scene)1은 1~11문장까지가 되며 11문장의 시작초는 49초라고 가정합니다.
그러면 씬1에 대한 규칙을 **"씬1 - 1~11 - 00:49"** 이라고 노트에 적어두고,
씬(Scene)2는 파티장면이고, 문장은 12문장부터 시작해서 51문장까지이며, 51문장의 시작초는 2분 59초이고, 52문장부터는 다시 지하실이라면
"씬(Scene)2 - 12~51 - 02:59" 라고 노트에 적어두면 됩니다.

다음과 같이 씬을 나누면 됩니다.

씬(Scene)	씬의 문장번호	씬의 마지막 문장 시작초
씬1	1~11	00:49
씬2	12~51	02:59
씬3	52~65	03:48
씬4	66~73	04:20
……	……	……
씬N	N~N	N:N

또한 씬을 나누기 애매한 드라마도 있는데요.

바로 모던패밀리입니다.

모던패밀리는 미국 드라마 중에서 최고의 드라마 이기도 합니다.

그래서 다음은 모던패밀리 시즌1 1화를 예를 들어서 씬을 모두 나누어 본 것입니다.

ex) 모던패밀리 시즌1 1화의 경우

(모던패밀리의 경우 일반 드라마와 다르게 등장인물이 해당 장면의 상황을 설명하는 경우가 자주 나오기에 씬이 많아지는 것이며, 보통 20분 정도의 미드는 약 10여개의 씬으로 되어 있습니다.)

씬(Scene)	씬의 문장번호	씬의 마지막 문장 시작초
씬1	1~14	00:47
씬2	15~18	01:03
씬3	19~20	01:20
씬4	21~25	01:41
씬5	26~36	02:20
씬6	37~42	02:55
씬7	43~46	03:13
씬8	47~53	03:59
씬9	54~67	05:05
씬10	58~70	05:20
씬11	71~90	06:30
씬12	91~93	06:41
씬13	94~108	07:34
씬14	109~113	08:00
씬15	114~118	08:18
씬16	119~123	08:47
씬17	124~153	10:15
씬18	154~162	10:57
씬19	163~167	11:16

※ 모든지 처음하면 낯설고 어렵습니다. 하지만 그것을 "내가 익숙하지 않아서 낯설고 어렵게 느껴질 뿐이고, 여러번에 걸쳐서 그것을 연습하면 어느정도 익숙해진다. 모든지 익숙하면 편하다. 이후 그것은 나에게 훌륭한 무기가 되어줄 것이다"라고 생각해주세요. 길은 문장입니다.

씬20	167~174	11:37
씬21	175~175	11:42
씬22	176~180	12:06
씬23	181~211	14:07
씬24	212~220	14:59
씬25	221~224	15:22
씬26	225~231	15:42
씬27	232~237	16:15
씬28	238~251	16:51
씬29	252~256	17:07
씬30	257~262	17:30
씬31	263~267	17:49
씬32	268~319	21:43
씬33	320~326	22:09
씬34	327~327	22:12
씬35	328~337	22:43

자 이렇게 영상을 씬별 숫자로, 씬에서 사용된 문장별로 그리고 시간별로 보니 어떻습니까?
구분이 쉽죠?
가령 오늘은 어디를 공부할지도 쉽게 구별 할 수 있답니다.

※ 씬(Scene)에서 사용된 문장이 많을 경우
씬(Scene)에서 사용된 문장이 많다면 하루에 다 하지 못할 수 있습니다.
그렇다면 씬(Scene)을 보다 세부적으로 나누면 됩니다.
가령 3개로 씬을 다시 나뉜다면 다음과 같이 할 수 있습니다.
  ex. 씬(Scene)1-1, 씬(Scene)1-2, 씬(Scene)1-3
당연히 씬(Scene)의 분할 규칙을 통해서 나뉘어야 하겠지요^^

이렇게 해서 워밍업을 위한 준비가 모두 끝난것 같습니다.

그렇다면
이제 워밍업으로 들어가 볼까요?

정말로 길은 문장입니다. 안가본 길은 어렵고 안들립니다.하지만 자주 가면 낯설지가 않게 되고, 내게 익숙한 것입니다. 훈련은 절대 어려운 것이 아닙니다. 낯설 뿐입니다. 익숙하면 능숙해지는 것입니다. 능숙하면 편안해집니다. 그럼 익숙해질 때까지 힘내세요!!! (2022.8.31) - 저자의 메시지

워밍업 7단계

워밍업은 7단계로 나뉘어져 있으며 순차적으로 해야 합니다.

모든 영화나 드라마, 애니메이션은 짧은 장면(Scene)들이 연결되어 있습니다.
그래서 하나의 영화나 드라마가 만들어지는 것입니다.
장면이란 씬(Scene)을 말합니다.

1단계
공부할 씬(Scene)을 정한다

처음 공부 시작한다면 첫번째 씬부터 시작하면 됩니다.

> ※ 저자는 독자분들이 공부할 영상과 자막을 준비 후 앞에서 씬(Scene)분할의 규칙을 통해 공부할 씬을 모두 나누었다고 가정합니다.
> 만약 씬을 나누지 않았다면 씬(Scene)분할의 규칙을 보고 씬을 나누어주세요.

자 그러면 다시 질문 드립니다.

질문
이렇게 공부할 분량(씬)을 정했습니다. 이제 무엇을 하면 될까요?
("**나**"라면 **어떻게 하겠다**는 것을 캐주얼하게 물어본 것입니다.)

많은 분들이 여기에 "**씬(Scene)을 들어본다**"라고 작성해주셨습니다.
좋습니다.
반드시 들어야 합니다. 그런데 그전에 할 것이 있습니다.

바로 씬(Scene)에서 사용된 단어를 익혀야 합니다.

단어를 본다고 문맥을 파악하는 것이 아니거든요.
또한 그래야만 단어를 익힌 후 자막없이 듣는다면 보다 잘 들리게 됩니다.

산타플레이어를 처음 만들 때 영상에서 사용된 단어 파일만 뽑도록 만든 이유가 바로 씬(Scene)
에서 사용된 중복단어 없는 1개씩만 있는 단어파일로 공부하기 위해서였습니다.
그래서 총단어 파일은 굉장히 중요합니다.
이것은 저자가 현재 특허출원한 상태입니다:)
지금의 산타플레이어는 단어의 뜻, 발음기호, 문장까지 볼 수 있고, 그것을 복사해서 워드파일
로 만들 수 있습니다. 392페이지의 **〈산타플레이어 재생모습〉**에서 볼 수 있습니다.

다음은 70년대 쇼 시즌 1 1화의 첫번째 씬에서 사용된 단어들입니다.

[1]	00:00:19	eric	[24]	00:00:26	in	[46]	00:00:35	risk
[2]	00:00:19	it	[25]	00:00:26	10	[47]	00:00:38	worry
[3]	00:00:19	is	[26]	00:00:26	minutes	[48]	00:00:38	about
[4]	00:00:19	time	[27]	00:00:26	will	[49]	00:00:38	just
[5]	00:00:21	why	[28]	00:00:26	be	[50]	00:00:38	remain
[6]	00:00:21	don't	[29]	00:00:26	no	[51]	00:00:38	calm
[7]	00:00:21	you	[30]	00:00:26	more	[52]	00:00:38	keep
[8]	00:00:21	do	[31]	00:00:26	beer	[53]	00:00:38	moving
[9]	00:00:22	-	[32]	00:00:26		[54]	00:00:41	and
[10]	00:00:22	it's			opportunities	[55]	00:00:41	above
[11]	00:00:22	your	[33]	00:00:32	if	[56]	00:00:41	all
[12]	00:00:22	house	[34]	00:00:32	my	[57]	00:00:41	get
[13]	00:00:23	listen	[35]	00:00:32	dad	[58]	00:00:41	sucked
[14]	00:00:23	to	[36]	00:00:32	catches	[59]	00:00:41	into
[15]	00:00:23	them	[37]	00:00:32	me	[60]	00:00:41	dad's
[16]	00:00:23	up	[38]	00:00:32	copping	[61]	00:00:41	hair
[17]	00:00:23	there	[39]	00:00:32	beers	[62]	00:00:45	what's
[18]	00:00:23	the	[40]	00:00:32	he'll	[63]	00:00:45	wrong
[19]	00:00:23	party	[41]	00:00:32	kill	[64]	00:00:45	with
[20]	00:00:23	has	[42]	00:00:35	i'm	[65]	00:00:45	look
[21]	00:00:23	reached	[43]	00:00:35	willing	[66]	00:00:45	at
[22]	00:00:23	critical	[44]	00:00:35	take	[67]	00:00:50	cold
[23]	00:00:23	mass	[45]	00:00:35	that	[68]	00:00:50	definitely

자 이렇게 씬(Scene)에서 사용될 단어를 보니 어떻게 하면 될지 감이 오죠?

모르는 단어를 꼭 익혀야 합니다.

2단계 첫번째를 정리하겠습니다.

2단계 첫번째

씬(Scene)에서 나온 모르는 단어를 먼저 익숙하게 만든다

다시 말씀드리면 단어를 본다고 해서 문맥이 파악되는 것이 아닙니다.
그래서 먼저 모르는 단어를 찾아서 익숙하게 만들어야 합니다. 이것이 첫번째 입니다.

자 그렇다면 안들리는 이유 원인편 네번째 기억나십니까?

안들리는 이유 원인편의 네번째 본문내용

1. 읽었을 때 아는 단어를 들었을 때 다른 단어로 듣는 것
2. 읽었을 때 아는 단어를 듣지 못하는 것

질문1

want와 what은 무슨뜻인지 대충 알고 있습니까?

질문2

want와 what은 들으면 구별할 수 있습니까?

질문3

That과 back는 무슨 뜻인지 대충 알고 있습니까?

질문4

That과 back는 들으면 구별할 수 있습니까?

읽어서 아는 단어가 다른 단어로 듣거나 그렇지 못한 것입니다.

그래서 다음과 같은 현상들이 나타난 것입니다.

다른분의 예시

받아쓰기 한 문장입니다.
1. you don't **what** meet do france   is that it?
2. you don't **what** meet do go france   is that it?
3. you don't **what** meet to go to france   is that it?

정답
You don't want me to go to France, is that it?

받아쓰기 한 문장입니다.
1. especially ···train of **that.**
2. especially ···train of **that.**
3. especially··· train of back

정답
Especially on the train on the way back.

다른 단어로 들음
want -> what
back -> that

전혀 듣지 못함(전멸구간)
to go to -> ....
on the tain on the way -> ···..

많은 분들이 착각하는 것 중 하나가 **"읽어서 아는 단어는 들었을 때도 들린다"** 입니다.
그래서 읽어서 이해하는 단어를 들었을 때 다른 단어로 듣는 경우가 발생합니다.
이것은 기존에 저자가 다른분들을 가르칠 때 진단을 하면 읽어서 아는 단어를 들었을 때 그 단어를 다른 단어로 착각하거나 구별하지 못하는 경우가 허다했습니다.

가령 dad를 dance로, car를 kind로 want를 what으로 don't를 know로 생각하는 분들이 많았으며, 이런 형태의 예는 찾아보면 실제 훨씬 많답니다.

가령 want와 what은 이 단어를 눈으로 보면 이해를 하고 구별하지만 들었을때는 want를 what으로 들으면 문장에서 당연히 해석이 안되겠지요.

실제 이것은 귀를 뚫지 못하게 만드는 지대한 영향을 미치는 것 중 하나입니다.

그래서 워밍업 2단계의 두번째는 다음과 같습니다.

2단계 두번째

씬(Scene)에서 사용된 단어들 중에서
읽었을 때 아는 단어가 들었을 때 제대로 들을 수 있는지, 제대로 발음할
수 있는지 판단하고, 제대로 듣지 못하고, 발음을 올바로 못한다고 판단되
면 역시 사전가서 단어의 발음을 익힌다

※ 3단계를 들어가기 전에는 분량에서 정한 모든 단어를 들어서 알고 있고, 그 단어 발음을 올바로 할 수 있다는 가정이 되어야 합니다.

3단계

씬(Scene)을 **"자막없이"** 두세번 본다

"자막없이" 란 **자막을 보지 않고 본다** 라는 것이며, 보통 플레이어는 자막의 온/오프 기능이 존재합니다. 산타플레이어도 이 기능이 있습니다.

3단계를 할 때는 자막을 감추게 해놓고 봐야 합니다.

1, 2단계로 인해 씬(Scene)에서 사용되는 단어를 모두 알고 있기 때문에 자막없이 보게되면 어떻게 될까요? 단어를 익히지 않은 상태에서 자막없이 보는 것보다 훨씬 더 잘 들리게 됩니다.

4단계 첫번째

씬(Scene)의 한 문장마다 자막을 보지 않고 들릴 때까지 듣는다

문장마다 자막을 보지 않고 들릴 때까지 해당 문장을 계속 들어야 합니다.
최대한 들었는데도 안들리면 다음 문장으로 패스하거나 아니면 자막을 켜고 문장을 확인합니다.

"워밍업인데, 뭐, 두어 번 듣고 넘어가지 뭐"

워밍업인데 두어 번 듣고 넘어가면 되지 하는 분들이 있었습니다. 그러면 저자는 이렇게 말씀드립니다.
"그렇게 되면 같은 방법으로 공부하는 다른분들보다 훨씬 뒤쳐지게 될겁니다"
그래서 대충하고 넘기려 하는 자세는 귀를 뚫는데 지대한 방해를 합니다.

그래서 **4단계에서는 들릴 때까지 들으면 됩니다.**
짧은 문장은 몇 번도 안되어 다 들릴수도 있지만 **긴 문장의 경우는 20번 혹은 30번을 해도 모두 다 듣지 못할겁니다.**
그럴 경우는 **20번 혹은 30번 듣고도 안되면 패스하는 것**입니다. 그 이유는 **이정도면 열심히 한정도**이고, **다음에 비슷한 문장들이 나오기 때문**이며, 또한 **이것은 워밍업이기 때문**입니다.

이제 질문을 드립니다.

※ 질문이 있으면 항상 답을 연필이나 볼펜으로 적어주세요.

질문1
이렇게 한 문장을 들릴 때까지 최대한 들을 때 받아쓰기를 하는 것이 좋을까요? 하지 않는 것이 좋을까요?

질문2
처음 영어 진단 끝나고 한 문장을 최대한 들릴 때까지 들었습니다. 그렇다면 노트에 받아쓰기가 머리가 아플까요? 머리에 받아쓰는 것이 머리가 아플까요?

이제 어느것이 더 머리가 아픈지 다시 실험을 하겠습니다.

실험

준비

1. 산타북 프로그램을 종료하지 않았다면 화면은 다음과 같이 화살표가 **[워밍업]**목차를 가리키고 있습니다.

만약 산타북 프로그램을 종료했다면 Read_me.txt파일을 열고 카운트 숫자를 다음과 같이 10을 넣고

★count=10★

파일을 저장한 후 산타북 프로그램을 실행해서 INDEX페이지로 오면 화살표가 **[워밍업]**목차를 가리키게 됩니다.

2. INDEX 화면에서 **[워밍업]**목차를 클릭해주세요.

그러면 다음과 같이 **[실험1 - 머리에 받아쓰기]**화면으로 이동됩니다.

초보자일 경우는 [초급자] 버튼을 클릭해야 하고, 초보자가 아닌 분들은 [초급자 아님]버튼을 클릭하면 됩니다.

*초보자와 중급자는 파일이 다르니 독자분 스스로에 맞는 버튼을 클릭해주세요.

3. 자 그러면 자신에 맞는 버튼을 클릭해주세요.
그러면 다음과 같이 [실험1 - 머리에 받아쓰기] 화면으로 이동됩니다.

이제 준비가 된 것입니다.

설명
실험은 이렇습니다.
첫번째는 머리에 받아쓰는 것이고, 두번째는 노트에 받아쓰는 것이며,
머리에 받아쓰기는 첫번째 화면이며, 첫번째 화면이 끝나면
두번째 화면에서 노트에 받아쓰기를 하게 됩니다.
머리에 받아쓰기, 노트에 받아쓰기 각각 10번 시도를 하게 됩니다.

실험1 - 머리에 받아쓰기 (첫번째 파일)

룰
1. 미리 파일을 들어서는 안되며,
2. 들을 때 중간에 따라말해서도 안되며,
3. 노트에 적어서도 안되면,
4. 오직 귀로만 집중해서 들어야 하며,
5. 듣기가 끝나자마자 기억나는 것만 먼저 빠르게 말해야 합니다.

1) 첫번째 시도

[듣기버튼▶]을 눌러서 문장을 듣고 그대로 따라 낭독해주세요.

(바로 따라 낭독을 못할 것입니다. 당연합니다. 들었던 것만 기억나는것만 낭독하는 것이 중요합니다.)

2) 두번째 시도

다시 하겠습니다.

[듣기버튼▶]을 눌러서 문장을 듣고 그대로 따라 낭독해주세요.

3) 세번째 시도

다시하겠습니다.

[듣기버튼▶]을 눌러서 문장을 듣고 그대로 따라 낭독해주세요.

4) 네번째 시도

다시하겠습니다.

[듣기버튼▶]을 눌러서 문장을 듣고 그대로 따라 낭독해주세요.

5) 다섯번째 시도

다시하겠습니다.

[듣기버튼▶]을 눌러서 문장을 듣고 그대로 따라 낭독해주세요.

6) 여섯번째 시도

다시하겠습니다.

[듣기버튼▶]을 눌러서 문장을 듣고 그대로 따라 낭독해주세요.

7) 일곱번째 시도

다시하겠습니다.

[듣기버튼▶]을 눌러서 문장을 듣고 그대로 따라 낭독해주세요.

8) 여덟번째 시도

다시하겠습니다.

[듣기버튼▶]을 눌러서 문장을 듣고 그대로 따라 낭독해주세요.

9) 아홉번째 시도

다시하겠습니다.

[듣기버튼▶]을 눌러서 문장을 듣고 그대로 따라 낭독해주세요.

10) 열번째 시도

다시하겠습니다.

[듣기버튼▶]을 눌러서 문장을 듣고 그대로 따라 낭독해주세요.

10번의 듣고 낭독이 완료되면 화면은 다음과 같습니다.

자 그러면 이제 노트에 받아쓰기를 위해 [실험2로 가기▶]버튼을 눌러주세요.
그러면 다음과 같이 **[실험2 - 노트에 받아쓰기]**화면으로 이동됩니다.

이렇게 되면 이제 노트에 받아쓰기 실험의 준비가 된 것입니다.

실험2 - 노트에 받아쓰기(두번째 파일)

이제 노트에 받아쓰기를 하겠습니다.

룰
1. 본 책에 그대로 작성하거나 아니면 노트나 메모장에 받아쓰기를 하면 됩니다.
2. 들은 내용을 영어로 쓰는 것이 아니라 한글로 독음을 적는 것입니다.
3. 한번 적은 독음은 고치는 것이 아니라 다음 줄에 새로 적는 것입니다.
    (컴퓨터의 메모장이나 문서 프로그램 이라면 작성한 문장을 복사해서
    다음줄에 붙여넣기해서 들으면서 수정해도 됩니다.)

> <u>독음이란 영어 발음을 한글 발음 나는대로 적는겁니다.</u>
> 영문 예시) I go to school
>
> 위 영어문장에 대한 독음의 예시
> 독음 예시) **아이 고우 투 스쿨**

자 그럼 이제 시작하겠습니다.

1) 첫번째 시도
[듣기버튼▶]을 눌러서 문장을 듣고 문장의 독음을 적어주세요.

2) 두번째 시도
다시 하겠습니다.
[듣기버튼▶]을 눌러서 문장을 듣고 문장의 독음을 적어주세요.

3) 세번째 시도
다시하겠습니다.

[듣기버튼▶]을 눌러서 문장을 듣고 문장의 독음을 적어주세요.

4) 네번째 시도
다시하겠습니다.
[듣기버튼▶]을 눌러서 문장을 듣고 문장의 독음을 적어주세요.

5) 다섯번째 시도
다시하겠습니다.
[듣기버튼▶]을 눌러서 문장을 듣고 문장의 독음을 적어주세요.

6) 여섯번째 시도
다시하겠습니다.
[듣기버튼▶]을 눌러서 문장을 듣고 문장의 독음을 적어주세요.

7) 일곱번째 시도
다시하겠습니다.
[듣기버튼▶]을 눌러서 문장을 듣고 문장의 독음을 적어주세요.

8) 여덟번째 시도
다시하겠습니다.
[듣기버튼▶]을 눌러서 문장을 듣고 문장의 독음을 적어주세요.

9) 아홉번째 시도
다시하겠습니다.

[듣기버튼▶]을 눌러서 문장을 듣고 문장의 독음을 적어주세요.

10) 열번째 시도
다시하겠습니다.
[듣기버튼▶]을 눌러서 문장을 듣고 문장의 독음을 적어주세요.

자, 실험이 끝났습니다.

※한 번은 머리에 받아쓰기를 했고, 한 번은 노트에 받아쓰기를 했습니다.
어느것이 더 어려웠습니까?

다른분의 예시를 보겠습니다.

예시의 **머리에 받아쓰기**는 초급자분, **노트에 받아쓰기**는 초급자가 아닌 분 것입니다.
머리에 받아쓰기 초급자분 것은 제가 그분이 낭독하는것을 들었을 때 독음을 적은 것입니다.

※예시는 독자분과 같이 총 10번을 시도한 것이며, 시도 할 때마다 한줄 씩 내려 쓴 것입니다.

다른분의 예시

머리에 받아쓰기 (초급자분)
에버 신 멧 띵킹…
에버 신스 위 멧 메리유
에버 신스 위 멧 아이 메리 유
에버 신스 위 멧 아임 빈 메일 유
에버 신스 아임 띵킹 멧 유

에버 신스 위 멧 아임 띵킹 어바웃 메리
에버 신스 아임 띵킹 어바웃 메리 유
에버 신스 아임 올웨이스 띵킹 어바웃 메리 유

에버 신스 위 멧 아임 올웨이스 띵킹 어바웃 메리 유
에버 신스 위 멧 아임 올웨이스 빈 띵킹 어바웃 메리 유

노트에 받아쓰기 (초급자가 아닌 분)
아이 워스 캄 다운 컷 인 라인
아이 워스 티켓스 캄 다운 힘 톨 미 돈 컷 인 라인
아이 워스 투바이 티켓스 캄 다운 스텝 인프런트 힘 톨 미 돈 컷 인 라인
아이 워스 투바이 티켓스 캄 다운 저스트 스텝 인프런트 힘 히 톨 미 돈 컷 인 라인
아이 워스 투바이 티켓 캄 다운 저스트 스텝 인프런트 힘 히 톨 미 돈 컷 인 라인
아이 워스 라인 투바이 티켓 캄 다운 저스트 스텝 인프런트 힘 앤덴 더 킷 톨 미 돈 컷 인 라인
아이 워스 라인 투바이 티켓 업셋 캄 다운 저스트 스텝 인프런트 힘 앤덴 더 킷 톨 미 돈 컷 인 라인
아이 워스 라인 투바이 티켓 올 오버 업셋 캄 다운 저스트 스텝 인프런트 힘 앤덴 더 킷 톨 헤이 미 돈 컷 인 라인
아이 워스 인 라인 투바이 티켓 올 오버 업셋 벗 아이 캄 다운 저스트 스텝 인프런트 힘 앤덴 더 킷 톨 헤이 미 돈 컷 인 라인
아이 워스 인 라인 투바이 티켓 앤 올 오버 업셋 벗 아이 캄 다운 아이 저스트 스텝 인프런트 힘 앤덴 더 킷 톨 헤이 미 돈 컷 인 라인

— — — — — — — — — — — — — — — — — — —

정답

초급자의 경우

머리에 받아쓰기
Ever since we met I've always been thinking about marrying you.

노트에 받아쓰기
You're not my ideal type, but you're always on my side.

초급자 아닌 경우

머리에 받아쓰기

And you know what, Jack? That same kid came up to me, and he stared at my shoes, and he was like, "Hey man, your shoes are pretty good! Can we trade?"

노트에 받아쓰기

I was in line to buy a ticket when all of the sudden some kid cut in line ahead of me. I was upset, but I calmed down, and I just stepped in front of him and then the kid told me, "Hey! Don't cut in line!"

결과적으로

노트에 받아쓰기는

들리지 않는 부분만 집중해서 들으려는 경향도 있을뿐더러 이미 적은 부분은 그리 신경쓰지 않으며, 오직 들리지 않는 부분만 집중해서 듣는 것입니다.
그런데 구조가 영어식 구조라는 것입니다. 그러면 구조에 집중하는 것은 노트에 맡겨놓고 안들리는 부분만 집중하면 되니 영어식 구조를 익히는데 한계에 부딪힙니다.

머리에 받아쓰기는

들리는 부분의 문구를 기억하고 있어야 하고 안들리는 부분은 집중해서 들어야 합니다.
그래서 처음에 앞뒤가 바뀌고 점차적으로 퍼즐이 맞춰지듯이 문장 퍼즐이 맞아집니다.
즉, 이 말은 구조를 전체적으로 이해해야 한다는 것입니다. 영어식 구조를 말입니다.
그래서 듣다보면 **"내가 알고 있는 구조"**가 안들리는 부분을 집중해서 듣다보니 날아가 버리고,
알고 있는 구조를 날아가지 않게 머리에 잡고 있어야 하고, 그 위치도 기억해야 하며,
안들리는 부분을 집중해서 듣다 보니 머리가 엄청나게 아프게 됩니다.

결국 **머리에 받아쓰는 것은**

바로 <u>영어식 구조를 강제로 머리에 각인</u>시키는데 **굉장히 좋은** <u>역할</u>을 하게 됩니다.

그래서 노트에 받아쓰기는 일종의 영어 테스트 용도 정도이며,
실제 영어에 보다 많은 도움이 되는 것은 머리에 받아쓰기 입니다.
※ 앞으로는 머리에 받아쓰기를 해야 한다는 것 잊지마세요!!

- -

<u>듣기의 핵심 사항</u>
최대한 집중해서 들을때는(특히 워밍업의 4단계를 할 때)
1) 단어가 모두 들려야 하고

2) 단어가 이미지나 영상으로 연상되어야 하고
3) 문장이 해석되어야 합니다.
4) 그리고 구조를 이해하려고 노력하면서 들어야 합니다. 그래서 구조를 이해해야 합니다.

(퍼즐이 점차 올바른 자리를 잡아가니 점점 구조가 맞추어 지기에 점차 구조가 인식됩니다.)

> **4단계 두번째**
>
> 듣는데까지 들으면서 그 문장을 계속 소리내어 낭독한다

실험에서 머리에 받아쓰기를 했습니다.
머리에 받아쓰기 실험은 듣고 따라말하는 것입니다.
그래서 4단계 두번째는 최대한 듣는데까지 들으면서 문장을 따라 낭독해야 하는 것입니다.

4단계를 한마디로 정의하면 다음과 같습니다.

> **4단계**
>
> 씬(Scene)의 한 문장마다 자막을 보지 않고 들릴 때까지 들으면서 따라 낭독한다(최대한의 횟수는 20~30번입니다)

※ 주의사항
1. 자막을 보지 않아야 한다.

2. 해당 문장을 자막을 보지 않고 20번 혹은 30번해도 듣고 따라 말해도 안되면 패스한다.

여러가지 염두해야 할것이 많기에 헷갈릴 수 있습니다.

그래서 워밍업 1~4단계를 정리해두었습니다.

워밍업 1~4단계 정리

1단계
공부할 씬(Scene)을 정한다

2단계
씬(Scene)에서 나온 모르는 단어를 익숙하게 만들고,
읽어서 아는 단어지만 들었을 때 들리지 않는 단어 모두 사전가서 익숙하게 만든다

3단계
씬(Scene)을 "자막없이" 두세번 본다

4단계 첫번째
씬(Scene)의 한 문장마다 자막을 보지 않고 들릴 때까지 들으면서 비슷하게 될 때까지 낭독을 한다

다음은 5단계, 6단계이며,
해답을 보는 단계입니다.

5단계
영어자막을 켜고 문장을 올바르게 들었는지 잘못 들었는지 확인한다

6단계

한글자막으로 내용을 올바로 파악했는지 확인한다

워밍업의 마지막으로는 다음과 같습니다.

7단계

영어표현을 익힌다

문장에서 영어표현을 찾고, 영어표현이 있으면 따로 정리해서 영어표현을 익힌다

듣지를 못하는 이유 중 하나가 표현 때문이었습니다.

말을 제대로 하지 못하는 이유 중 하나도 표현입니다.

지금 당장 아는 영어단어 아무거나 떠올리고자 한다면 떠올려 질겁니다.

그런데 표현을 아무거나 떠올리고자 한다면 잘 되지 않을겁니다.

그 이유는 표현 공부를 하지 않아서 그렇습니다.

그렇다면 이것은

영어 문장을 말을 할 때도 표현을 말할 수 없다는 것을 의미하며,

들을 때도 표현을 구별할 수 없다는 것을 의미합니다.

결국 문장을 올바로 이해하지 못하게 되는 결과를 낳게 됩니다.

그래서 다음과 같은 말도 있습니다.

"단어는 스펠이라면 표현이 단어다"

20분짜리 미드1편을 보면 보통 60~80개, 많게는100개 내외 정도의 표현이 쏟아집니다. 그래서 표현은 그 무엇보다 중요하며, 워밍업의 마지막으로 둔 것입니다.

이것이 워밍업 이였습니다.

할만하죠?

워밍업을 오랫동안 해도 영어 실력이 향상된다는 것을 알게 될겁니다.

중국 소림사의 각 사람들이 공연을 위해 혹은 시합을 위해서 훈련하고 있다면
노출은 그 모습을 보는 관객이고,
공부는 내가 그 소림사의 각 사람들이 되어 실제 훈련하는 것입니다.

저자는 워밍업을 위한 최적의 도구를 고민했으며, 어떻게 하는 것이 좋을까 고민하고 결국 리스닝패드라는 것을 만들었으며, 산타플레이어에 탑재를 했습니다.

〈리스닝패드〉

리스닝패드는 워밍업을 하기에 굉장히 좋은 도구입니다.
그래서 산타플레이어를 사용하는 분들은 리스닝패드를 사용하면 이 워밍업에서 최고의 효과를 보게 됩니다.

자 그러면 이제 잠시 쉬고 한 문장 법칙에 대해서 살펴보기로 하겠습니다!

한 문장은
고작 한 그루 나무에 불과하다
- YKS. -

※저자의 메시지

미국 사람들이나 영어를 유창하게 하는 다양한 나라 사람들(유럽 등)은 항상 표현을 문장과
함께 말합니다.
여러분들이 영어 실력이 점차 올라갈수록 영어에 유창한 외국 사람들을 만나면 문장에서 표
현을 자주 말하는 것을 캐치하게 됩니다.
영상(유튜브나 미드, 영화, 애니메이션 등)으로 공부할 때도 마찬가지입니다.
그만큼 표현은 중요합니다.
그래서 워밍업의 마지막 7단계는 표현을 둔 것입니다.
이제부터는 표현! 표현!! 표현 공부 절대로 잊으면 안됩니다~!

한 문장 법칙

훈련을 계속하기 전에 잠시 알고 넘어가야 할 것이 있습니다. 바로 한 문장 법칙입니다.

즉, "**미국 드라마 한 문장을 구체적으로 어떤 방식으로 섭렵하는 것이 좋은가?**"에 대해서 알고 가야 합니다. 그래야만 한 문장을 공부할 때 헷갈리지가 않습니다.

물론 저자는 한 문장 법칙을 이렇게 말합니다.

> # 한 문장 법칙 - 팁으로 - 고작 한 그루 나무에 불과한 것

그 이유는 한 문장 법칙으로는 많은 문장을 할 수 없기 때문에 (많이 먹을 수 없기에) 간에 기별이 오겠습니까? 그래서 고작 한 그루 나무에 불과한 것입니다.
독자분들은 이미 프리토킹의 비밀, 깨달음을 접했으며(그래서 내가 가지고 있는 문장들 가지고 한국말을 한 만큼을 하루에 해야 한다는 것을 이해하고 있으며), 안들리는 이유의 원인과 해답을 통해 영어를 보다 넓은 시각으로 보게 되었습니다.
그래서 평생을 쉐도잉 같은 형태로만 공부하면 안된다는 것도 잘 알게 되었습니다.
하지만 새로운 한 문장을 할 때, 어떻게 하는것이 좋은 것인지 보다 구체적인 부분을 이해할 필요가 있습니다. 그래서 본 파트를 둔 것입니다.

자 그러면 한 문장 법칙 시작합니다.

한 문장 법칙

간단합니다. 이렇게만 하면 됩니다.

연기자가 되어 연기하셔야 되요!

이게 안되니까 본 파트는 이론적인 구체적인 방법을 설명해놓은 것 뿐입니다.
그래서 한 문장 법칙이 나온 것입니다.

> 결론 : **연기자와 똑같이 말하는겁니다.** (대사를 보지 않고 입니다.)
>
> 그래서 연기자가 화를 내면서 말하는 대사는? 역시 똑같이 화를 내면서 말하고
> 연기자가 웃으면서 말하는 대사는? 역시 똑같이 웃으면서 말하면 됩니다.
> 연기자가 속삭이면? 역시 똑같이 속삭이면서 말하면 됩니다.
> 연기자가 울면서 말하면? 역시 똑같이 울면서 말하면 됩니다.
> 연기자가 즐겁게 말하면? 역시 똑같이 즐겁게 말하면 됩니다.
> 연기자의 희노애락을 똑같이 표현하면 됩니다.

간단하죠?
다시 설명하자면 한 문장의 법칙은 이 한마디 입니다.

연기자와 똑같이 말하는 것
(연기자의 감정을 담아서)

그런데 아십니까?

※ 한 문장을 영혼있게요.
연기자처럼, 국어책 읽듯이

하면 안됩니다.

국어책 읽듯이 하는 분들이 종종 있습니다.
그렇다면 어떻게 되겠습니까?
안되겠지요?
그래서 반드시 한 문장 법칙은 영혼있게 연기자처럼 해야 하는 것입니다.

한 문장 법칙은 다섯가지 단계로 나뉘어 집니다.
1,2,3 단계는 필수이고, 4,5 단계는 선택입니다.
필수란 반드시 해당 단계를 성공해야 하는 것이고, 선택은 해당 단계를 하되, 성공하지 않아도 되는 것이지만, 열심히 한다는 전제하에 해도 안되면 패스할 수 있는 단계입니다.

자 그러면 시작하겠습니다.

한 문장 법칙 – 첫번째 단계1 (필수)
한 문장을 안 보고, 안 듣고 말할 수 있어야 한다

한 문장을 자막을 안 보고, 안 듣고 혼자 말을 하려면, 당연히 자막을 보면서 문장을 들어보고, 이후 낭독해보고, 다시 들어보고, 낭독하고를 반복 하다보면 자막을 가리고 혼자 말할 수 있게 되겠지요? 그러면 자막없이 들어보고 다시 따라 말해보고 안되면 자막을 보고 다시 연습하며 자막 안 보고 할 때까지 반복합니다. 물론 같이 따라말하기를 해도 됩니다.
필수는 자막을 보지 않고 한 문장을 그대로 말해보는 것입니다. 성공하면 **한 문장 법칙-첫번째 단계1**을 패스한 것입니다.

한 문장 법칙 – 첫번째 단계2 (필수)
자막보지 않고 서서 돌아다니면서 문장을 말한다

우선 이것이 있습니다.
앉아서 말하는 것과 서서 돌아다니면서 말하는 것의 차이가 있습니다.
앉아서 말하는 것은 책상에서 공부하는 느낌을 받게 됩니다.
하지만 서서 돌아다니면서 말을 하게 되면 내가 그 말을 외국인에게 말하는 느낌을 조금이라도 받게 됩니다.

거울을 보면서 해도 괜찮습니다. 다만 1미터 이상 떨어진 상태에서 하는 것이 좋구요.

그래서 첫번째 단계의 마지막은 서서 돌아다니면서 그 문장을 말하는 것입니다.

단, 다음과 같이 5단어 이하는 생략해도 됩니다.

    ex) why don't you do it?

그 이유는 미국 사람에게 말하는 느낌을 그리 받지 못하기 때문입니다.

한 문장 법칙 – 두번째 단계 (필수)
한 문장을 쓸 수 있어야 한다

저자가 공부했던 수많은 흔적들을 보게되면 저자는 무엇을 했을까요?

※ 산타플레이어 카페(https://cafe.naver.com/santaplayer)에 가면 2010년부터 저자가 공부한 수천페이지 이상의 깜지를 볼 수 있습니다.

바로 한 문장 법칙의 두번째 단계를 한 것입니다.
첫번째 단계를 통과하면 바로 두번째 단계에 들어가서 문장을 쓰면 됩니다.
좋습니다. 그렇다면 이것을 **"왜 해야 하는가?"** 말입니다.

질문 들어갑니다.
질문
왜 문장을 종이에 쓸까요? 왜 쓸까요?

"확인하기 위해서", "쓰면서 암기하려고", "체화하기 위해서", "익히기 위해서", "영어니까" 등 다양한 답변이 많았습니다.

쓰는 몇 가지가 이유가 있습니다.
1. 문장을 확인하기 위해서
2. 뇌에 각인시키기 위해서
3. 한국어가 쓸 때 낯선 느낌이 없는 것처럼 영어도 쓸때도 낯선 느낌을 없애기 위해서
4. ★ 뇌구조를 영어식 구조로 만들기 위해서

가장 큰 이유는
뇌구조를 영어식 구조로 만들기 위해서 입니다.

가령 다음과 같은 문장이 있습니다.

Ever
Ever since
Ever since we
Ever since we met
Ever since we met I've
Ever since we met I've always
Ever since we met I've always been
Ever since we met I've always been thinking
Ever since we met I've always been thinking about
Ever since we met I've always been thinking about marrying
Ever since we met I've always been thinking about marrying you

이 문장을 쓸 때 생각해보면 다음과 같은 절차가 진행됩니다.
1. 뇌에서는 손에 쓰라고 명령합니다.
2. 손에서는 씁니다.
3. 눈에서는 쓴 것을 보게 됩니다.
4. 입에서는 쓴 것을 말합니다.
5. 귀에서는 말하는 것을 듣고 있습니다.
바로 영어식 구조를 말입니다.

※ 단, 자막을 보지 않고 쓸 수 있는 것을 권합니다. 익숙하지 않는 단어는 봐야 하지만 그렇지 않는 경우는 자막을 보지 않고 쓰는 것을 권합니다.

그래서 쓸 때 알아볼 수 있도록 써야 합니다.
쓸 때는 워밍업의 최대한 들을 때와 비슷합니다.

워밍업의 들을 때는
최대한 집중해서 들을 때는
1) 단어가 모두 들려야 하고
2) 단어가 이미지나 영상으로 연상되어야 하고
3) 문장이 해석되어야 합니다.
4) 그리고 구조를 이해하려고 노력하면서 들어야 합니다. 그래서 구조를 이해해야 합니다.

자 그렇다면

쓸때는

문장을 쓸때는
1) 쓰면서 단어가 이미지나 영상으로 연상되어야 하고,
2) 문장의 해석이 되어야 하며,
3) 쓰면서 독음을 말하면서 써야 하며,
4) 문장 구조를 인식하면서 써야 합니다.

문장을 말할 때의 독음

문장을 쓸 때는 독음을 말하면서 써야 합니다.

많은 분들이 스펠링을 말하면서 씁니다.

스펠링을 말하면서 쓰게되면 영어식 구조로 문장이 보일까요?

보이지 않습니다.

Yesterday 라는 단어를 이렇게 말하면서 쓴다는 것입니다.

"와이 이 에스 티 이 알 디 에이 와이"

이것은 말이 아닙니다.

좋습니다.

미국 사람 마이클이 한국에 왔습니다. 한국어를 열심히 공부합니다. 쓰면서도 합니다.

가령 **"한국어"**라는 글자를 소리내어 읽을 때 이렇게 읽습니다.

"히응 아 니은 기역 우 기역 이응 어"

이 발음은 한국어의 자음, 모음을 말한겁니다.

즉, **"한국어"**라고 단어가 들릴까요? 들릴 수도 없고, 원어민도 못 알아 먹는 그냥 자음 모음을 나열해서 낭독하는 것 뿐입니다.

이렇게 하면 한국어 실력이 늘까요?

늘지 않겠지요?

영어도 마찬가지입니다. 쓸 때 독음을 말하면서 써야 합니다.

그래야만 영어 구조가 보이거든요.

또한 한국어를 쓸 때 낯선 느낌이 없는 것은 그만큼 많이 써보았기 때문입니다.

마찬가지로 영어도 쓸 때 낯선 느낌이 없어지려면 얼마나 많이 써야할까요?
1년에 최소 A4용지 100페이지는 써봐야 하지 않을까요^^

한 문장 법칙 – 세번째 단계 (필수)
한 문장을 원어민 속도와 똑같이 한다

좋습니다.

그러면 질문 들어갑니다.

질문
그렇다면 왜 문장의 속도를 맞출까요?
(답변을 적어주세요.)

미국 사람의 말빠르기는 한국말 보다 몇 배가 더 빠릅니다. 그래서 우리가 미국 사람 말을 이해하지 못하는 이유 중 하나가 이 속도에도 있습니다.
그래서 빠른 말 속도를 이해하는 것은 굉장히 중요한데요.

가령 마하 20.0으로 달리는 비행기가 달리는 자동차 안에서 보일까요? 보일수가 없겠지요? 적어도 마하 15.5는 달려줘야 보이지 않겠습니까? 마찬가지로 그 속도를 이해해야 그 비슷한 속도도 이해할 수 있을 뿐더러 그보다 느린 속도는 귀에서 보다 잘 보이게 됩니다.

즉, 속도를 똑같이 맞추어야만 그 말이 귀에서 보이거든요. (그만큼 잘 들린다는 뜻입니다.)
그래서 원어민과 똑같은 속도로 말하는 연습을 하는 것입니다.

한 문장 법칙 - 네번째 단계 (선택)
한 문장을 원어민 발음과 똑같이 한다
- 문장 녹음을 함께 한다

한 문장을 원어민 리듬과 똑같이 한다
- 문장 녹음을 함께 한다

한 문장의 네번째, 다섯번째 규칙은 선택입니다.

그 이유는 실제 공부를 하다보면 발음과 리듬 때문에 한 시간 내내 해도 안되는 문장이 발생하게 됩니다. 이것은 초급자 시절에 더 많이 발생합니다.

이것을 피하기 위해서는 먼저 해도해도 안되면 패스해야 하는 것입니다.

그 이유는 공부하는 과정에 비슷한 문장을 또 만나기 때문입니다.

※4번(발음),5번(리듬)을 하면서 **녹음**을 병행해야 합니다. 초보자라면 최소 2천문장 내외를 녹음해야 하고, 초보자보다 실력이 높다면 최소 20분짜리 미드 3편 정도는 녹음해야 합니다.

※ 2,000문장이라고 많게 보이지만 실제 20분짜리 미드 6~7편정도 하면 되거든요.
다음은 70년대 쇼 시즌1 1화~7화의 문장 개수입니다.

에피소드	문장개수	합계
1화	344	344
2화	313	657
3화	274	931
4화	345	1,276
5화	329	1,605
6화	310	1,915
7화	288	2,203

*70년대 쇼의 영어 자막의 문장 개수가 자막을 만든 사람들마다 약간 차이가 날 수 있지만
 대체적으로 위와 같습니다.

그래서 2,000문장 정도는 실제 그리 많은 양은 아닙니다.

※ 저자의 경험 - 녹음을 할 때와 하지 않을 때의 차이

2012년 당시 저자는 5천문장 달성을 할 때(https://cafe.naver.com/santaplayer/119)가 있었습니다. 또한 저자가 사는 곳은 미국인이나 원어민 강사들도 살고 있었습니다.

당시 저자가 한 방법은 5천문장 달성에 나옵니다만 단순히 문장을 비슷하게 따라말하면 된다고 생각했습니다. 사는 곳에 들어가는데 외국인을 만났는데 그들도 들어가는 길이었습니다. 이 외국인 남자는 제가 자주 본 사람입니다.

한국에서 영어 가르치는 강사로 들었습니다.

그래서 함께 길을 걸어가며 사는 곳 앞의 편의점에서 들러서 맥주와 안주거리를 사고는 편의점 앞의 테이블에 앉아서 건배를 하며 여러 이야기를 했습니다.

커플 둘과 저 혼자. 즉, 다섯 명이었습니다.

저는 주로 호응하며 듣고 있었지만 무슨 이야기를 하는지 모르는 경우가 대부분 이였습니다. 그리고 제게 어떤 말을 걸어오는데 뭐라고 하는지 잘 이해가 안되서... "I don't know...what? what?"하며, 결국 옆의 그 미국인의 여자친구가 제게 친절하게 설명을 해주었습니다.

그런데 그 설명조차 저는 이해를 못했습니다. 그 미국인 여자는 3차례 정도 제게 설명을 해주었지만 제가 혼동되니 그냥 이야기를 패스하고 다른 이야기를 한것으로 기억합니다.

또 한 가지의 예는 그 당시 같은 시점입니다.

친동생이 사는곳 앞에 와서 이제 함께 맥주한잔 하러 가는데 그 때 만난 외국인을 또 만난겁니다. 그가 뭐라고 하는데 저는 알아듣지 못했습니다.

미국인과 저 그리고 동생 이렇게 3명이 굉장히 머쓱해졌습니다. 그 외국인은 또보자며 갔습니다.

동생의 눈치는 "형, 영어공부 했다매!!!"였습니다. 내심 부끄러웠고, 자존심이 상했습니다.

마지막으로 한 가지 더 예를 들면

홍대의 외국인 클럽에 아는 친구가 가자고 하는 것이었습니다.

저는 가고 싶지 않았지만 권유로 가게 되었고, 너무 시끄러워서 결국 밖으로 나와서 벤치 한켠에 앉았습니다. 몇 분도 채 지나지 않아 미국 사람같이 보이는 여성이 제 옆에 앉더니 말을 걸어오기 시작합니다. 그런데 저는 계속 "What..., What..." 등을 반복하거나 기본적인 고향이 어디다 한국인이다 몇 살이다 같은 간단한 말만 하고 나머지는 대화를 잘 이어가질 못했습니다. 그 외국인이 제게 무슨말을 하는지 잘 이해못하는 상황에 우리를 지켜보던 한 한국인 남자가 중간에 끼어들어 왔습니다. 그는 영어로 내츄럴하게 이야기를 하더니 여성은 그 남자와 대화를 이어가게 되고, 저는 결국 자리를 내어주고 다른곳으로 간 기억이 납니다. 역시 부끄러웠고 수치심도 느껴졌습니다.

들리지 않는 이유는 파트3의 안들리는 이유 원인 7가지 에서도 다루었습니다.

그래서 들리지 않는 원인은 여러 복합적이지만 이 녹음도 큰 차지를 했습니다.

그래서 저는 "내가 어떻게 발음을 할까?" 생각이 들어 윈도우 녹음기로 공부한 문장들을 녹음해서 들어본 결과 이건....."엉망"자체였습니다.

"내가 뭘 한가지?" 생각까지 들었습니다.

결국 공부 방법 자체를 여러 가지로 바꾸게 되었으며, 그 중 하나가 바로 녹음입니다. 결국 2012년 하반기에 산타플레이어에 녹음기를 달았으며, 이후부터 본격적으로 공부하는 모든 문장을 녹음 했으며, 녹음한 문장을 확인해서 원어민과 다르면 어떤 단어가 다른지를 파악하고 다른 단어 모두 사전을 갔으며, 단어들도 목두 녹음을 했습니다. 그래서 이 과정을 통해 문장 녹음을 수십 번을 해야 원어민과 비슷해진 경우도 많았습니다.

2014년까지는 녹음은 계속해갔습니다.

(산타플레이어 카페에서도 찾아볼 수 있으며, 녹음한 파일들도 다운받아 들어볼 수 있습니다.)

과정에서 알게된 것인데 녹음을 할 수록 제 귀가 좋아진다는 것입니다. 왜냐하면 들리는데로 말을 하기 때문에 녹음한 것을 확인해보면 어떻게 듣고 있는지 알 수 있으며, 그래서 계속 수정해나갔습니다. 이것은 원어민 육성을 듣는것과 같습니다. 기계음을 듣는것이 아닌 나의 육성을 듣는것이며, 반복 발음하는 과정에 나의 발음이 점점 원어민에 가까울수록 내 귀는 점차 원어민과 유사한 육성을 듣게 되기 때문입니다.

또한 이것은 안들리는 이유 해답편 네번째에서 실습한 녹음 방식이 바로, 그 녹음 방식이였습니다. 이것은 정말로 힘들고 눈물겨운 노력이었습니다.

계속적으로 공부하며 녹음을 한 700~800문장을 하는 과정에서 제 발음이 달라지면서, 제 귀가 좋아진다는 것을 알 수 있었는데요. 그것은 자막을 보지 않고 TV를 봐도 들리지 않았던 내용들이 이전보다 많이 들려왔으며, 팝송을 들을 때도 그러했습니다. 또한 공부는 저자는 미드나 영화로만 가지고 한 것이 아니였습니다. 그것은 주간법칙에서 보다 자세히 나옵니다. 결국 몇천 문장을 녹음을 하고 나니 세월도 흘렀지만 특히 저의 귀가 몰라보게 달라진 것을 알게 되었습니다.

그래서 독자여러분!

녹음을 하지 않고 단순히 문장만 한다면!

결국 저자처럼 시행착오를 겪게 될겁니다.(다시 하게 될겁니다.)

그렇게 하지 않으려면 반드시!녹음해야 합니다.

그리고 반드시 원어민과 유사하게 될때까지 해야 하며, 연기자가 되어야 합니다. 연기자.

즉, 연기자가 되어 그 대사를 연기해야 합니다.

녹음해서 확인하고, 연기자와 다르다면 다른 단어들 모두 녹음해야 합니다.

이것은 녹음을 1천문장을 해 본 후 그 이전과 비교를 해보면 리스닝이 얼마나 향상되었는지 스스로에게 놀라게 될겁니다.

반드시 그 힘들고 눈물겨운 노력의 보답을 받게 될겁니다.

그래서 올바로 책대로의 녹음! 잊지 마세요!!!

(초급자 분들은 2,000문장을, 초급자 이상인 분들은 미드 3편 정도를) 녹음하는 과정에서 문장 녹음을 10여회에서 많게는 20회를 해도 안되면 패스하면 됩니다.

녹음의 방식은 [안들리는 이유 원인 네번째]에서 실습을 함께 했습니다. 그 방식으로 녹음을 하시면 됩니다.

그래서 "미국 사람들 말이 들린다, 그렇지 않다"는 한 문장 법칙 4,5번이 지대한 영향을 미치게 됩니다. 여러분들도 하다보면 알게 되는데요. 4,5번 때문에 정말로 많은 애를 먹습니다.

실제 어학연수를 간 사람들을 보면 한 문장에 2시간씩 하는 사람들도 많았습니다. 물론 저자 또한 그러했습니다. 막상 세월이 지나고 보니 그렇게까지 할 필요가 없었습니다. **왜냐하면 다음에 비슷한 문장을 또 만나고, 또 만나거든요.** 그래서 열심히 해준 정도로 하고 넘어가면 됩니다. 녹음을 10여회에서 많게는 20회 말입니다.

모든 미국 사람의 말에는 리듬이 있습니다. **"내가 그 리듬을 탈수 있느냐, 없느냐"**는 중요한 것입니다. 들을 때도 마찬가지로 그 리듬을 타면서 들어야 하거든요.

그렇기 때문에 이것은 녹음을 해서 내 목소리를 들어보아야만 내가 어떤식으로 듣고 있는지를 알게 됩니다.

녹음은 필수입니다.

녹음을 하지 않고 귀가 좋아진다? 그것은 녹음을 천 문장을 해보면 그 귀의 차이가 확연히 다르다는것을 알게 됩니다.

녹음 또한 안들리는 이유 해답편 네번째에서 초급자분들은 2,000문장 정도 해야한다고 설명드렸습니다.

그래서 그 단어 발음을 올바로 듣고 발음을 많이 할수록,

즉, 사전가서 발음을 많이 듣고, 따라말하고, 녹음도 해보고 할수록 내 발음은 점점 발전됩니다.

확인절차는 녹음이며, **녹음 안하면서 귀뚤린다는 생각, 안하는 것이 좋을겁니다.**

자 이렇게 해서 한 문장 법칙을 마치도록 하겠습니다.

※ 노트

> 참고로 한 문장 법칙으로만 공부하셔도? 실력이 주욱 올라갑니다.
> 또한 한국말 속도도 빨라집니다. 왜냐하면 미국말 속도가 한국말 속도보다 빠르기 때문인데요.
> 아마 천 오백문장 정도를 한다면 이후에 동료들과 맥주 한잔하는 자리에서 말을 하다보면
> 나의 한국말 속도가 빨라진 것을 스스로 느끼게 될겁니다. 저자 또한 이 과정에서 다른사람들과
> 맥주하는 자리에서도 한국말의 속도가 빨라지는 스스로를 보고 놀랐거든요.

저자 노트

※ <u>영어는? 팁으로는 효과를 보지만 100% 팁으로 영어 프리토킹 불가능합니다.</u>
들어라, 반복해라, 따라말해라, 억양맞추라... - 팁의 예
이런류는 팁입니다. 팁은? 영어 프리토킹 불가능합니다.
※ 한 문장의 법칙은? **굿팁**입니다.
팁만 쫓아가면? 평생 무한반복입니다. 평생 다람챗바퀴 돌리는겁니다.
팁으로는 20년을 영어공부해도? 영어 프리토킹 불가능합니다.
팁은? 삼무입니다.
삼무는 절대 영어 프리토킹 안됩니다. 아무 의미도 없고,
무의미하고, 무책임하며, 무성의한 것입니다. 그 윤회에 갇힌 무한 반복 다람쥐가 되는겁니다.

삼무는?
일종의 효과는 봅니다.
하지만 알아야 할 것이 바로~!
<u>실력이 올라간 후부터는 더 올라가기 어렵습니다.</u>
즉, 벽에 부딪히게 됩니다.
왜냐하면? "들어라, 반복해라, 따라말해라, 억양맞추라..." 이렇게 했거든요.
잠깐 효과보고 그 이상 안되는 겁니다.
팁으로는 20년을 영어공부해도? 영어 프리토킹 불가능합니다.

"왜 난 늘 그자리인가?" <- 지구가 둥글지만 너무 완만하기 때문에 둥근지를 느낄수가 없는 것입니다. 영어 실력 향상이 이렇게 된단 말입니다.
-> "난 10년 이상을 했는데도.. 왜 난 늘 그자리인가..?"

그래서 이제는!
본 책에서 제시하는 훈련대로
<u>스스로의 불타는 노력을</u>
할 때 입니다.

If you don't give up...

You'll take this
It's yours!

He says : Keep working hard

He can do!
She can do!
Why not me!

Yeah!!!!

The Accumulation Training

I can train harder!!!

집적 훈련 (The Accumulation Training)

이제 집적방식입니다.

집적이라고 들어보셨는지요?

집적[集積]은 "모아서 쌓음" 이라는 사전의 뜻입니다.

영어는 눈이 쌓이듯 계속 쌓아야 합니다.
그래야 녹지 않습니다.

그래서 지금 할 것이 주간법칙이며, 이것이 바로 집적방식이 됩니다.

이 방식의 배경은 저자가 어릴 때 크리스마스 이브날 알게 된 선배 카페인 서울 홍대의 라펭아지르에서 "아랑페즈협주곡 2악장"을 한국의 유명기타리스트 한분에게 소개받고 이 곡을 치고자 밤낮을 세워가며 기타를 쳤던 기억이 나는데요. 이 집적방식이 이때 만들어진 것입니다. 아랑페즈협주곡 2악장의 에피소드를 들려드리면,

그 당시 저는 통기타로 산토끼, 아침이슬 이렇게 2곡 뿐이 칠 수 없었습니다.

이분은 "너 산토끼 치는 그 실력으로는 밥만 먹고 기타만 1년을 그렇게 쳐도 불가능하지만 기타 잘치고 싶다면 이곡을 쳐라. 한국에서 다섯손가락 안에 들게 될거야. 참고로 이곡은 나도 전주뿐이 치질 못하는 곡이다"하며 추천한 곡입니다.

이후 음악사에 가서 이분이 권해 준 현대음악출판사의 피아노곡 책을 샀고, 가장 마지막 페이지가 아랑페즈 협주곡이 들어 있었습니다.

그래서 카세트테입과 악보만을 의지하며 날밤 세우며 기타를 치기 시작했는데요.

이당시 아버지는 제게 이런 말씀을 하셨습니다. "우리집에 딴따라가 나왔다"

악보의 한마디를 치는데 일주일이 걸렸습니다.

악보의 한마디

"따라다 따따 따다다다다다다"

그래서 콩나물(음표-콩나물이라도 부름) 한 개 치면, 콩나물 두 개 치고, 그 두 개의 콩나물을 잘칠 때까지 계속 치고 그래서 두 개의 콩나물을 잘치면 다시 콩나물 한 개 늘려서 같은 방식으로 콩나물 세 개를 치고, 세 개가 익숙하면 다시 한 개를 더 붙이는 이런식으로 하였는데요.

그 유명 기타리스트 형의 말대로 1년도 더 걸릴 것 같았습니다. 하지만 점점 가속도가 붙더니 2주가 되니 아랑페즈 협주곡 2악장의 절반 이상을 치게되고 결국 3주만에 곡 전체를 악보를 보고 비슷하게 모두 쳤고, 한 달 만에 마스터해서 외워서 치게된 곡입니다.

바로 집적방식을 사용한 것입니다.

    한마디
    한마디 두마디
    한마디 두마디 세마디
    한마디 두마디 세마디 네마디
    한마디 두마디 세마디 네마디 다섯마디
    한마디 두마디 세마디 네마디 다섯마디 여섯마디
    한마디 두마디 세마디 네마디 다섯마디 여섯마디 일곱마디

또한 한마디 안에는 이렇게 있다면

|따다다 다다 다다다다 다다다|

이 방식으로 내나갔습니다.

    따다다

따다다 다
따다다 다다
따다다 다다 다
따다다 다다 다다
따다다 다다 다다다
따다다 다다 다다다다
따다다 다다 다다다다 다
따다다 다다 다다다다 다다
따다다 다다 다다다다 다다다

밥만 먹고 기타만 친 그 불타는 의지, 그래서 결국 한곡을 3주만에 다 치고 한달이 되니 외워버린, 아랑페즈협주곡.

그 분 말대로 이상한 현상이 일어났답니다.

클래식 기타의 중급이라는 "알람브라궁전의 추억"을 악보와 카세트만 듣고 3시간에 외워서 치게 되고, "엘리제를 위하여"는 50분이면 외워서 쳐버리는…

이것이 의미하는 것은 한가지 아주 힘든 훈련을 이겨내면 그 이후에는 그 모든 것들이 그리 힘들지 않게 됩니다. 왜냐하면 그 레벨만큼 올라갔기 때문입니다.

(즉, 또한 스텝1의 7개 에피소드를 끝내면 그 정도 수준의 에피소드는 소화하는 레벨이 됩니다.)

영어 또한 본 책의 훈련 파트는 아주 빡센 훈련에 속합니다.

하지만 이 훈련에서 제시한 만큼의 양(최소 1만 5천문장)을 훈련해서 지시하는데로만 소화를 한다면 여러분은 이미 실력이 올라가버린 상태이므로, 이후에는 천천히 가볍게 공부를 해도 영어 실력은 계속 향상된다고 저자는 믿어 의심치 않습니다.

아랑페즈협주곡은 군대 간 뒤로부터는 기타를 치지 않았고, 이후 20여년간 들어 본 적이 없는 곡이지만 간혹 듣게 되면 지금도 거의 모든 음을 기억한답니다^^

시간이 여유로울 때 아랑페즈협주곡 한번 들어보세요.
클래식 기타에서 가장 멋진 곡이기도 합니다.

유투브는 주소가 사라질 수 있으니 제목으로 검색하면 쉽게 찾아볼 수 있습니다.

제목 : Concierto de Aranjuez - Adagio, Segundo Movimiento

유투브 주소 : https://www.youtube.com/watch?v=fBi4eThLfak

저자의 영어공부 방식 또한 영어공부 초기 시절부터 이 집적방식을 사용했답니다.

산타플레이어 카페에 보면 한 편의 영화를 마스터하기 위해서 221페이지 깜지가 소요된 것을 볼 수 있는데요.

영화 한편 221페이지 깜지 : https://cafe.naver.com/santaplayer/7074

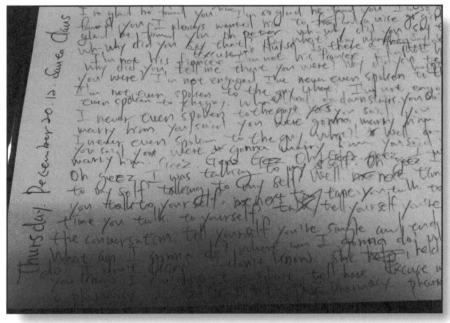

당신이 잠든 사이에 라는 영화이며,

이 영화로 공부하는 과정에서 공부했던 문장들이 날아가는 것입니다. 그래서 중구난방인 형태의 날아가는 문장들을 어떻게 잡아야 가장 이상적인가를 생각하며 고민하다 어렸을 때 아랑페즈 협주곡을 마스터했던 기억을 되살려 그 방식으로 공부를 했습니다. 221페이지 주소에서 깜지를 자세히 보면 문장들을 어떤 방식으로 공부했는지를 이해 할 수 있을겁니다.

그래서 주간법칙이 만들어진 것입니다:)

주간법칙 (Weekly rules)

집적방식의 주간법칙은 훈련전체에서 차지하는 비중은 15% 내외입니다.

주간법칙은 매일 훈련하는 것을 쌓는 방식을 나타냅니다. 매일 구체적으로 어떻게 하는지가 나오며, 안들리는 이유 해답 첫번째에 대해서 구체적으로 어떻게 해결하는지도 나옵니다.

또한 훈련의 금요일이 지나면 이상한 현상이 일어나는데요. 이것은 모든 분들이 동일하게 나타나는 현상으로 언어를 익힐 때 겪게되는 굉장히 중요한 현상입니다.
이 현상이 없으면 언어는 큰 발전을 이루지 못하게 됩니다.

주간법칙... 갔던 길을 또 가고, 갔던 길을 또가는.. 여러분의 영어 훈련에 아주 혹독함을 주는 그래서 결국 익숙한 길을 만들어 내게 됩니다.
주간법칙... 그래서 아주 멋진 도구입니다.

자 그러면 이제 월요일부터 시작하겠습니다.

월요일 - 공부첫날

1. 워밍업

주간법칙을 시작할 때는 항상 워밍업을 먼저하고 오는 것입니다.

2. 당일 공부할 씬을 한 문장 법칙으로 공부한다. - 학습

복습하지 않은 문장을 저자는 **"학습"**이라고 명칭했으며, 새로운 문장을 익히는 것입니다.
다른 말로는 **새문장 쳐내기**이며, 훈련에서 **가장 중요도 낮은 것**입니다.

3. 잠시 휴식합니다.

이제 질문을 드립니다.
질문이 있으면 항상 책에 답변을 적어주세요:)

질문
이제 뭘 하면 될까요?

이미 학습은 정해져 있지만 **"나라면 어떻게 하겠다"**라는 것을 물어본 것입니다.
많은 분들이 여기서 **"다른 씬을 공부한다"**라고 합니다.

실제 이것을 하지 않게 되면 학습효과가 떨어집니다.
다음과 같습니다.

4. 바로 당일 공부한 씬을 한 문장 법칙으로 공부하되, 요약된 한 문장 법칙으로 한다.

이것은 한번 공부를 했으니 학습이 아니라 복습이 되죠?
복습일때는 **요약된 한 문장 법칙**을 해야 합니다. (**요약된 한 문장 법칙**은 곧 나옵니다.)

※ 이제 다음의 5,6번은 스토리를 이해해야 하는 대목이므로 중요합니다.

5. 공부한 씬을 자막 가리고 듣기

가령 공부한 씬이 15문장이면 15문장 모두 자막을 숨긴 상태에서 듣는 것입니다.

※ 요약된 한 문장 법칙(복습일 때 방식)

1. 문장에서 자막을 가린 상태에서 한 번 들어봅니다.

2. 문장을 자막을 가린 상태에서 따라 낭독합니다.
리듬, 발음, 속도가 비슷하게 되면 다음 문장으로 넘어갑니다.
만약 리듬, 발음, 속도가 비슷하게 되지 않으면 비슷하게 될 때까지 하고 넘어갑니다.
또한 자막을 보지 않으면 안 된다고 판단되면 자막을 보고 듣고 따라 말하기를 계속적으로 한 후 이후 자막을 보지 않고 말할 수 있게 되면 패스합니다.

6. 자막보고 당일 공부한 씬을 말하기

들을 때/ 말할 때 규칙

앞에서 이미 설명드린 내용입니다. 반드시 이렇게 훈련해야 합니다.

1) 단어가 모두 들려야 하고
2) 단어가 이미지나 영상으로 연상되어야 하고
3) 문장 구조를 인식하면서 듣기, 말하기를 해야 하고
4) 문장이 해석되어야 합니다.

7. 5분 휴식하기

이제 다시 질문 드립니다.

질문
여기는 가장 중요한 것입니다. 휴식 후에 이제 해야할 것이 있습니다.

이제 무엇을 하면 될까요?

"문장을 자막을 안보고 써야 한다", "자막을 안보고 연기자처럼 씬을 연기한다" 등 여러 다양한 답변이 있었습니다.

여기는 가장 중요한 것입니다.
무엇이냐구요?

바로 미국 사람 만나러 가야 합니다.

미국 사람을 실제 만나러 가야 합니다.

"아니 혼자 공부하는데 미국 사람을 어떻게 만나러 가지?"라고 생각할 수 있습니다.

좋습니다.

안들리는 이유 해답편 첫번째 기억이 납니까?
다음과 같이 설명드리며, 훈련편으로 구체적인 방법을 넘겨 버렸습니다.

> ### 안들리는 이유 해답 - 첫번째
> 미국 사람이나 유럽 사람 등 영어권 나라 사람들과
> 하루에 2~3(최소 1~2시간 이상)시간 이상을 6개월에
> 서 1년을 있어보지 않아서

자 그렇다면 이것을 미국 사람 만나지 않고 혼자 공부하는데 어떻게 해결하면 될까요?
(답변을 적어주세요)

"미드를 본다, 영화를 본다, 미국 사람을 만난다, 미국에서 태어난다, 미국 사람 친구를 사귄다, 원어민 학원을 간다." 등 다양한 답변이 있을 수 있습니다.

좋습니다.

해결책은 이것입니다.

> **미국 사람이나 유럽 사람 등 영어권 나라 사람들과 하루에 2~3(최소 1~2시간 이상)시간 이상을 6개월에서 1년을 지내 보는 것**

"어떻게 혼자 하는데 가능할까?" 생각하신다면 잠시만 기달려주세요.
지금은 그 구체적인 방법을 알려드리면 안되기에 여기서는 이렇게만 이해를 하시면 됩니다.
그 구체적인 방법은 **[파트5. 엄격한 훈련]**에서 자세히 설명드리겠습니다.
프리토킹 될 때까지 이것을 항상 해야 합니다.

이제 저자는 이 해답을 설명드리겠습니다.

우리가 영어를 못하는 가장 큰 원인을 꼽자면 저자는 주저없이 바로 **"미국 사람들과 매일같이 있어보지 않아서"**라고 말을 합니다.

이 바로 미국 사람들과 혹은 유럽권 사람들과 지내본 경험이 적기 때문입니다.
영어가 유창한 외국 사람들과 있으면 영어가 상당히 발전됩니다.
독자분들이 프랑스나 네덜란드, 핀란드 등에서 지냈다면 영어를 누구나 잘하게 되었을겁니다.

영어권 사람들과 정말로 하루 30분씩만 2~3일에 한 번씩 몇 년을 지내도 이미 여러분들은 듣고 말하고가 어느 정도 되어버린답니다.

생각해 보시면 실제 미국 사람말을 들어봤어야 미국 사람 만났을 때 그 미국 사람 말이 실제 들리는것 아니겠습니까?

대본을 보고 연기를 하는 연기자 말이 아닙니다. (연기, 이것은 실제가 아닌 가짜라는 것입니다.)

"내가 실제 미국 사람 말을 들어본 적이 있는가?" 말입니다.

잠깐 길에서 길 물어보는 정도의 몇 분이 아니라 한 시간 혹은 2시간 정도 내내 원어민이 말하는 말을 듣는 것 말입니다.

이것이 굉장히 중요한 의미를 내포하고 있습니다.

그렇다면 실제 미국 사람말을 들어볼 필요가 있습니다.

실제는 영어로 Reality라고 합니다.

그렇다면 **"미국 사람말"**은 바로 리얼리티 쇼 (Reality Show)에 있습니다.

이제 질문 들어갑니다.

질문
미드와 리얼리티 쇼의 가장 큰 차이점은 뭘까요?

많은 분들이 **"대사"**라고 합니다.

–>이것은 실제와 가짜, 즉, 실제와 연기가 됩니다.

이 실제와 연기는 **말투가 다릅니다.**

그렇다면 여기서 알게될 것은 **실제 말이 더 쉽다**라는 것입니다.

그래서 영어 진단 시 인터뷰를 둔 것입니다. 그래서 인터뷰를 듣고 작성한 답변과 미드를 듣고 작성한 답변의 수준이 비슷하다면(즉, 거의 적지 못했거나 대부분 틀렸다면) 그것은 초보라는 의미가 되고 그렇지 않고 인터뷰의 내용을 25%이상 적었다면 실력이 초보는 아니라는 것입니다.

그러면 이제 손석희와 신동엽입니다.

질문 들어갑니다.
질문이니 답을 꼭 적어주세요.

질문1

한국에서 유명한 두 사람(신동엽과 손석희)이 같은 쇼를 진행합니다. 첫날은 신동엽, 둘째날은 손석희 형태로 로테이션 되는 쇼이며, 쇼의 내용은 같고 진행자만 격일로 바뀌는겁니다.
가족 관람가 전체일 때 누가 진행하는 쇼가 더 쉬울까요?

질문2

왜 질문1에서 답한 사회자가 진행하는 쇼가 보기가 더 쉬운가요?

그렇다면 두 사람의 이력을 보겠습니다.
(*본 프로필은 포탈사이트를 참조하였습니다.)

손석희

언론인(방송), 앵커 출생1956년 6월 20일, 소속JTBC(보도 담당 사장), 가족 배우자 신현숙, 학력 미네소타대학교 대학원 저널리즘 석사, 데뷔1984년, MBC 앵커수상 2015년 자랑스런 국민인의 상, 경력 2013.05~ JTBC 보도 담당 사장

신동엽

MC, 개그맨, 신체176cm, 68kg, 소속사 SM C&C, 가족 배우자 선혜윤, 아들 신규완, 딸 신지효, 학력 서울예술대학 연극영화과, 데뷔 1991년, SBS 특채 개그맨수상, 2014년 제5회 대한민국 대중문화예술상 국무총리표창

실제 많은 분들이 **"신동엽"**으로 답변을 주셨습니다.
그 이유로는 **"아이들의 관점에서 말하기에"**라고 합니다.

질문3

그렇다면 한국 아이 2살은 엄마가 하는 말을 몇 퍼센트를 알아들을 까요?

질문4

그렇다면 한국 아이 1살은 엄마가 하는 말을 몇 퍼센트를 알아들을 까요?

주간법칙의 월요일을 하고 있는데 갑자기 신동엽과 손석희가 나오고 한국 아이 1, 2살이 알아 듣는 퍼센트가 나오는겁니다.
왜 이런 질문을 드렸냐구요?
현재 많은 분들이 초급자에서 벗어나지 못하는 수준이기 때문입니다.

영어 진단한 다음도 그 한 예입니다.
(다음은 다른분의 진단 예시 입니다.)

---

1. Kevin, we have to go now. (많이 들어보지 않음)
2. Do you guys have any idea what time is it now? It's 1 am. I can't go to the party. (많이 들어보지 않음)
3. You guys just go by yourself. (많이 들어보지 않음)
4. We should go together, the party is in full-swing (많이 들어보지 않음)
5. Your dad went to a sleep, 30 minutes ago, so let's get there quickly. (많이 들어보지 않음)
6. You guys don't understand my father found out I went to the party in the middle of night again, he'll kill me.. (많이 들어보지 않음)

7. I bet. Your dad never know. (많이 들어보지 않음)

8. Don't worry about about it, Kevin, just think about the party. You're so good at parties. (많이 들어보지 않음)

9. And our friends been since there midnight, they're been waiting for almost an hour. (많이 들어보지 않음)

10. Really? Jacqueline's waiting for us?

11. Yeah! Jacquelines and Reveca too, they're diying to see us.

12. Ah, what the heck! Let's go party! Right on, way to go! (많이 들어보지 않음)

이것은 미국 아이 몇 살도 아닙니다. 그냥 몇 개월 수준이 정도 아닐까 생각됩니다.

그렇다면 한국어를 배우고자 하는 외국인에게 무턱대고 전문 앵커가 나오는 뉴스를 보라고 하면 될까요? 안되겠지요?

소화하기 쉽지 않은 겁니다.

그래서 질문1, 2를 드린 것이며, 코미디언들이 말하는 말이 쉽기 때문이고, 우리의 수준은 코미디언들의 수준을 들어야 한다는 것입니다.

좋습니다.
질문 들어갑니다.

질문
전 세계에서 가장 유명한 여성 코미디언이며, 방송인이며, 액터이며, 작가이며, 프로듀서가 누구일까요?

오프라 윈프리를 말하는 분들도 있습니다.

하지만… 아닙니다.

바로 **엘렌 드제너러스(Ellen Degeneres)** 입니다.

(본 이미지는 엘렌쇼 공식 유투브 사이트의 한 장면으로 제니퍼 가너가 출연한 Jennifer Garner on Parenting 제목입니다. 영어 진단 시 엘렌쇼를 설명하면 책에서 제시하는 질문의 답을 유추 할 수도 있기에 본 페이지에서 출처를 밝힙니다.)

엘렌쇼는 2018년부터 아시아에서도 유명해졌습니만 실제 오래전부터 오세아니아주, 유럽이나 북미권에서 엘렌은 유명하며, 세계적인 스타입니다. 코미디언 출신으로 1994~1998년 엘렌 (ellen)이라는 시트콤을 하며, 이후 2003년 엘렌 쇼(The Ellen Show) 라는 자신의 TV 쇼를 만들고, 2022년 현재까지 시즌19 Farewell 시즌이 진행 중 입니다.

그래서 저자가 추천드리는 2가지 쇼가 있습니다.

※ 추천드리는 TV 토크쇼, 리얼리티 쇼

1. 엘렌쇼 - The Ellen Show

2. 언더커버보스 - Undercover boss USA

엘렌쇼는 버라이어티 한 tv 토크쇼로 **유쾌, 통쾌, 상쾌**합니다.
일반 토크쇼에 비해 엘렌쇼의 컨셉이 완전 다릅니다.
일반 토크쇼는 거의 대부분 게스트와 이야기를 하며, 마칩니다.
엘렌쇼는 오바마 대통령부터 영부인인 미쉘 오바마도 자주 게스트로 출연하기도 하며, 다양한 월드 스타들이 출연하고, 방청객과 게임도 하고, 어려운 사람들을 초청해서 수천만원의 수표를 주고, 차도 사주고, 브랜드 집도 만들어주고, 어려운 사람들을 찾아가서 깜짝 놀라게 하며, 그들에게 선물을 주며, 또한! 12days of giveaways!에는 엄청난 선물 보따리를 12일 동안 방청객에게 주는 등 버라이어티 한 TV 토크쇼 프로그램입니다. 제게 엘렌쇼는 일종의 크리스마스 선물 같았답니다^^ 아쉽게도 엘렌쇼는 시즌 19로 막을 내립니다.

본 이미지는 언더커버보스 프로그램 설명의 이해를 돕기 위해 언더커버보스 공식 유투브 사이트(https://twitter.com/undercover_cbs)를 참조한 것입니다.

언더커버보스는 미국, 영국, 캐나다, 호주에서 하는 리얼리티 쇼이며, 회사의 회장님이 말단사원으로 위장 취업해서 일주일간 회사의 최전선에서 일을 하며 회사의 잘못된 점, 고칠 점 등을 파악하고 회사를 발전시키고, 교훈을 주며, 감동을 주는 TV 프로그램입니다.
TV 토크쇼와 리얼리티 쇼는 이외에도 많이 있습니다.
구글에서 "comedian tv show hosts", "reality tv shows"라고 하면 정말로 많이 나옵니다.
물론 "tv show hosts"라고 해도 됩니다만 현재 독자 여러분의 대부분 수준이 일반 토크쇼 보다는 코미디언 출신의 사회자가 진행하는 쇼를 봐야 하기 때문에 comedian을 붙인 것입니다.

검색 또한 다음과 같이 다양하게 검색해 볼 수 있습니다.

1. tv show host
2. comedian tv show hosts
3. top 10 tv show hosts

다음은 tv show host 로 검색한 모습입니다.

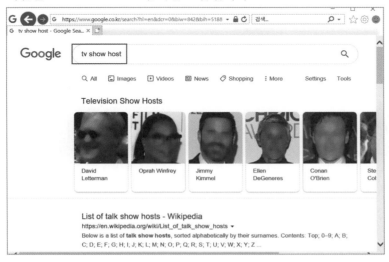

다음은 리얼리티 tv 쇼를 검색한 모습입니다.

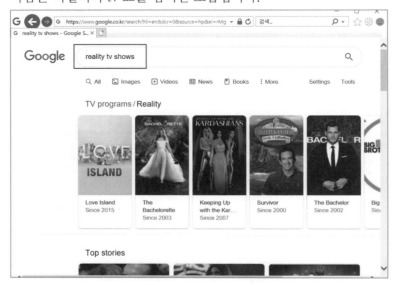

나라마다 리얼리티 쇼를 하기 때문에
다양한 나라를 찾고자 한다면 **"reality tv shows + 나라명"**으로 검색하면 됩니다.
그래서 미국 리얼리티 쇼만 보고 싶다고 한다면 "reality tv shows usa"로 검색을 하면 되구요.
영국 리얼리티 쇼를 보고 싶다면 "reality tv shows uk"라고 하면 됩니다.

all time 은 영어표현으로 **"역대의"**라는 말입니다.
그래서 모든 리얼리티 쇼를 보고자 한다면 이렇게 하면 됩니다.

reality tv shows all time

reality tv shows usa all time

그래서 나의 영어가 영국식 영어가 필요하느냐, 미국식 영어가 필요하느냐에 따라서
그에 맞는 리얼리티 쇼를 보는 것이 중요합니다.
영국식이면 영국 쪽 리얼리티 쇼를 권하며,
미국식이면 미국 쪽 리얼리티 쇼를 권합니다.
그리고 리얼리티 쇼는 다양합니다만
이것저것 보지 마시고, 하나의 쇼를 택해서 집중적으로 보는 것을 권합니다.

추천하는 리얼리티 TV 쇼에 대해서 자세한 내용은 **[파트6. 부록 기타]**의 **리얼리티 TV 쇼**를 참조해 주세요.

자 그러면 영어 진단 시 했었던 엘렌쇼 듣기 테스트를 보겠습니다.

다음은 다른 분들의 영어 진단 시 작성한 예시입니다.

예시1
7년동안 임신~ 남편....... 이랬다저랬다. 굉장히 혼란스럽다?

예시2
임신 7개월 아이들 물마실께요 내일 ...

예시3
나는 계속 임신부였어. 뚱뚱했고,..
내 남편은 아이를 더 원했어.
....

예시4
임신을 했고 , 휴직 했었다.
남편분과는 6-7개월 나이 차이가 난다.

만약 여러분의 엘렌쇼 테스트가 이 정도 수준이라면 영어실력이 바닥인 것입니다.
그래서 이 수준에서는 언더커버보스나 다른 리얼리티 쇼를 보면 안됩니다.
엘렌쇼를 떠나지 말아주세요.
엘렌쇼가 전체적으로 50% 내외가 들린다면 그렇다면 다른 쇼를 보셔도 됩니다.
엘렌쇼는 특이하게도 엘렌은 물론 게스트와 출연자들 대부분이 말투가 쉽습니다. 하지만 다른 리얼리티 TV 쇼는 말이 빠르고 문장의 내용이 길고 무겁고 – 감동은 있습니다만 – 초보자 분들은 이해하기 쉽지 않을 수 있습니다.

또한 언더커버보스는 어려운 대화가 아닙니다. 하지만 이들은 발음이 좋지가 않습니다. 엘렌쇼의 엘렌은 발음이 상당히 좋습니다. 그래서 엘렌은 목소리 배우로도 일을 하는데요.
대표적으로는 **"니모를 찾아서"**, **"도리를 찾아서"**이며, **"도리"**의 목소리 주인공입니다.
언더커버보스의 경우 실제 직장에서 일하는 사람들이 나오므로 많은 분들이 발음이 좋은 경우도 있지만 좋지 않은 경우도 많습니다.
회사의 회장님이 발음 좋아지는 발음 연습을 했을까요? 아니면 회사의 최전선에서 일하는 분들이 발음 연습을 했을까요? 당연히 발음 연습을 한 분들이 드물겠지요.
그래서 먼저는 엘렌쇼가 전체적으로 50%내외가 들리기 전까지는 엘렌쇼를 떠나지 않는 것을 권합니다.

자 그러면 엘렌쇼에 대해서 잠시 설명을 드리겠습니다.

유투브 및 엘렌쇼는 저작권에 문제가 될 수 있어서 설명 화면은 이미지로 설명을 대체합니다.

1.먼저 유투브(https://www.youtube.com/)로 이동합니다.

2.다음페이지의 [유투브 설명 예시]에서 보는 것과 같이 유투브 검색필드에 the ellen show 라고 검색합니다.

[유투브 설명 예시]

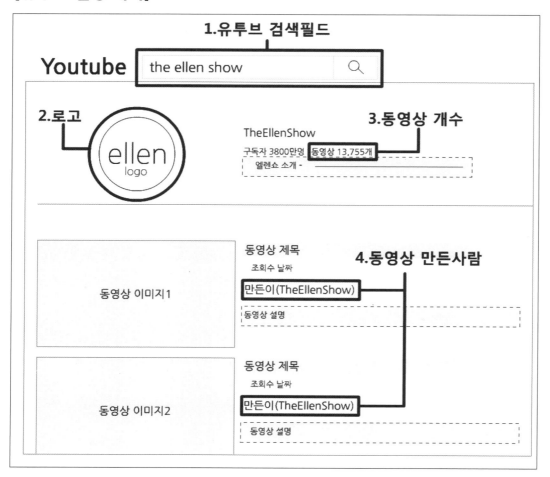

※ [유투브 설명 예시] 모습은 2022년 1월 기준이며, 향후에는 유투브 자체적으로 디자인이 변경될 수 있습니다.

그러면 **[유투브 설명 예시]** 처럼 검색된 결과가 나옵니다.
왼쪽에는 설명 예시에서 보는 것처럼 엘렌 로고가, 우측에는 엘렌쇼에 대한 설명이 그리고 하단에는 기타 엘렌쇼 동영상 리스트들입니다.

[유투브 설명 예시]

번호 제목	설명
2.로고	엘렌쇼 로고
3.동영상 개수	엘렌쇼가 가지고 있는 동영상 개수
4.동영상 만든 사람	동영상을 만든 사람

설명 예시의 **[3.동영상 개수]**는 2022년 1월 9일 현재 13,755개 있다는 것이며, 향후 엘렌쇼에서 동영상을 올리면 그 숫자 만큼 동영상 개수 숫자가 올라갑니다.

[4.동영상 만든사람]은 TheEllenShow로 나옵니다.
만약 유투브에서 엘렌쇼를 검색해서 나온 영상은 엘렌쇼가 맞는데 **[4.동영상 만든 사람]**이 TheEllenShow가 아니라면 그것은 엘렌쇼에서 만든 것이 아니라 제 3자가 올린 것입니다. 이런 경우 화질이 선명하지 않는 경우가 많기에,
만든이가 TheEllenShow 인지를 확인하고 보시는 것을 권합니다.

자 그렇다면 잠시 엘렌쇼에 대해서 보다 구체적으로 살펴보고 리얼리티 쇼를 볼 때 유의사항들을 설명드리겠습니다.

"아니, 훈련 안하는가?"라고 생각하실 수 있습니다.
합니다. 훈련합니다:)
다만 이 리얼리티쇼를 어떻게 봐야 할지 구체적으로 이해할 필요가 있기 때문에 보다 상세히 설명드리는 것이니 조금만 참아주세요~!

엘렌쇼 (The Ellen Show)

엘렌쇼 메인은 다음과 같은 형태로 되어 있습니다.

[엘렌쇼 메인 예시]

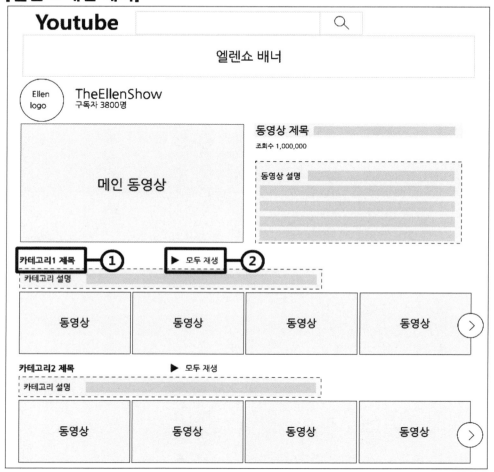

엘렌쇼는 메인에는 다양한 카테고리를 가지고 있으며, 현재(2022년 1월) 엘렌쇼는 Season19가 가장 먼저 보이고 다음으로 **SMILE | All Good Things** 카테고리 순 입니다.
(엘렌쇼는 자체적으로 계속 카테고리를 변경하므로 향후에는 변경될 수 있습니다.)

엘렌쇼의 핵심은 **[엘렌쇼 메인 예시]**에서 보면 동그라미 표시한 ① ② 보이시죠?
카테고리마다 ② 번의 [▶ 모두재생]을 누르게 되면 해당 카테고리 전체를 볼 수 있는데요. 다음의 이미지 모습과 유사합니다.

(재생 동영상 및 동영상 리스트의 제목 및 정보에 대해서는 생략합니다.)

자 그러면 재생 동영상은 우측의 동영상 리스트의 첫번째 동영상부터 출발을 하며, 우측에는 해당 카테고리가 가진 동영상 전체를 순차적으로 재생하게 됩니다.
재생 목록을 랜덤하게 바꿀 수 있는데요.
그것은 우측의 전체 영상 목록에서 셔플 아이콘을 누르면 됩니다.

재생이 끝나면 자동으로 동영상의 순서가 바뀌기도 하고, 혹은 버튼을 누르자 마자 목록이 바뀌기도 합니다. 이것은 유투브 정책이므로 향후에는 약간 바뀔 수 있으나 큰 변화는 없을거라 생각됩니다.

※ 유투브는 화면 디자인을 계속 업그레이드 하기에 향후에는 디자인이 변경될 수 있습니다.

유투브 자막을 보기 위해서
유투브는 자체적으로 많은 동영상이 현재 자막을 제공해줍니다.
모든 동영상이 자막이 나오는 것은 아니며, 다음 페이지의 설명과 같이 자막 아이콘이 있으면 자막을 볼 수 있습니다.
자막 아이콘은 유투브 동영상 플레이어 내부에 있으며,
자막을 보기 위해서는 동영상 플레이어 하단에 다음과 같은 자막표시 아이콘을 누르면 자막이 나오며 다시 누르면 자막이 감춰집니다.

아쉽게도 엘렌쇼는 2022년 1월 현재 자막 아이콘에 마우스 올리면 **[자막 사용 불가]**로 나오는 경우가 많습니다.

유튜브 키보드 단축키

스페이스바(Space Bar)
재생상태에서 키보드의 스페이스바를 누르면 멈추고 다시 누르면 재생이 됩니다.

키보드 방향키 상,하(Page Up↑, Page Down↓)
볼륨을 조절할 수 있는 단축키는 키보드의 상,하,좌,우 화살표 방향키 중에서 상, 하 입니다.
↑ 상(Page Up)키는 볼륨을 올리며,
↓ 하(Page Down)키는 볼륨을 내립니다.

키보드 방향키 좌, 우(← Left, Right →)
유튜브는 동영상을 우측으로 5초, 혹은 좌측으로 5초 이동할 수 있는데요. 바로 키보드 방향키 좌, 우가 그 역할을 합니다.
좌(←Left)키는 동영상을 5초 뒤로 이동시킵니다.
- 현재 동영상 시간이 50초라고 할 때 **좌** 키를 누르면 45초로 이동됩니다.
우(Right→)키는 동영상을 5초 앞으로 이동시킵니다.
- 현재 동영상 시간이 50초라고 할 때 **우** 키를 누르면 55초로 이동됩니다.

전체창으로 만들기/원래 상태로 돌리기
전체창으로 만드는 방법은 F 키를 누르면 됩니다.
다시 누르면 원상태로 돌아오는데요. 이것은 브라우저마다 다르고, 운영체제마다 다릅니다. 크롬에서 보다 잘 작동됩니다.

※ 유튜브는 항상 동영상이 선택된 상태에서 단축키를 눌러야만 동영상에서 단축키가 올바로 작동됩니다.

엘렌쇼의 경우는 보통 3~5분 내외 정도의 짧은 동영상이 많습니다.
언더커버보스는 42분짜리 풀 에피소드가 많구요.
그래서 언더커버보스를 볼 경우 42분짜리 풀 동영상을 보시면 됩니다.

※ 리얼리티 쇼는 어떻게 봐야 하는가?

> 본 책에서 리얼리티 쇼는 "실제 말"을 하는 쇼를 설명하는 것이므로
> TV 토크쇼(ex, 엘렌쇼 등)도 포함됩니다.

1.대화는 둘 이상의 대화가 기본

대화는 둘 이상의 대화가 기본이기에 엘렌쇼를 볼 때는 먼저 둘 이상의 대화 영상을 기준으로
봐야 합니다.

그래서 영어 진단 시 엘렌쇼(제니퍼 가너 인터뷰) 듣기 테스트 결과 40%이하 라면 혼자 말하는
독백-ex, 엘렌은 코미디언 출신이라서 스탠드 업 코미디를 합니다-은 패스해주세요.

엘렌쇼가 전반적으로 40%이상이 들린다면 그때 독백을 보셔도 됩니다.

2.자막은 언제 봐야 하는가?

자막이 있으면 자막을 보면 좋습니다.

단, 엘렌쇼는 실전과 같습니다. 미국인이나 영어권 사람들을 만났을 때 이들은 자막을 보여주지
않습니다. 그래서 먼저는 자막 의존도를 떨어뜨리는 연습을 먼저 해야 하거든요.

그래서 자막이 있는 동영상의 경우 자막을 보지 않고 공부를 하며, 해당 동영상을 10번을 봤어
도 안들린다면 자막이 있는 경우 자막을 보시면 됩니다.

※ 처음부터 자막을 보면 그것은 영어 실력을 향상시키고자 하는 행동이 아닙니다. 아시죠?

3.한 편의 짧은 몇 분짜리 리얼리티 쇼의 최대치 본 횟수는 몇 번인가?

최대 본 횟수는 10회정도이며 많게는 20회입니다.

10회라고 하니 그리 많은 시간이 아니라 생각들 수 있지만 5분짜리 10번이면 50분이며, 쉬는 시
간을 도중에 갖는다면 이것은 이미 1시간 이상을 보는것과 같습니다.

* 리얼리티 쇼는 자투리 시간에는 본 것을 자주보는 것을 권합니다.

4.본훈련 도중에는 봤었던 리얼리티 영상을 한 번 이상 반복하지 마세요.

본훈련 : 워밍업부터 전체법칙까지 본훈련 속합니다.

즉, 영상을 듣다가 잘 안들리면 뒤로 5초, 10초 다시 돌려볼 수는 있지만 영상을 다 본 후 다시
보는 반복 시청은 권하지 않습니다.

새로운 리얼리티 쇼를 보는 것이 좋습니다.

왜냐하면 한국말을 한 만큼의 양을 하루에 해야 하는 것, 기억나시죠? 그래서 최대한 새로운 것

을 보길 권합니다.

물론 리얼리티 쇼의 말투, 즉, 일반 사람들이 말하는 말투는 비슷한 종류의 말을 많이 사용합니다.

I'm gonna…

I'm just..

I wanna tell….

You know what…

That's what…

Which I ….

보다보면 알게 됩니다. 그렇다면 그들이 말하는 패턴을 발견하게 되고, 듣기에 보다 익숙해진답니다.

5.안들리는데도 계속 봐야 하는가?

이런분들이 있었습니다.

"나는 초급자이고 리얼리티 쇼를 아무리봐도 들리지 않는데, 왜 봐야 하는가?"

"어쩌면 내가 문장수가 작으니 먼저 문장을 한 5천문장 정도 익히고 하자"

그렇다면 문제가 발생됩니다.

하루에 들어야 하는 미국 사람들이 말하는 양의 빈도를 줄여버립니다. 그렇다면 하루에 할 수 있는 문장이 고작 20개 내외가 아닐까 생각됩니다.

우리는 영어를 아예 모르는 사람이 아닙니다. 알파벳을 아는 것은 물론, 기본적으로 수천개의 영어 단어를 이해를 하고, 해외 여행을 가도 더듬더듬 물어서 소통할 수 있으며(필요하면 사전도 찾아서), 반대로 누군가 천천히 말해준다면 훨씬 잘 이해합니다.

그렇다면 영어 초보이긴 하나 영어를 못하는 사람이 아니라는 것입니다.

초보자분들이 처음에 안들리는 것은 당연합니다. 하지만 공부했었던 문장들, 표현들, 단어들이 리얼리티 쇼에서 계속 쏟아지게 됩니다. 그렇게 되면 시간이 흐를수록 공부해서 익힌 문장들은 많아지고 점점 잘 들리게 됩니다. 다만, 100시간만에 들린다? 그렇지 않습니다.

엘렌쇼를 전반적으로 50% 내외 듣는 정도의 수준은 어느 정도 영어식 뇌구조가 잡힌 분들입니다.

이것은 미국 어학연수 6개월에서 1년정도는 다녀와야 한답니다.

그래서 1차로 5천문장을 달성하는 과정에 계속 리얼리티 쇼를 봐야 합니다. 과정에서 영어가 쌓이고 발전하며, 결국 지금보다 훨씬 더 잘 들린다는 것을 스스로 알게 됩니다.

또한 훈련의 마지막 법칙인 전체법칙에서는 리얼리티 쇼를 어떻게 해야 한다는 것이 나오니 우선 여기서는 이 정도로만 이해하시면 됩니다:)

6.그렇다면 하루에 어느 정도 봐야 하는가?

봤었던 것은 자투리 시간에 최소 2~3번 이상 봐야하며, 시간이 허락하는 한 자주 봐야 합니다.
본훈련을 할 때는 새로운 것을 최소 50분을 봐야 합니다.
새로운 것을 50분 이상을 보는 것은 500~700문장은 들어주는 것이 되기 때문입니다.

7.리얼리티 쇼를 자막없이 계속 보는 것의 장점은?

여러분이 외국을 여행간다고 생각해보세요.
유럽(핀란드, 에스토니아, 혹은 네덜란드 등)이나 영어권 나라에 간다면 그 나라 사람들이 자막을 보여줄까요? 절대 보여주지 않습니다.
그래서 이미 자막을 보지 않는 연습을 해야 합니다.
그렇기 때문에 자막없이 리얼리티 쇼를 보는 것은 자막 의존도를 떨어뜨리게 되고, 오히려 그 말하는 소리에 보다 집중할 수 있게 되는 장점이 생깁니다.
그래서 되도록 자막없이 보는 노력을 해주세요.

8.엘렌쇼가 전반적으로 50% 내외가 들린다면 이것을 돈으로 환산하면 어느 정도 가치가 있을까요?

엘렌쇼는 말이 쉽지만 그렇다고 쉬운 것이 아닙니다.
미국 사람이 실제 그렇게 말하기 때문입니다. 그래서 **엘렌쇼를 알아듣는다**는 것은 이미 귀가 열렸다는 의미이며, 50% 내외 정도를 이해한다는 것은 이미 미국 어학연수 6개월에서 1년 갔다온 수준과 비슷하다는 것입니다.
즉, 최소 500만원이상~2000만원 정도의 가치가 있다고 저자는 봅니다.
반대로 나를 테스트 해볼 수 있지 않겠습니까?
본 책대로 훈련하며 1만 5천문장을 달성하고 마지막 훈련을 한달 한 후 비슷한 수준의 토크쇼나 리얼리티 쇼 1분을 듣고 줄거리를 적어보는 겁니다.
그렇다면 내 자신이 어느 정도 발전했는지 이미 알게 될겁니다.

여기서 한가지 또 질문을 드리겠습니다.
질문이 있으면 책에 꼭 답변을 적어주세요.

질문
한국 아이 3살이면 엄마가 하는 말 몇 퍼센트나 알아들을까요?

아이가 커버린 부모님들은 아이가 3살 때 어느 정도 했는지 잊어버리는 경우도 있습니다.
보통은 30%, 50%, 80%, 다양하게 답변을 합니다.
하지만 놀랍게도 요즘 3살 아이는 욕도 합니다. 즉, 3살은 프리토킹을 합니다.
엘렌쇼에 3살 밀라가 출연했었는데요.
이 3살 밀라가 어른들이 하는 말을 어느 정도 알아 듣는지 다음의 주소에서 한번 보세요.

3살 밀라 : https://www.youtube.com/watch?v=k3aAl92_VDE&app=desktop

※ 혹시 주소의 페이지가 사라졌다면 Adam Levine's New Girlfriend으로 검색하면 찾아 볼 수 있습니다. 또한 다음의 산타북 카페 주소에서도 볼 수 있습니다.

산타북 카페 3살 밀라 주소 : https://cafe.naver.com/santabook/6

밀라의 동영상을 보면 밀라의 엄마 에밀리와 엘렌은 어른들의 수준에서 일상적인 대화를 합니다. 그리고 밀라를 가만히 지켜보면 밀라는 어른들의 말을 모두 알아 듣습니다.
이것이 무엇을 뜻할까요?
3살은 아십니까? 프리토킹을 한다는 것입니다.

그렇다면 영어 진단 시 엘렌쇼 듣기가 30%로도 안나온다면 여러분들의 영어 수준은? 지금 바닥입니다. 미국에서 태어난 아마도 3개월? 5개월? 그 언저리가 아닐까 싶습니다.

다시 한번 마음을 잡아야 합니다. 미국 아이 3살은 미국 어학연수 1년 레벨보다 높습니다. 3살정도의 아이는 내공이 대단한 것입니다. 존중해야 합니다. 대단한 실력가거든요.
그래서 독자 여러분들의 영어 목표도 우선 3살로 잡으세요.
이 정도면 일상적인 대화의 프리토킹을 하는 것입니다. 이해되시죠?

그래도 3살짜리가 **"에 정말로 그 정도 일까?? 믿지 못하겠다"**라고 하시는 분들은 **[파트6. 부록 기타]**의 **리얼리티 TV 쇼** 파트에서 소개하는 Supernanny 를 유튜브에서 보시면 됩니다. 어린아이들이 얼마큼 말을 잘하는지를 볼 수 있는데요. 어린아이들은 아주 상당한 수준이랍니다.

* 참고로 밀라가 나온 엘렌에 대한 해석은 따로 해드리지 않겠습니다. 여러분 스스로에게 맡기겠습니다. 물론 자막도 있습니다만 자막 보지 마시고, 훈련대로 공부하면서 이 영상을 간간히 보세요. 어느 순간 **"절반 이상이 들린다"**라고 할 때가 옵니다. 그러면 이제 영어 수준이 이미 올라가 버린 것입니다. 믿어주세요. 반드시 이 날은 옵니다:)

월요일을 하다가 TV쇼와 리얼리티 쇼에 대해서 너무 많이 왔죠?

월요일의 8번이 바로 리얼리티 쇼를 최소 50분 이상 봐야 하는 것인데요.
이제 월요일을 좀 정리하겠습니다.

- -

월요일 정리

1. 워밍업
주간법칙을 시작할 때는 항상 워밍업을 먼저하고 오는 것입니다.

2. 공부할 씬의 학습 (당일 공부할 씬을 한 문장 법칙으로 공부합니다.)
(중요도 가장 낮음)

3. 잠시 휴식

4. 공부한 씬의 복습
– 요약된 한 문장 법칙으로 합니다.(바로 당일 공부한 씬을 요약된 한 문장 법칙으로 합니다.)

5. 자막 보지 않고 씬을 보기 (스토리 익히기)

6. 자막보고 공부한 씬을 말하기 (스토리 익히기)

7. 잠시 휴식

8. 리얼리티 쇼 50분 이상 시청
(본 책에서 리얼리티 쇼는 **"실제 말"**을 하는 쇼를 설명하는 것이므로 TV 토크쇼(ex, 엘렌쇼 등)
도 포함됩니다.)

6번까지가 훈련이고, 8번은 실전이 됩니다.

* 시간이 없어서 5,6번을 하기 어려운 경우

문장들은 이미 익혔기에 5, 6번 스토리 익히기는 하루 중 자투리 시간을 이용해서 하면 됩니다.
자 이렇게 해서 월요일을 마치겠습니다.

그렇다면 다시 질문 들어갑니다.
(질문이 있으면 답변을 작성해주세요.)

질문
화요일은 어떤 방식으로 하면 될까요?

"**월요일과 비슷**"이라고 작성하셨다면
그러면 10년을 공부했어도 이렇게 됩니다.

"왜 난 늘 그자리인가?"

"늘 제자리인 사람 되고 싶으세요?" 그렇지 않을겁니다.

이것이 있습니다.

사람의 뇌는 하루가 지나면 이전에 새롭게 학습한 것에 대해 수십 퍼센트 이상 잊어버립니다.
그렇다면 공부했던 문장들이 날아가면 어떻게 될까요?
간단합니다. 실력이 늘지 않습니다. 다른 말로는 늘 그자리가 되는겁니다.

여기서 한가지 문제를 드리겠습니다.

문제1
안들리는 이유 해답 네번째에서 실험하며 프랑스어 "나무" 발음 3번을 따라 말했습니다. 시간은 얼마 지나지 않았습니다.
이제 프랑스어 "나무" 발음을 해주세요.

문제2
그리고 여기에 프랑스어 독음을 써주세요.

저자가 만든 이 훈련을 강의할 때 이 **"나무"** 발음을 올바로 낭독한 분이 실제 단 1명도 없었습니다. 프랑스어 나무 발음을 한 3시간 뒤 질문을 했을 때 답변 하신 분의 예시입니다.

> *처음에 프랑스어 "나무"발음 3번 따라하기를 했습니다.*
> *그리고 몇 시간 안되었는데 "프랑스어 '나무'발음 말씀해주세요"라고 하니*
> ***"기억이 안납니다"**라고 하셨습니다.*
> *그래서 "기억을 되살려보세요"라고 하니*
> ***"머흐"**라고 하셨습니다.*

그렇다면 생각해보세요.

만약 다섯 번을 더 프랑스어 나무 발음을 했다고 가정하더라도 하루종일 그 나무 발음은 이후 한 번도 기억하지 않은 상태에서 다음날 다시 **"나무 발음을 해주세요"**라고 묻게 되면 나무 발음을 잘할까요?

못할겁니다.

아마 일주일이 되면 생각도 나지 않을겁니다.

한 에피소드를 들려드리면 50대 후반의 어느 한 분께 **"어제 한 프랑스어 나무 발음을 해주세요"**라고 하니 **"프랑스어 한적 없는데요."** 답변하셨고, 저는 **"있습니다. 그러니 프랑스어 나무 발음 해주세요"**라고 하니 **"어허 거참 프랑스어 한 적 없다니까요. 무슨 나무 프랑스어 발음..."** 실제 그분의 컴퓨터에서 녹음까지 했습니다. 그래서 녹음한 파일을 들려드리니 **"아 ~~~~ 프랑스어 나무발음 했군요!!"** 라고 합니다.

영어가 그와 유사한 것입니다.

정말로 쉬운 단어들로 조합한 문장이여도 그 한 문장을 들어도 1초만에 기억나지 않습니다.

바로 이것 때문입니다.

내게 생소한 문장

바로 내게 생소한 문장들이 그렇다는 것입니다.

즉, 내가 가지고 있는 문장이 아닌거죠.

생각해보세요. 영어가 얼마나 생소합니까?
다른말로는 **"내게 익숙한 문장이 몇 개나 되는가?"** 이말입니다.

이사를 가면 이사간 곳이 낯설기 마련입니다. 당연히 여러 편의점들, 햄버거집, 밥집들이 있겠지만 위치가 처음 만나본 곳이고, 처음 가는 곳이고, 사람들도 처음 본 사람들이고, 모든 것이 처음 접하기 때문입니다.
그것이 바로 내게 생소한 장소이기 때문입니다. 그래서 낯선 것이고, 익숙하지 않은 것입니다.

하지만!
여기도 가보고, 저기도 가보고, 앞집도 만나보고, 옆집도 만나보고, 길 건너도 가보고, 여기저기 상점들을 돌아보고, 어느새 가보지 않은 곳이 없게 됩니다. 모두가 수십 번이상 가본 곳이 됩니다.
그러면 어떻게 되겠습니까?
동네가 낯설지가 않죠? 익숙하죠?

영어도 마찬가지 입니다.
"100%의 영어 문장중에서 몇 퍼센트의 문장들이 내게 익숙하느냐?" 입니다. 그것이 얼마 되지 않기 때문에 영어가 낯선것입니다.
모두 가보려면 **"얼마나 많은 문장을 섭렵해야 하는가?"** 말입니다.
여기에 대해서는 **[파트6. 부록 기타]** 에 나옵니다.

그래서 토익 고득점자의 영어학원 원장님은 **"자괴감에 빠지네요. 지금까지 헛공부했네요"** 라고 말씀한 적도 있습니다.

자 그렇다면 여기서 중요한 명제를 드리고 계속 이어나가겠습니다.
[중요한 명제]

"공부했던 문장들이

날아가면 안된다"

이 명제는 저 한 문장 법칙.
기억나시죠? 한 문장 법칙은 팁입니다. 그런 팁보다 천 배, 만 배 더 중요합니다.

다른 말로는 팁 수준과는 비교 할 대상이 아니라는 것입니다.

"챠프포프킨과 치스챠코프는 라흐마니노프의 피아노 콘체르토"

이 문장을 지금 정확하게 빠르게 낭독하라고 하면 안될겁니다.

하지만 수십 번하면 잘하게 됩니다.

그런데 세월이 지나 1년간 단 한 번도 한 적이 없다고 가정하고

다시 이 문장을 낭독하라고 하면 1년 전에 수십 번해서 잘된 것처럼 잘될까요? 아닙니다.

1년 전에 이 문장을 봤을때와 거의 차이가 없습니다.

다른 말로는 쌓았던 눈이 녹지 않고 그대로 있어야 하는데 모두 녹아버린 것입니다.

다른 말로는 **"왜 난 늘 그자리인가?"**가 된 것입니다.

그래서 많은 분들이 이런말을 합니다.

왜 난 실력이 썩 늘지 않을까? 왜 난 열심히 한것 같은데 그자리인 것만 같고... 난 영어가 안되는 사람인가... 영어는 평생의 족쇄다, 영어는 숙원이고, 소원이고, 평생의 숙제다.
– 단 한가지 이유 때문입니다. 바로 공부했던 문장이 모두 날아가서 그렇습니다.

다람쥐 쳇바퀴 돌듯이 계속 영어를 공부합니다.

하지만 내 실력은 계속 뒤로 빠져나갑니다.

늘 새로운 문장만 접합니다. 하지만 몇 문장 먹지도 못합니다.

그리고 1년이 지나도 실력은 처음 출발선과 별반 차이가 없게 됩니다.

즉, 내 실력은

처음 출발선상과 같은 상태기에

제로상태입니다.

* 전교 1등은 전교 1등이 가능한 것은
  배운 것을 잊어버리지 않고 모두 기억하기 때문입니다.
  여러분도 이제 전교 1등 자세가 필요합니다.

자 화요일을 시작하겠습니다.

- -

화요일

1. 워밍업

2. 월요일 씬의 복습 (요약된 한 문장 법칙)
   당일 공부할 씬의 학습 (한 문장 법칙)

– 잠시 휴식

3. 월요일 씬의 복습
   당일 씬의 복습

– 잠시 휴식

4. 자막 보지 않고 월요일부터 오늘까지 공부한 씬을 보기
   (스토리 익히기)

5. 자막 보고 월요일부터 오늘까지 공부한 씬을 말하기
   (스토리 익히기)

– 잠시 휴식

6. 리얼리티 쇼 50분 이상 시청

* 4,5번 스토리 익히기는 훈련 할 때 시간이 많이 걸린다면 자투리 시간에 해도 됩니다.

노트

※ 공부란 그래서 실력을 늘리려면 반드시

1. 일정한 분량을

2. 일정한 시간에, 일정한 시간동안

3. 일정한 공간에서 (불타는 노력으로) 매일 해야 합니다.

  그래서 일정한 시간이 흐르면 실력이 느는 것입니다.

*나의 헌신 = 불타는 노력 = 나의 피땀 = 지극정성 -〉 하늘도 돕는다

불타는 노력은? 지극정성입니다.

지극정성으로 공부해야 하늘도 날 돕습니다.

_____

그래서 이제는!

불타는 노력을 할 때 입니다.

- -

수요일

1. 워밍업

2. 월요일 씬의 복습 (요약된 한 문장 법칙)

화요일 씬의 복습 (요약된 한 문장 법칙)

당일 공부할 씬의 학습 (한 문장 법칙)

- 잠시 휴식

3. 월요일 씬의 복습 (요약된 한 문장 법칙)

화요일 씬의 복습 (요약된 한 문장 법칙)

당일 씬의 복습 (요약된 한 문장 법칙)

- 잠시 휴식

4. 자막 보지 않고 월요일부터 오늘까지 공부한 씬을 보기

(스토리 익히기)

5. 자막보고 월요일부터 오늘까지 공부한 씬을 말하기

(스토리 익히기)

- 잠시 휴식

6. 리얼리티 쇼 50분 이상 시청

목요일

1. 워밍업

2. 월요일 씬의 복습 (요약된 한 문장 법칙)

화요일 씬의 복습 (요약된 한 문장 법칙)

수요일 씬의 복습 (요약된 한 문장 법칙)

당일 공부할 씬의 학습 (한 문장 법칙)

– 잠시 휴식

3. 월요일 씬의 복습 (요약된 한 문장 법칙)
　 화요일 씬의 복습 (요약된 한 문장 법칙)
　 수요일 씬의 복습 (요약된 한 문장 법칙)
　 당일 씬의 복습 (요약된 한 문장 법칙)
– 잠시 휴식

4. 자막 보지 않고 월요일부터 오늘까지 공부한 씬을 보기
　 (스토리 익히기)

5. 자막 보고 월요일부터 오늘까지 공부한 씬을 말하기
　 (스토리 익히기)
– 잠시 휴식

6. 리얼리티 쇼 50분 이상 시청

금요일

1. 워밍업

2. 월요일 씬의 복습 (요약된 한 문장 법칙)
　 화요일 씬의 복습 (요약된 한 문장 법칙)
　 수요일 씬의 복습 (요약된 한 문장 법칙)
　 목요일 씬의 복습 (요약된 한 문장 법칙)
　 당일 공부할 씬의 학습 (한 문장 법칙)

- 잠시 휴식

3. 월요일 씬의 복습 (요약된 한 문장 법칙)
화요일 씬의 복습 (요약된 한 문장 법칙)
수요일 씬의 복습 (요약된 한 문장 법칙)
목요일 씬의 복습 (요약된 한 문장 법칙)
당일 씬의 복습 (요약된 한 문장 법칙)

- 잠시 휴식

4. 자막 보지 않고 월요일부터 오늘까지 공부한 씬을 보기
(스토리 익히기)

5. 자막 보고 월요일부터 오늘까지 공부한 씬을 말하기
(스토리 익히기)

- 잠시 휴식

6. 리얼리티 쇼 50분 이상 시청

날마다 해야할 양이 날짜를 거듭할수록 점점 많아집니다.
이것이 바로 집적 방식이 됩니다.

이 방식대로 하게 되면 일주일이 지나면서부터 많이 분들이 머리에서 이상한 현상이 일어난다고 합니다.

"산타님. 머리에서 영어 문장들이 앵앵대요!!"

"산타님. 머리에 영어 문장들이 돌아다녀요!!"
"산타님! 밥을 먹고 있는데 갑자기 공부했던 문장들이 나타나요!!"

〈산타는 제 인터넷 닉네임입니다. 산타플레이어를 만들었기에 그래서 산타라는 닉네임을 저자는 가지고 있습니다:)〉

자 좋습니다.

이제 또 질문 할 때가 되었네요.

먼저 하나의 이야기를 들려드리겠습니다.
(꼭 집중해서 읽어주세요)

때는 여름입니다. 매우 덥습니다.
출근 시간은 9시까지라 정신없이 뛰어가서 막 출근했습니다.
여기저기 인사를 합니다. "안녕하세요. 반갑습니다. 좋은 아침입니다"
하지만 땀이 비오듯이 납니다.
그런데 후배 "영순이"가 찾아왔습니다.
"선배님. 날씨 너무 덥죠?"
"아이스크림 먹으러가요"
그래서 후배에게 아이스크림을 사줬습니다.

10시에 다시 그 후배가 찾아옵니다.
"선배님. 너무 열심히 일하는 것 아니에요?"
"날이 무척 덥잖아요. 아이스크림 사주세요"
그래서 다시 아이스크림을 사줍니다.

11시가 되었습니다.
다시 후배가 찾아왔습니다.
"선배님. 점심시간도 다 되어 가는데 너무 열심히 일하는 것 아니에요?"
"날도 더운데 아이스크림 사주세요"
그래서 아이스크림 사줍니다.

12시가 되었습니다.
"선배님. 밥먹기 전에 아이스크림 사주세요"
그래서 아이스크림 사줬습니다.

1시가 되었습니다.
"선배님. 아 밥먹고 나니 달달한 것이 땡기네요."
"아이스크림 사주세요"
그래서 아이스크림 사줬습니다.

2시가 되었습니다.
"선배님. 2시가 되니 많이 피곤하죠? 잠도 깰 겸 아이스크림 사주세요"
그래서 아이스크림 사줬습니다.

3시, 4시 5시, 6시, 7시까지.
매일같이 아이스크림을 하루 10번을 사줬습니다.

그렇게 두 달이 흘렀습니다.

하나에 2천원하는 아이스크림 나도 같이 먹었기에
돈계산을 해보니
2000원 x 2명 x 하루 10번 x 60일 = 240만원

"아… 아이스크림으로 2백만원 날렸다"

이 후배만 보면 열받는데 이 후배가 없어도 뜬금없이 **"선배님. 아이스크림 사주세요"**라고
환청이 떠오릅니다.

이제 질문들어갑니다.

질문1
이야기에서 왜 환청이 떠오를까요?
(질문에는 항상 답변을 책에 써주세요)

이것은 굉장히 중요한 포인트가 있습니다.

굉장히 중요한 포인트가 뭘까요?

많은 분들의 답변 중에서 **"후배에게 당해서 그렇습니다"**가 가장 인상적이었습니다.
물론 **"지겹게 많이 들어서"**, **"머리에 떠오를 정도로 들어서"**, **"반복"** 등 다양하게 답변 주셨습니다.

"환청" 이 현상이 바로

타국어가 모국어로 가는 첫걸음을 뗀 것

입니다.

그 이유는 사람의 뇌는 똑같은 소리를 계속 듣게 되면 대뇌의 표면에 위치한 대뇌피질에서 반응합니다. 바로 자극을 받았기 때문인데요.
그 횟수가 수십 번이 넘어서부터는 이 환청이 나타나기 시작합니다.
이것은 누구나 그렇습니다.

그렇다면 공부했던 문장들은 어떻습니까?
월요일 것은 금요일이 지나면 어느 정도 했을까요?
어쩌면 100번을 반복한 문장도 있을겁니다.
그래서 공부했던 문장들이 생각지도 않았는데 금요일이 지나면 머리에서 바로 영상과 함께 삭~ 지나갑니다.
밥을 먹다가도, 샤워를 하다가도, 일하는 도중에도, 잠을 청하는데도 다양한 상태에서 환청이 일어나게 됩니다.
만약 나타나지 않는다면 그 다음주에 나타납니다.
그래도 안나타나면? 공부를 아주 게을리 한겁니다. 다른 말로는 공부를 하지 않았다는 증거가 됩니다.

환청 - 이 현상이 바로
타국어가 모국어로 간 첫걸음을 뗀 것입니다.

그렇다면 이 현상과 비슷한 현상이 또 있습니다. 이 현상도 타국어가 모국어로 가는 첫걸음을 뗀것과 유사하다고 볼 수 있습니다.

바로 사투리입니다.
질문이 있으면 책에 꼭 써주세요.

질문1
사투리를 어떻게 배우게 될까요?

좋습니다.

실험
이제 생각나는 사투리 아무거나 해보세요.
생각나는 사투리 아무거나 말을 하면 됩니다.

질문2
그 사투리를 지금 어떻게 해서 하게 된겁니까?

질문3
혹시 이 사투리를 영어공부하듯이 죽도록 연습해서 한 것입니까?

다른분의 예시를 보겠습니다.

예시1)
질문. 사투리를 지금 어떻게 한겁니까? (경상도 사투리로 "니 밥묵었나?")
부산 사투리를 쓰는 사람을 떠올라 그대로 따라한 것 같습니다.

예시2)
질문. 사투리를 지금 어떻게 한겁니까?(경상도 사투리로 "니 밥묵었나?")
기억을 떠올렸어요. 사투리쓰던 사람이 이야기 하던 것을.

예시를 보시면 **"떠올랐다"**라고 합니다.

질문4

영어공부 했을 때 이전에 공부했던 것을 자주 떠올렸습니까?

질문5

왜 자주 안했습니까?

어떤 분은 이렇게 답변 했습니다.
"봤었던 영화 다시 보는 것 같아서"
"아는 것이라 지겨워서"
그러면 저는 이렇게 답변을 드렸습니다.
-> 이것은 많은 한국에서 공부하는 한국분들의 병패입니다.

질문6

영어는 소리내어 말하는 낭독이 중요할까요? 중요하지 않을까요?

모든 분들이 소리내어 말하는 낭독이 **"중요하다"**라고 답변 주었습니다.

자 좋습니다.
"떠올랐다"라는 것은
되새김질입니다.
"되새김질하다"의 사전의미는
"한 번 삼킨 먹이를 다시 게워 내어 씹는 짓을 하다."입니다.
그렇다면 먹은 영어문장을 되새김질 해야 합니다.
그것은 다시 기억을 떠올려보는 것입니다.

그래서 이 **되새김질**은 이렇습니다.

> # 영어문장을
> ##   내가 한 번 말한 것과 같다

되새김질은 소리내서 말하든 생각으로만 하든 관계가 없습니다.
이미 되새김질을 한 것입니다.

그래서

환청은 무의식적인 것
되새김질은 의식적인 것

이 둘 다 독자분들께 일어나야 합니다.
이제부터 몇 시간 전에 공부했던 내용이라도, 잠들기 2시간 전에 공부를 마쳤어도, 이부자리에서 공부했던 것도 되새김질 해보세요. 또한 리얼리티 쇼도 되새김질 해보세요.
이것은 여러분이 이미 다시 한번 말한 것과 같습니다.

그래서 사투리도 보면 우리가 많이 소리내어 반복한 것이 아닙니다. 들었었던 것을 되뇌임. 즉, 되새김질을 머리에서만 생각으로 한 것입니다.

그러다보니 그것이 배인것입니다.

영어가 이렇게 되어야 합니다.
되새김질을 하니 공부했던 문장이 모두 떠오르고,
공부했던 문장이 환청이 떠올랐는데 공부했던 한 문장이 모두 온전히 기억나는 것입니다.

만약 환청이 떠올랐는데.. 여기저기 구멍이 뻥뻥 있거나 되새김질을 했더니 제대로 기억나지 않는다면 그것들은 다시 봐야 할 문장들이라는 것이 됩니다.

※ 노트

> * 육성을 듣는것이 가장 이상적입니다.
> 기계음이 아닙니다.
> 육성을 이길 수 없습니다.
> 왜 미국 사람 옆에 있으면 영어가 되는가?
> 그것은 바로 미국 사람의 그 말투를
> 우리가 사투리 따라하듯, 따라해지고,
> 이 육성의 환청이 더 잘 일어나기 때문입니다.
> 그래서 육성을 접하는 기회를 최대한 많이 가지시길 권합니다.

이제 잠시 환청에 대해서 좀더 구체적인 내용을 살펴본 후 토요일을 이어 가겠습니다.

✸ 환청에 대해서 알아야 할 것

사람이 어떻게 언행과 사고를 배우게 될까요?

이 이야기는 2022년 6월 23일 저자가 책을 마무리 하는 과정에 다시 들여다보며 보다 어떤 깨달음이 있었습니다.

그것은 환청에 대한 새로운 사고 관념이였으며, 우리가 배우고 익히는 모든 것을 담고 있는데 이것은 언어를 바라보는 또 다른 정말 중요한 핵심이였습니다.

이것을 알려드린다고 하니 저자는 마음 한편으로 설레입니다.

우선 환청은 국어사전에 다음과 같이 정의되어 있습니다.

✸ 환청 국어사전

> **실제로 나지 않는 소리가 마치 들리는 것처럼 느껴지는 환각 현상**

책에서 말하는 환청의 의미는
과거에 있었던 어떤 사건이 대해서 그 사람이 마주쳤으며, 현재 머리 속에서 그 현상이 떠오른 것을 말합니다.

사건이란 과거의 경험입니다.

그래서 누가 말을 했던 것일 수 있으며, 보았던 이미지가 될 수 있으며, 봤었던 영화나 드라마의 장면이 될 수 있으며, 내가 마주했던 환경이였을 수도 있습니다. 그래서 내가 알고 있는 모든 사람들에게 접했던 것을 과거의 경험이라 합니다.

자 그렇다면
사람이 어떻게 언행을 배우게 될까요?
우선 언행에 대한 국어사전을 보겠습니다.

✸ 언행 국어사전

> **말과 행동을 아울러 이르는 말**

그렇다면 보다 근본적으로 들어가서 학습에 대해서 몇 가지 생각해 볼 점입니다.

질문에 답을 적어주시면 됩니다.

1) 우리는 어떻게 해서 학습을 하게 되는 것일까요? 어떻게 해서 새로운 것을 배우게 될까요?

2) 태어난 아기가 말, 행동, 습관, 손·발짓 등을 가지게 될까요?

3) 부부는 닮는다고 합니다.
왜 그럴까요?

욕에 대한 사전의미입니다.

※ 욕 국어사전

> 1.명사 남의 인격을 무시하는 모욕적인 말. 또는 남을 저주하는 말
> 2.명사 아랫사람의 잘못을 꾸짖음.
> 3.명사 부끄럽고 치욕적이고 불명예스러운 일.

그래서 욕을 하면 안되요!

4) 어떻게 욕을 배우게 될까요?

5) 성격/성품은 어떻게 해서 만들어질까요?

그렇다면 질문 1)~5)를 모두 포함하는 것은 한마디로 정의 내릴 수 있습니다.

물들다

당연합니다. 몸에 배인 것이니 말입니다.

친한 친구가 길거리에 침을 뱉습니다. 한번 보았을 때는 그런가 보다 생각할 수 있지만 시도 때도 없이 침을 뱉습니다. 그러면 나도 하고 싶은 충동이 생기게 되고, 어느 순간 나도 침을 뱉게 됩니다.

왜냐하면 그것은 몸에 배여서 물들었기 때문입니다.

몸에 배이지 않는다면 물들 수 없는 것은 당연합니다.

이것은 다른 말로는 이미 내가 학습하게 된 것으로 익숙해져 버린 것입니다.

즉, 습관이 되어 버린 것입니다.

나쁜 아이들과 어울리지 말라고 합니다.

그 이유는? 물들기 때문입니다.

부모가 아이 앞에서 싸우면 안된다고 합니다. 그 이유는? 아이가 그것을 배우기 때문이라고 합니다.

이것은 습관과도 연관이 있습니다.

그 행동을 자꾸 보게 되면 그 행동이 머리속에 떠오르게 되고 즉, 환청이 일어나게 되고 나도 모르게 물들게 되기 때문입니다.

그렇다면 우리는 많은 것들을 좀 더 근원적으로 생각할 필요가 있습니다.

누군가 만약 좋지 못한 행동을 목격하게 되면,

그는 자신도 모르게 그것을 따라하게 됩니다.

사람이 어떻게 언행을 배우게 될까요? 자연스럽게 그것을 배운다는 것…

신기하지 않습니까?

"Mother tongue"라고 합니다.

그런데 좀더 근원적으로 가면 Mother tongue만이 전부가 아니라 우리가 행하는 모든 것 즉, 말(언어), 행동, 습관, 성격, 사고방식, 생각 등 수많은 것들은 배운 것이며, 물들고 익숙해져 버린 것입니다.

다시 설명 드리면 말(언어), 행동, 습관, 성격, 생각 등 수많은 것들이 그냥 나온 것이 아닙니다.

우리는 우리가 학습하고 몸에 배는 수많은 것들은 결국 환청에 의해서 만들어진 것입니다.

충격적인 사건의 경우 단 한 번으로도 그것을 뇌에 각인 시킬 수도 있으며,
노멀한 경우(영어처럼) 최소 수십 번 이상 반복하다 보면 일어나는 것입니다.

이제 독자분들이 실험을 할 차례입니다.
이 현상이 진짜 일어나는지 보는 것인데요.
실험은 이렇습니다.
싸움 장면이 많은 폭력적인 한국 드라마(욕하는 대사도 정말 많이 나오게 됩니다.) 시즌1개를
아무것도 안하고 이어서 계속 봐보세요. 가령 20개면 20개 모두 입니다. (중간에 화장실 가는 등
의 시간을 제외하곤 다른 일을 안하고 집중적으로 보는 것입니다.)
하루 이틀 소요될 수 있습니다.
그 뒤 밥을 먹거나 밖에서 산책하거나 일을 하거나 할 때 그 폭력적인 대사들이 일부가 머리에
서 계속 생각나거나 나도 모르게 떠오르게 됩니다.
시즌 내내 상대 욕하는 것을 계속 보니 결국 환청같이 떠오르게 되며 배우게 됩니다.

사극도 재미가 있어서 계속 보게 되면 다른 일을 하다가도 사극의 대사들이 나도 모르게 떠오
르게 됩니다.
"전하~~~ 그러시면 아니 되옵니다~~~ 전하~~~"
"전하~~~ 통촉하여 주십시요~~~ 전~~~하~~~"
"자 나를 따르라~~~"

누군가의 제스처 몸짓 등을 보게 되면 (TV든 아니면 선배든, 멋진 사람들이든) 그 기억에 남아
결국 계속 떠올라 그것을 나도 모르게 그것을 따라 하게 됩니다.

인터넷 기사의 덧글을 저자는 자주 보지 말라고 합니다. 왜냐하면 좋지 못한 언어를 접하기 때
문입니다. 그 덧글들을 보면 올바르게 말하는 것보다는 대부분이 평가와 섞여서 비방하거나 특
유의 바르지 못한 문체들을 많이 발견하게 됩니다. 그것을 읽으면 결국 그 형태의 문체가 뇌에
계속 기록되는 과정에 익히게 되어 자신도 모르게 그것을 따라하기 때문입니다.

사투리도 마찬가지라는 것입니다.

사실 개개인을 특징 지을 수 있는 모든 것은 결국 과거의 경험에 의해서 만들어지며, 이것은 또
한 언어를 만드는데 가장 중요한 영향을 미치는 것 중 하나가 됩니다.

또한 기계음으로 공부하는 것보다 실제 미국 사람 혹은 유럽 사람들과 어울리는 것이 환청이 더
빨리 일어나는 것은 시각, 청각 등의 오감 및 환경을 통해서 뇌에서 받는 영향이 다르기 때문에
그 사람을 만난 지 30분 뿐이 되지 않았어도 환청이 떠오르게 됩니다.

그래서 이 환청은 언어를 배우는 핵심이라 할 수 있습니다. 영어도 당연히 이 현상이 굉장히 중요합니다. 자 그러면 토요일을 이어 가겠습니다.

- -

토요일

1. 워밍업

2. 월요일 씬의 복습 (요약된 한 문장 법칙)
화요일 씬의 복습 (요약된 한 문장 법칙)
수요일 씬의 복습 (요약된 한 문장 법칙)
목요일 씬의 복습 (요약된 한 문장 법칙)
금요일 씬의 복습 (요약된 한 문장 법칙)
당일 공부할 씬의 학습 (한 문장 법칙)
- 잠시 휴식

3. 월요일 씬의 복습 (요약된 한 문장 법칙)
화요일 씬의 복습 (요약된 한 문장 법칙)
수요일 씬의 복습 (요약된 한 문장 법칙)
목요일 씬의 복습 (요약된 한 문장 법칙)
금요일 씬의 복습 (요약된 한 문장 법칙)
당일 씬의 복습 (요약된 한 문장 법칙)
- 잠시 휴식

4. 자막 보지 않고 월요일부터 오늘까지 공부한 씬을 보기
(스토리 익히기)

5. 자막 보고 월요일부터 오늘까지 공부한 씬을 말하기
   (스토리 익히기)
– 잠시 휴식

6. 리얼리티 쇼 50분 이상 시청

일요일

1. 워밍업

2. 월요일 씬의 복습 (요약된 한 문장 법칙)
   화요일 씬의 복습 (요약된 한 문장 법칙)
   수요일 씬의 복습 (요약된 한 문장 법칙)
   목요일 씬의 복습 (요약된 한 문장 법칙)
   금요일 씬의 복습 (요약된 한 문장 법칙)
   토요일 씬의 복습 (요약된 한 문장 법칙)
   당일 공부할 씬의 학습 (한 문장 법칙)
– 잠시 휴식

3. 월요일 씬의 복습 (요약된 한 문장 법칙)
   화요일 씬의 복습 (요약된 한 문장 법칙)
   수요일 씬의 복습 (요약된 한 문장 법칙)
   목요일 씬의 복습 (요약된 한 문장 법칙)
   금요일 씬의 복습 (요약된 한 문장 법칙)
   토요일 씬의 복습 (요약된 한 문장 법칙)

당일 씬의 복습 (요약된 한 문장 법칙)

– 잠시 휴식

4. 자막 보지 않고 월요일부터 오늘까지 공부한 씬을 보기 (스토리 익히기)

5. 자막보고 월요일부터 오늘까지 공부한 씬을 말하기 (스토리 익히기)

– 잠시 휴식

6. 리얼리티 쇼 50분 이상 시청

- -

자 이렇게 해서 주간법칙의 훈련이 끝났습니다.

어떻습니까?
할만하죠?

저자는 말합니다.

※ 이정도면 충분히 불타는 노력입니다!

라고 말입니다.
* 복습이 힘이 듭니다.
그 이유는? 봤었던 영화, 또 보는거거든요.
그러면 이미 스스로 지칩니다.
그래서 복습이 힘든 겁니다.
하지만 복습했던 내용을 실제 공부해보면 학습 할 때 1문장이 10분 걸린다면 복습 할 때는 몇 초도 걸리지 않습니다.
그래서 이전 하루 분량에 대한 복습 시간은 1분 혹은 2분 내외가 될겁니다.
해보면 시간은 학습보다 훨씬 짧다는 것을 알게됩니다.

*여기서 질문이 있으면 지체 없이 산타북 카페에 질문을 올려주세요!
산타북 카페 : https://cafe.naver.com/santabook

※2주차는 어떻게 해야 하는가?

자 그렇다면 이제 이 질문이 떠오를겁니다.

"1주차는 이렇게 해도 2주차는 어떻게 해야 하는가?"

질문
2주차는 어떻게 해야 할까요?

주간법칙은 실제 7일 법칙입니다.
항상 7일을 맞추는 것입니다.
가령 2주차 월요일은 8일이 됩니다.
그러면 이렇게 됩니다.

월(1일차)	화(2일차)	수(3일차)	목(4일차)
금(5일차)	토(6일차)	일(7일차)	월(8일차)

그렇다면 화요일은 전주의 첫날(2주차 일때는 1주차 월요일)을 빼는 것입니다.
그러면 전 주 화요일부터 시작됩니다.

화(1일차) 수(2일차) 목(3일차) 금(4일차) 토(5일차) 일(6일차)

자 여기서 다시 일요일인 6일차 뒤에 다음과 같이 월요일을 붙이는겁니다.

그래서 이 방식이 됩니다.

1주차 시작일	1	2	3	4	5	6	7
2주차 월요일	2	3	4	5	6	7	8
2주차 화요일	3	4	5	6	7	8	9
2주차 수요일	4	5	6	7	8	9	10
2주차 목요일	5	6	7	8	9	10	11
2주차 금요일	6	7	8	9	10	11	12
2주차 토요일	7	8	9	10	11	12	13
2주차 일요일	8	9	10	11	12	13	14

이것은 주차가 계속 돌아가는 방식이 되므로 **N주차 돌리기**라고 저자는 말합니다.

N주차 (주차돌리기)
월요일 - 화수목금토일월

화요일 - 수목금토일월화

수요일 - 목금토일월화수

목요일 - 금토일월화수목

금요일 - 토일월화수목금

토요일 - 일월화수목금토

일요일 - 월화수목금토일

물론 이 질문이 있을 수 있습니다.

"영어공부를 매일하지 못하는 때는 어떻게 합니까?"

당연히 영어공부를 매일 할 수 없을겁니다.

크리스마스가 되고, 연말이 되고, 새해가 되고, 명절이 되고, 먼 친척집도 가야 하고, 혹은 아파서 회사도 못 나가고, 여행을 가기도 하고, 회식이 있을 수도 있고, 왠지 피곤해서 하루는 아무 것도 하기 싫을 수도 있습니다.

만약 씬(Scene)이 15개로 된 미드 영상 1개의 공부 시작을 2030년 8월 1일에 한다고 했을 때 스케줄은 다음의 **[달력 예시]**에서 보는 것처럼 검정색으로 된 빈칸인 4일과 9일을 쉬어야 한다면, 즉, 공부 넷째날과 아홉째날은 쉬어야 한다면,

1일이 월요일이고, 공부 첫날이며, 씬(Scene)1을 하게 되고

2일은 화요일이고, 공부 둘째날이며, 씬(Scene)2를 하게 되고

3일은 수요일이고, 공부 셋째날이며, 씬(Scene)3을 하게 되고

4일은 목요일이고, 공부 넷째날이며, 씬(Scene)4를 해야 하지만 쉬는날입니다.
그러면 5일은 금요일이고, 다섯째날인 5일날 씬(Scene)4를 하면 됩니다.
그래서 하다보니 8일날(월요일) 씬(Scene)7을 하게 되고, 9일날(화요일) 쉬게 된다면 그렇다면
10일날 씬(Scene)8을 하는 방식입니다.

[달력 예시]

Sun	Mon	Tue	Wed	Thu	Fri	Sat
	1 Scene1	2 Scene2	3 Scene3	4	5 Scene4	6 Scene5
7 Scene6	8 Scene7	9	10 Scene8	11 Scene9	12 Scene10	13 Scene11
14 Scene12	15 Scene13	16 Scene14	17 Scene15	18	19	20
21	22	23	24	25	26	27
28	29	30	31			

물론 주간법칙 형태로 해야 하기 때문에 **[달력 예시]**로 참조해서 만들면 이 방식이 됩니다.

달력 참조 예시

1일 - Scene**1**
2일 - Scene1,**2**
3일 - Scene1,2,**3**
4일 - 휴일(공부 쉬는 날)
5일 - Scene1,2,3,**4**
6일 - Scene1,2,3,4,**5**
7일 - Scene1,2,3,4,5,**6**
8일 - Scene1,2,3,4,5,6,**7**
9일 - 휴일 (공부 쉬는 날)
10일 - Scene2,3,4,5,6,7,**8**

11일 – Scene3,4,5,6,7,8,**9**
12일 – Scene4,5,6,7,8,9,**10**
13일 – Scene5,6,7,8,9,10,**11**
14일 – Scene6,7,8,9,10,11,**12**
15일 – Scene7,8,9,10,11,12,**13**
16일 – Scene8,9,10,11,12,13,**14**
17일 – Scene9,10,11,12,13,14,**15**

※ Scene 글자 우측의 숫자는 모두 씬(Scene)입니다.

달력 참조 예시의 요일 마지막에 밑줄 그은 숫자(ex. **15**)가 당일 학습할 씬(Scene)이며, 나머지는 복습할 씬(Scene)이 됩니다.

보시면 10일의 경우 씬(Scene)1을 빼고 씬(Scene)2부터 시작하죠? (10일 – Scene2,3,4,5,6,7,**8**)

그 이유는 이렇게 되면 7일이 맞기 때문입니다. (주간법칙은 7일 법칙입니다.)

그래서 11일에도 다시 씬(Scene)2를 빼고 씬(Scene)3부터 시작합니다. (11일 – Scene3,4,5,6,7,8,**9**) 그러면 역시 7일이 맞습니다.

이렇게 이후에는 모두 7일씩 맞추는 방식이 됩니다.

자 그렇다면 이쯤해서 질문을 하지 않을 수가 없습니다.

질문
이 주간법칙(7일 법칙)이 가지는 문제점이 뭘까요?
(답변을 적어주세요)

"지겨워서 못하것다"
"질린다"
"지친다"
"정말 불탄다"
등등
다양한 답변을 하셨습니다.

참고로 이것은 아직 영어공부가 아닙니다. 밥차리기라고 볼 수도 있고, 아직 공부한 것이 아닙니다. 저자가 공부라고 말하는 것은 오직. 전체법칙 뿐입니다.

영어는 이것이 있습니다.

전교 1등자세.

즉, 불타는 자세입니다.

등교길에 책을 보고 등교하고, 수업시간에는 수업에 집중하며, 쉬는 시간에는 책을 보며 쉬고, 화장실 갈때도 책을 보며 가고, 점심 시간에는 책을 보며 우유에 밥 말아서 먹습니다. 하교길에도 역시 책을 보며 하교합니다.

※ 공부 할 때 있어서 가장 큰 문제는? 그 학생은 배운것을 잊어버리는겁니다.

(-> 안잃어버리면? 그 학생은? 전교 1등할겁니다.)

이 주간법칙으로 하게되면 가장 큰 문제점은 바로 7일이 지나면서 그 7일 이전 것 즉, 8일전에 공부한 것은 날아가기 시작한다는 것입니다. 눈이 녹기 시작하는 것입니다.

그렇다면 9일전에 공부한 것, 10일전에 공부한 것, 11일전에 공부한 것…… 1개월전에 공부한 것, 2개월전에 공부한 것…. 1년전에 공부한 것… 날아가버렸습니다.

그러면 내 실력은 어떻게 되냐구요?

늘 그자리가 됩니다.

그래서 다음과 같은 생각을 하게 됩니다.

"왜 난 늘 그자리인가?"

그래서 이 **"늘 그자리 상태"** 10년을 공부해도 늘 언저리 상태가 되는 것입니다.

이러면 문제가 심각해지는 것입니다. 공부를 열심히 했어도 결국 도루묵이 되거든요. 이 때문에 나온 것이 바로 전체법칙입니다.

그리고 전체법칙을 하기전에 잠시 알고 넘어가야 할 횟수에 대한 부분이 있습니다.

그러면 **"전체법칙 들어가기 전"**을 살펴보겠습니다.

전체법칙 들어가기 전

우리는 모두가 **"엄마"**에게 말을 배웁니다. 그래서 영어는 **"엄마"**가 중요합니다.
좋습니다.
질문을 드리겠습니다.

<u>질문</u>
태어난 아이가 "엄마"라고 말을 할 때 아이는 "엄마"라는 단어를 몇 번을 듣고 말을 했을 때 "엄마"라고 말을 하게 되는걸까요?
그 횟수를 적어주세요.

많은 분들이 50번, 200번, 1,000번, 2,000번 등 다양한 숫자를 적었습니다.
그 숫자는 정말 많아도 몇 천 번대였고, 대부분은 몇 백 번대였습니다.
간혹 만번을 적는 분들도 있었습니다.

아이가 "엄마"라고 말을 하기 위해서 들어야 하는 그 수치는

2만번

2만번 이라고 합니다.
엄청나죠?
다행히 이 수치는 유학생 수치가 아닙니다. 외국인 수치가 아닙니다. 그 나라에서 태어나서 엄마와 하루 종일 있는 원어민 수치라는 것입니다.
이 수치 하나로만 봐도 왜 타국인이 언어를 공부할 때 원어민을 따라갈 수 없는지를 알 수 있습니다.

2만번 (이건 원어민 수치입니다)

2살된 아이의 어머님이 말씀하시길

24개월된 아이와 대화가 되요!

겨우 24개월 된 아이가 엄마와 대화가 됩니다. 즉, "어른들과 대화가 된다"라는 것입니다.
놀랍지 않습니까?
2살된 아이를 너무 우습게 보는 분들도 있습니다.
하지만 이 아이는 이미 엄마라는 말을 2만번 이상 들은 아이입니다.
즉, 내공이 상당하다는 것입니다.

그렇다면 우리는 최소 문장당 2만번은 해야 하지 않을까요?:)

이제 집적의 완성 – 전체법칙입니다.

자 그러면 전체법칙으로 가보실까요?

The Whole Law!

Finishing Accumulation Training

집적의 완성 - 전체법칙 (The Whole Law)

"전체법칙은 언어를 완성하는 (자연)법칙이다"

"전체법칙을 하지 않고는 공부를 했다고 말할 수 없다"

전체법칙은 훈련의 완성단계이며, 가장 빠르게 영어를 향상시키는 단계입니다.
이 훈련을 하지 않고서 영어공부를 했다고 말할 수 없습니다.
그 이유는 아직 공부를 하지 않은 것과 같기 때문입니다.

이것은 언어의 깨달음을!

그 프리토킹의 비밀을!

행동으로 풀어 쓴 것입니다.

집적의 완성 – 전체법칙

주간법칙은 집적하는 과정입니다.

그 주간법칙의 과정으로 한 편의 미드나 영화를 마스터하는 것입니다.

전체법칙은 이제 집적을 완성하는 단계입니다.
절대 녹지 않는 빙하처럼 쌓이는 눈이 녹지 않게 만드는 것입니다.

그래서 집적과정으로 쌓은 한편의 영화나 미드를 여기서 완성하는 단계입니다.

이것은 굉장히 쉽습니다.
그리고 굉장히 단순합니다.
체계적이며, 아름답습니다.
또한 굉장히 빠릅니다. 이제 내 갈 길을 전속력을 달려가는 것입니다.
같은 시간을 투자해도 이제 다른 사람들보다 20배에서 수십배 더 빨리 가게 되는 때입니다.
(다른 사람들은 하루에 10문장 내외를 한다면 나는 하루에 300~500문장 이상을 하게 되거든요)
내가 공부했던 문장을 하게 되는데 당연히 새로운 문장을 익히는 것보다 수십 배 빨리 가는 것은 당연합니다.

집적의 완성을 어떻게 하는지에 대한 정리는 본 장의 마지막에 집적의 완성이 담겨 있습니다.

앞으로 어떤 언어를 하든 이 집적의 완성, 전체법칙을 통해서 한다면 반드시 성공하게 될 것입니다.

전체법칙

저자는 집적의 완성(전체법칙)단계를 다른 말로는 밥먹기 단계라고도 합니다.

사람은 밥을 먹어야 살 수 있습니다.
밥을 먹지 못하면 어떻게 될까요?
밥을 먹지 않고 아마 며칠도 버티기 어려울겁니다.

주간법칙을 통해 공부한 것은 바로 밥차리기였습니다.
쌓는 과정이지만 무너지기 쉽습니다.
밥차리기를 매일 하면서 밥을 먹지 않는 행동은 수영을 잘하겠다고 마음먹은 사람이 매일 수영장 가서 수영은 안하고 몸에 물 뿌리고 체조만 하는 것과 같습니다.
그렇게 10년을 했습니다.
그리고는 말합니다.
"아~~~ 수영 정말 힘들다. 물에서 헤엄치는 것은 내 평생의 소원, 내 평생의 염원, 숙제, 아~~~ 수영. 정말 열심히 한 것 같은데…."
맞습니다. 정말 열심히 했습니다. 매일 수영장가서 체조하고 몸에 물 뿌리는 행동만 한 것입니다. 수영 실력이 늘까요? 안 늘겠지요? 당연히 물에 들어가서 수영을 해야죠.
영어 또한 마찬가지입니다.
맨날 밥만 차리기만 하는 사람이

"아~~~ 왜 맨날 난 배고플까…"

"내가 10년간 밥 차렸다. 그런데 왜 배고플까?"

단 한가지 이유 입니다.
먹지 않아서 입니다.

"비유가 너무 센 것 아닌가?" 생각할 수도 있습니다만
여러분들이 살면서 지금까지 공부한 문장은 셀 수 없이 많습니다. 그렇다면 지금까지 공부했던 문장 기억이 납니까? 대부분 기억나지 않을겁니다. 1년전에 한 것은 뭘 했는지도 모를겁니다. 그렇다면 맨날 그 실력이 그자리인 것과 큰 차이가 없다는 것입니다.

또한 여러분들이 지금까지 공부했던 것을 돌이켜 보시면 혼자 공부할 때 주로 다음과 같은 팁 수준으로 했을겁니다.

"들어라, 따라말해라, 반복해라, 억양맞춰라, 발음맞춰라, 될 때까지 해라, 왕도가 없다, 쉐도잉해라" 등.

그렇게 해서 하루에 몇 문장을 먹겠습니까?

10문장이요?

저자는 이렇게 말합니다.

영어 한 문장은 밥알 1개다

밥풀떼기라는 겁니다.

자 보시면 10문장은? 밥알 10개라는 겁니다.

여러분이 하루에 먹어야 할 최소량은 이만큼 이라는겁니다.

그런데 밥 한 톨 먹어서 되겠습니까?

굶어 죽습니다.

맨날 밥알 10개, 15개.... 그것은 사람이 먹는 것이 아니라 개미가 먹어야 합니다.

그렇게 10년을 먹으니 늘 영어가 배고픈 것입니다.

워밍업과 한 문장 법칙과 주간법칙이 존재하는 이유는 단 한가지입니다.

전체법칙을 하기 위해 존재하는 것 뿐입니다.

다시 말씀드리면 그 과정들은 전체법칙을 하려고 필터링 거친 소스들, 재료들인 것 뿐입니다.

잘 아시다시피

밥을 먹는 것은 간단합니다. 숟가락, 젓가락 들고 먹기만 하면 됩니다. 빨리 먹으면 몇 분도 채 걸리지 않습니다.

하지만 재료를 준비하고 다듬고 요리하는 과정.

족히 30분에서 1시간은 걸릴겁니다.

그래서 그 과정이 힘든 것입니다.

그래서 내가 혹독하게 연습한 그 문장들은 이 전체법칙을 하려고 차려 둔 밥상입니다.

이제 먹기만 하면 됩니다.

즉, 공부를 하는 단계가 바로 전체 법칙 단계라는 것입니다.

전체법칙은 몇 가지 되지 않으며 굉장히 심플합니다.

자 그러면 이제 전체법칙을 살펴보겠습니다.

집적의 완성 단계 - 전체법칙

중요노트

※ 전체법칙은 꼭 한 편의 미드, 영화 혹은 애니 를 마스터 했을 때 하는 것입니다.

영화,애니의 경우 문장이 많기에 500문장을 주간법칙으로 마스터 했을 때마다 전체법칙을 하면 됩니다.

우선 전체법칙의 2가지부터 꺼내겠습니다.

집적의 완성1
주간법칙으로 공부마친 영상 한 편의 문장들을 하루에 모두 읽기

집적의 완성2
주간법칙으로 공부마친 영상 한 편의 문장들을 하루에 모두 낭독하기

"엇? 읽기, 낭독하기… 뭐지?", "이게 다야??"

라고 생각할 수 있습니다.

좋습니다.

이것이 단순히 이것이 다라면 이 두줄로 끝내야 했을겁니다. 하지만 그렇지 않습니다.

[전체법칙1 - 집적의 완성, 정리 편1]에 자세히 정리되어 있으며, 우선 순차적으로 설명드리는 것입니다:)

집적의 완성1,2는 공부를 마친 미드나 영화를 프린트해서 보거나 혹은 컴퓨터앞에서 영상을 켜두고 문장을 (소리내지 않고) 읽고, (소리내어) 낭독하는 것입니다.

산타플레이어의 산타북은 바로 전체법칙을 하려고 만들었기 때문에 산타북을 이용해도 좋습니다.

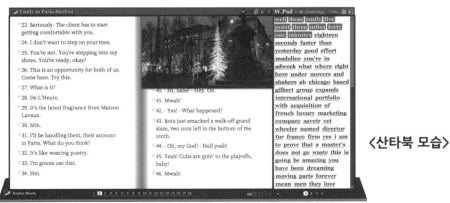

〈산타북 모습〉

자 이제 실험을 하나 하겠습니다.

실험1

준비

1. Read_me.txt파일을 열어서 카운트 숫자를 11로 변경하고 Read_me.txt파일을 저장 후 종료해주세요.

★count=11★

2. 산타북 프로그램을 열고 INDEX페이지로 이동해주세요.
그러면 다음과 같이 화살표는 **[전체법칙]**목차를 가르킵니다.

3. **[전체법칙]**목차를 클릭해주세요.
그러면 화면은 **[실험1 - 영어 독음 보고 낭독하기]**로 바뀝니다.

이렇게 되면 이제 준비가 된 것입니다.

룰
1. [영어독음발음하기 1] 버튼을 눌러서 영어독음이 보이면 바로 큰 소리로 빠르게 낭독해야 합니다.

2. 열자마자 1초라도 보고 있으면 안됩니다. 읽어버리기 때문입니다.

3. 보자마자 바로 낭독하는 것! 잊어버리면 안됩니다:)

이해되셨죠?

자 그러면 실험을 하겠습니다.

실험
1. [실험1 - 영어 독음 보고 낭독하기]화면에서 [영어독음발음하기 1]버튼을 눌러서 보이는 영어독음을 빠르게 낭독해주세요.

질문들어갑니다.

질문1
어떻습니까?
낭독이 빠르게 됩니까?

질문2
왜 빠르고 정확하게 낭독되지 않을까요?

많은 분들이 프리토킹을 염원합니다.

그러면서 말은 합니다.

"나올락 말랑 한데 나오지 않는다, 나올것 같은데 입에서만 맴돈다"

그럴 것 같지만 그것은 천만의 말씀, 착각입니다.

위 문장이 입속에서 맴돌까요?

아니면 나올락 말랑 한 것 같습니까?

그렇지 않습니다.

그것은 내가 가지고 있지 않는 문장이기 때문입니다. (내가 가본적이 없는 길이라는 겁니다.)

즉, 나에게 익숙하지 않는 문장입니다.

그렇다면 내가 말해보지 않았는데 어떻게 안해본 문장이 프리하게 나오냐 말입니다.

어불성설입니다.

즉, 문장은 길입니다.

많은 문장에 익숙하지 못하다면 초보라는 것입니다.

그래서 낭독하기는 굉장히 중요하며, 낭독하기를 빼면? 간단합니다. 말을 못하게 됩니다. 그 이유는 그와 유사한 말을 해보지 않았기 때문입니다.

한국말이든 외국 말이든 똑같습니다.

"집적의 완성1,2를 하더니 서론에 너무 긴데?"라고 생각 할 수도 있습니다.

그 이유는 과정을 설명하고 이해를 시켜드리고 결론을 내야 하기 때문입니다.

이제 다시 지금부터 몇 가지 질문을 드리겠습니다.

질문1

15,000 문장

현재 독자 여러분에게는 주간법칙을 거친 문장이 1만 5천문장이 있다고 가정합니다. 주간법칙을 거치게 되면 모든 문장은 자막을 보지 않고도 들어보면 들리고 문장을 **빠르게 낭독할 수 있게 됩니다.**

하루에 어떻게 소화를 시키면 좋을까요?

"낭독한다"
"모르겠다, 꾸준히 한다"
"할 수 있는 만큼 한다"
"열심히 한다"
"마칠때까지 하루 종일 한다"
다양한 답변이 나왔습니다.

좋습니다. 해답을 드립니다.
해답은 바로!

식단

Sun	Mon	Tue	Wed	Thu	Fri	Sat
	1 돈육철판구이	2 닭고기 당면조림	3 묵은지 제육볶음	4 카레라이스	5 돈육갈비찜	6 파돼지고기볶음
7 생선까스	8 닭갈비볶음	9 표고버섯탕수육	10 어묵잡채덥밥	11 제육철판볶음	12 참치비빔밥	13 그릴후랑크소세시
14 돈육애호박볶음	15 함박스테이크	16 새우까스	17 마파두부	18 치킨까스	19 소불고기	20 치킨너켓
21 고기산적	22 돈육고추장불고기	23 수제비닭볶음	24 슈육야채 겨자무침	25 파브리카 돈불고기	26 돈까스	27 참치채소볶음
28 소고기 양배추불고기	29 카레라이스	30 떡갈비	31 영양닭죽			

식단! 입니다.

위 식단표를 보면 먹음직스럽지 않습니까?

"식단이라…"

좋습니다.
두번째 질문을 드립니다. 두번째 질문은 첫번째 질문에 이은 질문입니다.

질문2
왜 식단일까요?

쉬지 않고 영어문장 500문장을 한번에 낭독해 본 적이 있습니까?

500문장을 낭독해 본 적이 있었다면 500문장을 낭독하는데 몇 분 걸렸습니까?

누구나 구내식당을 이용해본 경험이 있을겁니다.

구내식당에 가면 다양한 메뉴들이 있으며, 먹을 만큼 가져다 먹으면 됩니다.

*본 이미지는 저자가 유럽에서 아침식사를 할 때 찍은 사진입니다.

또한 구내식당은 매일 메인 메뉴가 바뀝니다.

가만히 생각해보면 제육볶음은 일주일 전에 먹었는데 또 나옵니다.

10일 전에 먹은 생선까스도 10일 뒤에 나옵니다. 돈까스도 10여일에 한 번씩 나옵니다.

구내식당을 생각해보면 어떤 메인 반찬들이 특정 주기로 반복해서 계속 나오는 것입니다. 즉, 모든 구내식당은 일정한 주기로 메뉴들이 나온다는 것입니다.

그렇다면 1만 5천문장은 실로 어마어마한 수치입니다.

5백문장 낭독을 할 때 원어민과 똑같이 낭독하면서 넘어간다면 족히 50분 걸립니다.

5천문장은? 10배가 되니 500분이 되겠죠? 10시간으로 잡았을 때

1만 5천문장은 30시간을 안 쉬고 낭독해야 한다는 것입니다.

하루에 할 수도 없고, 나누어야 겠지요?

바로 식단으로 말입니다.

좋습니다.

다시 질문 들어갑니다.

질문1

어제 먹었던 밥, 반찬을

오늘도 먹고, 내일도 먹고, 모레도 먹고… 그래서 한 달 동안 먹는겁니다. 그것이 라면이라면? 김치찌개라면? 한 달 내내 그것만 먹고 싶으십니까?

질문2

그렇다면 구내식당의 식단처럼 1달 혹은 2달 식단이 있습니다.

이것은 1달 혹은 2달간 메뉴가 매일이 바뀌는겁니다.

이렇게 1년을 먹어도 괜찮겠습니까?

좋습니다.

질문3

그렇다면 이렇게 1달 혹은 2달 식단이 있으면 몸이 영양실조 걸릴까요? 아니면 몸이 좋아질까요?

질문4

왜 몸이 좋아진다고 생각하십니까?

(참고로 구내식당은 거의 대부분 영양사가 있습니다. 영영사는 급식 책임자로 식단을 영양에 맞게 균형있게 구성, 관리하는 사람입니다.)

※ 생각해 볼 점

* 전체법칙을 들어가서 읽기, 낭독하기를 한 후에 갑자기 15,000문장이 나오고,
그리고 나서 어떻게 소화를 시켜야 하는지에 대한 물음으로 지금 식단이야기가 나오고 있습니다.
감이 오지 않습니까?

1달 혹은 2달 식단이 있는 것은 매일 다른 식단을 먹는 것이며, 이것은 다양한 영양분이 골고루 들어간다는 겁니다.

★ 다양한 영양분이 균형있게 골고루 ★

이것은 주제가 그 무엇이든 굉장히 중요한 의미를 내포하고 있습니다.

만약에 우리가 불규칙하게 식사를 하고 생활을 한다면 어떻게 될까요?

* 불균형적인 식사가 몸을 망치듯이 영어도 불균형적이고 불규칙적으로 먹으면?(즉, 중구난방으로 먹으며, 그러면서 많이 먹지도 못하고 먹는량은 고작 하루 밥알 5~20개 정도) 영어의 영양실조가 와서-

영어 바보가 되어서 **-늘 그자리가 되는… 즉, 맨날 바닥치고 또 치고 또 치는… 그래서 앙상한 뼈만 있는 상태가 됩니다. 원인은 골고루 된 균형있는 영양분을 공급받지 못하기 때문입니다.**

그래서 난 늘 그자리(앙상한 뼈 상태)가 되는 것입니다.
"늘 그자리…" 말입니다.(앙상한 뼈 상태 말입니다. 못먹으니 밥만 차리고)

또한 내가 익숙한 문장이 500문장 혹은 천 문장 뿐이라는 것은?
즉, 미드 1편이나 영화 한 편 있다는 것은 밥 한 끼 인겁니다.
365일 맨날 김치찌개 먹는겁니다.
몸이 좋아지겠습니까?
영양 불균형이 생겨서 탈모 생기고, 영양실조에 결국 몸이 나빠지고 결국 병원에 가야 할겁니다.

그래서 해당 언어를 공부할 때는 최소 1달 혹은 2달 식단이 내게 있어야 한다는 것입니다.
그래서 이 식단으로 나의 언어를 돌여야 하거든요.
나한테 엄청나게 익숙해져 있는 문장들가지고 말입니다.

풍부한 내 몸의 영양, **풍부한 내 영어를 위해서** 말입니다.

모든 언어가 마찬가지입니다 :)

결론
건강한 식단은
내 몸이 건강한 상태가 되듯이
건강한 영어식단은
내 영어를 튼튼하게 건강하게 만들어줍니다.

자 그렇다면
내게 한달치 식단이 준비가 되어 있다면
다음과 2가지 식단 형태로 나뉠 수가 있습니다.

첫번째 식단 형태 (미드 – 미국 드라마)

미국 드라마는 문장수가 영화나 애니메이션 보다 작습니다.
그렇다면 1화를 하루 식단으로 잡는 방식입니다.

1일차 - 미드 1화 (김치찌게)
2일차 - 미드 2화 (된장찌게)
3일차 - 미드 3화 (비빔밥)
4일차 - 미드 4화 (제육덥밥)
5일차 - 미드 5화 (닭갈비)
6일차 - 미드 6화 (생선까스)
7일차 - 미드 7화 (돈까스)
....
...
30일차 - 미드 30화 (함박 스테이크)
31일차 - 미드 1화 (김치찌게)

물론 미국 드라마에는 30화는 없습니다. 그래서 시즌2 1화, 시즌2 2화 형태로 하면 됩니다.

※ 노트
"미드"는 "미국 드라마"를 줄임말입니다.

두번째 식단 형태 (영화나 애니메이션)

영화나 애니메이션은 보통 문장수가 1천문장이 넘습니다.

애니메이션은 1천문장 내외가 되고 영화 대부분은 1천문장이 거의 모두 넘으며 많게는 3천문장 가까이 되는 영화도 있습니다. (2015년 영화 인턴의 경우 약 2,700문장입니다.)

그래서 영화, 애니메이션으로 할 때는 500문장 정도로 끊어줘야 하는 것입니다.

1일차 - 1~500 (김치찌게)

2일차 - 501~1,000 (된장찌게)

3일차 - 1,001~1,500 (비빔밥)

4일차 - 1,501~2,000 (제육덥밥)

5일차 - 2,001~2,500 (닭갈비)

6일차 - 2,501~3,000 (생선까스)

7일차 - 3,001~3,500 (돈까스)

....

...

30일차 - 14,501~15,000 (함박스테이크)

31일차 - 1~500(김치찌게)

이 방식은 한 편의 영화, 한 편의 미드가 주간법칙으로 완성되었을 때 1일차 식단을 말하는 것입니다. 미국 드라마로 하는 첫번째 미드 방식이라면, 한 달 식단은 이미 30개의 에피소드를 가지고 있다는 뜻입니다.

"아직 시작도 안했는데, 만약 미드 5편 혹은 10편 뿐이 하지 못했을 때는 어떤 방식으로 해야 하는가?" 질문이 있을 수 있습니다.

이 부분은 본 장의 마지막 **[집적의 프로세스 - 집적 공부방식]**에 자세히 나와 있습니다.

지금까지의 설명은 전체법칙의 **[집적의 완성2]**를 설명 후에 식단을 설명드렸습니다.

[집적의 완성2]는 다음과 같습니다.

> ## 집적의 완성2
> ### 주간법칙으로 공부마친
> ### 영상 한 편의 문장들을 하루에 모두 낭독하기

좋습니다.

질문 들어갑니다.

질문1
낭독하기를 많이 하게되면 부작용으로 좋은 것을 얻게 됩니다.
무엇일까요?

"부작용으로 좋은 것?", "무슨말이지??"

좋습니다.
남성 탈모 치료약 **프로페시아**라고 있습니다.
이것은 원래 전립선 치료를 위해서 만든 약이며, 의사가 약을 처방했는데 환자가 머리가 나기 시작해서 만들어진 약이라고 합니다. 즉, 부작용으로 만들어진 것으로 탈모 환자에게는 희소식 입니다.

다시 질문들어갑니다.

질문2
자, 그렇다면 소리내어 낭독하기를 많이 하게 되면 부작용으로 좋은 것을 얻게 되는데 무엇일까요?

좋습니다.
아직도 모호할 겁니다.

다시 질문 들어갑니다.

질문3
내가 말을 할 때 내가 말하는 말을 들을 수 있을까요? 없을까요?

많은 분들이 이 답변에 **"들을 수 있다"**로 적었습니다.

가만히 쇼파에 앉아서 눈을 감아보세요.
그리고 **"아 오늘은 무척 기분 좋타아~"**라고 외쳐보세요.
방금 외친 문장이 들렸습니까? 들리지 않습니까?
들렸죠?
그렇다면 희안한 것이 낭독하기를 많이하게 되면 어떻게 되는지 아십니까?

듣기가 좋아집니다

이것은 놀라운 발견이 아닐 수 없습니다.
저자는 영어를 터득하는 과정에서 이 식단을 통해서 낭독을 10여일 간 해 보았습니다. 듣기가 몰라보게 좋아진다는 것을 알게 되었습니다.

듣기가 좋아진다고 하니 바로 낭독하고 싶어지죠?
하지만 2가지 조건에 충족해야만 귀가 달라지는 현상이 일어납니다.

※ 노트

* 기계음(컴퓨터, 핸드폰, 등등)보다는 원어민 육성을 듣는 것이 영어를 굉장히 빨리 배우는 길입니다.
기계음에서는 원어민의 말을 음미하는 느낌이 작은데요.
가령 표준어 쓰는 사람이 사투리를 배우는 과정은
바로 그 사투리 쓰는 사람의 목소리를 듣고 그것을 뇌에서 음미하기 때문에 한번 따라 말한 것과 같은 느낌이 되며, 그래서 나도 모르게 사투리를 하게 됩니다. 이것은 특정 노래를 배우는 과정과 비슷합니다.
그래서 육성을 들으면 머리에서 기억이 더 오래남습니다.

조건1

낭독하는 모든 문장을 거의 원어민과 비슷하게 말하면서 넘어가야 합니다.

주간법칙의 복습일 때 방식 "요약된 한 문장 법칙" 기억나시죠? 그렇게 되어야 합니다. (즉, 연기자가 되어야 합니다.)

만약 특정 문장들이 원어민과 비슷하게 되지 않는다면 원어민의 말하는 문장을 듣고 따라말하기를 계속 반복해서 비슷하게 될 때까지 해야 합니다.

조건2

1. 하루에 말하는 문장의 양이 많아야 하며,
2. 식단이 많아야 합니다.

하루에 말하는 문장이 100문장? 큰 의미 없습니다. 귀가 좋아진다는 느낌을 받지 못하거든요. 그렇다면 그 이하는 당연히 말할 것도 없습니다.

하루에 적어도 500문장, 혹은 미드 1편 혹은 2편 정도는 낭독해야 한다는겁니다.

엄청나다고 생각들 수 있습니다.

하지만 내가 이미 주간법칙으로 완료한 영상이기에 이미 엄청나게 익숙해버린 문장들이므로 빠르게 낭독할 수 있습니다.

그리고 3일치 식단? 즉, 미드 3개? 그러면 느낌을 역시 받지 못합니다.

최소 10일에서 2주일 정도의 식단이 있어야 하는겁니다.

그래서 이 조건1과 조건2에 부합하지 않으면, 귀는 낭독으로 그리 많이 좋아진다는 느낌을 받지 못한답니다.

아쉽죠?

그렇다면 부리나케 2주 식단이라도 만들어보면 어떨까요?

다시 말씀드리면 위 2가지 조건이 성립이 될 때 영어 듣기가 낭독으로 향상된다는 것을 스스로 알게 될겁니다.

낭독을 하지 않게 되면 맞이하는 결과
제게 영어를 배운 분들 중 이 낭독에 시간을 두지 않는 분들이 많았습니다.
공부했던 거라 보면 지겨워지고 하기 싫어진다고 합니다.
당연합니다. 봤었던 영화 다시 보는거 재미있을리가 없지요.
그래서 맨날 새문장(새로운 문장)쳐내기만 합니다. 한 문장 법칙만 하는겁니다.
"난 문장을 모르니 산타가 뭐라 하든 문장을 최소 5천문장 한 뒤에 할거야!"
결국 3년이 흘러서 내가 했던 문장이 1만문장 이상인데도 6개월 전에 했던 것 다시 들어보면?
뭔 말인지 잘 모르고 원어민과 비슷하게 할 수도 없습니다.
1만문장 대부분이 날아가 버린겁니다. 결국 "나는" 늘 그자리가 됩니다.

"춘천 공작창 창장은 편창장이고, 평촌 공작창 창장은 황창장이다"는 한국어이며 또 정말 많이 본 패턴(~은 ~이고 ~은 ~이다)인데 불구하고 우리는 이것을 말하지 못했습니다. 그 이유는 말해보지 않은 발음(익숙하지 않은 단어)들로 이루어진 문장이기 때문입니다.

영어도 마찬가지 입니다.
맨날 새로운 문장만 하니 그것은 계속 바닥치기입니다. 삽질 중에 왕 삽질인겁니다.
"바닥 치고, 또 치고, 또 치고, 그래서 하나 끝내고 그 다음 건 쳐도쳐도 안되서 될 때까지 바닥 치고… "계속 바닥만 칩니다. 무한반복을 하는 꼴입니다.
환청같이 떠오르는 것은 몇 개 되지도 않고, 고작 며칠 것 뿐이고,
공부했던 그 많던 문장을 들어도 뭔 말인지 모르고 그래서 당연히 빨리 말할 수도 없고
이 한마디를 외칩니다.

"아~ 왜 난 늘 그자리인가!"

제로상태가 된 것입니다.
왜냐구요?
전체법칙, 그중에서도 낭독을 하지 않아서 입니다.

이제는 전체법칙의 낭독이 중요하다는 것 이해되시죠?

※ 참고로 하루에 최소 3백문장 이상(다른 식단)을 읽고, 말하기 안하면 큰 의미가 없습니다. 예를 들어서 100문장이라고 해도 한국말을 한 만큼의 양이 안되니 어렵겠죠? 그런데 만약 그보다 훨씬 더 작은 문장이라면? 그리 큰 의미도 없습니다.

이제 다시 질문 들어갑니다.

질문

태어난 지 2달된 아기가 있습니다.
이 아기는 "짬뽕, 짜장면, 라면, 삼겹살, 탕수육, 피자, 콜라 등"을 먹고자 합니다.
하지만 먹지 못합니다.
왜 그럴까요?

콜라의 경우 TV 실험 프로그램에서 나온 내용을 요약하면 치아를 콜라에 두고 일주일이 지나면 치아가 모두 녹아 없어진 것입니다. 그렇다면 모든 내장이 발달되지 않은, 막 태어나서 2달 된 아기가 먹게 되면? 아기의 생명에 지장이 많겠지요?
마찬가지입니다.

다음은 초급자인 경우입니다.

난 영어 베이비 – 모유 먹는 시기

(초급자인 경우) 현재 독자 여러분은 영어 베이비입니다.
"내가 빨리 말할 수 있는 영어 문장이 몇 개나 되는가?" 입니다.
거의 없습니다.
이것은 결국 미국에서 태어난 몇 개월도 채 되지 않는 베이비라는겁니다.

하루에 500문장을 먹고 싶은 것은 막 태어난 아이가 "짬뽕, 피자, 콜라"를 먹고 싶은 것입니다.
하지만 소화할 수 있을까요? 할 수가 없습니다.

500문장을 원어민과 똑같이 하려면 아마도 2주는 족히 걸릴걸요?

그래서 태어난 아이는 1~2년 모유만 먹듯이
여러분은 주간법칙을 통해서 새로운 문장을 내 문장으로 만들어내는 과정을 거쳐야 합니다.
이 과정이 바로 "모유 먹는 시기"입니다.
1달 식단을 최소 만들기까지 말입니다.
1달 식단은 족히 2년 이상이 걸릴겁니다.

이제 집적의 완성 3을 위해 다시 질문을 드립니다.

질문
한 편의 미드나 영화를 마스터한다는 뜻이 뭘까요?
(어떻게 해야 마스터가 된 것일까요?)

"문장을 완전히 익힌다"
"단어를 완전히 외운다"
"듣고 바로 따라 말할 정도가 되어야 한다"
"안보고 모든 대사를 말한다"
등등 다양한 답변이 있을 수 있습니다.

하지만, 그 미드나 영화에 나온 표현까지 마스터가 되어야 한 편의 미드가 마스터 된 것입니다.
그래서 집적의 완성3은 바로 표현입니다.

> ## 집적의 완성3
> # 주간법칙으로 공부마친
> # 영상 한 편에 나온 표현들 하루에 익히기

많은 분들이 간과하는 것이 표현들입니다.

실제 미국 사람들은 거의 대부분의 문장을 표현을 섞어서 사용합니다.

대부분의 경우 최소 몇 문장을 말할 때 한 문장은 표현이 들어가고, 한 문장에 여러 개의 표현을 사용하기도 합니다.

그래서 안들리는 이유 원인편의 여섯번째 이유에 표현이 들어가 있는 것이고, 훈련의 워밍업에서 마지막 단계의 7단계에서는 표현을 익혀야 하는 이유가 여기에 있는 것입니다.

한 편의 미국 드라마나 영화가 마스터되면 정리된 표현들이 있습니다.

20분짜리 미국 드라마 한 편에 족히 50~80개 이상의 표현이 존재합니다.

그 표현을 영상과 함께(영상에서 원어민이 낭독하는 것을 보고 들으면서 문장을 익히는 것과 함께) 익혀야 합니다.

미국 드라마 에피소드 10편를 보았다면 이미 표현이 몇 백개가 되겠지요?

그런데 "**지금까지 나는 표현 공부를 얼마큼 했는가??**" 말입니다.

여러분들은 표현의 중요도를 몰라서 거의 하지 않았을겁니다.

그래서

"**한 편의 미국 드라마나 영화를 마스터했다**"라는 것은

그 미국 드라마, 영화에서 나온 표현까지 마스터가 되어야 마스터 된 것입니다.

같은 프리토킹을 해도 표현을 섞어서 하는 사람과 표현을 잘 섞지 못하는 사람이 있습니다. 유창할수록 표현을 보다 잘 섞는답니다.

그래서 이 표현으로도 영어 실력 차이가 나는 것입니다.

집적의 완성4
하루 중 자투리 시간을 활용한 복습

파트4인 시간 파트에서 다음과 질문 드린 것 기억나십니까?

> (전자) 하루 10시간 X 365일(1년) = 3,650시간
> (후자) 하루 1시간 X 3,650일(10년) = 3,650시간
>
> 시간은 두 사람 모두 3,650시간이 됩니다.
> 전자는 토킹에 가까이 왔습니다.
> 후자 또한 시간이 같기에 토킹에 가까이 왔다고 생각할 수 있습니다
> 만 실제 이 후자는 안될 가능성이 많습니다.
>
> 이제 질문을 드립니다.
>
> **질문**
> ## 왜 전자는 되고 후자는 안될까요?

안되는 이유는 만나고 헤어지고 만나는 시간이 너무 길기 때문입니다.

그래서 답을 드렸었습니다.

만나고 헤어지고 만나는 시간이 짧아야 한다

장기적으로 볼 때 1시간 공부하는 사람이 2시간 하는 사람을 이기는 유일한 것입니다.
2시간 하는 사람이 3시간 공부하는 사람을 이기는 유일한 것입니다.
그래서 다음과 같이 해야 하는 것입니다.

아침에 일어나서	퇴근 무렵
샤워할 때	퇴근하며
출근길에	집에 와서 샤워 할 때
점심 전	저녁 후로
점심 뒤로	TV보는 시간을 이용해서
다시 2시간 뒤	잠들기 전

어쩌면 이것은 전교 1등이 하는 방식입니다.

다른말로 불타는 자세.

여러분들도 충분히 할 수 있다고 생각합니다.

이렇게 되면 하루 집중 공부 1시간 하는 사람이 하루 집중 공부 2시간하는 사람을 이기게 됩니다.

집적의 완성5
봤었던 리얼리티 쇼 자주보기

주간법칙에서 엘렌쇼를 할 때는 새로운 것을 계속봐야 한다고 했습니다. 그것은 안가본 새로운 길을 많이 가야 하는 부분이였는데요. 즉, 하루에 들어야 하는 문장수를 채우기 위해서였습니다. 그 이후에 자투리 시간에는 봤었던 엘렌쇼를 봐야 합니다.

그 이유는 새롭게 간 길들을 다시 가서 그 길을 익숙하게 만들기 위해서입니다. 즉, 봤었던 엘렌쇼를 내것으로 체화해야 하기 때문입니다.

한 번을 들었을 때 보다 세 번 들었을 때가 보다 잘 들리고, 세 번 들었을 때 보다 아홉 번 들었을 때가 보다 잘 들리기 때문에 봤었던 것을 점점 많이 보고 들을 수록 안들렸던 단어들, 문구들, 문장들이 점점 들리게 되며, 이것은 곧 점점 내것으로 체화되는 과정이기에, 그래서 주간법칙에서 봤었던 엘렌쇼(혹은 다른 리얼리티 쇼)를 자투리 시간에 계속적으로 보고 들어야 하는 것입니다.

집적의 완성6
자주 사용되는 단어와 표현을 사용한 문장들 많이 읽기, 낭독하기
(내가 접해보았던 문장이든 아니든 관계없이)

have, know, would, want, get, let's, why, don't, look, take 등의 자주 사용되는 단어들과 work in, look for, out of town, throw a party, stop by, sounds fun, and then, find out, if only 등과 같은 자주 사용되는 표현들을 사용한 문장을 많이 볼 수로, 자주 사용되는 단어와 표현에 대한 내가 가는 길이 많아지는 것이고, 영어식 구조가 보다 많이 잡히게 되어 결국 실력이 향상되는 결과를 낳습니다.

"어떻게 해야 자주 사용되는 단어를 빨리 접할 수 있는가?" 생각한다면

미드나 영화에서 중복 단어를 뺀 순수하게 한 개씩만 있는 단어 목록을 만들면 됩니다.

그러면 그 단어 목록은 많이 사용되는 단어들이라 할 수 있습니다.

[파트6. 부록 기타]의 **[4. 실제 일상에서 사용되는 단어 및 표현들 (A~Z)]**에

는 자주 사용되는 단어들과 표현들을 표로 정리해 두었습니다.

산타플레이어는 자막이 있는 영상(유튜브, TED, 영화, 미드, 애니메이션 등) 마다 자동으로 중복 단어를 뺀 순수하게 한 개씩만 있는 총단어 파일을 만들기도 하고 플레이어에서 다음과 같이 보여주기도 합니다.

〈산타플레이어 재생모습〉

자 이렇게 해서 전체법칙에 대해서 여러가지를 설명드렸습니다.

이제 전체법칙을 정리하겠습니다.

전체법칙1 - 집적의 완성, 정리 편1

(만들어진 식단, 밥먹기)

집적의 완성 정리 편1은 한편의 미국 드라마가 완성되었을 때, 영화와 애니의 경우는 500문장이 완성되었을 때 하는 것입니다.

---

1. 공부했던 영상 최소 70분 읽기, 낭독하기

소리내지 않고 읽기 20분, 소리내어 낭독하기 50분

2. 리얼리티 쇼 자막없이 50분 집중해서 듣기

기존 봤었던 것이 아닌 새로운 것을 봐야 합니다.

볼때는 표현이 발견되면 표현의 뜻과 문장과 함께 기록하기 - 저자는 이것을 항상합니다.

저자가 기록한 예시 : https://cafe.naver.com/santaplayer/34475

3. 공부하지 않은 영상 자막없이 최소 30분 이상 보기

내가 공부했던 수준과 비슷한 수준의 영상이면 됩니다. 가령 미국 드라마 모던패밀리면 같은 모던패밀리의 보지 않은 다른 에피소드를 30분 이상 자막없이 시청하면 됩니다.

4. 최소 20분 이상 읽기

공부했던 영상들의 문장이나 외국의 개인블로그 읽기

5. A4용지 1페이지 분량 쓰기

공부했었던 영상들의 문장을 적으면 됩니다.

1. 미드나 영화의 문장을 한번 재생하고 들은 이후 노트나 A4용지 등에 쓰기

   (문장을 듣고 쓰는것은 최소 한 번은 그 문장을 들어봐야 하기 때문입니다.)

2. 적을 때 독음을 말하면서 소리내어 낭독하면서 쓰기

3. 자막을 보면서 해도 무방

6. 공부한 표현 마스터 하기 - 공부했던 영상에서 만들어진 표현을 전체적으로 다시 한번 익히기

공부한 표현을 잊어버리지 않고, 익숙해지도록 하기 위해서입니다.

7. 자주 사용되는 단어와 표현을 사용한 문장들 많이 읽기, 낭독하기

(내가 접한 문장이든, 그렇지 않든 관계없이)

권장량은 100문장이지만 그렇지 않더라도 자주 사용되는 단어와 표현을 통해
문장문장 마다 계속적으로 보고 따라말하기, 그래서 그 단어나 표현을 어떨 때
사용하는지 익히기, 또한 문장의 구조도 익히기

전체법칙1 - 집적의 완성, 정리 편1은 굉장히 심플하며, 간단합니다.

여기에는 무엇이 들어있냐면요.

"읽기, 쓰기, 듣기, 말하기"의 하루에 한 그 양이 하루에 한국말을 한 것과 같은 최소량이 들
어 있는 것입니다.

아름답지 않습니까?

전체법칙의 QA

Q. 전체법칙1은 언제 해야 하는가?

한편의 미국 드라마나 영화를 주간법칙으로 완료하면 그 다음 날 하는 것입니다.

(※영화,애니메이션의 경우 문장이 많기에 500문장이 완료될 때마다 그 다음날 전체법칙을 합니다.)

가령 13일에 1화를 완료했다면 14일에는 다른 모든 훈련들(워밍업을 포함한 주간법칙)을 제외
하고 오직 이 전체법칙만 하는 것입니다.

Q.하루에 하기 힘든 때도 있는데요. 하루에 해야 합니까?

이 전체법칙 집적의 완성은 최소 3시간 이상 걸립니다.

그래서 하루에 하기 어려울 때도 있습니다.

하루에 도저히 안된다고 판단되면 2틀에 나누어서 하면 됩니다.

다만, 문장이 500문장 내외인데 2틀에 나누어서 하는 것은 권하지 않습니다.

Q. 이 전체법칙은 주간법칙과 함께 하는건가요? 혼동이 되요.

이 부분이 책을 보다보면 혼동될 수 있는데요.

전체법칙은 한 편의 영상을 주간법칙으로 마치면 해야 하는 훈련입니다.

본 장의 마지막 부분인 **[집적의 프로세스 – 집적 공부방식]**에 설명이 자세히 나옵니다 만 간략히 설명드리면 미국 드라마 1화를 주간법칙으로 마스터한 날이 25일이라고 가정합니다. 이것은 식단 하루 치를 만든 것입니다.

그렇다면 26일은 2화를 들어가는 것이 아니라 1화에 대한 전체법칙을 하는 겁니다. 그리고 2화는 27일에 들어갑니다. 2화를 주간법칙으로 계속해 나가서 그 다음달 10일에 끝내었다면, 식단이 이틀 치(1화, 2화)가 됩니다. 그래서 11일은 1화 전체법칙을 12일은 2화 전체법칙을 각각 한 후 13일에 13화를 주간법칙으로 시작하는 것입니다.

새로운 에피소드나 영상을 할 때는 문장들을 익숙하게 만드는 주간법칙을 하는 것입니다.

전체법칙은 오직 주간법칙으로 해당 영상 공부가 완료가 되었을 때 하면 됩니다.

다만, 자투리 시간에 공부했었던 것을 자주 봐주는 것을 권합니다.

영화, 애니메이션의 경우 문장수가 많기에 500문장을 마칠 때마다 전체법칙을 하면 됩니다.

Q. 한달의 식단이 만들어진 후에는 어떻게 하는가?

한달의 식단이 만들어진 경우

스텝1,2,3으로 인해 한달 간 할 식단이 만들어지면 전체법칙1을 한달 간 합니다.

워밍업이나 주간법칙 등을 하지 않고 이 전체법칙1만 합니다.

Q. 한달간 전체법칙1을 한 후에는 어떻게 해야 하는가?

[전체법칙2 - 집적의 완성, 정리 편2]를 6~12개월 하는 것입니다.

전체법칙2는 다음에 바로 나옵니다.

Q. 식단을 몇 달치를 만들어야 하는가?

일상적인 대화에서는 1달치를 권합니다.

최소 1달치 식단을 만드시고, 그것이 익숙해졌다면 그래서 2달치 식단에 도전해보세요.

식단 1달치를 만들 때마다 시간은 오래 걸릴 겁니다.

그래서 식단은 최대 2달치이고, 권장은 1달치입니다.

식단 1달치는 1만 5천문장 내외가 되므로 전체법칙만을 하며, 전화영어, 화상영어, 오프라인 학원을 3가지를 약 1년정도 한다면 여러분이 원하는 토킹 레벨에 올라오기 때문입니다:)

전체법칙2 - 집적의 완성, 정리 편2

(12개월간 밥먹기)

전체법칙2는 전체법칙1에서 추가된 1가지가 있습니다.
바로 다음과 같습니다.

> ## 설명연습 or
> ### 전화영어 + 원어민 소수반 학원 + 화상영어

설명연습

설명연습이란? 다음과 같습니다.

1. 한국말로 상황을 만들고 영어로 바로 번역 낭독하는 연습
2. 한국말로 생각하고 영어로 말하는 연습

많은 분들이 생각하는 착각 중 하나가 **"들리면 말을 한다"**, **"들리면 프리토킹 된다"** 입니다.
절대 그렇지 않습니다.
내가 해보지 않은 말은 절대 나오지 않는 것입니다. 그래서 한국말 조차도 **"~은 ~이고, ~은 ~이다"**의 우리가 평생 살면서 거의 매일 만나본 그 패턴조차도 단어가 바뀌어져서 나오는 문장을 말하지 못했던 것입니다. 원어민이 말입니다.
그래서 **"내가 익숙하지 않거나 많이 해보지 않은 말"**은 절대 나오지 않습니다.
미국인 만나서 헤어질 때 **"See you then"** 이라는 말도 안나오는 것이 현실입니다.

그렇다면 여러분들은 한국말로 상황을 만들고 그것을 영어로 말해보는 연습을 해야 합니다.

자 그렇다면 질문 하나 드리겠습니다.

질문

하루에 20분을 영어로 말하는 연습을 최소 6개월이상 해본 적 있습니까?

없을겁니다. 영어를 넘어서 언어란? 내가 자주 들어봤던 말이나 문구가 들리는 것이고, 내가 했던 말이나 문구가 나오는 것입니다.

"내가 하지 않았던 말이 유창하게 나온다?" 불가능합니다.

한국말이든 영어든 똑같습니다.

이것은 책에서 여러 번 설명드린 내용입니다.

Q. 그렇다면 이 설명연습은 언제해야 하는가?

그래서 전체법칙1을 한달 한 후부터 하는 것입니다.

한국말로 생각한 후 영어로 말하는 것은 쉽지 않습니다.

하지만 이것을 해야 합니다.

다만 영어 실력이 초급자인 분들이 하는 것은 무리입니다. 그 이유는 내가 익숙하게 가본 문장이 많지 않기에 영어의 구조가 전반적으로 쌓이지 않아서 초보자분들은 한계에 부딪힙니다.

그래서 한달 치 식단을 만들어가는 과정에 여러분들은 수많은 훈련을 거치며, 문장이 쌓아지는 과정에 했었던 것을 일정한 패턴을 가지고 계속적으로 반복하게 됩니다. 이것은 문법을 몰라도 문법(문장의 법칙)을 이해하게 되는 것입니다. 그래서 한달 간의 식단이 만들어지게 되면 여러분의 영어 실력은 처음 이 책을 보고 공부하던 그 시절이 아닙니다. 이미 원어민 학원을 가도 대부분이 들리게 되는 상태가 되며, 리얼리티 쇼도 보통 절반 이상 이해를 하게 될겁니다. 즉, 뇌구조가 어느정도 잡힌 상태입니다. 그래서 이때 설명연습을 해야만 여러분들이 가진 단어, 표현, 문구, 문장들이 많기에 초보자 때보다 쉽게 문장을 만들어내게 됩니다.

그래서 한달의 식단이 만들어지면 전체법칙1을 한달 하고 이후 전체 법칙2를 하는 것입니다.

이럴 때 설명연습을 하는 것은 스피킹훈련에 굉장한 도움을 주게 됩니다.

설명연습은 스스로 하는 것입니다.

단순히 레스토랑에서 주문이나 약국에서 주문이나 수퍼에서 물건 사는 것 같은 한 두줄 말하는 형태가 아니라 일상의 대화를 만들어 내야 하는겁니다.

다음은 한국말 상황에 대한 설명연습 예이며, 이런 상황을 만들어 영어로 연습해야 합니다.

<u>설명연습 예시</u>

예시1. 호프집에서

"왔구나. 명수. 어제 어떻게 잘 들어갔어? 몸은 괜찮고? 너무 너 어제 보니까 너무 달렸어."

"그러면 오늘도 좀 달려볼까? 길동이는 7시까지 온다고 했는데 벌써 6시 55분인데.."

"오겠지 뭐",

"자 그리고 마이클, 한국에 온 선물이야. 이건 한국 사람들이 가장 좋아하는 초콜릿이야. 미국 초콜릿과는 좀 다를거야"

"자 한번 먹어봐"

"어때? 맛있지?"

"순이야 길동이한테 전화 좀 해볼래. 벌써 7시 20분이야."

"또 다른데서 한잔하고 있는거 아닌지 모르겠다"

"맨날 늦어"

"마이클, 너 언제 간다고 했드라?"

"아 맞다! 3일 뒤, 일요일에 간다고 했지?"

"몇 시 비행기라고?"

"컨디션 잘 조절해야 한다."

"가기 전날에는 술은 좀 자제하고"

"내일 홍대 카페에 선배가 온다는데 소개해줄게. 그 선배 알고 지낸지 벌써 5년째야"

"그 선배 여잔데 아직 결혼 못했거든."

"그래 마이클 소개시켜 주면 되겠다"

"마이클한테 못 들었냐? 제인 있다고 한거?"

"아… 그 금발에 제인.."

"그렇다니까 엘프"

"아… 암튼 그 선배 지금 전화 좀 해볼게"

"여기, 맥주 한잔 더, 더 마실 사람?"

"맥주 오백 세 잔 더 주세요"

"저기 노래방 괜찮다고 하는데 가봤냐?"

"한 번 가봤는데 마이크하고 스피커 죽이드라."

"마이크만 잡으면 나머지는 스피커가 알아서 해줘"

"오늘 한번 가볼까?"

"좋지. 마이클 어때?"

"자고로 한국 사람은 음주 가무야. 술 다음엔 노래와 춤 아니겠냐"

"건배!"

"어! 길동이. 빨리와라 쫌. 너 왜 맨날 늦냐."

"보니까 또 막걸리 두어잔 걸쳤구만"

"그건 그렇고 저기요. 맥주 하나 더 주세요."

"너 지금 소주 먹으면 뻑간다"

"맥주 먹고 좀 정신차리고"

"자 그러면 우리도 휴가를 가야 하는데 어디로 가나?"

"방콕 어때? 촌스럽게. 유럽가자."

"방금 마이클이 그러던데 마이애미 자기집으로 오라고 하는데"

"정말로?"

"그래"

"오케이"

"집에 방이 많데?"

"한 5명 갈건데 괜찮데?"

"야 마이클이 우리 모두 가도 괜찮다고 했어"

"그렇지 마이클?"

"암튼 오늘은 노래방 갔다가 그리고 해장국집 갔다가 헤어지는거야."

"오늘도 날새면 마누라가 너도 죽인단다. 나 안죽고 싶다."

"나도"

"죽으면 안되지"

"그렇지 우리에겐 내일도 있다. 죽으면 안되지"

"자 내일을 위해서 건배!"

예시2. 바에서

"료, 오늘 정말 덥다."

"여름이자나요"

"그래, 그래서 시원한 맥주 한잔 주라. 너 것도 한잘 살게"

"자 건배"

"그리고 저녁인데도 이렇게 더우니 우리한테는 시원한게 필요하다"

"어떻게 생각하냐?"

"시원한거 좋죠."

"나도 동감이다. 그래서 말인데 너 노래 좀 불러야 되겠다. 크리스마스 노래로"

"네?"

"덥잖냐."

"나는 정말 듣는 걸 좋아하고."

"넌 뮤지션이고, 그러니까 너가 불러야지"

"그러면 징글벨 어때?"

"좋아요. 그런데.. 여름인데… 겨울 노래를.."

"그래서 시원한 맥주도 필요하고, 노래도 시원한게 필요한 거 아니겠니?"

"자 멋지게 불러보자"

"징글 벨, 징글 벨…징글 올더웨이…."

"누가 들어온다"

"여기 **바 맞죠?"

"어디서 왔어요?"

"타이완이요"

"아니… 여기는 아무도 모르는데. .어떻게….'"

"인터넷 검색해서 왔어요."

"와우! 만나서 반가워요"

"료, 타이완 사람이란다"

"맥주를 먹고 싶다고 하고"

"계산은 확실히 해야 한다. 테이블 차지도 받고"

"그런데 타이완 사람이니 테이블 차지는 이번만 무료로 하자"

"안되요. 모든 사람들에게 받아야 해요. 룰이에요"

"어쩔수 없지 뭐.."

"자 그러면 우리 뭘 불러볼까요?"

"료. 계속 크리스마스 노래로 가자!"

"좋습니다."

……

"처음 본 것 같은데 우리 만난적 있지?"

"아니 처음 보는건데"

"얼굴이 눈에 익는데 어디서 본 거 같아"

"너 혹시 우리집 위층에 사는 사람이지?"

"아니"

"나 이 동네 안살아, 일 때문에 왔는데 다른 도시에 살아"

"그렇구나"

"그러면 이름이 어떻게 되니?"

"싱고"

"반가워 싱고."

※ 설명연습의 예문을 처음에 만들기 어려운 분들은 처음에는 한 두 문장부터 시작해서 문장을 점차 넓혀 가도 됩니다.

※ 설명연습이 어려운 분들은 일기를 쓰고(처음에는 간단히) 그것을 영어로 바꾸는 연습을 해도 됩니다. 영어로 만든 문장의 확인은 번역기를 참조해서 내용을 다시 정리한 후 내가 작성한 것과 번역기의 것을 비교해서 틀린 부분을 체크해서 인지하고, 이후 원어민 또는 영어에 유창한 외국인에게 왜 틀렸으며, 어떻게 해야 하는지를 다시 한 번 확인을 받으시길 권합니다. 이것을 자주 보시는 방법도 있습니다. 내가 말을 많이 영어로 지어내면서 동시에 내가 말을 하는 경우가 많아지니 이런 과정에서 영어가 익숙해지기 시작하고, 그 쯤

되면 길을 걸어가다가도 혹은 일을 하다가도 처리해야할 문제 등을 생각하는 과정에 이것을 한국어가 아닌 영어로 그냥 하게 됩니다. 이때는 반드시 올겁니다:)

Q. 올바른 문장을 만들어 내기 어려워요. 어떻게 해야 할까요?

미국에서 태어난 아이는 엄마가 올바른 문장을 만들어내는 것을 알려줍니다.

하지만 우리는 미국 엄마가 없습니다.

그래서 학원이나 전화영어, 화상영어 등을 해야 하는 것입니다.

학원이나 전화영어, 화상영어를 하면 선생님 또는 가르치는 분이 틀린 문장을 교정 해줍니다.

그런데 혼자 공부하는 사람은?

올바른 문장을 만들어 내는 것은 쉽지 않습니다.

그래서 번역기를 사용하는 것입니다.

바로 구글 번역기와 네이버 파파고 번역기 입니다.

> 단 번역기가 100% 맞는 번역을 하는 것은 아닙니다. 영어 설명연습을 하거나 일기를 쓰거나 할 때 상당히 도움을 주는 간접 선생님인건 분명합니다:)

네이버 파파고 번역기는 네이버(www.naver.com)에서 **"파파고 번역기"**라고 입력을 하면 되구요.

구글 번역기는 구글(www.google.com)에서 **"google translate english to korean"** 이라고 입력하면 됩니다.

"에… 번역기"라고 하시는 분도 있을 수 있지만 실제 번역기는 거의 올바른 문장을 만들어냅니다.

만약 구글 번역기가 책과 다르다면 다음의 주소를 브라우저에서 타이핑해서 이동하면 됩니다.

https://translate.google.com/?sl=en&tl=ko&op=translate

파파고 번역기 모습

구글 번역기 모습

번역기 사용 예

준비

먼저 2개의 브라우저를 열고 구글 번역기와 네이버 파파고 번역기를 준비해주세요.

사용 방법과 번역 비교를 해보겠습니다.

구글 번역기는 구글로 접속 한 후 **"구글 번역기"**로 검색하면 번역기로 이동되며,
네이버 번역기는 네이버에 접속한 후 **"네이버 번역기"**로 입력하면 Papago를 만날 수 있습니다.

1. 먼저 구글 번역기를 띄워주세요.

구글 번역기는 기본적으로 다음과 같이 영어를 입력하도록 되어 있습니다.

그래서 중간의 [치환] 버튼을 눌러주세요.

그러면 다음과 같이 영어/한글이 바뀌어 왼쪽에 한글을 입력할 수 있도록 됩니다.

2. 이제 텍스트 입력란에 "철수야, 수퍼에 가서 콩나물 사와"라고 입력해주세요.

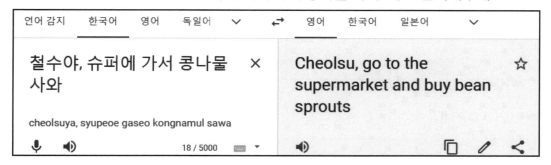

이렇게 보니 번역이 나름 잘 되죠?
자 그렇다면 이제 네이버 번역기를 보겠습니다.

3. 네이버 번역기를 띄우고, "철수야, 수퍼에 가서 콩나물 사와" 라고 입력해주세요.

번역 결과가 거의 비슷합니다. (타이핑 후 번역을 하지 않으면 [번역하기]버튼을 누르면 됩니다.)

그런데 글을 좀 변경해 보겠습니다.

번역할 문장

오늘 뭐할거니?
나 오늘 월급탔다. 그래서 맥주 한잔 할까?
좋지!

4. 이제 네이버 번역기에 위의 번역할 문장을 넣고 번역해보세요.

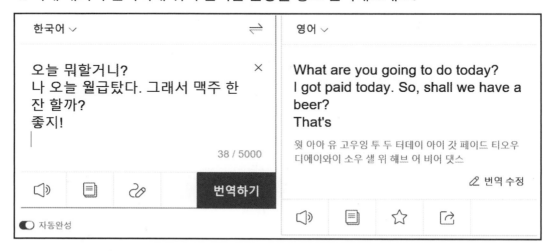

5. 자, 이제 구글 번역기에서 문장을 번역해보세요.

번역한 결과를 보니 두 번역기가 약간 차이가 있지만 둘 다 거의 올바른 문장을 만들어 내고 있습니다.

자 그렇다면 이제 번역기가 설명 연습할 때 필요하다는 것이 이해가 될겁니다.

어떤 것이 낫다고 말하기 어렵지만 둘 다 좋습니다. 그래서 설명연습을 할 때는 번역기를 이용하면 문장을 교정할 수 있어서 굉장히 도움이 됩니다. (즉, 스스로 먼저 설명연습 문장을 영어로 바로 번역하는 연습을 하고, 이후 번역기를 통해서 비교를 해보세요.)

그리고 실제 어학연수 간 분들, 이민간 분들, 해외여행 간 분들, 워킹홀리데이 간 분들, 외국 사람들과 자주 어울리는 분들 등 모두가 이들 번역기를 자주 사용합니다.

이것은 사실입니다.

그 과정이 배우는 것이고, 그 과정에서도 영어가 향상이 된답니다.

두개의 번역기 모두 번역 실력이 정말 대단합니다. 하지만 약간의 번역 차이가 있기 때문에 두개의 번역기 모두 사용하시길 권합니다.

Q. 영어를 번역할 때는 어떻게 해야 할까요?

번역기에는 보는 것처럼 치환 버튼이 있습니다. 그래서 이 치환버튼을 눌러서 사용하면 됩니다.

Q. 도저히 혼자 못하겠어요. 어떻게 해야 할까요?

그렇다면 상대가 한명 있어도 됩니다.

상대는 한국말로 말하고 여러분은 영어로 말하는 연습을 하는 것입니다.

질문이 있을 수도 있고, 위의 예시 같은 문장들이 될 수도 있습니다.

잘 안나오면? 구글번역기나 네이버 파파고 번역기를 찾아보면 됩니다.

그래서 가족분들이나 친구분들에게 요청하는겁니다. 그래서 가족분들 또는 친구분들과 하루 1~2시간 영어로 자유로운 대화를 하는겁니다. 이것은 4~5 개월만 지나도 여러분들의 언어 스피킹 실력이 달라집니다.

Q. 상대방과도 못하겠어요. 어떻게 해야 할까요?

이미 한달 식단이 만들어져 있다면, 그 한달 식단을 한달 더 돌리세요.

그리고 이제 파트3의 프리토킹 시간에 설명드린 3가지를 매일 하는겁니다.

전화영어 + 원어민 소수반 학원 + 화상영어

[전화영어 + 원어민 소수반 + 화상영어]는 기본이 되어야 합니다. 그래서 최소 1만 5천문장정도 즉, 한달 식단이 만들어지고, 그 식단을 한달 한 후에 이 3가지를 1년에서 1년반 하는 것입니다. (만약 전화영어가 불편하다면 원어민학원과 화상영어 이렇게 2가지라도 하시길 권합니다.)

이정도 돈은 투자해도 됩니다. 왜냐하면 그래야만 이 사람들의 말이 많이 들리거든요. 그리고 나에게 익숙해져버린 15,000문장이 있고, 수천개의 표현이 있습니다.

일상대화에서 무슨 말을 던져도 이해하는 문장이 정말로 많고, 문법에 맞든, 맞지 않든 이제 말을 하기 시작합니다.

이들(전화영어 + 원어민 소수반 학원 + 화상영어) 3가지로 하게 되면 언어교정을 직접 받기 때문에 설명연습을 혼자 할 때보다 훨씬 좋아집니다.

자 그래서 [전체법칙2]의 8번. **설명연습 or 전화영어 + 원어민 소수반 학원 + 화상영어**가 추가됩니다.

※노트 - 번역기에 대해서

> 번역기의 디자인 모습은 계속 변하고 있어서 책에서 제시하는 모습과는 다를 수 있는 점 미리 양해를 드리며, 또한 번역기는 해당 만든 회사에서 계속적으로 업데이트를 하므로 번역된 결과는 본 책의 모습과 약간 차이가 날 수 있습니다.

전체법칙2 요약

1. 공부했던 영상 최소 70분 읽기, 낭독하기

소리내지 않고 읽기 20분, 소리내어 낭독하기 50분

2. 리얼리티 쇼 자막없이 50분 집중해서 듣기

기존 봤었던 것이 아닌 새로운 것을 봐야 합니다.

볼때는 표현이 발견되면 표현의 뜻과 문장과 함께 기록하기 - 저자는 이것을 항상합니다.

저자가 기록한 예시 : https://cafe.naver.com/santaplayer/34475

3. 공부하지 않은 영상 자막없이 최소 30분 이상 보기

내가 공부했던 수준과 비슷한 수준의 영상이면 됩니다. 가령 미국 드라마 모던패밀리면
같은 모던패밀리의 보지 않은 다른 에피소드를 30분 이상 자막없이 시청하면 됩니다.

4. 최소 20분 이상 읽기

공부했던 영상들의 문장이나 외국의 개인블로그 읽기

5. A4용지 1페이지 분량 쓰기

공부했었던 영상들의 문장을 적으면 됩니다.

1. 미드나 영화의 문장을 한번 재생하고 들은 이후 노트나 A4용지 등에 쓰기
   (문장을 듣고 쓰는것은 최소 한 번은 그 문장을 들어봐야 하기 때문입니다.)
2. 적을 때 독음을 말하면서 소리내어 낭독하면서 쓰기
3. 자막을 보면서 해도 무방

6. 공부한 표현 마스터 하기 - 공부했던 영상에서 만들어진 표현을 전체적으로 다시 한번 익히기

공부한 표현을 잊어버리지 않고, 익숙해지도록 하기 위해서입니다.

7. 자주 사용되는 단어와 표현을 사용한 문장들 많이 읽기, 낭독하기

(내가 접한 문장이든, 그렇지 않든 관계없이)

권장량은 100문장이지만 그렇지 않더라도 자주 사용되는 단어와 표현을 통해
문장문장 마다 계속적으로 보고 따라말하기 그래서 그 단어나 표현을 어떨 때
사용하는지 익히기, 또한 문장의 구조도 익히기

8. 최소 30분이상 설명연습 or 전화영어 + 원어민 소수반 학원 + 화상영어

집적의 프로세스 - 집적 공부방식

한달 식단이 만들어지기 전까지는 주간법칙과 전체법칙(집적의 완성)은 같이 가는 방식입니다.
즉, 주간법칙으로 해당 영상의 공부를 마친 이후 전체법칙을 하는 것입니다.
(※ 영화, 애니의 경우 문장이 많기에 500문장을 마칠때마다 전체법칙을 합니다.)

본 설명은 70년대 쇼라는 미드를 가지고 공부를 한다고 가정하고 설명 드립니다.
(70년대 쇼는 [파트5. 엄격한 훈련]의 [공부의 3가지 스텝]에서 **첫번째 스텝**에 해당됩니다.)

70년대 쇼 시즌1 1화의 씬(Scene)이 13개 라고 가정합니다.

그렇다면 공부의 방식은 이렇습니다.
(*하루도 쉬지 않고 공부한다는 가정입니다.)

다음의 달력예시를 보면 1일에 시작해서 13일에 70년대 쇼 시즌1 1화가 끝납니다.

[달력예시]

Sun	Mon	Tue	Wed	Thu	Fri	Sat
	1 **1** Scene1	2 **1** Scene2	3 **1** Scene3	4 **1** Scene4	5 **1** Scene5	6 **1** Scene6
7 **1** Scene7	8 **1** Scene8	9 **1** Scene9	10 **1** Scene10	11 **1** Scene11	12 **1** Scene12	13 **1** Scene13
14	15	16	17	18	19	20
21	22	23	24	25	26	27
28	29	30	31			

달력에서 큰 숫자 1은 에피소드를 의미하며, Scene1은 에피소드의 해당 씬(Scene)의 숫자를 나타냅니다.

위 모습은 1개의 영상이 마스터 된 시점입니다.
식단 하루 치가 만들어진 것입니다.(식단 1개 완성)
그렇다면 [달력예시]에서 14일에는 70년대 쇼 시즌1 2화를 하는 것이 아닙니다.
즉, 1일부터 13일까지는 식단을 만들기 위해서 밥을 차린 것입니다.
이제 밥을 먹어야 합니다.
즉, 전체법칙1(집적의 완성)을 하는 것입니다.

1¹⁴ 70년대쇼 시즌1 1화 먹기

앗! 혼동하면 안됩니다.
미드는 70년대 쇼 시즌1 1화로 하되, 전체법칙1을 하는 것입니다.

바로 다음과 같습니다:)

---

1. 공부했던 영상 최소 70분 읽기, 낭독하기(읽기 20분, 낭독 50분)

2. 리얼리티 쇼 자막없이 50분 집중해서 듣기(표현·문장 함께 정리)

3. 공부하지 않은 영상 자막없이 최소 30분 이상 보기

4. 최소 20분 이상 읽기

5. A4용지 1페이지 분량 쓰기

6. 공부한 표현 마스터 하기 - 해당 영상에서 만들어진 표현을 전체적으로 다시 한번 익히기

7. 자주 사용되는 단어와 표현을 사용한 문장들 많이 읽기 낭독하기
(내가 접한 문장이든, 그렇지 않든 관계없이)

또한 한달 식단이 모두 만들어지면, 만들어진 식단으로 전체법칙1을 한달 한 후,

그 다음에 추가되는 1가지는 **설명연습 or 전화영어 + 원어민 소수반 + 화상영어**. 아시죠?

다음의 8번은 한달 식단이 만들어진 후 전체법칙1을 한달하고 이후 하는 것입니다.

8. 최소 30분 이상 설명연습 or 전화영어 + 원어민 소수반 학원 + 화상영어

이것 잊어버리면 안됩니다.
설명연습은 실력이 쌓아지기 전에는 권하지 않기 때문에 한달 식단이 모두 만들어진 후 전체법칙1을 한달 한 후 하면 됩니다.

그래서 70년대 쇼 시즌1 1화를 마치게 되면 달력의 모양은 이렇게 됩니다.

Sun	Mon	Tue	Wed	Thu	Fri	Sat
	1 1 Scene1	2 1 Scene2	3 1 Scene3	4 1 Scene4	5 1 Scene5	6 1 Scene6
7 1 Scene7	8 1 Scene8	9 1 Scene9	10 1 Scene10	11 1 Scene11	12 1 Scene12	13 1 Scene13
14 1	15	16	17	18	19	20
21	22	23	24	25	26	27
28	29	30	31			

빈칸이 채워진 14일은 **전체법칙1**만을 하는 것입니다.(주간법칙을 하면 안되욧!)

그렇다면 14일까지 전체법칙1로 완료를 했으니 이제 할 것은 70년대 쇼 시즌1 2화입니다.
2화는 씬(Scene)이 15개라고 가정하겠습니다.
그렇다면 달력은 다음의 **[식단 2화의 씬 적용모습]**과 같이 됩니다.

[식단 2화의 씬 적용모습]

Sun	Mon	Tue	Wed	Thu	Fri	Sat
	1 **1** Scene1	2 **1** Scene2	3 **1** Scene3	4 **1** Scene4	5 **1** Scene5	6 **1** Scene6
7 **1** Scene7	8 **1** Scene8	9 **1** Scene9	10 **1** Scene10	11 **1** Scene11	12 **1** Scene12	13 **1** Scene13
14 **1**	15 **2** Scene1	16 **2** Scene2	17 **2** Scene3	18 **2** Scene4	19 **2** Scene5	20 **2** Scene6
21 **2** Scene7	22 **2** Scene8	23 **2** Scene9	24 **2** Scene10	25 **2** Scene11	26 **2** Scene12	27 **2** Scene13
28 **2** Scene14	29 **2** Scene15	30	31			

달력에서 큰 숫자 1은 70년대쇼 시즌1 1화, 큰 숫자 2는 70년대쇼 시즌1 2화입니다.

2화는 15일부터 29일까지 워밍업부터 주간법칙으로 하는 것입니다. 그래서 29일에 2화가 끝나는 것입니다.

이렇게 되면 하나의 식단이 또 만들어진 것이며, 그래서 만들어진 식단은 1화, 2화로 총 2틀의 식단이 만들어진 것입니다.

즉, 2틀은 주간법칙을 하는 것이 아닌 전체법칙만을 하는 것입니다. 이해되셨죠?

자 그렇다면 30일은 1화, 31일은 2화의 식단(전체법칙)을 하면 됩니다.

그러면 다음 달 1일은 다시 3화를 들어가면 되는 것입니다.

※ 주의할 점

같은 미드의 시즌 전체를 하는 것이 아닌 엄격한 훈련을 시작할 때 [공부의 3가지 스텝]에서 3가지 스텝에서 제시한 그 형태로 해야 하는 것입니다.

첫번째 스텝에서는 미드 7개, 두번째 스텝에서는 미드 6개, 두 스텝을 합하면 13개가 되죠?

그러면 13일 식단이 됩니다.

물론 5천문장 내외가 되어 왕초보 탈출이 되며, 시간은 족히 1천시간은 소요가 될겁니다.

식단 14일째부터는 세번째 스텝으로 가야 합니다.

스텝마다 레벨이 다르기 때문입니다. 가십걸 미드는 저자도 해보았으며, 정말로 어렵답니다. 해보지 않은 분들은 느낌을 모를겁니다. 가십걸 미드는 약 40분짜리의 미드이기에 세번째 스텝에서 해야 합니다.

저자는 책에서 독자분들의 이해를 돕기 위해 70년대 쇼 시즌1 15화, 16화 등으로 하는 것이니 같은 미드로 30개를 한다는 오해를 하면 안됩니다:)

※저자가 만든 이 프로세스는 약간의 논리적인 프로세스가 들어가 있기에 처음 접하는 독자분들은 충분히 혼동될 수 있습니다. 하지만 몇 번 반복 하다보면 어렵지 않게 이해가 될 것이며, 만약 어렵게 생각드는 분들은 언제든지 산타북 카페에 질문을 올려주시면 자세히 설명드리겠습니다:)

이런 방식으로 식단이 만들어져서 약 15일의 식단이 만들어졌다면 (영상 15개를 오늘 끝냈다면) 식단은 다음과 같습니다.

15일의 식단 예

Sun	Mon	Tue	Wed	Thu	Fri	Sat
	1 **1**	2 **2**	3 **3**	4 **4**	5 **5**	6 **6**
7 **7**	8 **8**	9 **9**	10 **10**	11 **11**	12 **12**	13 **13**
14 **12**	15 **15**	16	17	18	19	20
21	22	23	24	25	26	27
28	29	30	31			

그러면 이후 15일동안 주간법칙이 아닌 전체법칙만을 하는 것입니다. 그래서 15일날 전체법칙이 끝납니다.

이제 70년대 쇼 시즌1 16화를 할 차례이고, 이 16화가 가진 씬(Scene)이 14개라면 29일에 끝내게 되고, 그러면 식단이 총 16일치가 되는 것입니다.

그 모습이 바로 다음의 두가지 이미지입니다.

※ 독자분들이 쉽게 이해하도록 하기 위해 다음의 이미지 2개는 15일차를 마치고 16일차를 들어가서 16일차를 만드는 모습입니다.

[15일, 16일의 모습들]

Sun	Mon	Tue	Wed	Thu	Fri	Sat
	1 (1)	2 (2)	3 (3)	4 (4)	5 (5)	6 (6)
7 (7)	8 (8)	9 (8)	10 (10)	11 (11)	12 (12)	13 (13)
12 (14)	15 (15)	16 Scene1	17 Scene2	18 Scene3	19 Scene4	20 Scene5
21 Scene6	22 Scene7	23 Scene8	24 Scene9	25 Scene10	26 Scene11	27 Scene12
28 Scene13	29 Scene14	1 (30)	2 (31)			

Sun	Mon	Tue	Wed	Thu	Fri	Sat
				3 (1)	4 (2)	5 (3)
6 (4)	7 (5)	8 (6)	9 (7)	10 (8)	11 (9)	12 (10)
13 (11)	14 (12)	15 (13)	16 (14)	15	16	17
18	19	20	21	22	23	24
25	26	27	28	29	30	31

식단 만들어가는 방식을 70년대 쇼로 했습니다만 실제 독자분들이 할때는 엄격한 훈련을 시작할 때 제시해드린 **[공부의 3가지 스텝]**을 보고 각 스텝을 나가야 합니다.

첫번째 스텝 미드 7개를 마치면 두번째 스텝의 미드 6개를 해야 하고 그것을 마치면 3번째 스텝 이동하는 형태로 말입니다.

공부의 3가지 방식이 잘 기억나지 않는다면 앞의 **[공부의 3가지 스텝]**를 다시 한번 살펴봐주세요.

하다보면 반드시 궁금한 점이 생길겁니다. 당연합니다. 왜냐하면 지금까지 접하지 않은 새로운 방식이기 때문입니다. 궁금한 점은 언제든지 북페카로 문의 주시면 됩니다.

이 프로세스는 씬(Scene)이 아무리 많은 영상이라도 혼동되지 않고 진행할 수 있습니다.

영화의 경우 1,500문장이 된다면 씬을 나누는데 고민이 되실 수 있습니다. 하지만 전혀 고민할 필요가 없습니다.

왜냐하면 하루에 소화할 분량 정도면 되기에 500문장씩 나누어서 하면 됩니다.

ex)
1~500

501~1,000

1001~1,500

그래서 가령 스텝1, 스텝2를 주간법칙으로 만들어서 현재 13개의 식단이 있다면, 스텝3에서 영화를 선택해서 500문장을 주간법칙으로 했다면 이제는 총 14일치 식단이 만들어진 것입니다.

그러면 14일치를 식단을 먹을때까지는 해당 영화의 501문장을 들어가는 것이 아닙니다.

그래서 500문장을 끝낸 그 다음날부터 14일간 이 만들어진 식단을 먹는것이며, 그 식단을 14일간 돌린 이후는 다시 주간법칙으로 501~1,000문장을 들어가고 완료되면 전체 15일치가 만들어진 것이고, 15일동안 전체법칙으로 공부한 내용을 먹는 것입니다.

다 먹으면 이후 1,001~1,500을 주간법칙으로 공부를 해서 마치면 16일치 식단이 된 것입니다.

그러면 16일간 차려놓은 식단을 먹는 것입니다.

이해되셨죠?

한달 식단이 모두 만들어진 후에는

한달 식단이 모두 만들어지면 그 식단을 최소 6개월에서 1년을 해야 합니다.

왜냐하면 만든 식단 전체를 내것으로 만들어야 하기 때문입니다.

한달 식단은 약 1만 5천문장이 되며, 여기에는 수많은 영어의 구조들, 표현들, 단어들, 문구들, 문장들이 들어가 있으며, 또한 리얼리티 쇼를 계속 보며, 읽기, 쓰기, 듣기, 말하기를 최소 한국말을 한 만큼의 양을 하게 되니(전체법칙으로), 초급자 분들이였다면 이후에는 영어 실력은 어학연수 6개월 정도의 레벨이 될 것입니다.

미국 TV 쇼 프로를 봐도 자막을 보지 않고도 많은 부분 이해가 될 것입니다.

이것은 새 희망입니다.

반드시 이렇게 될 것이니 말입니다.

훈련의 끝으로

지금까지 영어 하다 말다를 몇 년 하셨습니까?
지금 40대 분이라면 아마 10년 이상은 족히 했을겁니다.
취업 준비하는 분이라면 아마 초등학교때부터 계속 했을겁니다.
십수 년이 넘는 분들도 있을겁니다.
그렇다면 좋습니다.

이미 앞서 말씀드린 내용입니다.
"지금 내가 가지고 있는 문장이 얼마큼 되느냐?" 이말입니다.
거의 없습니다.

그래서 영어 진단 시 초급자 분들은 대부분이 오답이였습니다.
이것은 영어가 낯선 단계입니다.
다른 말로는 초급입니다.
이사를 간 동네에 지금 10년을 살았지만 매일 집-회사-집-회사 이렇게만 다닌겁니다. 그렇게
되면 간 길만 알고 나미저 99.999%는 모르니 그 동네가 늘 낯선 것입니다. 동네 곳곳을 누벼야
합니다. 그래서 동네를 익혀야 합니다. 한 번 갔다고 익혀질까요? 아니겠지요? 수십 번 이상 왔
다 갔다 온 동네를 누벼야 하는겁니다. 6개월에서 1년은 지나야 슈퍼마켓 아저씨와도 친해지고,
미용실 디자이너분과도 친해지고, 식당의 사장님들도 **"아이고, 오셨어요?"** 하고 알아봐줍니
다. 그러면 낯선느낌이 없어집니다. 그래서 영어도 마찬가지입니다.

지금 있는 영어 땅은 특히 초급자 분들께는 가보지 않은 곳에 많아 너무도 낯선 땅입니다.
낯설고 낯선 이유는 내게 익숙한 거리에 비해서 내게 익숙하지 않은 거리가 동네에서 99.999%
이기 때문입니다.
즉, 대부분의 영어 문장을 모르기 때문입니다.
그래서 한달 식단이 만들어지면 이제 집적의 완성(전체법칙)으로 식단 돌리기를 적어도 6개월
에서 1년을 하십시요. 그러면 족히 700~1천시간의 노력이 들어가게 됩니다.
그 결과 내 영어가 엄청나게 풍부해집니다.

저자가 제시하는 이 훈련 방식이 아닌 늘 쉐도잉으로만 하루 몇 문장만 하는 분들과 비교한다면
독자분들은 그보다 100배 즉, 수백 문장을 하고 있습니다. – **참고로 전체법칙에서 하는 문장수
의 합은 실제 2,000문장 내외가 됩니다.** – 그리고 이전에 했던 것을 잃어버리지 않습니다. 시
간이 지날수록 여러분의 실력은 점차 올라가게 될겁니다.
한달 식단으로 공부했던 문장들을 완벽히 익힐 때면 이미 여러분은 족히 미국 어학연수 6개월 레

벨 못지않은 실력이 되는 것입니다.

물론 설명연습을 하기 어려운 분들은 시험 삼아 한번 원어민 학원에 가보세요. 여러분의 실력이 초보자때에 비해서 얼마나 향상되었는지를 알게 됩니다. 왜냐하면 원어민 수업이 거의 모두 들리거든요.

그렇게 원어민 수업이 모두 들리면 어떻게 될까요?

이제 진짜 공부효과를 보는 것입니다.

그렇게 전체법칙과 원어민 수업을 1년에서 1년 6개월 정도를 더하면 일상적인 대화에서 어학연수 1년 못지 않게 프리하게 될겁니다.

그래서 **[파트4. 시간]**에서 다음과 같이 써둔 것입니다.

1만 5천문장을 달성했다면

> ### 1. 본훈련 마지막 훈련인 전체법칙을 한달 한 후
> ### 2. 화상영어 + 원어민이 가르치는 학원 + 전화영어를 약 1년에서 1년 6개월정도 하는 것입니다.
> (물론 이 과정에서 기존에 공부했던 것은 훈련파트의 마지막 훈련인 전체법칙으로 자주 보시고)
> ### 이 정도는 투자해도 됩니다.
> ### 그렇다면 시간은 3천시간대로 바뀌어질겁니다.
> ### 일상적인 대화에서도 큰 무리가 없을겁니다.
> ### 왜냐하면 토킹 레벨에 올라왔거든요:)

이제 막 흥분되고 뭔가 가슴 속에서 꿈틀대지 않습니까?

이제 정말로 영어가 될 것 같지 않습니까?

저자 산타는 믿습니다.

누구나 영어 잘할 수 있다고 말입니다.

그래서 저자 산타가 좋아하는 한 문장입니다.

믿음은 생각의 물질이다

생각은 물질이 됩니다.

프리토킹이 된다는 것을 가슴에 품고 가십시요.

그 프리토킹 결코 멀지 않았습니다!

한국을 빛낸 **"김태연 회장"**의 저 유명한 말로 엄격한 훈련을 마치겠습니다.

He can do!

She can do!

Why not me!!

불타는 열정으로 해보는겁니다!

Thoughts Become

Things!

for Freedom!!

Thoughts
Become
Things

무엇인가를 이루기 위해
땀방울을 흘리는 노력함은
숭고하고 고귀한 것이다

광명이 뜨는 것처럼
노력은 희망의 씨앗이며

머지 않아 **밝고 환희 빛나는 미래의 결과**로 댓가를 받게 될 것이다
- YKS. -

Aappendices and Extras

Now, what I need to know next...

파트6. 부록 기타

부록 기타는 알아야 할 기타 사항들을 모아놓은 파트가 됩니다.

본 파트에서는 추천하는 리얼리티 TV 쇼들부터 시작해서 영에에 대해서 알아야 할 여러 제반적인 여러사항들을 다루는데요.
가령 왜 미국 사람이나 영어에 유창한 사람들은 말을 할때 뭉그러뜨리면서 말을 하는지, 공부 시간을 저축을 어떻게 해야 하고, 공부 시간 체크 반칙은 무엇이며, 공부를 하면 언제 효과를 보는지, 그리고 어느 정도 문장을 반복해야 하며, 어떤 사람들이 영어를 해도 안되는지, 영어를 잘하는 방법의 오해와 현실은 어떤 것이고, 또한 일상에서 사용되는 단어 및 표현은 어떤 것이 있는지 등입니다.
어떻게 보면 다루는 내용들은 영어를 하는 분들이라면 당연히 알아야 할 사항들이기도 입니다.

자, 그렇다면 추천하는 리얼리티 TV 쇼부터 가보실까요?

리얼리티 TV 쇼

영어는 실제 미국말들을 많이 들어봐야 합니다. 그 이유는 미드나 영화, 애니메이션과는 말투가 다르기 때문입니다. 미국말들은 충분히 리얼리티 TV 쇼에서 만날 수 있습니다.
엘렌쇼를 예를 들어도 미국 드라마와는 말투가 다른 것을 알 수 있습니다.
그렇다면 아시죠?

"내가 많이 가본 길 일수록 더 잘 들린다"

말투가 다르다면 내가 가본 길과 다를 수 있답니다. 미국 사람이나 영어권 사람들을 만났는데 내가 가본 길과 다르다면 그 길을 "아.. 뭐라했는데.. 뭐라는거 같드라??"와 같이 헤매이겠지요? 그래서 실제 말에 익숙해져야 합니다.

자 그러면 실생활에서 실제 사용하는 말을 접하는 좋은 방법은 리얼리티 TV 쇼를 접하는 것입니다. 그래서 본 책에서는 리얼리티 TV 쇼를 준비한 것이며, 리얼리티 TV 쇼에는 정말 다양한 사람들(미국 뿐 아니라 미국 외에 영어를 쓰는 다양한 나라 사람들)의 말투, 억양, 발음, 리듬, 감정(희,노,애,락)에 대한 목소리 톤, 색상 등을 접할 수 있습니다.

리얼리티 TV 쇼는 너무나 많이 있습니다. 저자가 보았을 때 재미있고, 영어에 권장 할 만한 몇 가지 리얼리티 TV 쇼를 본 책에 담았습니다.

본 장에서 소개하는 리얼리티 TV 쇼는 공식사이트가 있는 것도 있고, 없는 것도 있지만 저자가 보았던 리얼리티 TV 쇼들 중에서 유투브나 구글에서 풀 에피소드들을 찾아볼 수 있는 쇼들을 두었습니다.

정말로 추천 할 만한 것인지 알기 위해서 저자는 100개 이상의 다양한 리얼리티 쇼를 찾아보았고, 이 중에서 권장 할 만한 리얼리티쇼를 6가지로 추렸으며, 본 장에서 소개하는 리얼리티쇼입니다.
또한 본 장에서 소개한 리얼리티 TV 프로그램들은 모두 시즌1을 정독했으며, 약 80시간 이상의 시간이 소요되었습니다.
그래서 소개하는 각 리얼리티 프로그램들은 시즌1을 기준으로 둔 것입니다.
또한 리얼리티 쇼의 순서는 추천순이 아니라 알파벳 순입니다.

자 그러면 America's Got Talent 부터 시작하겠습니다.

America's Got Talent

*본 이미지는 America's Got Talent의 소개를 돕기 위해 America's Got Talent의 공식 페이스북 (https://www.facebook.com/agt/)의 이미지를 참조한 것입니다. (2022년 1월 이미지)

America's Got Talent는 미국에서는 2006년에 처음 방영된 프로그램으로 자신의 장기를 유감없이 펼치는 장기 대회입니다.

잘 알려진 사이먼 코웰 (Simon Cowell)이 미국에 최초 고안했고, 책임 프로듀서를 맡았으며, 시즌 1의 사회자는 당시 미국 라이브 토크쇼 진행자로 유명한 레지스 필번(Regis Philbin)이 맡았으며, 그의 특유의 발음과 위트와 재치를 프로그램 곳곳에서 보게 됩니다.

시즌1의 경우 3명의 심사 위원으로 구성되며, 전격 z작전(Knight Rider)의 주인공으로 우리에게 알려진 데이빗 핫셀호프 (David Hasselhoff) 그리고 각 리얼리티쇼의 심사 위원으로 활동했으며, 저널 리스트로도 잘 알려진 영국의 피어스 모건(Piers Morgan) 그리고 가수 겸 작곡가 그리고 음반 제작자로 알려진 브랜디(Brandy)가 심사 위원입니다. 지원자가 미국 전역에서 수만 명이 넘었으며, 결국 승자 1명만이 **$1 MILLION**를 가지게 됩니다.

America's Got Talent는 미국 사람들의 다양한 장기를 볼 수 있는데요. (싱어, 탭댄스, 오토바이를 턱으로 드는 등의 차력 쇼, 요들송 소녀, 스트립 쇼, 당나귀와 공연, 가스펠, 앵무새와 대화, 음치 노래, 인형 복화술사, 옷 빨리 갈아입기, 개들과 공연하는 서커스, 밴드 그룹, 월드 클래스 레벨의 저글러 공연, 불 저글링, 형제 밴드 하모니카 연주 등) 저자에게 가장 인상 깊었던 팀 중 하나가 바로 손가락 팅기는 Bobby Badfingers 입니다. 이 정도의 손가락 팅기기(finger snap)는 정말로… 프로 중의 프로로 심사관들까지 그 손가락에 빠져들고 할 말을 잃게 만듭니다. Bobby Badfingers 는 손가락 팅기기로 결국 준결승까지 가게 됩니다.

시즌 1의 3부에는 그 유명한 Bianca Ryan 이 11살 때 노래 부르는 오디션 장면을 볼 수 있고, 8부에서는 미국의 도널드 프럼프(미국 45대 대통령)가 깜짝 등장해서 승자 발표를 하는 것을 볼 수 있습니다.

America's Got Talent는 각 참가자들이 자신을 소개할 때 어떤식으로 영어로 소개하는지 영어 소개 모습과 각 심사 위원들이 심사평을 어떤 형태의 영어로 하는지를 들어 볼 수 있습니다.

Beauty and the Geek

*본 이미지는 Beauty and the Geek 프로그램의 이해를 돕기 위해 공식 유투브 채널(https://www.youtube.com/user/BeautyAndTheGeekVEVO)을 참조한 것입니다.

Beauty and the Geek은 말그대로 미녀와 괴짜가 한 팀을 이뤄서 다른 팀과 경쟁하는 프로그램입니다. 미국, 영국, 호주편이 있으며, 공식사이트에서 각 나라별 풀 에피소드를 볼 수 있습니다.

미녀와 괴짜가 짝이 된다고 생각해 보세요. 전혀 매칭되지 않는 매치가 아닐까요? 그래서 미녀들이 괴짜들을 첫 만나는 순간 **"앗"** 하며 당황해 한답니다. 왜 그런지 독자분들이 눈으로 직접 확인하면 바로 이해가 될겁니다.

Beauty and the Geek UK의 경우 미녀들과 괴짜들은 서로 짝을 이루며, 해당 과제에서 승리하게 되면 탈락 2팀을 뽑고 그 2팀은 퀴즈를 풀고 지게 되면 퇴출되는 프로그램입니다.
최종 우승 팀은 4만 파운드를 받게 됩니다.

미녀들의 직업은 댄서, 잡지 모델, 링 걸 등이며, Geek들은 생물학, 수학, 신학, 야생 동물 기금 모금 등의 직업을 가졌습니다.

회를 거듭할수록 시간이 지나며 미녀와 괴짜는 서로 신뢰가 쌓이고 우정이 생기며, 로맨스가 만들어집니다. 미녀들이 알지 못했던 부분 중 하나가 Geek이 매력이 있다는 것인데요. Geek은 회를 거듭할수록 그들의 매력이 나오며, 스마트하고 인텔리전스하며,
특히 외모가 변경될 때 Geek도 가꾸면 미남이 될 수 있다는 것을 본 프로그램에서 알 수 있게 되는데요. 정말로 매력남이 됩니다.

Beauty and the Geek UK는 20대의 성인 남녀들이 어떤 형식의 영국 식 영어 말투를 사용하는지를 볼 수 있는 좋은 소스가 됩니다.
단, 본 프로그램은 미성년자는 권하지 않습니다. 왜냐하면 다양한 로맨스 장면도 나오거든요^^

Master Chef

*본 이미지는 MasterChef 프로그램의 이해를 돕기 위해 공식 페이스북(https://www.facebook.com/Masterchef/)을 참조한 것입니다.

MasterChef는 요리 경연대회로 최고의 요리사 자격을 받는 것입니다. 영국에서 1990년 처음 시작되었으며, 미국에서는 2010년에 시작되었습니다.

Master Chef 미국은 시즌 마다 수천 명 이상의 사람들이 지원을 하며 최종 우승자는 $250,000를 받게 되고 Master Chef라는 자격을 얻는것과 함께 자신을 요리책을 발간하게 됩니다.

미국에서는 3명의 심사 위원이 나오며, 요리 경쟁 프로그램에서 악랄하기로 유명한(헬스키친을 보신분들은 이미 잘 알겁니다) 최고의 요리사이며 비평가인 고든 램지(Gordon Ramsay)가 주축이 됩니다. 고든 램지는 영국 사람이며, 그래서 MasterChef America 는 시즌을 보는 내내 영국식 발음을 듣게 됩니다.

요리사 덕목이라면 주문이 들어오면 그 요리를 시간에 맞추어서 최고의 요리를 만드는 것일겁니다. 그리고 고든 램지는 성격이 급하기도 하고 영국식이지만 말도 빠르고 굉장히 단호하고 냉정합니다. 그래서 최고의 요리를 정해진 시간에 만들지 못하면 고든 램지는 여지없이 최하의 점수를 주거나 탈락을 시킵니다.

MasterChef는 매회마다 새로운 과제가 정해지고, 팀별 배틀이 되기도 하고, 개인전이 되기도 합니다. 과제는 양파를 고르게 썰기, 계란 1개로 최고의 요리를 만들기, 400명의 해군과 그 가족들의 요리, 100명의 배고픈 트럭 운전수들에게 햄버거 요리, 230인분의 결혼식 음식, 혹은 재료를 주고 그 재료를 이용해서 최고의 요리를 만들기, 심시위원이 선정한 요리 등이며, 실패한 팀은 개별전에 도전하며, 다시 다양한 과제가 주어지고 이기면 살아남고 가장 못한 사람이 퇴출됩니다.

대부분의 과제들이 시간내에 만들어야 하는 것이므로, 미국 드라마 프리즌 브레이크 같은 대단한 긴장감을 주는 음향 효과와 더불어서 고든 램지의 급한 목소리가 손에 땀을 쥐게 만듭니다.

자막없이 어느 정도 들리는 분들은 에피소드 내내 손에 땀을 쥐는 긴장감과 함께 MasterChef에 빠진 느낌을 가지게 될겁니다.

또한 MasterChef는 정통 영국식 성인 남자 발음을 들어보는 좋은 기회가 될겁니다.

Supernanny

*본 이미지는 Supernanny 프로그램의 이해 돕기 위해 공식 웹사이트(https://www.supernanny. co.uk/)를 참조한 것입니다.

내니(nanny)라고 하면 아이보는 유모로 생각하게 됩니다. 본 프로그램에서 수퍼내니는 유모의 역할이 아닌, 아이를 어떻게 키워야 올바로 키울 수 있는지 어떻게 해야 화목한 가정이 되고, 밸런스 있는 가정이 되는지 그래서 가정에 행복과 기쁨을 가져다 주는 가정 교육 전문가로써 수퍼내니(Supernanny)가 됩니다.

여기에 나오는 아이들의 연령대는 태어난 지 몇 개월부터 2~8세 등 다양하며, 주로 문제를 일으키는 아이는 2~4살 아이들입니다.

수퍼내니가 케어 해야 할 아이들의 특징은 밥을 먹지 않고, 잠잘 시간에 잠을 안자고, 엄마를 찾으며, 소리를 지르고, 버릇없게 굴고, 부모의 말을 듣지 않으며, 부모의 얼굴을 치거나 꼬집기도 하며, 또래 친구들을 때리고, 괴롭히고 ,동생을 괴롭히며, 여러 말썽을 일으키는 등이며, 매회마다 각양각색의 아이들이 나옵니다.

저자는 시즌 1을 내내 보는 동안 정말로 깜짝 놀랬습니다.
다양한 문제를 일으키는 아이들에 대한 교육하는 방법에 어떤 것이 있고, 왜 아이 앞에서 부모가 다투어서도 안되는지 지혜로운 부모가 되려면 어떻게 해야 하는지 알게 되었답니다.
말썽꾸러기 아이를 교육하는 방법을 잘 모른다면 그렇다면 수퍼내니를 보세요.
어떻게 해야 아이가 말썽부리지 않게 하고 말 잘 듣는 아이로 만드는지를 알게 됩니다. 저자 또한 수퍼내니에서 제시하는 교육을 보고는 이런 교육 방법이 있는지는 전혀 생각지도 못했답니다.

버릇없는 어린아이를 교육하는 방법을 모르는 부모를 가르치며, 지도하는 그래서 가족의 문제를 해결하는 수퍼내니, 바로 조 프로스트(Jo Frost) 입니다.

조 프로스트(Jo Frost)

http://www.jofrost.com/

수퍼내니로 나오는 조 프로스트(Jo Frost)는 실제 18세부터 20년이상 영국과 미국에서 내니 일을 해왔으며, 수퍼내니는 영국에서 만들어졌으며, 큰 이슈가 되어 48개국에 방영이 되기도 했으며, 2020년 시즌8까지 진행되었으며, 시리즈가 취소된 것은 아니지만 중단 될 수 있다고 합니다.

수퍼내니에 도움을 요청한 가족 중 한 엄마는 수퍼내니는 이 가족의 삶만 바꾸어준 것이 아니라 그 아이들이 성장해서 부모가 되면 보다 나은 부모가 될수 있도록 만들어줘서 그 아이의 미래 삶까지도 바꾸어 주었다고 합니다.(USA편 시즌1 3부에서)

아이의 미래가 바로 가정의 미래가 됩니다.

그렇다면 현재 가정을 가지고 있거나, 또는 아이가 있거나, 그렇지 않으면 가정을 꾸리려는 분들 모두가 이 프로그램을 시청하길 권장드립니다. 어떻게 해야 올바른 가정을 만드는지 알게 됩니다.

MasterChef는 고든 램지 심사 위원이 정통 영국식 성인 남자 발음의 남자라면 Supernanny 조 프로스트는 정통 영국식 성인 여자 발음입니다.

수퍼내니 조 프로스트는 정통 영국식 발음을 하며, 또한 또이또이하게 천천히 말을 하는 경우가 많습니다. 그래서 훨씬 더 알아듣기 쉽습니다.

또한 생각해 볼 점은

"평상시에 영어공부하며
다양한 어린아이들의 발음을 많이 들어보았는가?"

입니다.

다양한 어린아이들의 영어 발음을 많이 들어보셨습니까? 그렇습니까? 아닐겁니다.

어린아이들의 발음은 성인들의 발음과는 다릅니다.

쉬운 경우도 있지만 알아듣지 못하는 경우도 많이 발생하는데요. 그것은 그 발음에 익숙하지 않기 때문입니다.

그래서 수퍼내니(Supernanny)는 다양한 어린아이들의 발음을 들어볼 기회가 됩니다.

실은 엄청나게 듣게 됩니다. 이 어린아이들의 발음들에 익숙해져서 많이 들린다면 그렇다면 여러분의 영어가 또 한층 업그레이드되는 기회를 맞이하게 됩니다.

참고로 절대 자막을 보시면 안됩니다. 자막없이 들어주세요:)

여러분의 실력이 3개월, 6개월, 12개월, 24개월 이렇게 시간이 흐르며 점점 성장 할 겁니다.

그럴수록 점점 잘 들리게 되니 전혀 걱정하지 마시구요.

만약 자막이 있다고 자막을 봐 버리면 그때 내 실력이 어느 정도 였는지 알 수 없게 되어 버립니다.

왜냐하면 자막을 본 그 다음부터는 자막없이도 내용을 이해해버리니 말입니다.

그래서!

책에서 제시하는 모든 리얼리티 TV 쇼는

절대! Never! Ever!
자막을 보지않고 시청하시길 바랍니다~!

The Apprentice

*본 이미지는 The Apprentice 프로그램의 이해를 돕기 위해 위키 웹사이트(https://en.wikipedia.org/wiki/The_Apprentice_(American_TV_series))를 참조한 것입니다.

The Apprentice는 2004년 시작한 프로그램으로 미국 45대 대통령이 된 도널드 트럼프가 만든 프로그램으로 2004년 이때도 도널드 트럼프의 유명세는 미국 전역에서 대단했답니다.

The Apprentice는 다른 리얼리티 프로그램처럼 견습생들이 서로 경쟁하는 프로그램으로 시즌 1에서는 약 215,000명이 지원을 했습니다. 상금 $250,000도 중요하지만 그보다 도널드 트럼프의 My Man이 되어 트럼프 회사 중한 회사의 사장 자리를 1년간 맡는 것이 본 쇼에 출연한 견습생들에겐 무엇보다 중요합니다. 뉴욕 최고의 부자와 1년을 함께 일한다는 것은 인생 일대의 절호의 기회이기 때문입니다. 그래서 수많은 젊은 사람들이 지원을 하게 되었으며, 시즌1에서 이미 20만명 이상 지원을 했습니다. 최종 16명이 선출되었으며, 팀을 나누어 다양한 과제를 수행하게 됩니다.

과제들을 보면 레모네이드를 만들어서 팔고, 광고를 만들고, 보다 싼 값에 사고, 레스토랑에서 손님을 유치하고, 자신들이 만든 물건을 가장 비싸게 팔아야 하고, 유명 연예인과 함께 식사 등을 할 수 있는 시간을 경매에 붙이고, 헌집을 헐값에 사서 비싸게 렌트를 하고, 트럼프 물을 팔고, 카지노에서 아이템을 만들어서 돈을 벌고, 트럼프 월드 타워 90층에서 하루밤 묵을 숙박비를 팔고(실제 하루 숙박료 4만달러 이상에 판매가 되고), 월드 가수 콘서트장 기획하는 등입니다.
과제 수행의 결과로 경쟁에서 승리한 팀은 승리상을 받게 됩니다.
승리상은 트럼프 집에 초대되거나, 고급 레스토랑에서 식사를 하거나, 양키팀 구단주를 만나거나, 트럼프 헬리콥터를 타고 맨하탄을 한바퀴 돌거나, 트럼프 집에서 도널드 트럼프를 10분간 만날 수 있거나, 카지노가 있는 트럼프 호텔의 팬트 하우스룸에서 승리 상금으로 좋은 시간을 보내거나, 트럼프 전용기를 타고 전 세계 어디든지 선택해서 최고의 식사를 하는 등이 됩니다.
패배한 팀은 팀원 중 한명이 퇴출되게 됩니다.

특히 인상깊었던 것은 퇴출 후보에 오른 사람들이 자신을 변론하는 과정입니다. 트럼프는 그냥 **"제가 책임을 지고 떠나겠습니다"**라는 사람은 그냥 "You're fired!"하고 보내버립니다. 그래서 스스로는 자신이 왜 남아야 하고 왜 다른사람이 퇴출해야 하는지를 트럼프를 설득해야 하며, 트럼프를 설득하면 살아남고, 설득하지 못한 사람은 즉, 자신의 변론이 약한 사람은 어김없이 퇴출됩니다.
또 한 가지 인상깊었던 것은 트럼프의 견습생 탈락 여부의 판단인데요.
트럼프는 자신의 보좌관들의 의견을 신뢰를 한다는 것입니다. 그래서 아무리 괜찮은 후보라고 하더라도 보좌관들이 좋지 못한 의견을 보내면 그 후보는 탈락됩니다.

또한 매회마다 도널드 트럼프의 성공하는 공식을 들을 수 있으며, 트럼프의 경영 스타일도 볼 수 있습니다.

트럼프는 미국 45대 대통령이 되었습니다. 그래서 2015년 시즌15로 방송을 종료했습니다만 지금도 사람들이 찾아서 보는 프로그램입니다.

트럼프는 90년 초반 약 10조원의 돈을 빚졌지만 자신의 두뇌와 협상능력을 사용해서 다시 재기에 성공해서 세계적인 부호반열에 오릅니다. 세계적은 부동산 재벌(골프, 카지노, 호텔, 부동산, 리조트 등)이 된 트럼프가 어떤 집에 살고 어떤 사람인지 궁금하시죠?

그렇다면 트럼프가 제작하고 진행한 The Apprentice를 보세요. 트럼프의 진면목을 알게 됩니다. 또한 어느 정도 역량이 되어야만 리더가 되는 것인지도 The Apprentice에서는 잘 보여줍니다.

The Apprentice는 참가자 대부분이 젊은층이여서 성공을 위해서 도전하는 미국 젊은 사람들의 영어 말투를 들어볼 수 있습니다.

The Apprentice를 자막없이 절반이상 이해한다면 여러분은 이제 영어 초보가 아닙니다. 이미 미국 어학연수 몇 개월 이상을 한 사람과 같은 수준입니다.

The Biggest Loser

*본 이미지는 The Biggest Loster 프로그램의 이해를 돕기 위해 imdb 웹사이트(https://www.imdb.com/title/tt0429318/)를 참조한 것입니다.

The Biggest Loser는 가장 크게 잃어버린 사람으로 해석되지만 실제 가장 크게 살을 뺀 사람을 의미합니다. 12명의 참가자는 두 팀으로 나뉘고, 팀 당 전문 트레이너 아래에 합숙 훈련을 하며 살빼는 경쟁을 하는 프로그램으로 최종 승자는 $250,000를 받게 됩니다. 트레이너가 지시하는 웨이트 트레이닝을 하루 종일 해야하기에 중간에 포기하고 싶어서 우는 사람도 발생하며 – 오죽 힘들었으면 훈련하는 도중 여자 참가자는 트레이너의 얼굴을 치고 싶다고 말했답니다. – 하지만 참고 끝까지 해내게 됩니다.

트레이너가 제시하는 웨이트 트레이닝은 피트니스 센터에서 사용되는 기구들 대부분을 사용해서 하는 운동이자만, 때로는 목장을 달리기도 하고, 때로는 경기장 트랙을 돌기도 하며, 경기장의 엄청난 계단을 오르내리기도 합니다.

또한 스쿼트를 몇 백개를 하고, 다리 굽혔다 펴기, 무릎 굽혔다 펴기, 풋샵 같은 운동을 수백개 이상을 하거나, 런닝머신에서 전력 질주를 하기도 하고, 과정에서 미션이 주어져서 야외에서 풍

선을 들고 서있기도 하고, 고정된 헬스자전거를 4시간 타는 경쟁을 하기도 하며, 74층 빌딩을 계단으로 올라가기도 하며, 팀별 노래 공연을 하기도 하며, 준비된 재료로 먹을것을 만들어서 유니버설시티워크(Universal CityWalk)에서 판매를 하기도 합니다.

경쟁에서 승리한 최종 세 명은 이제 몇 달간의 훈련소 생활을 접고 집으로 가게 됩니다. 집에서는 파이널 라운드를 위해 12주간 트레이너 없이 혼자 훈련하게 됩니다.
파이널 라운드는 방송국에서 생방송으로 진행되며, 승자는 $250,000를 받게 됩니다. 물론 경쟁에서 져 훈련소에서 퇴출 된 사람들 중 집에서 가장 많이 뺀 사람에게는 $100,000를 줍니다.

프로그램을 보는 과정에서 매회를 거듭할수록 참가자들의 외형이 점점 날씬해지는 것을 보게 되는데요. 보통 수십파운드가 빠지고 많게는 120파운드 이상 빠진 사람도 있습니다.

본 프로그램을 보는 과정에서는 육체만 변하는 것이 아니라 참가자들의 정신까지 변하게 됩니다. 참가자들은 자신감을 되찾아서 자신감에 넘치며, 당당해지고, 비로 퇴출이 되었어도 참가자들은 이제 살면서 그 어떤 것을 도전해도 이겨낼 수 있다고 말을 합니다.
이는 보는 사람들 역시도 고무가 되어 **"나도 역시 할 수 있다, 나도 성공할 수 있다"**라는 것을 느끼게 됩니다.
시즌을 보는 내내 드라마틱하고 감동적이며, 눈시울을 적십니다. 인생에 불굴의 의지를 가지고 포기를 하지 않고 끝까지 달려간다면 정말 무엇을 해도 해낼 수 있고, 성공할 수 있다는 것을 느끼게 됩니다.
그래서 포기하지 마십시요.
영어 프리토킹!
누구나 할 수 있습니다!
인생의 성공!
누구나 할 수 있습니다!
포기하지 마십시요!

영어공부와 관계없이 가장 감동적인 리얼리티쇼를 추천한다면 저자는 이 프로그램 The Biggest Loser 를 추천합니다.
감동과 흥분의 도가니입니다.

살을 빼고자 한다면 그렇다면 The biggest loser를 보세요. 시즌1을 모두 보고 나면 당장 살을 빼고 싶을 겁니다.

또한 본 프로그램은 영어 숫자를 알아듣지 못하는 분들에게도 영어 숫자를 익히는데 도움을 주는데요.

그 이유는 시즌 내내 숫자를 영어로 말하는 부분들이 많이 나오기 때문입니다.

보통 외국에 가게 되면 늘 만나는 것은 영어 숫자입니다. 돈이 얼만지, 어디에 묵었는지, 지금 몇 시인지, 약속시간은 언제이고, 언제 떠나고 도착하는지, 언제 문을 닫는지, 전화번호가 어떻게 되는지 등등 이 숫자를 영어로 듣게 되면 다시 말문이 막히게 됩니다. 전화번호를 알려줘도 전 화번호를 이해하지 못하는 분들도 많이 있습니다.
바로 숫자 발음을 많이 듣고 말해보지 않아서 입니다.
The Biggest Loser은 매회마다 몸무게를 숫자로 알려주는데요. 처음 체중을 쟀을때는 몇 파운드 였는데 지금은 몇 파운드로 그래서 몇 파운드가 빠졌다라는 형태로 알려줍니다.
한자리 숫자에서 수백자리 숫자까지의 다양한 숫자를 영어로 듣게 되기 때문에 영어 숫자 발음 에 약한 분들께 The Biggest Loser는 숫자발음 강화하는데 도움이 되어줄겁니다.

※ 각 리얼리티 TV 쇼 프로그램의 채널 주소

제목	채널
America's Got Talent	https://www.youtube.com/user/AmericasGotTalent
Beauty and the Geek	https://www.youtube.com/user/BeautyAndTheGeekVEVO
Master Chef	https://www.youtube.com/c/MasterChefWorld
Supernanny	https://www.youtube.com/user/officialsupernanny

공식사이트가 유투브에 없는 The Apprentice, The Biggest Loser 는 제목으로 유투브에서 해당 제목 및 시즌, 혹은 시즌의 에피소드까지 넣고 검색하면 찾을 수 있습니다.(2022년 7월 현재)

시즌까지 검색한 경우
예) The Apprentice season1

에피소드까지 검색한 경우
예) The Apprentice season1 episode1

예시에서는 시즌1 에피소드 1로 했습니다만 찾고자 하는 시즌과 에피소드의 숫자를 넣고 검색하면 됩니다.

리얼리티쇼를 마치며

이렇게 해서 리얼리티쇼 몇 가지를 소개해 드렸습니다.

한국에도 정말 다양한 리얼리티쇼가 있듯이 영어권 나라에도 정말 다양한 리얼리티쇼가 있습니다. 하지만 소개해드린 리얼리티쇼는 에피소드 1개가 아닌 이왕이면 시즌 전체를 모두 보시길 권합니다.

또한 이것저것 보는 것보다는 한 가지를 끝까지 보는 것을 권합니다.

시청하는 과정에서 매 영상마다 표현들이 많이 나옵니다. 그러면 그것을 그냥 넘어가지 마시고, 포탈사이트에서 뜻을 찾아서 뜻과 표현과 해당 표현이 사용된 문장을 기록해두세요. 그리고 자주 보세요.

그러다 보면 다른 에피소드나 다른 리얼리티쇼를 보는 과정에 기존에 공부했던 표현들이 걸릴 겁니다.

그러면 다시 표현, 뜻, 해당 문장 (혹은 해당 문장의 앞뒤를 함께 적어두면 더 좋습니다.)을 항상 기록해두세요. 이것은 그 과정에서 영어를 익히며, 또한 여러분이 영어표현을 익히는데 아주 요긴하게 사용될겁니다.

늘 이렇게 말하는 초보자분들이 있습니다.

"안들리는데 봐야 하냐고요. 네?"
"뭔 말인지 안들린다고요."
"아따~~~ 안들린당께"
"시간 낭비여!"
"난 문장이 부족한께 무조건 새 문장만 한당께!"

그렇다면 결국 영어 귀머거리가 됩니다.

당연히 초보자인데 안 들립니다.

하지만 여러분이 본 책에서 제시한 훈련방법대로 공부하는 과정에서 표현을 찾으려 노력하게 되고, 수많은 단어들, 문장들을 익히게 됩니다.

그것들이 해당 리얼리티쇼를 보면서 만나게 되고, 여러분의 영어 실력이 향상될수록 리얼리티 쇼는 보다 더 잘 들리게 되고, 그들이 웃을 때 나도 웃을 수 있고, 그들이 슬퍼할 때 나도 아픔을 함께 할 수 있으며, 그들이 기쁠 때 나도 기쁨을 함께 할 수 있습니다.

그러니 시작부터 채념하지 마시고, 단지 시간의 문제라 생각하고, 매일매일 쉬지 않고 공부해 나가면 머지 않은 훗날 이들이 50% 내외가 들리게 된답니다.

"에.. 긴가민가 한데… 정말일까?"

정말입니다. 저자가 그러했으니 말입니다.
그러니 본 책에서 제시하는 훈련대로 하는겁니다!
그럼 오늘도 파이팅하시구요~!

I will do my best!

Yeah, me too!

You can do it! Yea!

영어에 대해서 알아야 할 사항들

영어는 영어에 대해서 알아야 할 사항들이 있습니다.
다음과 같은 것입니다.

"왜 300시간을 했는데도 영어가 안느는걸까?"

"왜 미국 사람들은 사전 발음대로 발음을 안하는걸까?"

"도대체 어느 정도 문장 횟수를 해야 하는거지?"

"100번이라고 어떤 사람들은 말하는데 난 200번도 했는데 안되는데…"

"문법을 꼭 해야 하는가?"

"한국 사람들 중에도 말을 잘하는 사람이 있고, 말을 잘 못하는 사람이 있는데 미국 사람도 그렇지 않을까? 그렇다면 그들은 어떻게 공부를 할까?"

또 여기서는 역시 질문들도 있습니다.
질문이 있다는 것은 2가지를 의미합니다.
첫번째는 그에 대한 답을 생각하게 되어 영어를 바라보는 관점이 넓어지며, 두번째는 다시 볼 때 글이 보기가 쉽다는 것입니다.

그래서 질문이 있으면 꼭 답변을 적어주세요.

질문에 **[해답]** 참조로 되어 있는 것은 **질문21** 뒤에 **[해답]**이 있습니다.

자 좋습니다.

그렇다면 이제 또 질문을 먼저 드리겠습니다.

영어는 원어민이 되는 방법을 알아야 합니다.
만약에 원어민이 되는 방법을 알게되면 프리토킹을 뛰어넘는 것
은 물론 고급영어를 사용하게 될겁니다.
그렇다면 네이티브가 되려면 어떻게 해야 할까요?
(이미 설명드린 내용입니다. 앞부분을 살펴보지 말고 작성해보세요.)

[해답] 참조

질문2
한국 사람들에게 한국말로 자기소개를 하라고 하면 잘 안나옵니다.
왜 잘 안나올까요?

질문3
인생에 적어도 100번 이상은 크고 작은 자기소개를 하지 않았을
까요?

질문4
평상시에 내가 자주 했던 말 혹은 내가 자주 쓰는 말을 다른말로
뭐라고 할까요?
[해답] 참조

질문4에서 다양한 답변이 있었습니다.
가령 "습관어", "내말", "습관적인 말" 등

영어는 영어를 잘할 수 있는 준비가 되어야 합니다.
그래야만 영어를 잘할 수 있는 상태가 되기 때문입니다.

질문5
그렇다면 영어를 잘할 수 있는 준비가 뭘까요?

[해답] 참조

질문6
습관은 특정 행동을 계속적으로 하면 만들어지는데요.
그 특정 행동을 어느 정도 기간 하게되면 그 습관이 만들어질까
요?

[해답] 참조

치사들

이 부분은 먼저 어떤 것인지 설명을 드리지 않고 예시문을 드리고 질문을 드립니다.
왜냐하면 문제를 통해 정답을 유추해내는 시간을 가져야 하기 때문입니다.
자 그럼, 문제들에 솔직하게 답변을 해주세요.

> **예시문1**
>
> 문장1. 나는 학교에 간다
> 문장2. 나는 에학교 간다

질문7

예시문1에서 **문장1**과 **문장2**는 의미는 같습니다.
문장2는 "에"를 앞에 두었습니다.
그렇다면 **문장2**를 읽었을 때 어떻게 생각되십니까?

질문8

그렇다면 "에"의 뜻이 뭔가요?

질문9

그렇다면 "에"를 사전 찾아 본 적이 있습니까?

질문10

좋습니다. 그렇다면 뜻도 모르고, 사전도 안찾아 봤는데 어떻게 해서 위 **문장2**번이 이상하다고 생각드십니까?

질문11

좋습니다.

그렇다면 한국 사람 5천만명 중에 "에"의 뜻을 아는 사람은 과연 몇 퍼센트나 될까요?

질문12

그렇다면 한국 사람 5천만명 중에 "에"를 사전 찾아 본 사람은 또 몇 명이나 될까요?

질문13

그렇다면 우리는 왜 "에"를 뒤에 쓸까요?

(ex, 학교에)

[해답] 참조

질문14

"에"를 뒤에 쓰는 민족을 무슨 민족이라고 할까요?

[해답] 참조

질문15

"에"를 뒤에 쓰는 나라들을 적어주세요.

[해답] 참조

질문16, 17은 예시문2에 대한 질문입니다.

> ### 예시문2
> 문장1. 나는 학교 간다
> 문장2. 나는 학교에 간다

질문16

우리는 **예시문2**에서 나온 **문장1, 문장2**를 모두 사용합니다.

"나 커피숍 가"

"나 집에 가"

"나 회사 가"

등등

그렇다면 **예시문2**에서 나온 두 문장에서 이상한 문장이 있습니까?

질문17

위 두 문장에서 읽었을 때 어느 문장이 좀더 부드럽습니까?

이번에는 영어로 문장을 바꿉니다. 의미는 같습니다. 역시 다음의 **예시문3**을 보고 질문에 답변을 적어주세요.

예시문3

문장1. I go to school

질문18

미국 사람들 3억명 중에 "to"의 뜻을 아는 사람이 과연 몇 명이나 될까요?

질문 19

미국 사람들 3억명 중에 "to"를 사전 찾아 본 사람은 또 몇 명이나 될까요?

자 그렇다면 이제 "에"를 구체적으로 풀어보겠습니다. 이제 이것에 대한 답변을 적어주세요.

에 - 둘치, 말사

질문20

둘치, 말사 들어보셨습니까?

질문21

둘치, 말사를 우리는 뭐라고 말합니까?

[해답] 참조

자 이렇게 해서 질문을 마치겠습니다.
이제 질문에 대한 해답입니다.

[해답]

질문1
즉, 원어민이 되려면
새로운 문장이 없을 때까지 공부하면 됩니다.
즉, 처음 만나는 문장이 없을때까지 공부하면 됩니다.
그래서 만나는 문장들이 모두 익숙한 문장이(**모두 내가 이해가 되는 문장이**) 될 때까지 공부 하기만 하면 됩니다. 안들리는 이유 해답 두번째에서 이미 설명드린 내용이기도 합니다.

질문4
평상시에 내가 자주 했던 말은 내가 익숙한 말이라는 것입니다.
나한테 익숙한 말이 빨리 나옵니다.

질문5
영어를 잘할 수 있는 준비는 영어공부 습관입니다.
책상에 앉는 버릇을 길러야 합니다.
공부를 평상시 하지 않은 사람은 책상에 앉아서 공부하면 잠부터 쏟아질겁니다. 그것은 공부하는 습관이 길러지지 않아서 입니다.

질문6
습관은 21일 만에 만들어집니다.
세계적으로도 유명하며, 21일 법칙, 21일 습관 이라고도 합니다.

질문13
"에"를 뒤에 쓰는 이유는 그렇게 써왔기 때문입니다.
늘 써온 형태입니다.
예시) 나는 학교에 간다
　　　형은 도서관에 간다
　　　누나는 커피숍에 간다
　　　엄마는 시장에 간다

동생은 유치원에 간다
아빠는 직장에 간다

질문14
"에"를 뒤에 쓰는 민족을 **우랄알타이어족**이라고 합니다.

질문15
터키, 중앙 아시아, 한국, 일본, 만주, 핀란드, 헝기리, 퉁구스 등

질문21
둘치 말사, **치사** 라고 합니다.
"학교에"
"에"가 뒤에 있기에 "뒷치사"라고 하며,
"에학교"
"에"가 앞에 있기에 "앞치사" 라고 합니다.
앞 뒤 즉, 전 후 공통적인 요소를 뺀다면 이것은 **치사** 입니다.
앞 뒤는 순 우리말이며, 이것은 보통 전치사, 후치사 라고 합니다.

저자는 관사, 대명사, 조사, 부사, 관계대명사, 인칭 대명사 등
문장에서 중요하지 않는 말들을 모두 치사라고 말합니다.
이 치사들은 특징이 있답니다.

치사들의 특징

"음"이 낮고 "강세"가 약합니다.
그렇기 때문에 이 치사들의 발음은 사전 발음과 똑같지가 않게 됩니다.
그래서 문장에서 치사들이 나오면 발음이 달라집니다.

받아쓰기 했던 2문장 기억나십니까?

문장1. You don't want me to go to France, is that it?
문장2. Especially on the train on the way back.

많은 분들이 문장1에서는 to go to 를 적지 못했으며,
문장2에서는 on the train on the way back 를 적지 못했습니다.
영어를 잘하는 분들 또한 문장2는 거의 적은 분들이 없었습니다.
그 핵심적인 이유 중 하나가 치사들 때문입니다.

문장1. You don't want me **to** go **to** France, is that it?

문장2. Especially **on the** train **on the** way back.

그렇다면 이 치사는 발음도 달라집니다. 그럴 경우는 다음과 같이 하면 됩니다.

연기자가 그 말을 발음하는데로 나도 그렇게 발음한다

공부할 때 문장의 발음이 어렵다면
가령
"아 저거 잘 안들려…"
"사전 발음과 다르네.."
"어떻게 해야 하지???"
등
혼동 할 필요없이 연기자가 그 말을 발음 하는데로 발음하면 됩니다.
왜냐하면 그들이 실제 그렇게 말하기 때문입니다.
그래서 한 문장 법칙 기억나시죠?
"연기자가 되는 것"
"연기자와 똑같이 말하는 것"
연기자와 똑같이 말하면 됩니다.

미국 드라마나 영화를 볼 때 자막에는 있는데 연기자는 그 말을 하지 않는 경우가 있습니다.
바로 이 치사들 때문입니다.

그 이유는 치사의 특징은 **"음이 낮고 강세가 약하기"** 때문에
연기자의 목소리를 담아내는 마이크에서도 연기자가 목소리를 담아내지 못했던 것입니다.
실제 연기자는 아주 작은 소리로 살짝 말을 했답니다.
그래서 이 경우 살짝 소리내어 말을 하면 되는 것입니다.
또한 대본과 연기자의 말이 다르면 그것은 연기자가 에드립을 치기 때문입니다.
이미 **[공부의 3가지 스텝]**의 첫번째 스텝에서 순풍산부인과 풍나는 미드로 해야 한다고 설명드

리면서 에드립에 대해서 설명드린 내용처럼 에드립이 들리면 대본을 따라하는 것이 아닌 에드립대로 하고, 들리지 않는다면 대본대로 하면 됩니다.

공부시간 저축하기

"공부시간 저축"라는 말을 이상하게 생각할 수 있습니다.
저자는 2010년 가을부터 저자가 만든 산타플레이어를 가지고 공부를 시작했습니다. 공부 할 때마다 자주 다음과 같은 생각을 했습니다.

"내가 지금까지 공부한 시간이 몇 시간일까?"

공부한 시간 기능을 만드는 것은 약간의 시간이 걸리지만 만드는데 문제가 없었는데, **"만들어야 하나"**, **"시간만 낭비되는것이 아닌가?"**라고 처음에 생각하고 그냥 넘어갔습니다.
그런데 시간이 점점 흐르면서 **"내가 어느 정도 공부했드라?"**, **"지금까지 몇 시간 공부한거지?"**라는 생각들이 밀려왔습니다.
"귀가 트였어도 귀 트인 시간이 얼마큼 걸려서 된지도 모를테고, 입이 트였어도 입트인 시간이 몇 시간인지 모르는게 아닌가?!"
시간이 갈수록 점점 좀 심각하게 생각했답니다.
최초 6개월은 하루 6시간씩 한 것 같은데… 이것은 저자 혼자만의 생각이고, 공부를 한 지 2년이 되어가는 시점에 **"도저히 안되겠다"**, **"더 늦춰지면 큰일난다"**는 생각이 들었습니다.
그래서 2012년 공부시간 저축기능이 가능한 스톱와치를 만들고, 산타플레이어에 단 것입니다. 그래서 공부시간을 쌓아 나갔습니다. 이것은 결국 은행에 돈을 저축하는 것과 같드라구요.
예를 들어서 한 시간의 최저임금은 2022년, 9,160원으로 책정되었습니다.
그러면 만약 100시간을 일하면 916,000원이 됩니다. (100 X 9,160 = 916,000)
1,000시간을 하면 9,160,000원이 됩니다.
노임이라는 것은 나는 노동력을 제공하고 받는 댓가입니다. 그렇다면 영어는? 노력에 대한 대가를 프리토킹으로 받는 것 아니겠습니까?
바로 귀트이고 입트이는 것입니다.
굉장히 중요하죠.

그래서 저자는 2012년 8월 말 산타플레이어에 공부시간 저축기능을 달고 2012년 9월부터 본격적으로 공부시간을 저축을 해나갔으며,
이 방법을 다른분들께도 알려드렸으며, 그분들도 공부시간 체크를 하며 저자가 만든 산타플레이어 카페에 공부시간을 올려주셨답니다.

참고로 이 당시 저자처럼 공부하는 사람은 없었던걸로 알고 있습니다.

향후 몇 년 뒤(2016년즘부터)에 여러 카페나 기타 인터넷에서 저자의 영향으로 공부시간 체크를 하는 것으로 알고 있습니다.

공부시간 체크하는 것은 정말 자주 까먹었습니다. 왜냐하면 스톱와치 시작 버튼을 누르는 것을 잊어버리기 때문입니다.

또한 공부시간은 공부 시작할 때 누르는 것이 아니라 체크하는 것은 일정한 법칙이 있습니다. 오직 공부하는 시간만 체크를 해야 하거든요.

그래서 저자는 다음과 같은 공부시간 체크하지 않는 룰을 만들었답니다.

공부시간 체크하지 않는 룰
※기본적으로 룰을 지키면 됩니다.

1. 집에서 청소를 한다. 그런데 미국 드라마를 틀어놓는다. 공부시간 체크하지 않는다.

2. 샤워를 한다. 미국 드라마를 틀어놓는다. 공부시간 체크하지 않는다.

3. 거실에서 한국 드라마를 보며 노트북으로 미국 드라마 틀어놓는다. 공부시간 체크하지 않는다.

4. 출근길에 틈틈히 본다. 공부시간 체크하지 않는다.

5. 퇴근길에 틈틈히 본다. 공부시간 체크하지 않는다.

6. 일과 시간에 일을 하며 틈틈이 공부한다. 공부시간 체크하지 않는다.

7. 리얼리티 쇼를 보는데 해당 리얼리티 쇼가 아니라 광고가 뜬다. 공부시간 체크하지 않는다.

8. 유튜브에서 엘렌쇼 영상의 마지막 5초는 늘 엘렌 로고가 나온다. 그러면 무조건 시간 저축 멈춘다.

　가령 엘렌쇼 영상이 8분 14초 짜리면 8분 9초에 공부시간 저축 멈춰야 합니다.

9. 하나의 리얼리티 쇼가 끝나고 다른 리얼리티 쇼를 보기 전까지는 시간체크를 하지 않는다.
　　즉, 1개의 엘렌쇼가 끝나면 그 다음 엘렌쇼를 볼 때 까지의 시간은 체크하지 않습니다.

10. 핸드폰으로 열심히 한국 사람들과 대화를 하는데 미국 드라마 틀어놓는다. 공부시간 체크하지 않는다.

11. 잠을 자면서 미국 드라마 틀어놓는다. 공부시간 체크하지 않는다.

12. 밖에서 조깅을 하는 등 운동하면서 미드 듣는다. 공부시간 체크하지 않는다.

13. 설거지 하면서 틀어놓는다. 공부시간 체크하지 않는다.

> **"집중적으로 책상에 앉아서 열과 성의를 다하지 않는 공부는 공부시간 체크하지 않기"**

14. 영어 나오는 이어폰 꼽고 하루 종일 다른 볼일 본다. 공부시간 체크하지 않는다.
　　영화, 드라마, 애니메이션, mp3 등 영어 사운드를 핸드폰에 담아두고 듣는 것입니다.

15. 기타 모든 자투리 시간의 공부는 공부시간 체크하지 않는다.

책상에 앉아서 엄격한 훈련을 하는 시간.
피나는 노력을 하는, 불타는 노력을 하는!
전교1등 자세의 그 노력!
그것을 제외하고는 모두 공부시간 체크를 하지 않는것입니다.
왜냐하면 그것은 주적인 시간에 공부한 것이 아니기 때문이며, 부적(부수적)이라는 것입니다.
저자 또한 이런 시간들은 모두 배제를 했습니다.

어떤 분은 하루 14시간씩 1년을 이어폰을 꼽고 있었으며, 1년이 지났으니 5천시간이 넘었다고 합니다만 영어는 정말 바닥 수준이였습니다. 이런 분들 여럿 보았답니다.
그래서 유행처럼 하는 그런 쉽게하는 것은 시간체크를 하면 안됩니다.
주적인 시간에 실제 불타게 공부하는 그것을 체크해야 하며, 그 불타는 100시간의 노력은 부적인 시간의 수천 시간보다 낮습니다.
즉, 성실히 공부하는것만 공부시간을 저축하는 것입니다.

그렇다면 실제 불타는 노력으로 공부한 시간이 1천시간이 되면 얼마나 큰 시간인지 스스로 알
게 됩니다.
저자가 제시한 방법대로 5천문장을 했다면 이미 왕초보를 충분히 뗀겁니다.

저자는 2022년 6월 현재 3,208시간을 저축했습니다.
다음은 산타플레이어 모습인데요. 우측상단에 자세히 보면 3,208시간 16분으로 보이죠?

〈산타플레이어 메인 모습〉

공부시간 체크하지 않는 룰을 지키면서 본 책의 **[엄격한 훈련]**에서 나온대로 공부하며 공부시간
저축하면, 저 3천 시간을 넘긴 것이 얼마나 큰 시간인지 알게 될겁니다.

※ 불타는 노력만을 공부시간에 체크한 사람과 그렇지 않은 사람의 차이

한 이야기를 들려 드리겠습니다.

A라는 사람은 공부 열심히 하길 좋아하지 않습니다.

A는 **"미드는 틀어놓고 있으면 된다"**, **"다른 볼일 봐도 틀어놓고만 있으면 된다"**라며 매일 다른 볼일 보면서 미드 틀어놓고 공부하는 거라고 말을 합니다.

A는 이런 시간들을 포함해서 한달에 300시간에서 400시간을 합니다.

그렇게 4개월을 하니 공부시간이 어느덧 1,500시간이 되었다고 합니다.

다시 설명드리면, A는 땀 흘리며 공부하는 스타일이 아닙니다.

반대로 A의 친구 B는 땀 흘리며 공부하는 사람입니다.

B는 자투리 시간에도 공부를 계속하지만 실제 불타는 노력을 매일 2~3시간을 합니다. 그리고 B는 이 불타는 시간만을 공부시간에 포함해서 계산을 합니다.

그리고 4달이 되니 240시간이 되었습니다. (하루평균 2시간 공부-부적인 시간 모두 제외)

A는 B에게 말합니다.

"B야 나 벌써 1,500시간되었다 그런데 너는 아직도 240 시간이구나. 언제 공부시간 채울래. 쯧쯧"

그리고 2년 뒤 A, B는 함께 미국 여행을 갔습니다.

A는 이미 1만 5천시간 이상을 한겁니다.

A는 말합니다.

A : **"B야 나 벌써 1만 5천시간이야. 너 몇 시간 공부했냐?"**

B : **"어 A야. 나 이제 1,500시간이야."** // B는 실제 하루 2시간씩 매일 한겁니다.

A : **"짜식… 2년도 넘었는데 아직도 2천시간도 안되고.. 쯧쯧"**

그래서 미국에 도착한 후 다운타운으로 이동해서 맥주 한잔 하는데 우연찮게 미국인들이 말을 걸어옵니다.

A는 자신감을 가지고 미국 친구들에게 뭘 말하려고 하는데 말이 안나오는겁니다.

그런데 그들이 뭐라 말하는 것 같은데 안들리는 겁니다.

A : "뭐라는거지? 머라카노? 안들린다…으아!!! 1만시간 5천시간 했는데"

　그런데 B는
B : "나이스 투미츄, 인 마이 퍼스트타임 인 히얼 마이 필링 이스 어…솰라 솰라 솰라…" "예..예..예…..오..예…야…우쥬 라익 투 조인 어스~~…솰라 솰라"
　미국 사람 말을 듣고 잘 말을 합니다.
　B는 이제 1,500시간을 한 것입니다.

이것은 무엇을 뜻하는 것일까요?
이것이 말해주는 것은 실제 1만시간을 자투리시간으로 채운다고 해도!
불타는 노력의 수백 시간보다 못할 수 있다는 것입니다.
또한 이것은 다른 한 가지를 말해주는데요. 이것이 더 중요합니다.
B는 불타는 노력으로 매일같이 안 쉬고 2~3시간을 공부해왔으며, 자투리 시간에는 내가 공부했던 것을 틀어놓고(샤워할때도, 청소할때도, 설거지 할때도, 잠잘때도, 운동할때도) 들으며 공부했던 것을 듣고 낭독해보고 연습을 하루에 10번이고 했던겁니다.
그 결과 A는 2년 뒤에도 큰 변화가 없지만 B는 실력이 올라가서 차이가 많이 나는 것입니다.

이해되시죠?
그래서 올바른 공부시간 체크는 굉장히 중요합니다.
성실한 노력 즉, 불타는 노력. 반드시 뒷받침 되어야 합니다.
이것이 내 실력이 얼마큼 향상되었는지를 가늠해주는 증표가 되기 때문입니다.

2만번에 대한 이야기

질문

태어난 아이가 "엄마"라고 말을 할 때 아이는 "엄마"라는 단어를 몇 번을 듣고 말을 했을 때 "엄마"라고 말을 하게 되는걸까요?

그 횟수를 적어주세요.

아이가 "엄마"라고 말을 하기 위해서 들어야 하는 그 수치는

2만번

2만번 이라고 합니다.

엄청나죠?

다행히 이 수치는 유학생 수치가 아닙니다. 외국인 수치가 아닙니다. 그 나라에서 태어나서 엄마와 하루 종일 있는 원어민 수치라는 것입니다.

이 수치 하나로만 봐도 왜 타국인이 언어를 공부할 때 원어민을 따라갈 수 없는지를 알 수 있습니다.

2만번 (이건 원어민 수치입니다.)

위 2만번 내용을 기억날 겁니다.

자 그렇다면 질문 들어갑니다.

질문

우리가 우리 자신의 몸을 움직이는 것은 어떤 목적 때문입니다. 그렇다면 우리는 어디를 갈 때 "**를 가야 겠다"라고 생각하고 갈까요? 생각을 하지 않을까요?

"생각해본 적이 없다"
"생각 안한다"
"생각 안해봐서 모르겠다"
"생각할까? 어떤 땐 안하는 것 같고"
"생각한다" 등 다양한 답변이 있었습니다.

가만히 생각해보면 우리는 모두 몸을 움직일 때 생각을 합니다. 목적을 위해서 몸을 움직이기 때문입니다. 그 동작을 평생에 걸쳐서 해왔기에 거의 무의식과 같지만 생각을 합니다.

좋습니다.
그래서 37세 되신 분께 질문드린 내용입니다.
"냉장고에 가든, 화장실에 가든, 출근하러 가든, 회의실로 가든, 수퍼에 가든, '어디어디에 가다'를 생각한것도 포함해서 하루에 평균 몇 번 할까요?"
50번 한다고 답변을 주었습니다.

이것을 질문한 이유는 평생 사용한 횟수를 구할 수 있기 때문입니다.

계산은 이렇게 됩니다.

하루 50번 × 1년 × 나이 = 평생 사용한 횟수

즉,
50 × 365 × 37 = 675,250 번
이분은 **"~가다"**를 평생에 67만번 이상을 한겁니다.
놀랍죠?
만약 하루 50번이 아닌 100번을 했다면 어떻게 될까요?
약 135만번 입니다.

생각해보세요.
인생에 135만번 낭독한 영어문장이 있었습니까?

이것이 말해주는 것은 원어민은 살면서 이 정도의 문장 횟수를 했다는 것입니다.
그래서 타국인이 모국민의 말을 따라가지 못하는 것입니다.
또한 천 번 이든, 만 번 이든 그 횟수는 미국 아이 10개월 수준의 반복 횟수라는 것입니다.
없어도 되는 수치와 비슷하다는 것입니다.

좋습니다.

이제 또 다른 질문을 위해 방송인 **"로버트 할리"**의 이야기를 하겠습니다.

로버트 할리라고 아시죠?
(모르시는 분들은 **"로버트 할리"** 라고 포탈사이트에서 검색해보세요.)

로버트 할리는 외국인으로 외국땅에서 이만큼 이력을 가지고 있는 사람도 드물겁니다.

다음과 같은 프로필을 가지고 있습니다.
(※ 본 프로필은 포탈사이트를 참조하였습니다.)
법학 전공으로, 법학 박사, 변호사, 현재 광주 외국인 학교의 이사장, 2개의 외국인 학교를 설립, 2개의 라디오 진행, 40여편의 TV쇼프로그램, 10여편의 드라마 출연, 2편의 영화, 10여편의 광고 촬영, 4편의 책, 강남구 홍보대사 및 3곳의 홍보대사

2010년 쯤 아침 방송에 로버트할리가 출연했습니다.
그리고 로버트할리 집을 셀카를 찍은 것을 사회자가 보자고 해서 보게 되었습니다. 화면은 줌 업되고 로버트 할리가 셀카로 찍은 영상이 TV에 나옵니다.
로버트 할리의 영상 대화는 대략 이렇습니다.

"자 여러분 이제 현관문 엽미데이~"
"자 문 열었슴미데이~~~"
"우리 얼라들이 뛰쳐오는데이~~~"
"얘는… 첫째이고예, 얘는…."

이때 2명의 10대들이 뛰쳐나오며 아버지를 보며 연신 웃고 깔깔 댑니다.
그리고는 로버트할리의 말을 가로채며 이렇게 말합니다.

"아빠는 아직도 한국말을 바보같이 해!"

로버트 할리가 말합니다.

"야 너는 한국 사람이고, 나는 미국 사람이자나"

아이가 낄낄대며 말합니다.

"우리 보다 두 배이상 한국에 더 살았으면서 아직도 한국말을 바보같이 해. 아빠는 바보!!!"하고 도망가버렸던… 장면이 아직도 기억에 납니다.

위 이야기를 생각해주세요.
이제 다시 질문들어갑니다.

질문
로버트 할리의 한국어 실력과 10대의 한국 아이의 한국어 실력, 누가 더 한국말을 잘할까요?

이 질문을 드리는 이유는 바로 간과하는 것이 있기 때문입니다.
로버트할리는 한국땅에서 30년 이상 살았으며, 원어민과 결혼해서 자식까지 있으며, 한국에서 여러 활동을 한 사람입니다.
그런데도 아이들은 **"아빠는 아직도 한국말을 바보같이 말해"**라고 합니다.
이것이 의미하는 것은
미국 사람과 결혼해서 미국에 30년 살아도 미국 아이 10대들을 따라가기 어렵다는 것입니다.

미국 아이 5살짜리는 대단한 영어 토커입니다. 왜냐하면 잠자는 8시간을 제외하고는 모두 영어로 생각하고 영어로 말을 하고, 영어로 생활합니다. 아이가 만나는 사람들 모두가 영어 원어민 사람입니다.
들리는 모든 말들이 영어입니다.
당연히 꿈도 영어로 꿈을 꿉니다.

반대로 생각해보세요.
"내가 잠자는 8시간을 빼고 하루 종일 영어로 말하고 영어 원어민 사람들과만 있고, 모든 생활을 5년을 영어로 있어 본 적이 있는가?"

5년은 너무 했다고 하면 적어도 **"3년은 있어 보았는가?"**입니다.
그렇다면 이미 유창해져 있을겁니다.

즉, 이 이야기가 전하는 것은 한국 사람들의 언어 목표가 너무 높다는 것입니다.
공상과 현실을 구분해야 합니다.
미국 아이 5살 정도는 미국 어학연수 1년 다녀온 사람보다 훨 높은 레벨입니다. 아십니까?

어떤분이 제게 이런 말을 합니다.
"저는 미국에서 태어난 21살 정도가 되고 싶어요!"

저는 말을 합니다.

"불가능합니다."

왜냐구요?
미국에서 태어난 21살정도가 되려면 어떻게 해야 되는지 아십니까?
정치, 경제, 사회, 문화, 예술, 체육, 음악, 도덕, 철학, 문학, 생물학, 우주, 수학 등 모든 분야를
영어로 배워야 합니다.

초등학교 1학년때부터 미국가서 각 과목별로 선생님에게 영어로 1시간씩 수업을 듣고 과정에서
영어로 토론도 하고 그리고 쉬는 시간에도 수업 시간에 배웠던 것에 대해서 영어로 이야기하고,
다른 과목도 마찬가지입니다. 그래서 집에 와서는 영어로 레포트 쓰고, 영어로 부모님께도 물어
보고 그리고는 다음 날 다시 과목별로 영어로 레포트 제출하며, 영어로 발표하고, 영어로 선생
님의 조언을 구하고 그리고 다시 영어로 수업을 하고, 그래서 1년을 마치면 다시 2학년에서 영
어로 나눗셈을 배우고, 인수분해를 배우고 그리고 삼각함수를 영어로 배우며, 모든 수업을 영어
로 하며, 다시 영어로 매일 토론하고 발표하고 그래서 집에서 다시 영어로 부모님께 물어보고
숙제하고 다음 날 제출하며 발표하고 등등 그래서 중학교도 그렇게 고등학교도 그렇게 해서 우
수한 성적으로 초,중,고를 나오게 되면 미국말에서 거의 모르는 분야가 없게 됩니다. 전교 꼴등
하는 원어민보다 지식수준이 훨씬 높게 됩니다.
오히려 그들을 영어로 가르쳐주게 됩니다.
이 정도가 되면 그러면 미국에서 태어난 21살. 즉, 원어민 수준이 됩니다.
하지만 고작 어학연수 1년? 비교가 될까요?
택도 없습니다.
레벨이 다른겁니다.

즉, **문장은 길**이라는 것 기억나시죠?
미국에서 초·중·고를 우수한 성적으로 나온 사람은 거의 모든 길을 다 간 사람입니다. 그렇다면
어떤 분야를 이야기해도 당연히 다 통하죠. 그래서 모든 분야 통역이 되는 사람이기도 합니다.
어학연수 1년은 미국에서 초·중·고를 나온 사람을 따라갈 수가 없는거죠.
영어는 냉정하게 현실적으로 바라봐야 합니다.
엘렌쇼에 출연한 3살 Milla 기억하시죠? 남자 친구가 다른 여자와 결혼해서 울어버린 3살배기.
원어민의 말을 다 알아듣고, 자신이 할말을 다 합니다.
초급자 분들은 그 미국 아이 3살로 영어 목표를 잡으세요.
미국 아이 3살은 대단한 내공이 있는 것입니다.

자 그렇다면 또 질문 들어갑니다.

질문
"어디를 가다"를 좀더 구체적으로 적었습니다.

샤워를 하러 가거나
잠을 자거나
만나러 가거나
가기 위해서 차에 가거나
승강장에 가거나
TV를 보기 위해서 거실에 가거나
밥을 먹기 위해서 식당에 가거나
주방에 가거나
냉장고에 가거나
모습을 보기 위해서 거울에 가거나
생각만 해도? 그것은 말한 것과 같습니다. (사투리를 그렇게 배우기 때문입니다.)
그래서 말한 것도 말한 것이지만
생각한 것도 말한 것입니다.
또 누가 왔을 때도 다음처럼 말을 합니다.
"어디 갔다 왔니?"
혹은 "어디 가니?"
혹은 "어디 갈거니?"
"어디 갔었었니?"

이들을 모두 통틀에서 "~에 가다"라고 할 때
우리는 "~에 가다"를 하루에 몇 번 정도 사용할까요?

37세 된 분이 여기서 400번 이라고 작성했습니다.
그렇다면 이렇게 됩니다.

400 × 365 × 37 = 5,402,000 번

5백 4십만번 입니다.

놀랍지 않습니까?

자 그렇다면 여기서 다시 질문 하나를 드리겠습니다.

오늘 다른 분들과 다양한 이야기를 나누었을겁니다.
가족분들과 대화하거나 친지분들과 대화하거나 친구분들과 대화하거나 일 때문에 회의를 하거나 동료분들과 대화하거나 다른 거래처와 통화하거나 등등

그렇다면 그 모든 대화가 기억나지 않는 것은 당연합니다.
그런데 기억을 되살려보면 기억나는 대화들도 있지 않습니까?
"오늘 누가 무슨 말을 했드라?"하며 기억을 떠올려보면 기억나는 문장들이 있을겁니다.
가령 **"철수야 수퍼에 가서 콩나물 사와라", "벌써 점심 시간이네. 뭘 먹으러 갈까?", "오늘 퇴근하고 맥주 한잔 어때?"** 같은 말들입니다.

질문
그렇다면 그런 대화가 어떻게 기억이 날까요?
(질문이 있으면 항상 답변을 적어주세요)

가령 **"밥 먹으러 가자"**가 떠올려졌다면
그 말을 한 사람이 다음처럼 **"밥 먹으러 가자"**를 열 몇 번을 말했습니까?

> "밥 먹으러 가자. 밥 먹으러 가자. 밥 먹으러 가자. 밥 먹으러 가자. 밥 먹으러 가자. 밥 먹으러 가자. 밥 먹으러 가자. 밥 먹으러 가자. 밥 먹으러 가자. 밥 먹으러 가자. 밥 먹으러 가자. 밥 먹으러 가자."

혹은 기억나는 비슷한 문장을 수십번 듣고 기억이 난 것일까요?
가령 **"콩나물 사와"**라면 다음과 같이 **"콩나물 사와"**를 수십 번 했을까요?

> "콩나물 사와, 콩나물 사와, 콩나물 사와, 콩나물 사와, 콩나물 사와, 콩나물 사와, 콩나물 사와, 콩나물 사와, 콩나물 사와, 콩나물 사와, 콩나물 사와, 콩나물 사와, 콩나물 사와, 콩나물 사와, 콩나물 사와, 콩나물 사와, 콩나물 사와 콩나물 사와, 콩나물 사와, 콩나물 사와, 콩나물 사와"

그렇지 않을겁니다.

바로 저 오백 사십 만번!

이 횟수가 의미하는 것이 있습니다.

모국어를 하는 사람들은 남녀노소 할 것 없이 이전에 대화했던 대화 내용이 모두 기억나지 않지만 떠올려보면 대화했던 내용들 일부가 기억나고, 어떤 대화는 모든 문장이 모두 기억납니다. 기억나는 대화들 모두가 그 사람이 한 번씩만 말을 했는데도 말입니다.

이것이 가능한 것은 바로!

횟수
그 횟수 때문입니다.

즉,
우리는 그와 유사한 말들을 인생 살면서 적어도 수만에서 수십만 번 이상을 듣고 말해왔기 때문입니다.
그래서 한 번만 들어도 기억에서 진하게 오래 남게 되는 것입니다.

어떻습니까, 독자여러분!

그렇지 않습니까?

그렇다면 아이가 **"엄마"**라는 단어를 들은 2만번의 횟수.
너무 작다는 것입니다.
2만번을 한 것은 어쩌면 10개월된 미국 아이와 같은 수준입니다.
100번은? 말 할 거리나 생각 할 거리도 안된다는 것입니다. 이해되십니까?
혹시 10개월된 아이의 수준을 원하는 것은 아니죠?
이 횟수가 의미하는 것은 그만큼 원어민이 되는 것은 어렵다는 것입니다.

Q. 한글 자막으로도 해석이 안되는 문장을 만나면 어떻게 해야 할까요?

당연히 미국 드라마나 영화, 애니메이션으로 영어공부를 하게되면 실제 해석이 되지 않는 문장들을 종종 만나게 됩니다.
저자는 공부 초기 시절 이런 문장도 이해를 하지 못했었습니다.

I'm gonna call it a day.

해석이 안되는 겁니다.
그래서 문장의 각 단어를 해석하면 단어는 모두 해석이 되는데 문장으로는 해석되지 않았습니다.
한글 자막으로 보았을 때 **"나 그만 가야겠다"**라고 나옵니다.
(만약 문장에서 단어도 모른다면 당연히 단어는 모두 뜻을 찾아봐야 하는 것은 당연합니다.)
그리고 **"I'm gonna"**는 해석되는데… **"call it a day"** 뭐지?
포탈사이트에서 검색을 해보면 **"일과를 마치다, 퇴근하다, ~을 그만두다"**로 사용됩니다.
그래서 문장을 이해하게 되었답니다.

그렇기에 해석이 안되는 문장을 만나면 찾고자 하는 노력을 하는겁니다. 해석 안되는 문구를 포털 사이트에서도 찾아보고, 번역기도 돌려보고, 각 단어들의 뜻도 찾아보고. 단어는 뜻이 하나만 있는 것이 아니라 작게는 몇 개, 많게는 수십 개의 뜻이 있기에, 이 사전도 몽땅 찾아보고, 저 사전도 그 단어에 대한 뜻을 몽땅 찾아보고, 그러다 보면 서로 다른 뜻을 발견하게 되는 경우도 있고, 저 사전에는 있지만 이 사전에는 없는 경우도 만나게 됩니다.
영영사전도 찾아보고, 구글 검색도 해보고, 다양하게 찾는 노력을 해야 합니다. 그러는 과정에서 시간이 흐르면서 실력이 향상됩니다.

가령 hang라는 단어는 **"걸다, 매달다"** 등의 뜻으로 알려져 있으며, A사전은 그렇게 뜻이 되어 있지만, B사전에는 **"요령"**이라고 되어 있습니다.
문장에서 you're getting the hang of it 이라고 한다면 **"너 이제 그것에 대한 요령을 알았구나"**라고 되는 것입니다.
그래서 문장에서 표현으로 나오게 되면 표현 노트에 그것을 저장해둬야 합니다. 그래서 저자는 산타플레이어에 표현 노트를 만든 것입니다.
찾아도 안되면 **"어찌 되었든 한글 뜻으로 이런 문장은 이렇게 해석이 되구나"**하고 이해하고 넘어가세요.
왜냐하면 미드 한 편(400문장)에서 5문장 혹은 10문장 해석 안된다고 영어 공부가 안되는 것이 아니거든요.
그래서 해석이 안되는 문장을 만나면 최대한 찾고자 하는 노력을 기울여보세요.
실력이 향상되면 이해되지 않았던 문장들이 풀리게 되거든요.

문장이 집적되고 집적되어 결국 1만 5천문장이 넘어가고 불타는 노력으로 공부한 시간은 2,000시간이 넘어갔을 때 처음 공부 시절 해석 안되었던 부분들(스토리를 보면서)을 다시 보면 **"아 그때는 해석이 안되었었는데… 이제 이해가 되네"** 라고 하게 될겁니다.
저자도 이런 경우가 많았답니다.

홍길동 이야기

여러분들은 지금 분야에서 일을 하기 위해서 대학교 때도 하루에 몇 시간씩을 열심히 공부해 왔고, 직장에서도 매일 8시간 이상씩 일을 해왔습니다.
그래서 어느덧 그 직장이 수 년에서 수십 년이 된 것입니다.

그런데 여러분이 다니는 회사에 홍길동이 입사를 했습니다.
입사 한 지 벌써 3개월째입니다.
그리고 어느날 모두가 퇴근했는데 독자분과 홍길동 이렇게 두 명만이 회사에 남아 있습니다.
독자분을 "박과장님"이라고 가정했습니다.

홍길동이 이렇게 말합니다.
"아놔 진짜 빡과장님! 전 말이죠. 지금 일한 지 3개월이나 됐다구요!!!! 빡과장님이 알려준데로 다 해왔다고요. 으아!! 그런데 왜 도대체 나는 빡과장님만큼 안되냐고요!!! 으아!~~빡꽈짱~~~~ 다 죽어~~~~아~~~~~ 으아~~~~"
그러면서 책상 던지고 의자 던지고 미친듯이 난리가 난겁니다.
한마디로 홍길동 돌아버린겁니다.

질문입니다.

질문
이 홍길동 어떻게 생각드십니까?

아마 홍길동을 꿀밤이라도 주고 싶은 심정일겁니다.

다양한 분들이 답변을 주셨습니다.

"같잖다"
"말도 안되는거죠"
"우습다"
"어이가 없는거죠"
"황당해요"
"시간이 해결해 줄거다"
"우습죠"
"애니까 그럴수도 있죠"
"철없는 이야기죠"
"더해야죠"
"어이가 없네요"
"그럼 6년한 나는 호구냐?"

왜 이런 홍길동 이야기와 그에 대한 질문을 드렸을까요?
영어에 대한 현실을 알려드리기 위해서입니다.
영어는 **"초급자가 하루에 1시간 공부해서 프리토킹 3개월만에 되었다"**라는 건 저는 보질 못했습니다.
"초급자가 1시간 공부해서 3개월만에 귀 뚫었다" 저는 보질 못했습니다.

프리토킹 걸리는 시간에 이미 설명드렸습니다.
또한 왕초보 탈출을 위해 주간법칙으로 공부하며 1천 시간. 5천문장 달성, (그러면 당연히 리얼리티 쇼도 봐야 하며, 전체법칙도 해야 합니다.)
"그렇게 했느냐?" 입니다.
3개월에 1천시간 채울 수 있을까요?
불가능합니다.

※ **"아 진짜 3개월 됐는데됴 안들려요"** 라고 할 때가 있습니다.
위 홍길동과 같습니다.
아직 분량과 시간 모두 되지 않은 것입니다.

물론 하루 12시간정도 해서 3개월 지나서 5천문장이 달성되었다(리얼리티 쇼도 매일 봐야하고, 과정에서 당연히 식단 10여일치도 만들어지고, 전체법칙도 병행했다는 전제)면 그러면 약간 귀가 열릴 때 라는 것입니다.
4시간해서 3개월은? 이제 겨우 300시간 얼마인데 될까요? 될 리가 없습니다.

물론 본 책으로도 안되는 4가지 부류가 있습니다.
이 부류에 속하는 분들은 어떤 이유에서든 안됩니다.

---

1. 게으르거나

2. 게을러서 안하거나

3. 육체적으로 정말로 공부할 환경이 안되거나

(병원에서 수술을 받았거나)

4. 게을러서 공부안하거나

영어는 요행이 없습니다.
영어는 영문학과를 나와도 아십니까?
영어 플루언트 프리토킹 안되는 분들 많이 보아 왔습니다.
그래서 **"몇 개월 만에 되었다"**같은 말에 현혹되지 마시고, **1만 5천문장 + 전체법칙 한달** 할 때까지 불타는 노력을 해야 합니다.
아셨죠?

공부한 효과를 보는 시기는 언제인가?

많은 분들이 작은 노력으로 하루빨리 영어의 효과를 보길 원합니다. 하지만 영어란 돈을 주고 단번에 살 수 있는 것이 아닙니다. 스스로의 부단한 노력이 필요합니다.
노력한 만큼 목표에 다가간 것입니다.

그렇다면 언제쯤 효과를 보고 언제쯤 영어가 될까요?

자 그렇다면 질문 들어갑니다.

질문1
원하는 목표가 있고, 100%가 목표 달성이라고 할 때 그렇다면 몇 퍼센트부터 효과를 볼까요?

50%, 80%, 75% 다양한 답변이 있었습니다.
실제 30% 정도가 되면 효과를 봅니다.

왜 이런 특이한 질문을 드렸냐구요?
"왜 내 실력이 늘지 않지? 난 열심히 한 것 같은데…" 그럴 때 이 장을 다시 한번 보시라는 뜻으로 이 문제를 둔 것입니다.
계속 이어서 질문 드립니다.

질문2
4,800시간에서 100시간을 공부한 것은 효과를 볼까요?

계산기로 두드리면 2.08%, 즉, 약 2퍼센트를 한 것으로
풋샵 100개를 했을 때 나타나는 몸의 효과에서 풋샵 2개는 큰 의미가 없습니다.
즉, **"2% 했는데, 왜 아직 귀가 들리지 않지?"** 하고 효과를 기대하면 안됩니다.

질문3
4,800시간에서 500시간을 한 것은 효과를 볼까요?

이것은 약 10% 뿐이 되지 않습니다. 그래서 효과를 기대할 수 없습니다.
물론 점점 향상됩니다. 하지만 귀가 어느 정도 열렸다 할 정도는 아니라는 것입니다.

질문4
4,800시간에서 2,000시간을 한 것은 효과를 볼 수 있을까요?

여러분이 안 쉬고 꾸준히 했다면 미국 어학연수 몇 개월 수준과 비슷한 정도가 되어 귀가 많이
열려버린 상태가 됩니다. 즉, 2,000시간은 이미 효과를 넘었다는 것입니다.

질문5
목표 100% 달성 중에서 70%를 달성했다면 어느 정도 효과를 보고 있을까요?

여기서 어떤 분은 이렇게 답변을 하셨습니다.
"미국 사람들 말 거의 대부분 알아듣는 정도"

그래서 저자는 이렇게 답변을 드렸습니다.

저자의 답변

그것은 아니고요.
왜냐하면 미국 유학을 가서 초등학교 1학년때부터 모든 수업을 영어로 듣고, 학년이 올라가며 정

치, 경제, 물리, 도덕, 미술, 영어, 수학, 음악, 생물, 과학 등을 각 과목별로 선생님들께 영어로 배우고, 영어로 토론하고, 집에 가서 과목별로 영어로 레포트 쓰고, 다시 학교에서 과목별로 영어로 레포트 발표하고, 선생님이 영어로 체크해주고, 다시 과목별로 영어로 수업을 듣고, 영어로 토론하고, 영어로 발표하고, 친구들과 방과 후 영어로 토론하고, 영어로 이야기하며, 영어로 논쟁하고, 그리고 집에서 부모님들과 영어로 대화를 하며, 영어로 레포트를 하고, 그리고 다시 학교가서 과목별로 영어로 발표하고, 토론하는…. 그래서 초등학교 1학년부터 6학년을 영어로 마치고, 중학교 1,2,3을 영어로 마치고, 고등학교 1,2,3을 영어로 마쳤고,
초·중·고 모두 성적이 우수했다면 그렇다면 이 사람은 거의 원어민입니다.
어학연수 1년은? 어림도 없지요.
레벨이 아예 다릅니다.
그래서 70％정도 달성했다면 3,500시간 정도 되었으니 목표의 3분지 2를 한 것으로 이제 일상 대화의 프리토킹이 가까이 온 것입니다.

즉, 여러분들이
몇백 시간 되었다고 **"왜 도대체 난 안되는걸까… 난 영어가 안되는 사람인가… 영어는 족쇄다…숙제다..소원이다…"**라고 외칠 필요가 없습니다. 때가 되지 않아서 입니다.
즉, 아직 시간도 분량도 너무 턱없이 부족하기 때문입니다.
시간과 분량이 채워지면 당연히 발전하게 됩니다.

패턴책 한권을 보면 영어 잘하게 될까?
(패턴의 법칙이 깨진다)

여러분이 간과하는 한 가지가 바로 "내가 만나보지 않은 문장은 듣지 못한다"는 것과 "내가 말해보지 않은 문장은 입 밖으로 나오지 못한다는 것"입니다.

가령 패턴은 정말 많이 보아왔습니다.

패턴 : ~은 ~이고 ~은 ~이다

패턴의 예는 이렇습니다.
"아빠는 남자이고, 엄마는 여자이다"
"철수는 사람이고, 고양이는 동물이다"
"저것은 깃발이고, 이것은 자동차이다"
"수건은 면이고, 책상은 나무다"

그런데 이 패턴에 단어가 달라지면 어떻게 될까요?
잘 만나보지 않은 단어 말입니다.

"춘천공작창 창장은 편창장이고, 평촌 공작창 창장은 황창장이다"

자 그렇다면 이런 패턴을 빠르게 낭독하면? 알아듣지 못합니다.
당연히 보자마자 빠르게 낭독도 못합니다.
이것이 말하는 것은 무엇을 뜻할까요?
패턴의 법칙이 깨진다는 것입니다.

패턴책을 디립다 판 분들이 제게 말을 합니다.
"산타님, 저는 패턴책을 파면 많이 좋다고 해서 패턴책을 디립다 팠습니다. 그런데 외국가니 이건 뭐 듣지도 못하고 말도 못합니다."

그래서 그 패턴에서도 사용된 단어들은 정말로 내게 익숙한 단어들,
내게 익숙해져버린 단어들을 사용한 패턴의 경우만 이해를 한다는 것입니다.
모국민이든 타국민이든 말입니다.

그래서 영어란 패턴보다는 기본적으로 내게 익숙해져버린 문장이 많이 없다면 영어를 모른다는 것입니다.

말이란 내가 가지고 있는 말을 가지고 하게되고, 가지고 있는 말이 없다면? 말을 못하는 것은 물론 듣지도 못한다는 것입니다.

어떤 분께 질문한 내용입니다.

질문1

내가 가지고 있는 문장이 현재 몇 개나 될까요?

거의 없음

질문2

태어난 아이가 5살이 되었습니다. 이 아이가 가지고 있는 문장이 50개 뿐입니다.
과연 말을 잘할 수 있을까요?

아뇨

이것은 말을 할 수 있는 소스가 하나도 없는겁니다.

영어 문장 1천개 있다고요? 그 역시도 그 1천개 벗어나면 말을 못 하고 못 듣는다는 것을 독자분들은 [안들리는 이유 해답 4가지]의 [안들리는 이유 해답 두번째, 문장은 길이다]를 통해 잘 알고 있습니다.

그렇다면 도대체 영어는 영어 문장이 얼마큼의 조합이 나올까요?

이것은 엄청난 수치입니다.

영어 단어는 80만개 정도로 되어 있습니다.

그렇다면 80만 × 80만은 계산기로 계산해보세요.

6천 4백억이 나옵니다.

    640,000,000,000
    800,000 × 800,000 = 6천 4백억

영어로 나올 수 있는 조합의 문장 수 라는 것입니다.

다행히 일상적인 대화는 이보다 훨씬 작은 수치이며, 단어는 약 5천개 정도입니다.

이것도 작지 않은 수치입니다.

나올 수 있는 수치가 2천 5백만이니 말입니다.

5,000 × 5,000 = 25,000,000

여기서 우리가 익히 알고 있는 단어로 이루어진 패턴이라면 우리 귀에 들린다는 것입니다.
그렇다면 비율은 훨씬 떨어집니다.
그래서 다양한 리얼리티 쇼를 계속보며 수천 명 이상의 사람들의 대화를 귀로 익히게 되면 자연스레 수천 명 이상의 발음들을 익히게 되는 것입니다.
그리고 일상적인 대화에서 50% 내외가 들린다면,
내가 실제 공부한 문장은 1만 5천 혹은 3만 문장 이라고 하지만 리얼리티 쇼를 가지고 꾸준히 공부한 덕분으로 족히 천만 문장은 알아버린 것과 같습니다. 그래서 일상적인 대화의 50%정도 내외가 들린다면 이것은 5천개의 일상적인 단어로 나오는 조합이 2천 5백만이라면 1천 2백 5십만 내외의 문장을 익힌 사람이라는 것입니다.

그래서 문장을 많이 접하고 섭렵 할 수록 영어 실력은 올라가는 것입니다.
그렇기 때문에 적어도 1만 5천문장을 섭렵해야 합니다.
그러면 여러분은 Essential Grammar in use 정도에서 나온 115 유닛 문법 형태를 이해한 것과 같습니다.

*본 이미지는 책 소개의 이해를 돕기 위해 저자가 구입한 책의 사진을 찍은 것입니다.
그래서 이때 이 책을 한번 보세요. "아~ 이미 내가 알고 있는 내용인데 구체적으로 이렇게

사용하는구나"하고 그 문법을 이해하게 됩니다.

그렇기 때문에 여러분은 반드시 최소 1만 5천문장을 해야 하며,
그러면 영어에서 사용되는 많은 문법을 이해하고 있는 것입니다.
그렇기에 최소 1만 5천문장이 넘어가면 그래서 영어의 구조가 전반적으로 익혀진 상태라서 이
때부터 영어가 쉬워지기 시작하는 겁니다.

영어의 잘못된 오해와 현실

1. "영화 한 편 보고 영어 되었다."

영어를 모르는 입장에서는 쉽게 된다고 생각하니 정말 그럴 것 같습니다.

실제는 그러지 않습니다.

왜냐구요?

우리는 한국 사람입니다. 즉, 한국어 원어민이죠.

그렇다면 한국어를 잘 모르는 미국 사람 마이클이 한국어 원어민이 되려고 합니다

그 마이클한테 **"어, 마이클, 한국어 원어민 되는거 쉬워, 한국 영화 한 편 보면 한국어 프리토킹 되거든"**이라고 말하겠습니까? **"아니, 그런… 말도 안되는…"** 등 다양한 반대 의견이 나올겁니다.

당연히 그렇게 말할 수가 없죠. 우리는 한국어 원어민이기 한국 영화 한 편 보고 한국어 프리토킹 되지 않는다는 것을 잘 알고 있습니다. 영어 또한 마찬가지라는 것입니다. 쉽게 된다고는 하나 실제 비하인드 스토리들이 있습니다. 외국인과 오랫동안 있었거나 외국에서 학교를 다녔거나 말입니다. 그렇다면 그것은 영화 한 편 보고 혼자 집에서 공부하는 것과는 완전히 다른 것입니다. 그래서 영어의 현실, 실체를 올바로 알아야 하고 영어에 대한 올바른 공부관을 가져야 합니다.

2. "프렌즈 보고 영어 되었다."

훈편 파트에서 공부의 3가지 스텝에서 첫번째 스텝은 워밍업 스텝으로, 20여분짜리 짧은 시트콤 미드 몇 개를 소개하였습니다. (70년대 쇼, 프렌즈, 한나몬타나)

시트콤은 우리말로는 일일드라마가 됩니다.

하지만 프렌즈보고 되면 모던패밀리는 (두번째 스텝으로) 더 어렵기에 모던패밀리를 보면 프렌즈보다 훨씬 나은 영어 실력이 될겁니다.

실제 영어는 그렇지 않습니다.

연예인들을 보면 **"프렌즈 보고 되었어"**라고 합니다.

이것은 말은 그렇게 하지만 실제 어떻게 해서 영어가 되었는지를 구체적으로 그 연예인의 공부한 것을 본 적이 있습니까?

가수는 보통 보컬 트레이너, 안무 트레이너, 댄스 트레이너, 스피치 트레이너 등 다양한 트레이너와 협력자들이 함께 합니다.

가령 학창 시절 영어를 잘 모르는 학생이 노래와 춤과 댄스에만 관심이 있습니다. 성적은 최 하위인데 유명가수가 되어서는 어떻게 영어 되었느냐는 물음에 **"프렌즈 보고 되었어요"**라고 한다면 단순히 프렌즈만 보고 될까요?

가수를 만들기 위한 여러 트레이너가 있듯이 영어를 잘하도록 만들기 위한 트레이너가 있을겁니다. (혹은 외국인 친구들이 있을 수도 있습니다.) 부가적으로 프렌즈를 보았을 수는 있죠. 왜

냐하면 프렌즈는 유명하기 때문입니다.

하지만 핵심적으로 영어 된 것은 프렌즈로 된 것이 아니라 다른 곳에 있다는 것입니다.

또한 저자는 프렌즈로 공부한 적이 없습니다. 하지만 프렌즈는 자막없이 보고 있습니다. 이건 왜 이렇게 되었을까요? 저자는 리얼리티 TV 쇼들도 그냥 자막없이 보고 있습니다. 재밌거든 요:) 영어가 유창한 외국인 친구들과도 그냥 대화를 합니다. 물론 그들이 저자보다는 훨씬 말을 잘하죠. 하지만 대화에 무리가 없습니다. 왜 그럴까요?

그것은 이미 설명드린 훈련대로 저자는 해왔기 때문입니다.

성실히 애쓴 노력을 해서 된 것입니다.

그래서 영어는 단순히 절대 되는 것이 아니니 오해하시면 안된다는 것입니다.

3. "300문장만 잘하면 영어 듣고 말하기를 제대로 할 수 있다."

이미 앞의 1번. " 영화 한 편 보고 영어 되었다."에서 설명드렸습니다만 간략히 설명드리면, 영어에 대한 많은 것들을 한국어를 배우는 관점에서 바라봐야 합니다. 우리는 한국어 원어민이 기에 한국어를 배우는 외국인을 보면 영어에 많은 이야기들에 대한 해답들이 정말로 올바른지 그렇지 않은지 알 수 있는 안목이 생기거든요.

미국 사람 마이클이 한국어 공부할 때 그 어떤 한국 문장이라도 한국 문장 300문장을 하면 한 국어 듣고 말하기가 자유롭게 될까요? 절대 그렇게 되지 않겠지요? 영어 또한 마찬가지입니다.

4. "쉐도잉만 하면 된다."

저자는 영어를 모르는 시절, 이것도 역시 해보았습니다. 효과를 봅니다.

그런데 쉐도잉이라는 표현보다는 듣고 따라말하고, 같이 따라말하기 였습니다.

일종의 축소된 한 문장 법칙이라 볼 수 있습니다.

문제가 되는 것은 하루에 많은 문장을 할 수가 없고, 또 구체적인 계획이 없는 것입니다. 결국 한 6개월정도 지나면 6개월 전에 뭘 했는지도 모릅니다. 공부가 제대로 될까요? 이렇게 되어서 는 영어 실력 향상에 한계에 부딪히게 됩니다. 반드시 어떤 체계와 프로세스를 가지고 공부를 해야 합니다.

그렇지 않으면 얼마 지나지 않아 공부했던 문장들이 서서히 날아가기 시작하고, 몇 년이 흐르면 언제 무엇을 했는지도 잊어버립니다. 즉, 공부했던 문장들이 다 날아가는 것입니다.

또한 이전 것은 거들떠 보지도 않고, 중구난방식이 되기 때문입니다.

그리고 앞의 1번. " 영화 한 편 보고 영어 되었다."에서 설명드린 것처럼 한국어 관점에서 바라봐 야 합니다. 미국인 마이클이 한국어를 프리토킹 하고 싶어하는데 초보이고, 그렇다면 "어~ 쉐 도잉 3개월 해 그러면 프리토킹 된다"라고 하겠습니까? 쉐도잉으로 되겠습니까?

그래서 단순히 쉐도잉만 하면 된다를 믿으면 안됩니다:)

5. "그냥 미국 드라마로만 공부하면 된다."

어떤 분들은 "산타님. 어떤 사람들이 제게 드라마로만 하면 영어 된다고 해서 1년간 미국 드라마로만 공부했어요. 그런데 영어 늘지 않는 것 같은데요. 어쩌죠?"라고 합니다.

영어는 문장이 많아 질수록 잘하게 되어 있습니다.

하지만!

원어민이 말하는 실제 문장을 접하는 빈도가 낮거나 원어민이 말하는 실제 문장을 하지 않을 때 동반되는 것은 "실력이 떨어진다"였습니다.

즉, 리얼리티 쇼를 집중적으로 보지 않는다면 실력이 떨어지는 느낌을 받게됩니다.

그 이유는 많은 양을 하지 못하기 때문입니다.

그래서 저자는 지금도 리얼리티 쇼를 집중적으로 하지 않을 때 실력이 떨어진다는 느낌을 받습니다.

언어란

모국어를 한 만큼의 양을 하루에 해야 하는 것은 **언어의 법칙**입니다. 이것은 굉장히 중요합니다.

그래서 반드시 한국말을 한 만큼의 듣기, 말하기를 해야만 실력이 향상됩니다.

물론, **리얼리티 쇼를 볼 때는 알법한 단어가 나오거나 표현이 나오면 반드시 문장과 함께 표현과 단어를 적어둬야 합니다. (저자는 2016년 후부터 늘 이렇게 해오고 있습니다.)**

보다 잘 듣고자하는 노력은 미세하게 발음하는 것을 이해할 수 있게 됨으로 이것은 실력을 올리는 또 다른 길입니다.

그래서 미국 드라마로만 공부를 한다면 또 한계에 부딪히니 반드시 리얼리티 쇼를 최소 50분정도를 병행해야 하며, 병행 할 때 **알법한 단어나 표현은 표현의 뜻과 문장과 함께 기록해두길 권합니다.**

저자는 늘 이렇게 해왔답니다:)

6. "초보자 일때는 문법을 먼저 해야 한다."

문법은 따로 공부하지 않아도 본 책에서 제시한 훈련들을 하는 과정에서 나도 모르게 문장의 법칙, 규칙들을 익히게 됩니다.

먼저는 내가 익숙하게 가본 길이 많아야 합니다. 그 과정에서 (서로 다른 길이지만 비슷한 형태의 길이 있다는 것을 알게되는 것은 누구나 똑같습니다.) 문장의 패턴과 구조를 이해하게 됩니다. 그래서 문법을 먼저 공부하기 보다는 1천시간, 5,000문장을 주간법칙과 전체법칙으로 달성해서 왕초보 탈출과 이후 2천시간, 1만 5천문장 달성으로 어학연수 6개월 정도의 레벨이 우선입니다.

그래서 정 문법을 보고자 한다면 [파트5. 엄격한 훈련]에서 공부의 3가지 스텝 중 첫번째, 두번째 스텝을 먼저 끝낸(왕초보 탈출) 후 이때 Grammar in Use 책 등을 보시길 권합니다.

듣고 말하기가 어느 정도 되지 않는 한 문법은 큰 의미가 없으며, 문장의 이치를 이해하는데 책의 안들리는 이유 해답 세번째에서 제시한 1만 5천문장 정도를 하면 그 이치를 저절로 이해하게 됩니다(이때 문법책을 보시면 굉장히 이해가 빨라집니다. 대부분 문장을 통해 접했었던 것이기 때문에). 문법적인 구조가 눈이 익게 되거든요(내가 가 보았던 길들을 자주 다니다 보니 길마다 비슷한 패턴이 있는 것을 발견하는). 이건 다른말로 어느 정도 언어가 익어가기 시작하는 단계이고, 그래서 이 후 어느 정도 듣고 말하기가 되면 그때 말의 교정을 위해서 문법이 들어가는 것입니다. 즉, 이때 영어를 보다 정교하기 위해서 보다 올바른 문장을 만들기 위해서 문법을 하면 됩니다:)

7. [흘려듣기] "그래서 이어폰꼽고 하루 10시간씩 그냥 듣고만 있으면 영어 잘 된다."

[흘려듣기]라는 것이 있습니다. 안타깝습니다.

우선 [흘리다]라는 말은 좋은 말이 아닙니다.

국어사전을 보면 다음과 같은 예로서 사용을 해두고 있습니다.

"지갑을 흘리다", "눈물을 흘리다", "입가에 조소를 흘리다" 등등

좋은 말인가요?

좋지 않은 말입니다.

흘려듣다의 정의를 국어사전을 보면 **[주의 깊게 듣지 아니하다]**라고 정의되어 있습니다.

혹시 **미국 사람을 실제 만났는데 미국인 앞에서** [주의 깊게 듣지 아니하다.]를 하고 싶으신가요?

저 단어는 귀를 기울이지 않는다, 귀담아 듣지 않는다는 것입니다.

그렇다면 용어 자체가 문제이며, 변경 할 필요가 있습니다.

바로 **자막없이 그냥 듣다** 입니다.

이 부분에서 이제 한가지 오해가 있습니다.

자막없이 그냥 듣기만 하면 정말로 영어 잘 된다고 생각하는 수많은 분들이 있습니다. 맹신하는 것입니다.

청소하면서 듣고, 설거지 하면서 듣고, 잠잘 때 듣고, 아이 돌보면서 듣고.

쉽거든요. 별 노력없이 이어폰 꼽고 있으면 되니 말입니다.

하지만! 현실은! 아쉽지만 그것은 공부가 아닙니다.

공부를 한 것이 아니니 영어가 잘 될까요?

1년간 5천시간을 해도 그것은 공부했다고 볼 수 있는 것이 아니니 실력은 큰 발전이 없는 것입니다. 또한 그렇게 자막없이 들어도 되는 레벨이 있습니다.

바로 자막없이 들으며 들은 그 문장을 비슷하게 따라 말할 수 있는 사람들입니다.

그러면 청소하면서도 듣는 것 자체가 도움이 되거든요.

하지만!!!

그것보다 특정한 공간에서 집중적으로 공부하는 것(수업 시간에 수업에 집중하듯이)이 훨씬 더 낫습니다.

왜냐하면 단순히 그렇게만 하면 시간이 지날수록 실력이 떨어지는 느낌을 **스스로 도 알기 때문**입니다.

그래서! 초보자분들은 그냥 자막없이 듣는 것을 맹신했다간! 아시죠? 1년 뒤, 3년 뒤에도 영어 실력이 별반 차이가 없기에 절대 이렇게 하면 안되욧! 알겠죠?

참고로

엘렌쇼는 전체법칙에서 자투리시간에 봤었던 것을 봐야 한다고 설명드렸는데요.

그 이유는 처음에는 이해할 수 없었으나 계속 반복해서 봤었던 것을 집중해서 보다보면 점점 듣지 못했던 단어들이 들려오고, 어떤 문장들은 문맥이 이해되기 시작하기 때문입니다.

그래서 자투리시간에는 봤었던 엘렌쇼를 자주보세요.

※ 결론

영어가 되기 위한 많은 힘든 것들을 무시하고 너무 쉽게만 하는 것입니다.

영어는 한 나라의 말입니다.

한 나라의 말을 일상대화에서 듣고 말하는데 자유롭게 되기 위해서는 절대 쉽게 생각해서는 안됩니다. 비하인드 스토리들이 모두 있다는 것입니다.

영문학과도 나오지 않고, 외국인 친구도 없고, 그냥 혼자 공부하는 분들은 정말로 노력을 해야만 영어가 가능해진답니다.

잊지마세요!!!

일상생활 영어를 넘어 고급 영어를 하려면

많은 분들이 착각을 하고 있는 것 중 하나가 "미국 사람은 모두 말을 잘한다"입니다. 그렇다면 이 명제는 다음과 같습니다.

"한국 사람은 모두 말을 잘한다"

그런가요?

자 이제
질문 들어갑니다.

질문1
"한국 사람은 모두 말을 잘한다" 이 명제가 맞습니까?

좋습니다.

다음의 예시를 읽고 질문에 답변을 작성하면 됩니다.

예시

A라는 사람은 학교를 다닌적이 없습니다. 나이는 어느새 50대입니다.
그리고 B라는 사람은 변호사입니다. 서울대 법학 박사입니다.

질문2
A라는 사람과 B라는 사람의 말의 언변(말을 잘하는 재주나 솜씨)이 똑같을까요?

질문3
그렇다면 왜 그렇게 생각하나요?

이 **질문1,2,3**은 "미국 사람은 모두가 말 잘한다" 라는 명제가 깨지는 것입니다. 말솜씨가 좋은 사람이 있고, 그렇지 않은 사람이 있습니다.
많이 배울수록 더 말을 잘하겠지요?

좋습니다. 새로운 주제로 질문을 드리겠습니다.

질문1
한국 사람들 중에서 말을 잘 못하는 사람이 다분야 책을 많이 보면 말을 잘하게 될까요? 아니면 그전과 똑같을까요?
(다분야 책이란 번역본도 포함해서 한국어로 쓰여진 책을 말합니다. 답변 적어주세요.)

질문2
왜 질문1의 답변 같이 생각하십니까?

어떤 한 분이 이렇게 답변 하셨습니다.

> Q1. 한국 사람들 중에서 말을 잘 못하는 사람이 다분야 책을 많이 보면 말을 잘하게 될까요? 아니면 그전과 똑같을까요?
> 못할 것 같습니다.
>
> Q2. 왜 그렇습니까?
> 원서를 많이 보라고 해서 많이 봤는데 많이 본다고 해서 토킹이 되는 것은 아닌 것 같아요.

이분은 원서를 100권 이상 본 분으로 영어를 아예 듣지도 못하는 분입니다.

우선 이런 것이 있습니다.
말을 잘 못하는 사람이
다분야의 책을 많이 보게되면 사람이 명석해지고, 지혜로워지고, 똑똑해지고, 옳고 그름의 판단이 보다 뚜렷해지고, 말을 잘하게 됩니다.
갈수록 언어의 달변인이 될겁니다.
그 이유는
다음의 조건에 부합한 사람이기 때문입니다.

조건

한국말을 잘 못하는 사람이라고는 하나
일상적인 대화에 이해하지 못하는 문장이 없는 사람

즉, 한국말을 들으면 모두 이해한다는 것입니다.
이것은 미국말의 일상적인 대화를 모두 이해하고 있다는 것입니다.
즉, 듣기의 뇌구조가 잡힌 사람입니다.

저자는 영어가 아닌 다른 분야로 책을 6권을 써보았습니다.
그래서 출판사의 흐름을 조금 알고 있는데요. 저자가 원고를 완료해서 출판사에 주면 출판사는 바로 편집을 하지 않습니다. 그것을 교정자한테 건네줍니다.
책의 오타 및 문법에 맞는 말로 교정하는 사람에게 말입니다.
교정자는 다른 말로는 이 직업에 종사하는 분은 문법의 달인입니다.
그래서 저자가 원고를 출판사에 주면, 출판사는 교정자에게 주고, 교정자는 다시 출판사에 주고, 출판사는 편집자에게 주고, 다시 편집자는 출판사에게 주고, 출판사는 저자에게 줍니다.
저자가 프린트 된 원고를 볼 때는 이미 오타도 수정되어 있지만 저자의 문체까지 바뀌어져 있습니다. 즉, 저자의 심경을 담은 그 특유의 문체.
그 문체가 없어진다는 것입니다. 저자에게 실로 가슴 아픈일이 아닐 수 없습니다.
왜냐하면 문장들이 모두 평이해지거든요. 밋밋해지거든요. 즉, 문법에 맞는 말로 바뀌어지거든요.
이렇게 원고를 세 차례정도 주고 받게 되면 처음 저자가 썼던 문체와는 많이 다른 책이 됩니다.
즉, 문법에 맞는 책이 된다는 것입니다.
무슨 의미가 담겨 있을까요?
문법에 맞는 글. 이것을 많이 보는 것은 언어 향상에 대단히 중요하며, 그것은 바로 책에 있다는 것입니다.
자 그렇다면 눈으로 읽는 속도와 소리내서 낭독하는 속도 어느것이 더 빠를까요?
당연히 눈으로 읽는 속도겠지요.

소리내서 낭독하는 것은 속도에 제한이 있어서 50분에 500문장을 한다면 읽기는 10배인 5,000 문장을 할 수도 있습니다.

읽기를 할 때 해당 문장을 읽고 그 문장을 이해해 버리면 그러면 그것은 낭독과 같습니다.

그렇다면 책은 거의 모두가 문법에 맞는 말들이니

문법을 모르는 사람이라고 해도 영어 문법에 맞는 글을 하루에 5천이나 1만문장을 낭독한다는 것은 이미 언어의 교정이 일어나게 됩니다.

올바른 문장이 어떤 것인지를 인식하게 된다는 것입니다.

그래서 듣기의 뇌구조가 잡힌 사람이기 때문에 책을 많이 읽게 되면 언어의 교정이 일어납니다.

보다 문법에 맞는 말을 많이 접하게 되고, 결국 언어의 달변인이 되는 것입니다.

그래서 최소 1만 5천문장 그리고 전체법칙 한달.

이후 부터는 읽기도 해야 하는 것입니다.

어린아이들이 보는 페이지에 그림들로 되어 있으며 한 페이지에 2줄정도의 영어 문장이 있는 책부터 시작해서 이솝 우화들, 그리고 다이어리 이후 해리포터 같은 소설로 이동하는 것입니다.

물론 전공서적들을 봐도 되며, 뉴욕 타임즈나 인터넷 영어기사들을 접하고, 외국의 불로거들이 쓴글도 구독해서 자주 보는 것입니다.

그래서 언어가 점점 교정이 되어 나중에는 미국 사람조차도 **"말을 미국 사람인 나보다 더 논리있게 아주 잘하시는데요."** 라고 말하게 될겁니다.

결국 읽기는 여러분을 언변의 마술사로 만들어주게 될 겁니다.

실제 일상에서 사용되는 단어 및 표현들 (A~Z)

본 편은 전체법칙의 7번째 **[자주 사용되는 단어와 표현을 사용한 문장들 많이 읽기, 낭독하기]**를 위해 저자가 고든램지의 Kitchen Nightmares 에피소드를 보며 정리한 단어, 표현, 문구와 그에 대한 문장입니다.(※자막을 보지 않고 들으면서 작성하다 보니 예문이 문법과 약간 다를 수 있는 점 양해 드립니다.)
Kitchen Nightmares는 식당 관련 프로그램이지만 일상생활에서 필요한 단어들을 많이 만나 볼 수 있습니다.

※ 노트

A~Z의 표에 있는 단어와 표현, 문구 자체만 익히는 것이 아닌 이들을 사용한 다양한 문장을 자주 익혀야 합니다. **산타플레이어의 검색패드**와 **산타플레이어 단어북**은 이들을 익힐 때 굉장히 유용한 도구입니다.

A-
----

a couple of days - 이틀 정도, 며칠

a lot of 많은 (많은) 많은 양의 사람이나 물건, 아주 많이 또는 아주 자주

ability 어떤 일을 하는 데 필요한 육체적, 정신적 능력이나 기술

able to ~을 할 수 있다.

about (특정한 주제)-에 관하여, 이리저리 (UK)

act 행동, 명시된 방식으로 행동하다

act like a baby

actually 실제로 또는 정말로 (어떤 면에서 놀랍거나 대부분의 사람들이 기대하는 것과 반대되는 정보가 있는 문장에 사용)

advice 충고

after 뒤에, -다음에, -지나서

afternoon 오후

ain't - am not, is not, are not, has not, or have not의 줄임말

al by myself 내 스스로 (강조), (다른 사람 없이) 혼자

all - 모두, (시간이 지속되어)내내 - all I can say

all of sudden 갑자기

all of us 우리 모두

all over 1. 곳곳에[온 데] 2. 과연 …다운

all over the place 1. 모든 곳에[사방에] 2. 엉망인[두서없는]

all the way 1. 내내[시종] 2. 완전히, 온 힘을 다해

alone 혼자서, 혼자 (힘으로), 단독으로

always been

always 항상, (과거에)늘, 언제나, 영원히, (제안을 할때)언제든지 - 할 수 있다

amazing 대단한, 놀라운

angry 화난

answer for somebody …에 대해 장담하다

answer for sth ~에 대해 책임지다, 보증하다

answer 대답하다, 전화를 받다, (문제에 대한) 답을 말하다, 답을 적다, (집 현관에 노크나 벨 소리에) 대답하다

anxious 1. 불안해하는, 염려하는 2. 불안하게 하는, 불안해 보이는 I'm very anxious right now

any more 더이상

anyone else 누구든지 다른 사람.

anything – 아무거나, 의문문, 부정문에서 "something"대신 쓰임

apart 떨어져, 조각 조각, 헤어져

apologize 사과하다 사과하다

apology(apologies) 사과

appreciate 진가를 알아보다, 고마워하다, 인식하다 my wife and myself very appreciated what he did

are – "be"동사의 현재형으로 "you", "we" 그리고 "they"와 함께 쓰임

aren't "are not"의 축약형

around, 주변에, 굴러서, 대략 –쯤

as hell 대단히, 매우, 지독히 – you're really stumble as hell

as long as ~이기만[하기만] 하면

as much as 1. …만큼, …정도, …못지 않게 2.

…정도까지 많이

as soon as …하자마자, …하자 곧

as well (~뿐만 아니라/~은 물론) …도

as well as …에 더하여, 게다가

as 직업이나 목적을 나타낼 때 쓰임, –로, 왜냐 하면, –할 때, – 처럼

ask 질문하다, 초대하다

at (장소)–에, (시간)–에, (방향)–으로, 이메일 주소의 @ 기호, 원인을 나타냄

at a time 따로따로, 한 번에

at all, (not) at all 전혀, [부정문에서] 조금도 (…아니다); 뭘요, 천만에(You're welcome) ((사례의 인사를 받았을 때))

at least 1. 적어도[최소한] 2. 적어도[최소한] (부정적인 상황에 대해 긍정적인 말을 덧붙일 때)

at that moment 그 때에(=then)

at that point 더이상

at the end of the day '하루가 끝날 즈음에' = 결국은, 결론적으로, 결국 가장 중요한 것은

at the top 꼭대기에

at this point 이 시점에서 – If it wasn't for him, we wouldn't been at this point

attitude 태도

awful 끔찍한

B-

----

back (이전의 장소로) 다시, (대답이나 반응으 로) 다시, 뒤로, (이전의 상태로) 다시, 과거로

back off 1. 뒤로 물러나다[뒷걸음질치다] 2. (비난·위협·귀찮게 하기 등을) 그만두다

back then 그 당시에 – I was angry person back then

back to 원래의[도로] …에 – back to step up

bad 안 좋은, 형편 없는, 심각한, 나쁜, bad attitude

ball 공, 무도회

bankrupt 파산한, 파산시키다

basic 기본적인, 기초적인

basically 기본적으로, 우선
battle 전투, 싸움
be able to 할 능력이 있는, 재능 있는
be about to ~하려고 한다, 하려 한다(be ready to)
be all about ...이 최고[전부]다 (be all about somebody/something)
beautiful 아름다운, 매력적인, 아름다운
became - become의 과거
become 가 되다
been - "be"의 과거 분사형
before (시간)-전에, (장소)-전에, (순서)-앞에, -앞에서 never heard of that before
begin 시작하다, -하기 시작하다
behind 뒤에, 뒤떨어져, 뒤에서, (전에 있던 곳에) 남아
believe ~을 믿다, -라 여기다
best "good"의 최상급, 최고의, "well"의 최상급, 가장 잘, 최적으로
better "good"의 비교급, 더 좋은, (몸이) 나은
better for …에게 더 나은. - better for me
better than (질,정도,수준 등이)낫다, ~하는

것이 낫다
beyond 저편에, (특정 시간이나 날짜를) 지나
biggest big의 최상급
blend 을 섞다, 조화를 이루다
block 블록, 단지, 막다, 차단하다
blow it 실수하다, 얼빠진 짓을 하다; 제기랄!, 빌어먹을!
blow 바람이 불다, (입으로) 불다, (악기를 입으로 불어) 소리를 내다, (바람에) 날리다, (모양을 만들어) 불다
blown away 깊은 인상을 받다.I'm totally blown away
boot camp 1. 신병 훈련소 2. 규율이 엄격한 소년원
brand new 완전 새 것인
break up 헤어지다, 방학을 하다
breaking point 한계점 - and Gorden to the breakinig point
breaking point 한계점
busboy (식당에서) 빈 그릇[식탁] 치우는 일을 하는 사람
by run by ~에 의해 런하게 되었다

C-

----

calm down 진정하다 Okay calm down, it's gonna be okay.
calm 침착한, 잔잔한, -를 진정시키다
came in
came out
came over (to...) (특히 누구의 집에) 들르다
can (능력)-할 수 있다, (부탁)-해도 괜찮습니까? 공손하게 도움을 요청할때)-해 줄 수 있으십니까? (허락)-해도 된다, -하면 안된다, (가

능성)-할 수 있다
can you do this? (공손하게 도움을 요청할때)-해 줄 수 있으십니까?
can you get this?
can't - "cannot"의 축약형
can't be
can't believe
capability 가능성
care 신경쓰다 -를 사랑하다

certainly 확실히, (공손한 동의의 표현으로) 물론이죠

challenge 도전, (경쟁, 시합의) 도전

check it out 1. 확인하다 / 점검하다 2. 그것을 확인해

chef 요리사

choice 선택, 결정, 종류, 선택된 것, 선택된 사람 - no choice

clean 깨끗한 청소하다

clearly 분명하게, 또렷하게, 확실하게

close 가까이 오다, 문을 닫다, 영업을 정지하다

cold 차가운

college - community college 고등학교 졸업 후 대학 입시 준비를 위해 가는 2년제 칼리지

come back 돌아 오다, I came back here for my wife

come in 들어오다

come on 서둘러!

come on down - An invitation to someone in the upper part of a building to come downstairs.

come out 출간하다, 나오다

come over 들르다

come up (다른 사람에게) 다가가다, 논의되다

come 쪽으로 오다, (장소에) 오다, (대화 상대와 함께 특정 장소에 같이) 가다

coming - come의 현재분사

commit (나쁜 행동이나 불법을) 저지르다, 결정하다, 의사를 밝히다

complaints - complaint (항의)의 복수

completely 완전히

concern 중요하다, 중시하다, -에 관련된 것이다, 걱정시키다, 걱정, 관심사

confess 고백하다

confession 1. (죄의) 자백 2. (수치스럽거나 당황스러운 사실의) 고백[인정] (=admissi

confuse 혼란시키다, 혼동하다

continue ~을 계속하다, (이어서) 계속하다, (같은 방향으로) 계속 가다

could "can"의 과거형, 허락을 구할때 "can"보다 공손한 표현으로 "could"가 쓰임

could've been

could've could have의 줄임말

crap 허튼 말, 형편 없는

cross 건너다

D-

----

dad 아빠

decide to

decide 결정하다

dedicated 헌신적인, 전념하는, 몰두하고 있는, 열렬한

delicate 연약한, 미묘한

delicious 맛있는

delivery 배달

depress 우울[암울]하게 만들다

depressing 우울하게 만드는

deserve 할만 하다 …을 받을 만하다[누릴 자격이 있다], …을 (당)해야 마땅하다

desire 갈망, 갈망하다

dessert 디저트, 후식

determination 투지

determine 알아내다, 밝히다, (무엇의 방식·유

형을) 결정하다, (공식적으로) 확정[결정]하다
devastate, 황폐화시키다, 엄청난 충격을 주다,
(사람에게) 엄청난 충격을 주다, 비탄에 빠뜨
리다, 1. (한 장소나 지역을) 완전히 파괴하다
did "do"의 과거형 Did you check what he
done?
didn't - "did not"의 축약형
different, 다른, 차이가 나는, 각각 다른
difficult 어려운, 골치아픈
diner (특히 식당에서) 식사하는 사람[손님],
특히   (보통 음식 값이 싼) 작은 식당
dining room 식당
direction 길안내, 방향, -쪽으로
disappointed 실망한
disaster 재난, 재앙
disgusting 역겨운
dish 접시, (음식을 내오는 큰) 접시
disrespec 무례, 결례
distracted 주의를 빼앗다, 산만하게 하다
do (어떤 행위를) 하다, (운동이나 활동을) 하
다, (만드는 일을) 하다, (건강, 성공, 행복함,
등에 대해) 하다, 공부하다, (집안일을) 하다, (

직업으로 일을) 하다
do something - Do something, stop
complaining.
does - "do"의 삼인칭 단수 현재형
does not matter
doesn't - "does not"의 축약형
doesn't make any sense - 말이 안된다 -
There's no meat, it just doesn't make any
sense to me.
doing (-하기 어려운) 하기, 그것, 행동, 활동
- do의 현재분사
doing this
doll 인형
done "do"의 과거, 과거 분사형, 끝난, 완료된
don't "do not"의 축약형
dramatic change 급격한 변화
dramatic 극적인, 감격적인, 인상적인, 연극과
관련된
dream come true 꿈을 이루다
driver 운전자
drop 떨어뜨리다, 그만두다, 약해지다, 낮춰지
다, 내려 주다

E-
----

each other 서로 - on each other
easy 쉬운
eat 먹다, 식사를 하다 - when I eat
effort 노력, 애, 수고
egg on
egg somebody on -를 부추기다
either 아무거나, 양쪽, 게다가 -도
else 또, 다른 - what else to do
embarrass 당황시키다
embarrassed 당황한

emotional 감정의, 감정적인
end up 결국 -상황에 처하게 되다
ended up - end up의 과거
enjoy 즐기다
enough (필요한 만큼)충분한, (필요한 만큼 혹
은 그 이상으로) 충분한
entire 전체의
escalate 악화되다, 확대[증가/악화]되다[시키
다]
even if -에도 불구하고, (비록) …일지라도, (

설사) …이라고 할지라도

even though 비록 -지만

even 심지어, (비교급을 강조할 때 쓰임) 훨씬

ever 언제나, -이래로 줄곧, 좀처럼 -않다, 영원히, 매우 – ever met Poll

every part

every 모든, 매

everybody 모두

everyone 모든 사람

everything 모든 것

exactly 정확히, 꼭, (맞장구 치며) 맞아

except -을 제외하고

excuse 용서하다, 양해를 구하다 – Poll finally run out of excuses

executive 임원

expect -을 기대하다, -가 도착 하기를 기다리다, -라고 예상하다

expectation 기대

experience (직장등에서 얻는) 경험, (실제로 겪은 일을 바탕으로 한) 경험, 경험하다

explain to ~에게 설명하다

explain 설명하다

F-
----

fabulous 훌륭한, 멋진

face to face 대면하는, (~와) 서로 얼굴을 맞대고

fall 떨어지다, (하늘에서) 내려오다, (숫자나 양이) 떨어지다, 내려가다, 떨어짐, 하강, 떨어짐

falling apart 허물어지다, 위기를 맞기 시작하다

family 가족, 자녀

fantastic 환상적으로 좋은

fault 결함, 단점, 흠잡다

favor 부탁, 호의를 보이다, 편애하다

feature(featuring) 특징, 이목구비의 부분, 특별히 포함하다, 특별히 -로 나오다

fed up 지긋지긋한, 신물난

feel (행복, 슬픔, 두려움 마음이) 들다, (고통, 촉감등을) 느끼다, -라고 생각하다, -같은 느낌이 들다, 마치 – 같다, - 를 원하다, -하고 싶다 – feel very excited

feel better 기분이 좋아지다

few 조금, 꽤 많은, 약간의, 거의 없는, 흔치 않은

finally 마침내, 마지막으로

financial 금융의

financially 재정적으로

find a way – 방법을 찾아내다

find out 정보를 찾다

fly 날다, (비행기등을 타고) 여행하다, (비행기등을) 조종하다, 나는 것 처럼 빨리 움직이다, 파리, 지퍼

flying – fly현재분사

focus on ~에 집중하다, -에 초점을 맞추다

focus 초점, 초점을 맞추다

food 음식

for sure 확실히

for the first time 처음으로

for -위한, (시간이나 거리의)-동안, (목적)-을 위해, (이유)-으로, (교환)-대신에, (경우)-에, (방향)-로, (의미나, 대표)-의, (돕기) 위해, -을 대표하여, -을 지지하는, -치고

forever 영원히

forget 잊어먹다, 잊어먹다, (생각 하지 않고) 잊다

forgot – "forget"의 과거형

found "find"의 과거, 과거 분사형, 설립하다 – found passion

foundation 설립, (건물의) 토대[기초], (일의 바탕이 되는) 토대[기반/근거]

fresh 신선한, 새로운, 상쾌한, 새로한 – fresh air

friendship 우정, 교우 관계, 친선

from (장소)-에서 부터, (시간)-부터, -출신의, (거리)-떨어진, -에게서 받은, -로 만들어진, -서 가져온, (이유)-로, -에서

from this point on – 이 지점에서 앞으로 – so... from this point on... we're good, okay?

from this point on it's new beginning

front 앞, 전방, -앞에, 앞의 – front of

G-

----

get back 돌아오다

get better – (병·상황 따위가) 좋아지다, 호전되다, 이해하다

get clean to rid (something) of dirt, filth, or other impurities. 2 to make (someone or something) orderly or presentable

get help Phrasal Verb. to deal with or help someone deal with something difficult.

get in 들어가다, 도착하다, 당선되다

get it done 끝내다, -를 해내다 – 를 완성해내다 -를 끝까지 해내다 (완성의 의미) – we have to get it done

get on (탈것에) 타다, 올라타다 – get on my bike

get ready – 준비를 하다

get ready for – …에 대비하다. (=get prepared for, get set for.)

get rid of -을 제거하다, -을 없애다, -을 처리하다

get through – 1. …을 빠져 나가다[나가게 하다], 통과하다[시키다]; …에게[궁지 따위]를 벗어나게 하다 2. [일 따위]를 끝내다, 완수하다; (…을) 졸업하다

get through something 합격하여 진출하다

get 받다, 얻다, 사다, (교통수단)-을 타고 가다, -에 도착하다, (사물)을 가져오다, (사람)을 데려오다, -가 되다, 이동하다, 병에 걸리다, 물리다, -을 처리하다, -을 마치다, 전화를 받다, 문에 나가보다, -가 일어나게 하다, -할 기회가 있다 – get my food

gets – get의 3인칭단수

getting better 효혐, 나아지고 있다 – everything's getting better

getting – get의 현재분사

give up -을 끊다, 포기하다, 그만두다 – You can not give up, okay?

give 주다, 건네주다, 말해주다, (행동을)하다, (아이디어를)주다, (기회를)주다, (시간을)주다, (대가로)주다, 연설을 하다

glad 기쁜, 기꺼이 -하는

go down 떨어지다, 지다

go for …을 좋아하다; …편을 들다; 찬성하다; …을 공격하다; …을 노리다, 시도하다; …의 값어치가 있다, ~에 해당되다

go for it – 3.자, 해봐!, 어서!, 힘내

go for somebody ~을 데리러[가지러] 가다, ~을 좋아[선호]하다

go for something -을 선택하다,

go 가다, -하러 가다, 할 것이다, -일 것이다, 상태가 변하다, 사라지다, (길이) 연결되다, -가 되다, 어울리다, 작동하다, 망가지다, 가다, (노래가)되다, 가다, 시간이 가다, 특정 소리를 내다, 특정 동작을 하다

goes - go의 3인칭단수 - Gorden goes to New Jersy

going down

going - go의 현재분사

gone - "go"의 과거 분사형

gonna - going to의 비격식

gonna be - not gonna be pay the bills

gonna look

goodness 선량함, 맙소사 - oh, my goodness

gorgeous 아주 멋진

got - "get"의 과거, 과거 분사형

gotta have got to의 줄임말

grateful 감사하는

great 훌륭한, 많은, 극심한, 유명한

H-
----

had "have"의 과거, 과거 분사형

had enough - I think he's had enought ...

half an hour - 반시간

half hour 30분

hand over -을 주다, …을 손님으로 맞이하다, (집에) 초대하다

handle 다루다, 처리하다, 만지다, 핸들, 손잡이

handwriting 필체, 육필, 친필, (개인의) 필적 - you won't have time to start - handwriting ticket

hang over - hanging over the Handle bar

hang 걸다, 목메달아 죽이다, -을 배워 쓸 줄 알게 되다

hangs - hang의 3인칭단수

happen 발생하다, 일어나다

happy 행복한, 특별한 날이나 휴일에 누군가에게 하는 친절한 말(생일축하해, 해피뉴이어), 만족한, 기꺼이 -하겠다

hard 견고한, 딱딱한, 어려운, 힘든, -에게 심하게 대하다, 어렵게 배우다, 어렵게 하다, 열심히, 세게

hardest hard의 최상급

has "have"의 3인칭(he', 'she' and 'it') 단수 현재형

has been

have a great week - 즐거운 주말 보내라, -한 상태가 되게 하다, -을 당하다, (문제나, 아이디어 등이) 있다, -을 하다

have a look - (…을) (한 번) 보다. have a look at this

have 동사를 현재 분사와 과거 분사형으로 만들때 함께 쓰인다, -가 있다, -에 걸리다, -을 먹다, -을 마시다, -을 가지고 있다, -한 경험을 하다, 아기를 낳다, -를 하다, -을 시켜 -를 준비하다

haven't - have not의 단축형

haven't even

he 이미 언급된 남자나 수컷의 동물을 가리켜 쓰임

head to - I need you to head to the...

hear (소리를)듣다, (주의를 기울여)듣다, (소식을)듣다

heard - hear의 과거, 과거분사

heart to heart – 털어 놓고, 숨김 없이

heat up – 1. 뜨거워지다[따뜻해지다] (=warm up) 2. (=hot up)

he'd "he had"의 축약형

he'd be – I thought he'd be here

hell out of(the hell out of) – 몹시, 사정없이, 굉장히, 강렬하게

here we go – 시작되[하]려나 보군

here you go (자) 여기 (있어) (상대방에게 무엇을 주면서 하는 말)

here's the deal 지시의 머리말이나 누군가에게 지시할 때 사용하는 문구

here's the thing 저기 그런데 말이죠

him 그를

himself (그)자신, (그)자신 스스로

hit on somebody (성적으로 끌리는 사람에게) 수작을 걸다

homemade 집에서 만든

honest 솔직한, 정직한

hop 깡충 뛰다, 깡충깡충 뛰다, 깡충 뜀

hope 소망하다, 바라다, -를 바라다, 소망, 희망, -를 바라는 마음으로

horrible 끔찍한

hot 더운, 뜨거운

how cool – how cool is that

how does – how does that happen?

how many times 몇 번이나

how to do – how to do that

how 얼마나, 어떻게, 어떠하여, (강조)얼마나

how's it going? 어떻게 돼가요?

hug 포옹하다, 포옹 – Can I give you hug?

hundred 숫자 100

hungry 배고픈

hurt 다치다, 아프다, 를 상처주다, 다친, 상처받은

I-

I am – I am good, because that's what I want

I have no idea 전혀 모르겠다, 알게 뭐야!

I might – I might wanna to take...

I tell you 정말이다(놀라움·믿기 어려움을 강조하는 말)

I was – I was asking you how you've been..

I 나 – I did on my own

I'd – "I had"의 축약형 "I would"의 축약형

if (만약)–면, –면, –지, –하기만 하면, if not, if you like, if I were you, if only, if this is the case

impress 감명을 주다

in a moment 곧, 바로, 순식간에

in fact 사실상, 실제로, 결국

in front of ~의 앞쪽에[앞에]

in my life – I've ever seen in my life

incredibly 믿기 힘들 정도로 (좋은), 엄청난, 믿을 수 없는

inside 안에, 마음속에, 안쪽의

insightful – 통찰력 있는 (=perceptive)

inspire 고무시키다, 영감을 주는, (감정을)고취시키다

intense 극심한, 강렬한, 열정적인

intentiona 고의의, 의도적인, 고의로 한 (↔unintentional), (=deliberate, intended)

intimidation 협박, 위협

into 안으로, (상태의 변화)-로, (움직임)-로, -에 대한, be into something -에 푹 빠진(to be very interested in something)
introduce 소개시키다, 도입하다
invite 초대하다
is that - Is that... what's going on here? Is that how you wanna end up?
issue 쟁점, 주, 호
it hasn't - it hasn't come out yet

It is what it is - used to say that a situation cannot be changed and must be accepted 뭐 어쩔 수 없지... (체념하고 받아 들일 때 쓰는 표현)
it 그것, 상황 설명이나 의견을 말할 때 쓴다, 시간, 날짜, 날씨, 거리등을 말할때 쓴다, 사람을 가리켜 쓰인다, 아이티, 정보 통신 기술
It's - "it is"의 축약형 "it has"의 축약형
I've been - I have been

J-
----

jack ass 멍청이
joke 농담을 하다
joking aside 농담은 고사하고, 농담은 그만하고 (joking apart) all joking aside 농담은 집어 치우고, 잠시 성실성을 가지고, 아주 진지하게
joking 농담
jump around 팔짝팔짝 뛰다
just as good - 같은 정도로 좋은, 그만큼 좋은

just in time 알맞은 때에(for), 겨우 시간에 맞춰, 마침 좋은 때에. - just in time for dinner
just 바로 직전에, -순간에, 단지, 완전히, 꼭, 간신히 -하지 않다, 공정한, just about, just as bad, good, important, etc. (as someone/something)(꼭 -처럼 -하다), just before, over, under, etc.(- 직전에), it's just as well (운 좋게도)

K-
----

keep an eye on - to watch or look after someone or something (손상되거나 해를 입지 않도록) ~을 계속 지켜보다
keep going (힘들거나 고통스러워도) 계속 살아가다[견디다]
keep it going - 계속해나가다
keep it up - Keep it up, John and you're gonna.. , Keep it up, Jane and I'm gonna

find a...
keep up with ~와 계속 연락하고 지내다 (somebody), (뉴스·유행 등에 대해) 알게 되다 [알다](something), (할부금 등을) 계속 내다, ~을 정기적으로 하다(somethingj)
keep up 따라가다
keep 가지다, 늦다, -을 적다, 신선한 상태를 유지하다, -을 기르다

keeping – keep의 현재분사
kind of 약간, 어느 정도
kiss my ass – 빌어먹을!, 우라질!, 설마!; 바보같이!

knew 의 과거
know from – …에 관해서 알고 있다[지식이 있다]

L-
----

last time 지난번
last 최근의, 마지막, 지난, 마지막 남은, 절대로 바라지 않는, 마지막으로, 끝으로, 계속되다, 지속되다
late 늦은, 말의
learn 배우다, 익히다, 외우다, 알다, 깨닫다
leave 떠나다, 두고 오다, 남겨 두다, 그대로 두다, 헤어지다, (유산을) 남겨주다
let me – let me work my..., let me tell you, let me explain, let me help you, let me get this.. let me tell you something
let somebody down – ~의 기대를 저버리다 [~를 실망시키다] (→관련 명사는 let-down)
let us down – 우리를 실망시키다, 기대를 저버리다
let -하게 허락해주다
life 인생, 살아 있는 것, (인생의 특정한 부분) 시절, 목숨, 활기
lifetime – 수명, 일생, 평생, 생애
like -와 닮은, 예를 들어 -같은, -같이, 좋아하다, -하고 싶다, -대로
listen 듣다 – he won't listen
little 작은, 어린, 사소한, (시간이나 거리가) 짧은, 사람이나 사물에 애정이나 싫어한 마음을 담아 쓰인다
living 생활비, 살아 있는
longer – long의 비교급

look away – 눈길[얼굴]을 돌리다((from))
looking away
look forward to …을 기대하다, 즐거운 마음으로 기다리다, -하기를 학수고대하다 (something) ,you were looking forward to...
look great – 신수가 훤하다
look 보다, 찾아보다, 사람이나 사물의 외모를 묘사할 때 쓰임, 사람이나 사물의 외모가 -와 비슷할 때 쓰임, -일 것 같다, -인 것 같다, 이것봐!(짜증이 난 상태에서 주의를 기울이라고 하는 말), -방향을 향하다
looking at (look at -을 살피다, -을 읽다, -진찰하다)- looking at somebody else
looking for (look for – 찾다, 구하다; 기대하다.)
looking – look의 현재분사, …으로 보이는, 「…하게 보이는」「생김새가 …한」의 뜻
lose 잃어버리다, 잃다, 잃다(줄이다), 지다, 기회나 시간을) 잃다
losing battle – 승산 없는 싸움, 헛된 노력 – I've been fighting the losing battle everyday
lost – "lose"의 과거, 과거 분사형, 길을 잃은, 잃어 버린
love 사랑하다, 매우 좋아하다, 사랑, 사랑하는 사람, 사랑하는 것
lunch 점심

M-

----

made - "make"의 과거, 과거 분사형

make an order - 주문하다

make over 양도하다2.…을 고치다3.고쳐 만들다

make sense - 뜻을 이루다, 이치에 맞다, 의미가 통하다[이해가 되다], 타당하다[말이 되다]

make sure 반드시-하다

make 만들다, (행동을) 하다, (이유가 되어)-하게 만들다, (상태를) 만들다, (돈을) 벌다, (숫자를 더하면)-가 되다, (특정 회사) 제품

makeover - 명사 (사람·장소의 모습을 개선하기 위한) 단장 1. to transfer the title or possession of (property, etc) 2. to renovate or remodel

many times 여러 번

many 많은

matter 문제, 물질, 중요하다

may 아마 -다(추측), -해도 된다 (허락) - may not be the menu vast - may I speak to - May I speak to Chef Lamsy plaese

mean -를 의미하다, -(결과를) 의미하다, -를 의도하다, 의미가 있다, 비열한, 인색한 - It means a lot to me

meet 만나다, (처음)만나다, 마중하다, (-하기 위해) 모이다, 만나다

meeting 미팅

meltdown - 정신적인 혼란 상태, 멘탈붕괴, 멘붕

memories - memory(컴퓨터 메모리, 기억력, 기억, 추억)의 복수

menu 메뉴, 컴퓨터 메뉴

mess 엉망인 장소, 엉망인 상태

might -할지도 모르는, 아마 -인지도 모르는, 힘, - that might be little be more

million 100만

mind 마음, 정신, 기억, 언짢다, 조심하다 - open mind

miracle 기적

miserable 비참한, 비참하게 만드는

moment later - 잠시 후

moment 찰나, 시점

more important 더 중요한, 이사하다

more importantly - more importantly, stick to it, continue...

more than - …보다 많이, …이상(의) - more than anything in this world

more 더, 많은, 더 자주

mortgage 대출, (집을 사기 위해) 대출 받다

most 최고로, 대부분의, 가장 많이

move 이동하다, 감동시키다, 조치, 행동, 이사

move forward[backword] 전진[후퇴]하다

move on …로 넘어가다[이동하다]. 더 좋은 일자리로 옮기다, 성장하다, 넘어가다 -three month, two weeks, they move on...and you spend last of your life

moving forward - ____ is about moving forward

much better 훨씬 나은

much more - (양) 더 많이, 더더욱, 더욱더, 하물며

much 많은, 매우

mush 옥수수죽, 얼굴, 박쥐우산, (보통 못마땅함) 곤죽 (같은 덩어리·반죽), (미·속어) 감상적으로 하다, 걸핏하면 울게 하다

my life - this was gonna be the best day of my life, I've ever seen in my life, This isn't my

life, to think about my life and..
my way (on my way 라는 문장에서 사용됨)

my 나의
myself 나 자신, 내 스스로 (강조)

N-

---

nasty 불쾌한, 심술궂은, 나쁜, 못된
necessary 필요한
need to - you don't need to campaign, I need to talk to you
neighborhood 이웃 동네, 동네의, 이웃, 이웃 사람들, 인근, 주변
nervous 불안한, 신경의
never done - I've never done this...
never 절대 -가 아닌
next couple of days 앞으로 며칠 간
next 다음의, 그 다음에, 다음번에, 다음 사람, 것
nice 멋진, 친절한 - nice to see
night 밤
no idea [Interjection] (emphatic) I don't know.

no longer with us - he's no longer with us
no longer 더 이상 …이 아닌, 이미 …아니다, 더 이상…않다
no matter what 비록 무엇(장애물, 어려움 등)이[어느 것이, 누가, 언제, 어디, 어떻게] …일지라도
no one 아무도
normally 보통, 평범하게
not a problem - 문제없다.
not at all - 전혀, 털끝 만큼도, used as a polite reply after someone has thanked you
not far from here - 여기서 멀지 않은
not -아니다, 부정적인 대답을 할때 쓰임
nothing 아무것도, 사소한 것- nothing to say to you

O-

---

obviously 분명하게
off 멀리로, 작동이 안 되는, 쉬는, 할인되어, 떨어진, 쉬어, 가까이, 상한
on -(표면)위에, (표면에 닿아)-에, (날짜, 요일을 나타낼때)-에, (방향)-에, (특정 장소)-에, (방송)-에, (돈이나 시간의 사용을 나타내어)-에, (이동 수단의 방법을 타나내어)-로, -에 관한

on board - 승선[승차/탑승]한 (=aboard), (특정 장소에) 가까이 있는, (수단)-로, 연결되어 사용중임을 타나냄, 입고 있음을 나타냄, 탈 것에 타는 것을 나타냄, 일어나고 있거나 계획된 일을 나타냄, 방송되는 것을 나타냄, 행동이나 행사가 계속됨을 나타냄, 사람
on my - on my birthday, on my good shoes, on my clothes..

on my way 지금 가는 길이다 – I'm on my way, I was on my way to the...

on top of that 그 위에.

one 1, 일, 한 명, 과거의 특정 시간을 가리켜 쓰임, 미래의 정해지지 않은 날을 가리켜 쓰임, 유일한 사람, 사물을 가리켜 쓰임, 하나, 앞에 이미 언급된 것을 가리켜 쓰임

one of …중 한 사람[하나].

one time 어느 때. I remember this one time...

one-time [형용사] 한때 …였던, 이전의

open mind 열린 정신

open up – 개업하다 – onen (something) up, (닫힌 것·잠긴 것 등인) ~을 열다[따다/펴다 등]

open 열린, 영업을 하는, 탁 트인, 열다, 열리다, 풀다, 영업을 하다, (폴더를) 열다, 영업을 시작하다

order in – (전화로) 음식을 배달시키다.

order 주문, 순서, 명령, 질서, –을 주문하다, 명령하다, 순서대로 하다

other than …외에

out of there (there 장소에서 나갈때)

out of –에서 떠난, –의 밖으로, –로 만들어진, –중에, (상태가 더이상–가)아닌, –에서

outstanding 두드러지는 excellent and much better than most, 뛰어난, 걸출한, 두드러진, 중요한 (=prominent)

over and over again 반복해서

over cooking – over cooking food...

over 다 덮이게, –이상, 위로, 너머, (기간)–동안, 건너편, 너머, 뒤집어, 넘어지게, 떨어지게, 끝난

overcook – (음식을) 너무 오래 익히다[삶다]

overdoing(overdo) – 1. (…을) 지나치게 하다, 과장하다 2. 지나치게 많이 쓰다[이용하다]

overlook 내려다보다, 간과하다

overnight – 밤새, 하룻밤새 갑자기, 밤사이에, 하룻밤 동안, 하룻밤 사이에, 갑자기, 빨리

overwhelm (격한 감정이) 휩싸다[압도하다]

owe 빚지다

own 자신의, 소유하다

owner 주인

P–

----

passion 욕정, 열정, full of passion, a passion for …에의 열정.

pay for (물건값을) 지불하다

pay 돈을 지불하다, 급료, 보수를 주다, 보수 – so I can pay my mortgage

perfect for …에 안성맞춤인. – perfect for neighborhood

perfect 완벽한, 완전한, 최적의, 완성하다

personal 개인의, 사적인, 개인용의

phenomenal 경이적인, 경탄스러운 (=extraordinary)

pick somebody up ~를 (차에) 태우러 가다, ~를 (차에) 태우다

pick something up (재주, 언어 등을) 익히다

pissed off 화가 나서, 분개해서, 짜증이 난, 약이 오른 (=irritated)

pleasure 기쁨, 즐거움 – It's a pleasure to meet you

point to 가리키다, 암시하다. (=show the direction, suggest.) ~을 시사하다[나타내다]

(point to something)

popular 인기 있는, 대중의

positive 긍정적인, (무엇이 옳다는 것을) 확신하는

potato 감자

prefer -보다 -를 더 좋아하다 - I would prefer balsamic vinaigrette.

probably 아마도

problem 문제

product 생산물, 제품

progress 진전, 진척, (장소를 향해) 나아감, 나아가다, 향상하다, 진전을 보이다

proud of …을 자랑으로 생각하는.

pull back - 후퇴하다[물러나다] (=withdraw-철수하다), (하려던 일) 취소하다 (=withdraw - 중단하다)

pull it up - 하던 일을 멈추다 - I'd pulled it up, thank God for Ramgie

pull up 멈추다[서다]

push off (남에게 거칠게 하는 말로) 꺼져, (배를 타고·수영장 가 등에서) 멀어져 가다[떠나가다]

push 밀다, 밀어붙이다, (버튼등을) 누르다, (힘으로) 밀치다, 밀기, 누르기

put - put it over there, put it away, did he put somehing in your...

put aside - 1. (보통 감정 • 의견 차이 등을) 무시하다[제쳐놓다] (=disregard) 2.(나중에 쓸 수 있도록) ~을 따로 떼어 놓다[두다]

put something up -를 들어 올리다, 벽이나 천정에 -를 달다, (-의 가격을) 높이 올리다

put up (-의 가격을) 높이 올리다, -를 들어 올리다, 벽이나 천정에 -를 달다

Q-

----

quick 빠른 quick question, That's quick..

quickly 빨리 come quickly, do it quickly..

R-

----

ran "run"의 과거형

rare 드문, 살짝 익힌

react 반응하다

ready (-할) 준비가 된, 완성된 - he's not ready to run business, be ready to - -ㄹ락 말락 하다(be about to)

realize 깨닫다, 실현하다

really 정말, 매우, 실제로, 진짜로, (동사를 강조하며) 매우 - melisa really shocked me

reason 근거, 이유, 사리, 판단하다

reasonable 꽤, 적정한 가격의, 너무 비싸지 않은, (최고는 아니지만 그럭저럭) 괜찮은, 합당한, 타당한 - reasonable prices

recognize 알아보다, 인정하다

recommend 추천하다, 권고하다

redirection - 방향 수정, 초점 수정[변경].

regroup 마음을 가다듬다, (조직을) 재편성[재정비]하다, (전열을) 가다듬다

S-
----

sat - "sit"의 과거, 과거 분사형
satisfy 만족시키다
say 말하다, 의견을 말하다, 가리키다, 생각하다, 믿다
screw up 망치다[엉망으로 만들다 a situation in which you do something badly or make a big mistake
second 두 번째의, 제 2의, 또 하나의, 두 번째의, 둘째로, 2위로, (시간 단위) 초, 아주 잠깐
see 보다, 만나다, 방문하다, (영화를) 보다, 이해하다, (정보를) 보다, 알다, 이해하다
seem -인 듯 보이다
seems - seem의 3인칭단수 - seems ready, Jane seems happy,
seems to - she seems to have..., boy seems to be doing..
send out (많은 사람들·장소로) ~을 보내다[발송하다](send something out), to send somebody somewhere for a particular purpose(send somebody out)
send 보내다, (사람을) 보내다
sent - "send"의 과거, 과거 분사형
service 서비스 기관, 서비스, 봉사료, 팁, 근무, 의식
set me up [동사] 건립하다, 설립[수립]하다; 준비하다; …인 체하다; 함정에 빠뜨리다
set somebody up (필요한 자금을) ~에게 제공하다[대 주다]
set 날짜를 정하다, (해가) 지다, (책, 연극, 영화의 배경을) 설정하다, (알람, 기계를) 맞추다, (액체가) 굳어지다, (숙제, 업무등을) 부과하다
settle down 진정 되다, 정착하다
setup 모함
She 그녀, 그 여자
shock 충격, 쇼크, (전기) 충격, 쇼크, 충격을 주다 - melisa really shocked me
shocking 충격적인
should I - should I cook? should I chef? should I working in front of the house, should I working on marketing, should I pay bill
should -해야 한다, 아마 -일 것이다
should've should have의 축약형 - I should've long time ago.
show -를 보여주다, -를 가르쳐주다, (정보를) 보여주다, 증명하다, (감정을) 보여주다, 공연물, 전시회, 쇼 - show me
showtime [명사] 공연 시작 시간
shut down (컴퓨터나 기계의 전원을) 끄다 - shut it down
side by side 1. 나란히 2. 함께 (아무런 어려움 없이)
silly billy - 바보, 어리석은 사람
since then - 그때부터, 그 이후에
since -이후, -때 부터, 그 때 이후로, -한 이후로, -때문에
situation 상황
sleep 자다 - get some sleep ya
smell 냄새가 나다, 냄새를 맡다, 불쾌한 냄새

가 나다, 냄새 맡다, 냄새, 향, 후각, 악취

smile 웃다, 미소

smiling smile의 현재분사

so (~할 정도로) 너무, (이미 언급된 말을 줄여) 그렇게, (이미 언급된 말이나 사건과 관련하여 문장 맨 앞에 쓰여) 자, 그러면, 그래서

so far 지금까지(until now)

so long 안녕(작별 인사)

so much 완전한, 정말의, 그만큼의

some 조금, 일부의, 어떤, (수량이) 아주 많은

somebody "someone"의 다른 말

somehow 어떻게든, 어쩐지 – I will survive somehow

something 무언가, 어떤것

soon after – 곧

sort of 종류

spectacular 장관의, 멋진, 화려한

spoke – "speak"의 과거형

spread the word 말을 퍼뜨리다

spread 퍼뜨리다, 확산되다, 문지르다, 바르다, (정보를) 퍼뜨리다, 유포시키다, 확산

stand by – (be ready) 무언가를 하거나 도울 준비를 하고 기다리다, (do nothing)어떤 일을 막지 않고 불쾌한 일이 일어나도록 내버려 두다 1. (방관·좌시하며) 가만히[그냥] 있다 (→관련 명사는 bystander) 2. 대기하다 (→관련 명사는 standby)

stand next to ...의 차위(   )에 서다.

stand out 두드러지는, 아주 뛰어난

standing stand(서 있다, 일어 서다, (특정 위치에) 서 있다, (특정 위치에) 세우다, 가판대, (경기장의) 스탠드)의 현재분사

stare 응시하다, 응시, 빤히 쳐다봄

staring at ~을 뚫어지게 바라보다

start over – 다시 시작하다 (무언가를 다시 시작하기 위해 때로는 다른 방식으로)

start over again 처음부터 다시 시작하다

start up 시작되다[시동이 걸리다]/~을 시작하다[시동을 걸다

start 시작하다, 시작되다

starve 굶주리다

starving 굶주린, 몹시 허기진

stay focus 집중하다

stay on – (공부·일 등을 예상보다 오래 또는 남들이 다 떠난 뒤에도) 계속 하다[계속 남아 있다]

stay 머무르다, 지내다, 묵다, (특정 상태를 계속) 유지하다

step back – 물러서다(뒤로, 옆으로)

step in – (합의 도출·문제 해결을 위해) 돕고 나서다[개입하다]

step something up ~을 증가시키다[강화하다]

step up – 앞으로 나오다[나가다]

stick to it – 구어 힘 내!, 포기하지 마

still 아직, 그런데도, 여전히, 탄산을 함유하지 않은

stop 멈추다, 서다, 잠시 멈추다, 정지시키다, (기능이) 멎다, 막다, 끝내다, 정류장, 중단

straight up – (상대방의 말이 사실인지를 물을 때 써서) 정말이냐, (자기 말이 사실임을 강조하여) 정말이다

street 거리, ~가 – in the street, I saw you in the street

struggle 고분군투하다, 몸부림치다, 투쟁, 싸움

stumble 비틀거리다, 발이 걸리다, 발을 헛디디다

success 성공, 출세

successful 성공한, 인기 있는, 출세한

such a 이런, 이까짓 – such a simple thing like potato chips, there is such a great..., she was such a wonderful...

suppose 추정하다 be supposed to do –하기

로 되어 있다
sure 확실히, 그럼

T-
----

table 테이블, 식탁, 표

take back - take it back

take care of …을 돌보다, 뒷바라지하다; …에 조심하다, 신경을 쓰다, …을 소중히 하다

take charge of …을 떠맡다, 돌보다; …의 책임을 지다 - take charge of the resturant

take control - 통제력을 가지다

take off 이륙하다, 이륙

take somebody back - (집을 떠났던 남편·아내 등을) 다시 받아들이다

take something back 가져다 놓다

take the heat - 구어 (…에 대해) 비난[질책, 처벌]을 받다((for, about)), (~의 결과에 대해) 책임지다, (~로 인한 비난/책임추궁 등을) 감수하다 ; (~로) 조사받다/압박을 받다

take 가지고 가다, 데리고 가다, -를 타다, (길을) 타다, 이용하다, 시험을 보다, (시간이) 걸리다, (-가) 필요하다, (약을) 먹다, 가져가다, 치우다, (명사와 함께 쓰여 특정 동작이나 일등)-를 하다, 수업을 듣다, (특정 치수의 옷을) 입다, -를 받아들이다

taking - take의 현재분사 - not taking advantage

talk about …에 대해 이야기하다.

talk to me - he will talk to me

talk 말하다, 이야기하다, 대화, 연설, 강연

taste 맛, 미각, 취향, 맛보다

tell 말하다, 이야기하다

telling you

surprise 기대하지 않았던 일, 놀람, -를 놀라게 하다

tender 부드러운, (고기등이) 부드러운

terrible 끔찍한

terrific 훌륭한 excellent 뛰어난

text 문자, 텍스트, 글, 문서, 교재, 문자를 보내다

texting - not texting

than -보다

thankful 고맙게 생각하는

that (이미 언급된 사람이나 사물) 그, (화자와 가까운 위치에 있지 않은 사물이나 사람) 저, (이미 언급된 사람이나 사물) 그 사람, 그 것, (화자와 가까운 위치에 있지 않은 사물이나 사람) 저사람, 저 것, (이미 언급된 진술과 연관시켜) 그 것, 문장 중간에 "who"나 "which" 대신에 쓰인다, 일부 동사, 명사, 형용사 뒤에 쓰여 종속절을 이끈다, 문장 중간에 "

that was - that was awesome, that was exciting, that was long ago, that was a very unexpected..., that was a long time ago

that'd be - that'd be good

that'd that would나 that had의 축약형

that's why (《문미에서》) 그 때문이야, 그렇게 된거야

the old way - 옛날식. - don't pull back old ways.

the right direction - 옳은 방향

the thing - the things you care about, I'll eat the thing you.., one of the things...

there (특정한 장소)-에, 저기, 누군가에게 무

엇을 줄 때 사용한다

there you go - 자, 어때!, 잘 했어! 1. 여기 있어요(상대방이 원하거나 부탁한 것을 주면서 하는 말) 2. 자 보세요[됐죠](남에게 무엇을 설명하거나 보여줄 때 씀)

think 일 것 같다, (-라고) 생각하다, (이성적으로) 사고하다, 생각하다

thinking - think의 현재분사

this - better then this, you wanted to work with me this winter..., ...hungry this morning?

those - "that"의 복수형

thought - "think"의 과거, 과거분사형, 의견, 생각, 생각, 사고 - I thought

through the night 밤 새

through -을 관통하여, -내내, -을 통하여, -때문에, -부터 -까지

throw 던지다, 던지기

thrown - throw의 과거분사 - thrown the towel

ticket 표, 승차권, 딱지

tick-tock - 똑딱똑딱(큰 시계가 내는 소리를 묘사함)

time 시, 시간, 기간, 번, 시기, 시간을 재다 - Now time to do the right thing

tired of - 에 실증난, tired of doing something, …에 진절머리가 난.

to be honest - 솔직히 말하자면

to do - to do what you want, homework to do, have a lot of work to do..., something I have to do

to know - anybody to know where..., need to know... I'm not gonna to know.. I don't wanna know...

together 같이, 동시에, 함께 붙어서

tonight 오늘밤

too fast - a little too fast, I was too fast...

too much 너무 많은

took - "take"의 과거형

took off

total 총, 전체의, 합계의, 합계를 내다

totally 완전히

touch 만지다, 접촉하다, 감동시키다, 손길, 만짐, 촉감

town 마을, 시내, (자기가 살며 일하는) 고장

transition (다른 상태·조건으로의) 이행

true 사실에 바탕을 둔, 진정한

truth 진실

try to - try to figure this..., try to stop.., I try to do....

try 노력하다, 시도하다, 노력 - try not to let him down

trying to - I'm trying to have..., stop trying to..., trying to save...

turn around 돌아서다[몸을 돌리다]/~을 돌리다[돌려 세우다], 회전하다[시키다]

turn around 회전하다[시키다], 방향을 바꾸다, 뒤돌아보다[보게 하다]

turn up 도착하다, (잃어버렸던 물건 등이, 특히 뜻밖에) 나타나다[찾게 되다], (모습이) 나타나다, (어떤 장소로) 오다,

turn 방향을 돌리다, 몸을 돌리다, (책이나 잡지의) 페이지를 넘기다, (핸들을) 돌리다

who"나 "which" 대신에 쓰인다

unbelievable 믿을 수 없는
unchangeable 바꿀[변경할] 수 없는
under control 통제[제어]되는, 지배되는
under cooking 덜삶음
under pressure - 2. (…을 하도록) 강요당하는[압력을 받는]
under -의 아래에, - 미만의
undercook (음식을) 설익히다, 덜 삶다
understand (다른 사람의 말)이해하다, (원리 등을)이해하다, (사람을) 이해하다
unless 만일 -하지 않는다면 there's no way this resturant was survive... unless as dramatic change
unsatisfied [욕구·요구 등이] 처리되지 않는
until -때까지, -하는 한
upset 속상한
use 사용하다, 소모하다, 사용, 용도, 쓰임새
used to - used to do, used to be something(과거에 일어났거나 존재했지만 현재는 존재하지 않는) 한때는 -이었다
used use의 과거.과거분사, 중고의
usually 보통, 대개 you don't usually...

vegetarian 채식주의자, 채식주의자의
victory 승리, 성공
visit 방문하다, 가다, (인터넷 웹사이트를) 방문하다, 방문

wait a second 가만 있자[있어 봐](방금 무엇을 알아챘거나 기억이 났을 때, 갑자기 어떤 생각이 떠올랐을 때 하는 말), 1. 잠깐 기다리다 - Wait a scond, I recognize this man.
wait for ~ 를 기다리다 - I can't wait for lunch
wait 기다리다, 대기, 기다림
wake up (잠에서) 깨다, 깨우다, 깨어나다, 정신을 차리다[더 관심을 기울이다]
walk around (힘든 상황·관계를 외면하고) 떠나 버리다(of something), (관계를 맺어 오던) (~를) 떠나다[버리다](on somebody)
walk away - walk away right now, mean - to stop being involved in a situation because it is difficult to deal with or does not give you any advantages:
walk out (회의·공연 등을 하던 중에 특히 불만을 나타내기 위해) 나가[떠나] 버리다 작업을 중단하다[파업을 하다]
walk 걷다, 산책

walking out – walking out the door, walking out of the store

wanna – "want to"나 "want a"의 축약형

wanted want의 과거. 과거분사, 싫었다, 원했다, 바랬다, 희망했다, 수배

was – "be"의 과거형으로 "I", "he", "she", 그리고 "it"과 함께 사용된다

wasn't "was not"의 축약형

way 방법, 길, 방식, 방향, 거리, 시간

weak 약한, 취약한, (지탱하는 힘이) 약한, 묽은, (능력이) 약한, 설득력이 약한 weak man Someone who claims to be tough, but runs and hides at just the thought of a mere threat

week 주, 평일

well done – 구어 잘 했어!, 훌륭했어! [음식, 특히 고기가] 완전히[오래] 익힌

we're "we are"의 축약형

we've been – since we've been here..., we've been looking for..., we've been waiting for...

what a – what a mess – 엉망진창이군, what a weak man

what a relief! – 정말 다행이군[안심이야]!

what a shame – 그것 참 너무[괘씸]하군, 그거 안됐구나[유감이다]

what a week – 굉장한 한주

what did you

what else 다른 무엇 – what else in there, what else did you do...

what to do – 무엇을 해야 할까 – I don't know what to do

What was – what was that?, what was so special...

What 무엇, 뭐라고? –것, 왜?

whatever 어떤 것이든, 무엇이든, 어떻든 간에

What's going on ...? ... 무슨일이야?

What's up 무슨 일이야?

when was – when was this.., when was the last time...

when 언제, (때, 날 등) –한

where 어디에, –한 곳

who cares? 누가 상관이나 한대[알 게 뭐야]? 알 게 뭐야?

who 누구, –한 (사람), (앞에 나온 사람에 대해) 추가 정보를 제시할 때 쓰임

who's – "who is"의 축약형, "who has"의 축약형 – who is a able to step up

why don't ~하는게 어때? (권요)

will (미래를 예측하여)–일 것이다, (의지의 의미로)–할 것이다, 부탁을 할 때 쓰임, 의지, 뜻, 유언장

will be – it will be okay, problems will be

_____

X

_____

XOXO

(채팅(sms) 약어) Hugs and Kisses

Y-
----
yell 소리 치다

yelled at ...에게 고함치다

yelled - yell의 과거.과거분사

you know what (의견이나 정보를 제공하기 전에) 그거 있잖아, 그거 알아?

you know 있잖아[그러니까/저기](다음 할 말 을 생각할 때 씀)

yourself "you"가 행동과 관련된 대상일 때 쓰임, "you"를 강조하여 쓰임, 동사의 주어와 목적어가 모두 "you"이며 "you"가 일반적인 사람을 의미할 때 쓰인다

Z
----
zone (특정한 특징용도가 있는) 지역[지구/구역] - the yellow zone is for...

zoo 동물원 we're going to the zoo

#Friends. Montmartre, Paris

You can do it! Yea!

Thoughts
Become
Things

믿음은 생각의 물질이다
모든것은 믿음으로써 시작된다

– YKS. –

Belief!
☆ Free talking is yours☆
He can do it!

She can do it!

Why not me!!

파트7. 저자의 메시지 : 믿음
(Belief! He can do, She can do, Why not me!)
포기하지 마세요(Don't give up)
영어는 계속 성장합니다.

"원하는 것을 포기하는 사람에게는 아무것도 없다"
"원하는 것을 포기하지 않는 사람은 늘 원하는 것을 얻었다"

"열정이 없으면 아무것도 이룰 수 없다"
"열정이 있는 자 원하는 바를 얻게 될 것이다"
"매일의 행동을 목표에 맞추어라"
"매일의 행동은 원하는 것을 얻는 원동력이다"

믿음에 대해 중국대나무 이야기를 마지막으로 전합니다.

보통의 대나무들은 일정한 기간동안 꾸준히 자랍니다.
물을 주고 비료를 준 만큼 효과를 보는데요.
반면에 중국 대나무는 자라지 않고 4~5년간 땅속에만 있습니다.
5년간 매일같이 물을 주고 비료를 주어야 합니다.
그런데 5년이 지나면 놀라운 일들이 일어납니다. 그 자라지 않던 대나무가 하루에 약 65cm를
자라서 6주간에 걸쳐서 90피트 즉, 2,743.2 cm 를 자랍니다.
장성한 중국 대나무… 높이를 보세요. 놀랍지 않습니까?

그런데 영어와 중국 대나무가 무슨 관련이 있냐구요? 좋습니다.
하나의 이야기를 들려 드리겠습니다.

중국 대나무 이야기

중국의 한 농부는 장성하는 대나무를 위해 땅에 대나무 씨앗을 심었습니다.
그리고 5년을 매일같이 물과 거름을 주었습니다.
"대나무야. 난 말이다. 너가 5년 뒤 멋진 훌륭한 거인 대나무가 될거라 믿는다."
"난 그것을 알기에 너에게 이렇게 매일같이 너가 먹을 음식을 준단다."

대나무는 농부의 고마운 마음에 이렇게 말합니다.
"농부님. 제가 살 수 있도록 매일같이 물을 주고 거름을 주셔서 감사합니다. 5년만 기달
려주세요. 제가 말입니다. 농부님이 그 헌신에 기필코 보답을 하겠습니다. 하루에 65cm
를 자라서 42일만 30미터가 자라는 것을 농부님께 보여드리겠습니다!!"
그리고 5년이 되었습니다.
대나무는 말합니다.
"농부님. 이제 5년이 되었습니다. 제가 그동안 농부님의 기대에 부응하기 위해 엄청난 힘
을 비축 해 왔습니다. 이제 땅을 뚫고 나가겠습니다. 와자!!!!!"
농부는 대나무에 감동을 먹었습니다.
그렇게 정성 들여 보살피던 대나무가 5년째부터 땅을 뚫고 나왔는데 무서운 속도로 자라
는 것입니다.
기적이 일어난 것입니다.
"고맙다 대나무야. 이렇게 자라줘서 너무 고맙다."
대나무는 말합니다.
"다 농부님의 헌신 덕분입니다."

중국대나무는 5년간 땅속에서 자랄 준비를 하고 5년이 지나면서부터 무섭도록 자라나며 하루
에 65cm정도를 자라서 42일만에 거의 30미터를 자랍니다.
4~5년간 자라기 위한 힘을 비축해 둔 것입니다.

이 중국대나무가 장성할 수 있었던 것은 2가지 때문입니다.
첫번째는 대나무가 장성할거라는 농부의 믿음과
두번째는 대나무가 자라기 위한 영양분을 매일같이 준 것입니다.

그런데 만약 농부는 대나무가 장성할거라는 믿음을 가지고 두번째 할 일인 영양분을 주지 않게
되면 어떻게 될까요?
즉, 오직 생각만 합니다.
**"대나무는 자랄거야. 남들이 그랬어. 믿음을 가지고 5년을 지켜보라고. 5년이 지나면
땅을 뚫고 자라고 자라서 거인 대나무가 된다고"**

"난 믿어. 믿을거야. 난 믿는걸 잘하거든."
그렇게 5년을 믿었지만 자라지 않았습니다.
그래서 농부는 다시 믿습니다.
"좋아, 그러면 난 5년을 더 믿을거야", "자란다. 자란다. 자란다"
정성드린 믿음, 영양분은 주지 않은 믿음. 대나무가 5년뒤 장성할까요?
대나무가 없습니다.

우리 마음은 비옥한 땅입니다.
그 비옥한 땅에 믿음을 가지고 어떤 씨앗을 뿌리든 여러분의 매일의 노력, 즉, 매일의 헌신과 자기희생. 그것만 있다면 멋진 열매를 맺게 됩니다.

여러분은 영어 프리토킹을 위해 여러분의 마음에 영어 프리토킹의 씨앗을 심어 놓았습니다.
이제 여러분은 이 뿌린 씨앗이 **"영어 프리토킹"**이라는 멋진 열매를 맺기 위해서 헌신과 노력

을 매일같이 하면 됩니다.
즉, 본 책에서 제시한 훈련이 바로 그것입니다.
이미 프리토킹 시간에 영어 프리토킹 되는 시간을 두었습니다.
여러분은 1만 5천문장이 될 때까지 실력은 많이 늘지 않을겁니다.
하지만!

1만 5천문장이 되고, 이제 그것을 식단으로 돌리기 시작하면서 하루에 65cm를 자라는 큰 대나무와 같이 영어의 열매가 자라나기 시작합니다.

이때부터 영어가 급성장하는 것입니다.

믿음을 가져야 합니다.

영어 실력은 자란다는 것
결국 영어가 된다는 것

여러분의 마음에는 영어라는 나무 한 그루를 심었다면 매일같이 영어라는 나무에 물을 주고 비료를 주어야 합니다.
즉, 매일같이 최선을 다해 공부를 해야 합니다.
당장은 나타나지 않지만 머지 않은 훗날 프리토킹의 열매가 여러분의 마음에 자리 잡게 될겁니다.

중국대나무가 주는 교훈은
영어 뿐 아니라 우리 삶의 모든 곳에서 적용되는 교훈입니다.

그래서 프리토킹 된다는 믿음!

그리고 그 목표를 향한 매일의 자기 노력(헌신)!

그러면 여러분은 머지않은 훗날 프리토킹이 될겁니다.

Belief!

He can do, She can do

Why not me!

★★

Don't give up!

끝으로 이제 Santa Book 강의를 마치도록 하겠습니다.

긴 시간 동안 책을 따라하며,

저자의 강의를 들으시느라 수고하셨습니다.

본 책을 마치신 모든 분들께 노고의 박수를 보냅니다!

본 책을 보는 모든 분들이 프리토킹 되는 그날까지 화이팅입니다!

Thoughts Become Things!

Thoughts Become Free talking!

<u>Thoughts Become Things!</u> <u>for Freedom!</u>

2022.7월
저자 산타클로스(YKS.임권세) 올림

I'll do whatever it takes!

Don't give up!

I'll do whatever it takes!

freedom!

프리덤(freedom!) 출판사는 삶의 프리덤을 위해서 만들어진 회사입니다.
산타북으로 여러분의 삶이 영어에서 자유로워지길 바랍니다.

 # Santa Book
Thoughts Become Things
(Free talking)

독자분께 좋은 책을 드리기 위해 개정판을 출간합니다.

개정판 1쇄 발행 | 2022년 9월 23 일
지은이 | Santa Claus(YKS.) 임권세
펴낸곳 | freedom!
대 표 | 임권세
등 록 | 2022년 6월 2일
주 소 | 인천시 송도동 송도과학로 70, AT센터 2107호
북카페 | https://cafe.naver.com/santabook
사이트 | http://www.santaplayer.com
메 일 | santaplayer@naver.com

편 집·기 획·표지 디자인·본문 디자인 | 임권세
사진 배경 | 프랑스·핀란드·에스토니아·라트비아
사진 작가 | 임권세
교정·교열 | 김선희, 임권세
ISBN 979-11-979092-8-3(03740)

인 쇄 | 금강인쇄(친환경 인쇄) 영업부 : 이 용
　　　　http://www.kkprint.co.kr/
지 류 | 신승지류유통 담당 : 조세훈
　　　　http://www.sinseungpaper.com/
　　　　표 지 | 앙상블 E클래스
　　　　종 이 | 무림 네오스타 백색 백상지